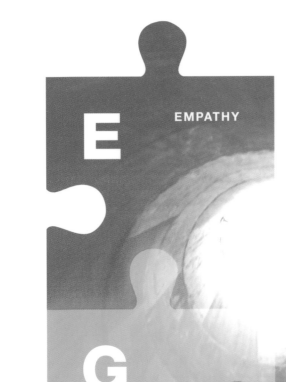

E
EMPATHY

G
GROWTH

R
RECOVERY

학교에
사람이 있어요

작전명
E-F-R-G

이동갑 지음

△∏Ч CLASS

학교에 사람이 있어요

EMPATHY

FORGIVENESS

GROWTH

RECOVERY

학교에
사람이 있어요

작전명
E-F-R-G

이동갑 지음

△П닉 CLASS

"아이들이 웃으면 세상이 행복합니다"

충청북도교육청 청사로 들어서면 만나게 되는 문구이다. 학교에서 아이들의 배움은 즐거워야 하고 교사의 가르침은 보람이 있어야 한다. '학교폭력'은 즐겁고 행복하여야 할 학교에 대한 추억을 고통의 기억으로 남게 한다. 학교폭력 문제에 대한 해결책은 모든 학생·학부모와 교사들의 간절한 바람이다. 약이 많은 병(病)은 치료가 어려운 병인 것처럼 학교폭력에 대한 예방과 대책이 많이 제시되었지만 근본적인 해결책 혹은 "이 것이다"하는 접근 방법은 쉽지가 않다.

학교폭력에 관한 한 국내에서 가장 열심히 몰두하고 천착하는 연구자의 한 사람인 이동갑 선생이 그 동안의 경험과 상담자로서의 공감(共感)을 담아 쓴 "학교에 사람이 있어요"는 학교폭력의 중심을 향해 최단거리로 다가가 뿌리 앞에 서 있다. "병든 나무의 잎이나 가지에 영양제를 뿌리는 처방이 아니라, 상처받은 아이들의 마음을 위로하고 격려하여 공감을 이끌어 내는 것이 답"이라고 전한다.

교사가 되기 이전에 이미 학교폭력의 전문가로서 경험을 쌓은 저자가 청주학생특수교육지원센터의 센터장을 맡아서 이 문제를 과제로 삼고 고심한 끝에 공감-용서-회복-성장이라는 EFRG 모델을 만들어 낸 것에 박수를 보낸다. 이 제안은 충북교육청의 학교폭력에 대한 예방과 대처에 좋은 도구가 될 뿐만 아니라 충북을 넘어 전국의 모든 학교와 교육청들이 주목해 볼 만한 매뉴얼이 될 것을 기대한다.

저자는 학교폭력의 경험이 성장을 위한 밑거름이 될 수도 있다는 '외상후 성장'이라는 심리학적 개념을 학교폭력에 적용함으로써, 학교폭력에 대한 나름의 방식을 제시하고 새로운 패러다임을 제안한다. 어떤 경험도 그 자체가 인간을 변화시킨다기보다는 경험에 대한 해석이 영향을 미친다. 학교폭력의 경험이 한 학생뿐만 아니라 가정과 학급공동체 혹은 학교와 사회에 대한 깊은 불신과 증오를 가져오는 것을 보면서 이제 학교폭력 문제에 우리 사회가 나서야 한다는 점에 동감한다.

이동갑 선생은 "학교폭력은 공중보건의 문제"라고 강조한다. 학교폭력이라는 괴물이 학교를 삼키고 우리 사회를 질식시키기 전에 "학교에 사람이 살고 있다"고 외치는 소리에 귀를 기울여야 할 것이다. 이 책의 미덕은 정혜신 박사가 말하는 '집밥'처럼 심리적 CPR(심폐소생술)이다. 학교폭력에 대한 교육적 CPR(심폐소생술)이다. 누구나 쉽게 사용할 수 있도록 자세한 설명서와 활동지를 곁들여 차린 유기농 시골밥상과 같다. 모든 담임교사와 학부모, 학교폭력 담당 교사뿐만 아니라 교육과 인간의 성장에 관심이 있는 사람이라면 꼭 곁에 두고 볼 만한 책이다. 충북에서 이러한 연구물이 나온 것이 반갑다.

충청북도 교육감
김병우

학교폭력이 단순히 학생들 사이에서 벌어지는 폭력의 문제가 아니라 학교의 교육기능을 마비시키고 교사와 학생들의 삶의 터전인 학교공동체를 심각하게 파괴하고 있다는 사실을 우리 모두가 알고 있다. 사회문제로 비화된 이 문제를 바로잡겠다고 국가가 나서서 주도해온 학교폭력에 대한 대책은 오히려 문제를 더 악화시키고 있다는 사실 역시 잘 알고 있다. 그럼에도 우리 사회는 이에 대한 뚜렷한 해결의 방향을 찾지 못해 우왕좌왕하고 있다.

이런 시점에서 이동갑 선생이 제안한 '학교에 사람이 있어요'는 한 줄기 빛과 같은 희망을 던져준다. 학교폭력의 발생을 막는 데 초점을 두기보다 학교폭력이라는 경험을 생산적이고 교육적으로 전환하여 성장의 기회로 활용하려는 발상의 전환은 학교폭력을 바라보는 새로운 패러다임이 되기에 충분하다. 이 새로운 패러다임은 학교폭력을 해결하는 일과 학교교육을 학교교육답게 회복하는 일 모두를 가능케 한다는 점에서 주목할 만하다.

공감, 용서, 회복, 성장으로 구성된 EFRG 프로그램은 각 구성요소에 대한 이론적 설명과 실천적 전략을 모두 담고 있다. 특히 구체적으로 행동으로 옮길 수 있는 행동 원리와 전략이 풍부하게 담긴 워크북은 이 프로그램의 백미라고 말할 수 있다. 각 요소들이 유기적으로 연결되어 통합성을 유지하고 있는 것도 이 프로그램의 돋보이는 장점이다.

책을 읽는 내내 고개를 끄덕인 것은 담임교사로서 그리고 전문지도자로서 현장에서 직접 학교폭력을 경험한 저자의 안타까움과 열정이 손에 잡히는 듯 절절했기 때문이다. 문장과 행간들 사이에서 짙게 배어나오는 이동갑 선생의 인품을 마주할 때마다 평소 존경하던 그의 성실성과 따사로운 인간애가 느껴져서 매우 좋았다. 이동갑 선생이 원하는 대로 부디 EFRG 프로그램이 대한민국을 대표하는 학교폭력 예방 및 대책 프로그램이 될 뿐 아니라 세계로 수출되는 모델이 될 수 있기를 기원한다.

청주교대
박성희

추천사

학창시절, 남학생들만 다니는 중·고등학교를 나왔는데, 교실은 거의 정글 수준에 가까웠다. 학기 초에는 어김없이 서열 확인을 위한 싸움이 시작되었다. 교실 뒷 켠에서 누군가는 때리고 누군가는 맞는 모습을 자주 지켜봤다. 그 당시에는 폭력은 학교에서 당연히 일어나는 일로 생각을 했다. 누구나 싸우고, 맞으면서 크는 거라고 위로하면서 학창시절을 보냈다. 어찌 보면 방관자로서 자기 방어였을지 모른다. 신고를 하는 것이 당연한데, 왜 신고할 생각을 아예 하지도 않았는지 의아하다. 돌이켜보면, 둘이서 투덕거리는 수준이 아니라 일방적인 힘의 열세에 의해 혹은 세력의 열세에 의해 두들겨 맞았던 친구들이 있었다. 세월이 지났지만 그들의 상처는 과연 아물었을까? 가해를 했던 그 학생들도 지금은 누군가의 아버지가 되었을 텐데, 그들은 자녀들에게 어떤 이야기를 해주고 있을까?

세월이 지나 학교폭력에 대해서는 무관용주의와 엄벌주의가 우리 사회에 형성되었다. "아이들은 싸우면서 자연스럽게 커 가는 거야"라고 순진하게 생각하면 큰 코 다칠 수 있다. 주위를 보라. 학교폭력이 학생과 학생의 문제가 아니라 부모와 부모, 부모와 교사, 부모와 학교, 부모와 교육청의 문제로 비화되는 사례가 적지 않다. 교실에서 발생한 작은 폭력사건 하나가 강력한 허리케인이 되어 학교를 휩쓸고 지나간다. 학교는 만신창이가 된다. 학교폭력은 이제 아이들만의 문제가 아니고, 법령과 제도, 행정, 시스템으로 이름으로 작동하고 있다. 학교폭력을 가볍게 보지 않고, 심각하게 바라보면서, 가해자가 되면 상당한 불이익이 자신에게 생길 수 있다는 인식은 어느 정도 형성되고 있다.

그럼에도 불구하고, 학교폭력은 행정과 처벌, 제도의 영역만으로 환원되지 않는다. 마치 형벌을 적용하여, 폭력의 질과 경중에 따라서 처분을 내린다고 해서 끝이 나지 않는다. 더욱 중요한 것은 허리케인처럼 휩쓸고 지나간 그 무너진 공간과 자리에서 가해자와 피해자로 규정된 아이들의 관계의 복원 나아가 무너진 공동체 복원이 아닐까? 가해자는 피해자의 고통을 진심으로 공감하고, 잘못을 반복하지 않아야 한다. 피해자는 그 고통을 털어버리고, 자존감의 손상을 최소화하면서 회복해야 한다. 폭력 역시 하나의 문화적 현상이라는 점에서 폭력을 바라보는 아이들의 인식과 대처 역시 매우 중요하다. 최근에는 가해자와 피해자가 서로 복잡하게 얽혀있기도 해서, 단순히 심리적이든 물리적이든 폭력 현상을 보기보다는 관계의 맥락을 충분히 파악할 필요가 있다. 교실과 학교에서는 다양한 상호작용이 이루어지는데, 그 과정에서 감정의 회오리가 불면서 누가 가해자가 되고, 피해자가 될지 예단하기 어렵다.

이 책은 한편의 인문학, 철학, 심리학 서적을 보는 느낌을 주는데, 다양한 저서와 자료를 인용하여 학교폭력의 본질에 대해 접근한다. 이 책은 딱딱한 이론에 머무르지 않는다. 다양한 자료와 경험을 근거로 현실의 제반 문제를 날카롭게 지적한다. 성격 유형에 근거하여 맞춤형 접근을 시도하고 있다. 저자는 실행을 통해 얻은 경험과 자료를 바탕으로 해법을 제시한다. 이 책이 공허하지 않게 느껴지는 이유이다. 학급담임을 맡고 있거나 생활지도를 맡고 있는 교사나 학폭을 우려하는 학부모가 읽으면 유용할 것이다. 이 책의 의도대로 공감-용서-회복-성장이 교실에 가득 하여 향기처럼 퍼져가는 그 날을 간절히 바란다.

한국교원대 교육정책전문대학원 교수, 교육정책디자인연구소장

김성천

기존의 학교폭력을 바라보는 관점은 예방교육 측면보다는 처벌적인 측면이
더 강하다. 학교폭력이 많이 발생하는 청소년 시기는 '이성뇌'인 전두엽이 '감
정뇌'인 변연계보다 발달이 늦기 때문에, 어떻게 보면 당연한 일이라 할 수 있
다. 또한, 학교폭력은 학교라는 장소에서 발생한다는 점에서 처벌 측면보다는
예방 측면에서 바라볼 필요가 있다. 경미한 학교폭력이 발생하더라도 교육적
차원에서 해결할 수 있는 문제를 학교폭력대책자치위원회에서 해결하는 것
은 매우 소모적이고 비교육적인 방법이라 할 수 있다. 이러한 시점에서 나온
EFRG 모델은 공감-용서-회복-성장까지 교육적 차원에서 문제를 해결하는
것은 물론, 학교폭력 문제를 단순히 해결하는 것 이상으로 학교폭력 후 성장
차원까지 매우 고무적이다. 아무쪼록 EFRG 모델이 공교육 현장에 파급되어
행복한 학교 문화로 탈바꿈할 수 있는 계기가 되기를 기대해 본다.

국제뇌교육종합대학원대학교

신재한

들어가는 말

Friedrich Nietzsche니체는 "삶의 이유를 아는 사람은 거의 모든 방식의 삶을 견딜 수 있다"고 말한다. 학교폭력(괴롭힘)이라는 경험이 하필이면 왜 나에게, 우리 가정, 우리 교실(학교)에서 일어났는가? 하고 묻는 당신에게 "모든 일어난 일에는 그 일의 의미가 있다"는 Victor Frankl빅터 프랭클의 말을 들려주고 싶다. 심리학자 Alfred Adler아들러는 "인간의 모든 행동은 목표를 향한다"고 했다. 문제는 일어난 일 자체가 아니라 그 것을 어떻게 받아들이느냐는 선택을 하는 당신에게 나에게 달려 있다.

학교폭력(괴롭힘)은 유령이다. 학교폭력(괴롭힘) 대책은 유령과의 싸움이다. 어떤 이들에게는 보이지만 어떤 이들에게는 보이지 않는다. 그래서 실체가 없는 것처럼 여겨진다. 하지만 유령을 만난 사람, 매일 같이 유령이 눈앞에 어른거리는 사람에게는 하루하루가 지옥이 따로 없다. 학교폭력(괴롭힘)의 유령은 해가 뜨면 잊어버리고 살다가 밤이 되면 어김없이 찾아오는 뱀파이어처럼 늑대인간처럼 밤새도록 창문을 두드린다. 벽의 약한 부분을 부수고 기어이 쳐들어올 기세다. 유령을 만난 사람의 삶은 그 이전과 이후가 달라진다. 그 이전으로 결코 돌아갈 수 없다. "학교폭력(괴롭힘)이 없었던 것처럼 다 잊어버리고 살아가라"는 말은 마치 다시 태어나서 다음 생애를 기약하는 것만큼이나 잔인한 주문이다. 깊은 슬픔과 고통, 끝을 알 수 없는 두려움과 실체를 알 수 없는 분노는 온 몸의 세포 하나하나 속에 문신처럼 뼈 속에도 새겨져 있다.

학교폭력(괴롭힘)은 가정 파괴범이다. 학교폭력으로 인해 가정의 일상이 무너지고 가족관계가 붕괴된다. 집에서 밥을 차리고 먹는 일도 불가능해 지기도 한다. 부모의 직장생활도 위기를 맞게 된다. 전학과 유학, 심지어 이민을 고려한다. 부부 사이도 서먹해진다. 모든 형제, 자매 관계들과의 관계도 그 전으로 돌아갈 수 없다. 학교폭력(괴롭힘)은 가정이라는 평화로운 놀이터에 던져진 수류탄이다.

학교폭력은 공중보건의 문제이다. 한 아이, 한 가정의 문제가 아니라 사회와 국가가 나서야 하는 시급한 공중보건의 문제이다. 좀 더 일찍 우리 사회와 국가가 개입하여 대책을 세우지 않으면 장차 우리 사회의 암 덩어리가 될 것이다. 이른바 '학교폭력대책위원회'의 전개 과정에서 피해학생도 가해학생도 그 부모도 모두 돌이킬 수 없는 또 다른 형태의 폭력에 노출된다. 치명적인 전염병처럼, 저수지를 삼키는 베스가 되고 온 들판을 숨 막히게 하는 외래종 식물이 되고 있다. 경찰과 변호사가 개입된 '학교폭력대책위원회'의 경험은 청소년들에게 사회에 대한 불신과 세계관이 무너지는 체험이 되기도 한다. 예방이 답이다. 좀 더 일찍 국가가 대책을 세우고 개입해야 한다. 그래서 공중보건의 문제로 다루어야 하는 것이다.

학교폭력(괴롭힘)은 필자에게도 운명처럼 동행하여 왔다. 지난 1년간 약 12만 명 학생이 생활하는 도시에서 학교폭력(괴롭힘)사안을 매일 같이 보고받고 처리하는 실무책임자의 역할을 맡고 있었기 때문이다. 유·초·중등학교에서 일어나는 온갖 형태의 학교폭력(괴롭힘)의 민낯을 날마다 만났다. 학교폭력(괴롭힘)으로 인해 죽음을 생각하는 초등학교 어린이, 가정이 붕괴되기 일보 직전이라는 그 보호자의 절규들을 만났다. 학교 역시 아무런 보호막 없이 학생과 학부모들의 거친 항의와 폭력에 노출되어 병휴직 혹은 정신병원 치료 등 교직을 떠나거나 그 직전에 처한 교사들을 만났다. 이래로는 안 된다는 것을 알았다. 만약 학교폭력(괴롭힘) 대처 방안이 우리 사회에서 지금 이 상태로 누적된다면 학교가 숙주가 되어 에어리언을 기르고 조장하는 것이 될 것이다. 마침내 국가와 미래에 치명적인 갈등 요인이 될 것이다. 누군가 돌이킬 수 없는 파국에 이르기 전에 현재의 학교폭력(괴롭힘) 대처와 인식들이 우리 사회에 가져 올 위험성에 대해 경고하여야 함을 깨달았다.

지난 1년 동안 날마다 그 해결책을 생각하고 연구하며 공부하다가 이제 거칠고 작은 지도 하나를 찾았다. 학교폭력(괴롭힘)의 근본적 해결방안이자 한국사회의 실정에 맞는 해결방안이다. 하지만 이 지도는 정밀하지도 않은 보완할 점이 많은 지도이기에 "제대로 된 지도를 만들기까지 기다려야 한다"는 내면의 목소리에 저항하는 것은 쉽지 않았다. "제대로 하는 것도 중요하지만 제때에 하는 것도 못지않게 중요하다". "우리 학생들이 눈 앞에서 죽어 가고 있는데, 언제까지 질 높은, 완성된 대책 타령을 하느냐?"는 꾸짖음에 응답하기로 했다. 비록 부족함이 있더라도 개선해 나가면서 많은 전문가들의 집단지성을 통해 전문성을 향상하는 것을 전제로 급히 선을 보이게 되었다.

이 작업은 30여년에 걸친 고민의 산물이다. 모든 형태의 사고accident가 그러하듯이 예고 없이 다가온 학교폭력(괴롭힘)이라는 사고는 한 개인과 가정, 학급과 학교 등 공동체의 현재와 미래마저 파괴한다. 그럼에도 불구하고 이 경험에 대한 건강한 대처, 좋은 해결책은 외상후스트레스장애PTSD[1]를 넘어 외상후성장Post Traumatic Growth:PTG이라는 새로운 영역으로 삶을 이끌기도 한다. 아우슈비츠 죽음의 공간에서 1/20의 확률 가운데 살아남은 사람들의 공통점은 '삶의 의미를 부여한 사람들'이었다(Viktor Emil Frankl빅터 프랭클).

학교폭력(괴롭힘)의 경험이 내 자신과 우리 가정, 우리 학급과 학교, 나아가 우리 사회에 어떤 의미로 다가 오는지, 대처해야 하는지 경험하고 깨달으면 이를 통해 우리 삶이 성장으로 에너지가 전환될 수도 있다는 희망을 발견하였다. 이 책은 필자가 가장 존경하고 사랑하는 인생의 동반자이며 동료인 아내 유경희 대표와 엮은 첫 번째 책이나 다름없다. 그녀는 나와 가장 가까이에서 학교폭력(괴롭힘)의 실체를 마주 하고 그 해결책에 대해 함께 고민해 왔다. 마침내 이 주제로 박사 논문을 쓰게 되면서 필자가 공무원이기에 할 수 없는 다양한 공간에서의 실무를 추진하며 함께 작업을 해 왔다.

---

1   외상 후 스트레스 장애(外傷後 – 障碍, 영어: post-traumatic stress disorder, PTSD)는 신체적인 손상과 생명의 위협을 받은 사고에서 심적 외상을 받은 뒤에 나타나는 질환이다. 위키피디아 백과사전, 2018. 08. 27. 검색. https://ko.wikipedia.org/wiki/%EC%99%B8%EC%83%81_%ED%9B%84_%EC%8A%A4%ED%8A%B8%EB%A0%88%EC%8A%A4_%EC%9E%A5%EC%95%A0

이 책이 쓰여 지는 과정에서 상담을 전공하는 가족들의 조언과 도움이 컸으며 필자의 박사학위 논문의 심사위원이자 학교상담영역의 최고의 전문가이신 유형근 교수의 통찰과 연구는 실질적인 방향을 제시하였다. 특히 한국교원대학교 대학원에서 공부하시는 현직 교사들의 통찰과 애정을 담은 실질적인 제안들은 워크북 등에 구체적으로 반영되어 이 책의 부족함을 채워주었다. 공동연구진인 뇌교육 전문가 신재한 교수는 검증과 평가를 담당해 주셨고 연구의 바탕을 튼튼하게 다져 주었다. 실험학교 운영에 수고를 아끼지 않으신 이옥영, 박옥희, 우상지, 우용미 네 분의 지도자와 매주 스타디 그룹에 참여하신 여러 동료들께도 깊이 감사드린다. 그 분들의 집단지성이 이 연구 특히 워크숍 실습지에 녹아 있다. 물론 실험학교를 허락하고 기꺼이 참석하여 주신 초등학교와 중학교 모든 교직원과 학생, 학부모님들께도 감사를 드린다. 무엇보다 지난 1년간 지역교육청에서 함께 학교폭력 사안을 밤낮없이 감당하고 풀어내던 조은경, 황준호 두 장학사께 깊이 감사드린다. 류재황 교육장님의 "학교 폭력은 아이들만 바라보면 된다"는 말씀은 등대가 되어 주었다. 구본학 교육과장님과 여러 동료 과장님들과 전문직 직원들께도 감사 드린다. 특히 실무를 추진하던 김수철 선생(파견교사)의 헌신과 겸손함에 깊은 신뢰와 감사를 보낸다. 연구과정에서 여러 조언과 의견을 준 노재민 장학사와 최종홍 장학관에게도 깊은 감사를 드려야 마땅하다. 무엇보다 고통 받는 수 많은 학생들과 학부모, 묵묵히 사랑을 실천하려는 모든 현장 교사들의 눈물과 땀에 신세를 지고 있다. 특별히 일선학교에서 학교폭력 업무를 담당하고 있는 모든 교사들과 교육청 담당자들에게 응원과 동료애를 전한다. "우리는 결코 혼자가 아니다"라고 손을 잡고 위로하고 싶다.

필자는 지난 30 여년의 시간 속에서 상담을 하면서 든 의문 중 '왜 상담은 외국 사람들에게서만 배워야 하는가?' 하는 고민이었다. '우리 조상들은 생활 속에서 상담을 하지 않았을까? 상담이 본래 외국에서 수입된 것이니 외국 상담자와 상담이론을 배우고 적용하는 것을 필요하겠지만 이를 금과옥조로 여겨야 하는가? '하는 의문이었다. 청주교대 박성희 교수로부터 동양 상담이라는 새로운 지평을 만나며 사숙私淑의 행복을 누리게 되었다. 개인적으로는 퇴계 선생님의 15대 자손인 것도 영향이 있었다. 늘 한국형 상담이론과 한국형 모델을 개발하여 세계에 수출하는 것을 꿈꿔 왔다. 이제 학교폭력(괴롭힘) 모델마저 수입해야 하는가? 하는 고민 속에서 한국의 학교폭력(괴롭힘) 상황이 외국의 이론이 적용되기에는 다르다는 것을 깨닫게 되었다.

폭력은 고통에 대한 다른 대안을 찾지 못했을 때의 반응이다. 공감共感이 그 답이다. 공감을 통해 자신과 가장 가까운 주변에서 일어나는 일에 대해 함께 대응할 때 폭력은 설 자리를 잃게 된다. 방관자를 방어자로 바꾸는 일이다.

필자가 처음으로 제안하는 학교폭력(괴롭힘) 대책 모델인 공감-용서-회복-성장EFRG[2] 모델은 한국의 학교폭력(괴롭힘)대책 뿐만 아니라 상담이론으로도 활용될 수 있을 것으로 기대한다. 연구과정에서 여러 학생과 교사, 학부모를 만나며 EFRG 모델이 매우 강력하고 효과적임을 목격하게 되었다. 이 책은 3부작은 기획되었으며 먼저『학교폭력(괴롭힘)대책의 새로운 패러다임 : EFRG 모델』(1부)[3], 다음은『학교폭력(괴롭힘)의 심리학』, 마지막은『학교폭력(괴롭힘) EFRG 상담 사례집』이다. 이 과정에서 보다 많은 전문가들이 결합하여 집단의 지성으로 한국의 학교폭력예방과 대처의 희망이 되기를 기대하며 초청 드린다. 현장의 목소리를 담아 매 순간 자료를 업그레이드 할 것을 기약하면서 이 책이 고통 받는 학생들과 학부모, 교사와 우리 사회에 성장과 발전에 자그마한 기여를 할 것이라는 것을 기도 하는 마음으로.

2018. 11. 義村[4]

李東甲

---

2 Empathy-Forgiveness-Recovery-Growth
3 '학교에 사람이 있어요'
4 義村은 필자의 본적지 마을 이름이다. 경상북도 안동군 도산면 의촌동. 의인 마을이라고 불린다. 의로운 사람들이 함께 더불어 살아가는 마을 의촌(義村)은 모든 가정과 학교, 공동체의 지향이다.

차례

1장

학교폭력과
EFRG 모델 이해하기

1과 _____
학교 폭력이란 무엇인가?

1. 학교란 무엇인가?

학교란 무엇인가? 학교는 무엇을 하는 곳인가? "학교는 공부하는 곳이다"라
고 말한다면 반만 아는 것이다. 물론 학교는 공부를 가르치고 배우는 곳이다.
가장 근본적이고 우선적인 역할임에 틀림없다. 그러나 무슨 내용을 어떻게
가르치고 배울 것인가에 대한 고민이 먼저다. 교육이 '삶에 관한 일부가 아니
라 삶 자체'이듯이 학교는 학생들이 공부만 하는 곳이 아니라 '삶을 살아가는
곳'이기 때문이다. 학교에서 학생들은 공부만이 아니라 삶을 배운다. Robert
Fulghum로버트 풀검(2009)은 "내가 정말 알아야 할 모든 것은 유치원에서 배웠
다"라고 말하였다. 이처럼 학생들은 학교에서 삶을 배워야 하고 이 체험을 통
해 성숙한 시민이 되는 것이다. 그런 점에서 학교라는 공간에서 학생들이 경
험하는 폭력은 끔찍하고 해롭다. 학교는 교사들에게도 학부모에게도 폭력적
이다. 하물며 학생들에게는 얼마나 폭력적일까? 혹자는 학교와 폭력이라는
두 생경生硬한 접목 자체가 문제라고 한다. 이것은 학교를 폭력의 온상 내지는
숙주로 낙인烙印하는 것이 된다고 지적한다.

　학교폭력이라는 용어 자체에 대한 문제를 제기하는 목소리에도 귀를 기울
여야 한다. 일반적으로 '학교 괴롭힘bullying'이라고 불러야 할 사안을 폭력이라
고 부르는 순간 학교가 마치 범죄의 잠재적 온상이 되는 듯한 느낌을 줄 수 있

기에 용어의 선정에도 신중해야 한다는 목소리가 높다. 이 책에서 말하는 학교폭력은 '학교 괴롭힘bullying' 혹은 '친구들 간의 다툼'이 보다 정확한 설명이다. 그럼에도 불구하고 학교폭력 대책이라고 규정하는 것은 무엇보다 관련 법체제[1]가 학교폭력을 고유 명사화하여 부르고 있기 때문에 용어에서 오는 혼란을 예방하는 차원에서 본 프로그램 역시 학교폭력 예방·대책 프로그램이라고 명명하기로 한다.

학교는 폭력적이다. 학교 건물 자체가 폭력적이다. 학교에 들어서면 나는 교문이 주는 그 위압적이고 폭력적인 미학의 역설에 불편하다. "교문은 학생들에게 있어 한 세계(교문 이전의 자율적 세계)에서 다른 세계(등교 이후 감시와 단속 등의 타율적 세계)로 입문하는 의식을 치르는 경계의 공간이다"(임정훈, 2018:52). 교문을 들어서면 운동장 한 가운데 높이 솟아 있는 조회대(구령대, 사열대)를 보면서 기가 죽는다. 이제는 많이 사라져 가고 있지만 (인천교육청 2015, 경기도 교육청, 2016, 충남교육청 2017 등의 지침 참고, 임정훈 2018, 재인용) 운동장 한가운데 사열대는 누구를 위한 공간인가? 일 년에 몇 번을 사용하겠다고 왜? 학교마다 거의 수 천 만원씩을 퍼 부어서 그렇게 흉물스러운 작품을 만들었을까? 저 높은 단상 위에 올라가시는 분들은 누구이기에 그 분들에 대한 존경심으로 고개를 들고 쳐다보아야 하는가? 또한 복도와 교실의 모든 공간들이 학생을 위해서가 아니라 통제와 감시의 편리를 위해 설계된 것이다. 축구장 하나가 덜렁 놓인 정방형의 운동장을 버려야 한다. 교실의 앞문을 교사용이라고 인식하는 것 역시 무의식적인 질서와 권력의 작용이다. 이제는 등교 길의 풍경이 많이 바뀌었지만 단속과 징벌 위주의 교문 생활지도와 중앙현관의 모습은 학교의 주인이 누구인지 되묻게 한다. "등교 길 풍경이 바뀐 이유는 다른 교육 철학을 지닌 세대의 선생님들이 학교에 왔기 때문"이다(서현, 2014:185). 새로운 철학과 가치관으로 학교를 다시 만들어 가야 한다.

---

1 "학교폭력예방및대책에관한법률"[시행 2017. 11. 28.] [법률 제15044호, 2017. 11. 28., 일부개정]

2. 학교 시설과 수업 등 환경의 폭력성

홍세화(2009)는 프랑스에서 한국의 학교와 같은 건물은 위병소와 운동장(열병과 분열을 하기 위한)을 가진 군대 외에는 찾아 볼 수가 없었다라고 기억하였다. 누가 학교를 군대와 같이 만들었을까? 학교는 작은 군대이었던 시절이 있었다. 유신 시절 고등학교를 다녔던 우리는 1주일에 몇 시간씩 교련 수업을 받았다. 당시 우리학교 교련선생님은 늘 당구대를 분해하여 만든 매를 가지고 다녔고, 선착순으로 성적을 매기기도 하였다. 열병과 분열을 수 없이 연습하고 우리에게 권위에 순종하는 법을 온 몸으로 세포마다 익히게 하였다. "교련선생님의 책상 위에 놓인 박카스가 그 날 수업 분위기에 미치는 영향"이라는 실험연구 급의 논문을 온 몸으로 쓰고 익혔다. 살아남는 법과 이유 없는 순종과 굴종의 편안함에 관하여 우리는 눈치라는 덕목을 심하게 공부하였다. 그 교련 선생님을 더 이상 참지 못하겠다고, 바꾸어 달라고 서명운동을 통해 연명하기 전에는 그의 놀라운 권위는 날이 선 군복과 함께 고등학교의 하늘 위를 배회하는 음습한 기운이었다.

교련이 있을 때만 학교가 작은 군대였을까? 2013년 7월 충남 태안의 사설해병대 캠프에 참가했다가 바다에 빠져 숨진 모 고등학교 학생들의 사건은 교육이라는 이름의 폭력을 극명하게 보여준다. 2학년 전교생이 한 사람의 예외도 없이 참석하여야 했다. 안전은 고려되지 못했고 하청, 재하청을 받은 업체와 무자격 교관들에 의한 교육은 학생들의 생명을 앗아 갔지만 원인 규명은 제대로 되지 못했고 책임자에 대한 처벌은 미미하여 그 보호자들이 재수사를 촉구하고 있다(동양일보, 2014. 3. 5). http://www.dynews.co.kr/home/news/view.do?news_key=206806

퀴즈 하나. 학생들이 학교에서 가장 좋아하는 시간은 무슨 시간일까요? '체육 시간'이라고 대답하는 그대, 반 만 아는 것이다. '쉬는 시간'이다. 학생들에게 학교는 쉬는 시간 사이사이에 수업 시간이 있다. 점심시간도 중요하다. 그러나 이 쉬는 시간을 5분으로 줄이고 자랑스러워하는 학교도 있다하니 잘못 들었기를 바랐다. 쉬는 시간에 학생들은 수다와 장난으로 숨통을 튼다. 이 쉬는 시간이 어찌 10분 만으로 가능한가? 다행이 일부 시·도에서 놀이시간을 확보하겠다고 한다. 적어도 30분은 되어야 한다. 그래야 놀 수 있기 때문이다. 놀이가 가능하기 때문이다. 학교가 노는 곳이냐고 묻는다. Summerhill School 섬머 힐 학교를 만든 Alexander Sutherland Neill닐은 "아이들의 어린 시절은 놀이 시절이다. 아이들은 놀이를 통해서 배운다"라고 말한다. 편해문(2012)은 "아이들은 놀이가 밥이다"라고 외치지 않는가? 놀이를 통해 아이들은 친구들과의 관계를 배우고 놀이에 필요한 규칙을 서로 만들고 협상함으로써 사회생활을 배운다. 아이들을 마음껏 뛰어 놀게 하라. 학교폭력예방의 가장 좋은 지름길은 아이들이 놀 수 있는 시간과 공간을 주는 것이다. 2시간을 블록으로 묶으면 30분을 쉴 수 있다. 점심시간을 10분간 줄이거나 등교 시간을 늦추면 될 일이다. 왜 50분을 공부하고 10분 쉬는 것을 ─적어도 20년 가까이 온 몸이 기억하도록─ 학교는 강제하는가? 공장의 시간, 노동의 시간에 몸이 적응하는 연습이 아닌가? 이것은 대량 생산을 하던 20세기 초의 학교가 요구하는 덕목이다. 이제는 아니다. 수업 시간의 시작과 마침을 교사와 학생들에게 돌려주어도 아직 세상의 끝이 온 것이 아니다. 가끔씩 권위를 강조하시는 교감선생님께서 수업 시간의 시종(시작 알람)을 알리는 음악을 틀어야 한다고 주장하시는 것을 듣는다. '교사는 가르치는 기계가 아니고 학생들은 공부하는 기계가 아니다'라고 말하고 싶다. 시종始終을 알리는 음악이 없으면 공부를 잘 배우지 못하거나 교사가 수업을 소홀히 할 것이라는 그 확신에 대해 묻고 싶다. 그분의 철학은 어떤 경험에서 우러나온 것일까? 나는 의심한다. 일제히 울려대는 학교 종과 그 시간표가 얼마나 폭력적인가?

3. 학교폭력 해결 과정에서 가장 먼저 사라지는 것들

학교폭력이 일어나면 제일 먼저 사라지는 것은 학생이다. 피해 학생이다. 먼저 피해학생이라는 개념조차 애매하다. 가해학생이 먼저 신고하여 피해학생처럼 행세하는 경우도 있다. 무엇보다 가·피해의 경계가 모호하다. 일방적인 괴롭힘과 폭력이 아닐 경우 쌍방의 잘못이 함께 얽혀 있어 그 잘못의 비율을 산정하는 것이 쉽지 않다. 이 과정에서 피해자가 사라지게 되는 것이다. 피해자를 판정하는 기준이 어렵다. 예전처럼 다툼이 일어났을 때 학생들이 "제 잘못입니다"라고 고백하는 경우는 거의 없다. 모두가 피해자라고 주장하는 경우가 대부분이다. 나의 잘못이 비록 일부 있다 할지라도 상대방이 먼저 원인을 제공하였거나, 정당방위 차원에서 대응한 것이라고 주장한다. 동영상 자료가 없다면 피해자를 가려내는 작업은 거의 과학수사의 영역이 된다. 누가 먼저 원인을 제공하였느냐?(원인제공설)부터, 선방유죄설(먼저 때린 사람이 잘못이다), 정상참작설(그럴 수밖에 없었겠다는 동정)에 이르기까지 피해자와 가해자를 가려내는 일에서부터 벽에 부딪히면 대부분 가·피해자 혹은 관련자라고 명명된다.

학교폭력(괴롭힘)의 첫 단추를 관련자 혹은 가·피해자라고 시작하면 정작 힘의 균형과 피해의 비대칭성이 심각한 경우 피해학생은 큰 분노와 원망, 복수심에 가득 차게 된다. 교육적 해결이 작동하기 어려운 출발점에 서게 된다. 이 때 피해학생의 마음을 살펴 주는 일이 가장 중요하다. 자신이 겪은 고통과 억울함에 대해 귀 기울여 들어주고 공감해 주는 사람이 필요하다. 그러나 학생들 간의 다툼과 갈등이 '학교폭력대책자치위원회(이하 자치위원회)'로 가게 되면 두 당사자는 한 쪽이 잘못을 인정하는 순간 자신 스스로 가해를 시인하는 것이 될 수 있다는 가정假定을 마주하게 된다. 작은 잘못도 시인하면 할수록 불리不利해 질 것이라고 짐작하고 사실관계를 왜곡하고 일어난 일을 부인否認하는 것도 서슴지 않는다. 그 것이 생활기록부에 기록된다고 생각하면 모든 수단을 동원하여 거짓을 고백하고 증언한다.

다음으로 사라지는 것은 교육이다. 학교는 교육기관이다. 하지만 언제부터인지 준 사법기관처럼 되었다. 학교폭력 장면에서 학교는 학교경찰관 SPO:School Police Officer의 의견에 절대적 공감을 표현해야 하는 상황에 마주하게 되었다. 경찰관은 범죄를 저지를 사람을 수사하는 일이 본업이다. 학생들 사이에서 일어나는 크고 작은 다툼들이 범죄와 수사의 대상으로 전환되어 진다. 학교경찰관의 교육학적 배경과 공교육에 대한 이해가 얼마나 준비되었는지 의문을 제기하고 있다. 사안이 얼마나 합리적인지는 차지하고 학교 측과 전혀 교감이 되지 않는 학교경찰관을 만나는 것은 그리 어렵지 않다. 그러나 많은 수의 학교경찰관은 교육적 관점에서 접근하고 친절하며 상담적인 기법마저 훈련하고 있다. 그럼에도 불구하고 학교경찰관에 대한 연수와 상호이해를 위한 워크숍 등은 연중행사에 불과 한 실정이다.

학교폭력대책자치위원회 위원들의 전문성 부족은 3. 괴물이 된 '학교폭력대책자치위원회'에서 다시 다루기로 한다. 학교에서 누군가 교육적 해결을 말하는 순간 '만약 잘못되면 당신이 책임질 것인가?' '당신 자녀가 피해자라도 그런 소리가 나오겠는가?'라는 원천적 질문 앞에 아무도 무릎을 세우고 서 있지 못할 지경이 되었다. 그 자리에 학교경찰관과 사법이 들어서는 것이다. 크고 작은 모든 다툼과 갈등이 교육의 영역에서 사법의 영역이 되어 버렸다.

실상 가·피해자를 가리지 않고 자신의 입장이 충분하게 반영되어 있다고 만족하지 않으면 피해자의 경우 도청의 여성정책관에게 재심을 청구하거나 가해자는 도교육청 학생징계조정위원회에 재심을 청구하게 된다. 이 과정에서 대부분의 학부모는 법률적인 전문지식이 부족하다. 그 틈새를 이른바 학교폭력 전문 브로커들이 파고든다. 이 문제는 학교폭력에 노출된 학부모가 경황이 없는 사이 가까운 지인들, 이모, 고모부, 큰아버지 등에 의해 분노를 증폭하고 최악의 경우를 대비하라는 조언의 모습으로 시작된다. 이는 경찰서에 고소하거나 국가인권위원회, 청와대 등에 민원을 제기하는 방식으로 나타난다. 당사자의 한 쪽에서 촉발된 이러한 대응은 필연적으로 상대방을 자극하고 비슷한 형태의 에스컬레이터화 된 대응에 직면하게 된다. 이쯤 되면 학교에서는 중재가 거의 어려워진다. 이미 학교의 손을 떠나 교육청과 교육부, 청와대를 상대하려고 하기 때문이다.

학생들은 이미 화해를 하고 어깨동무를 하고 놀고 있는데 뒤늦게 접근금지, 학급교체와 전학 처분이 내려지기도 한다. 학교에서 교육적 해결을 빼앗아 가면 담임을 비롯한 교사의 역할은 무기력하다. 아무 것도 할 수 없이 지켜볼 수밖에 없다. "아이들 싸움이 어른 싸움 된다"는 말은 학교폭력대책자치위원회와 관련하여 너무나 어울리는 말이다. 아이들은 이미 화해를 하고 어깨동무를 하며 놀고 있는데 어른들은 경찰서로 법원으로 쫓아다닌다.

어른들의 싸움의 동기에는 진정 어린 사과와 용서가 결여 되어 있음에 대한 분노가 주된 동기이다. 그러나 아이들이 생각하는 사과와 용서의 언어 혹은 그 수준을 어른의 잣대로 재단할 필요가 없음에도 '그 것은 진정한 사과가 아니다', '용서를 하거나 화해를 해서는 안 된다'라고 주장하면 학생은 혼란에 빠질 수도 있다. 자녀를 대신하여 분노를 해 주는 역할(분노 대신하기)에는 무엇보다 자녀의 눈높이가 중요하다. 자녀의 편에서 어떻게 하는 것이 용서이며 회복인지 그들의 언어로 물어 보아야 한다. 어른들이 자신의 언어와 잣대가 아니라 피해 당사자의 고통과 마음에 공감하며 그가 제안하는 해결책에 주목하여야 한다. 그러나 일부 어른들은 자녀들의 의견을 물어보는 대신 자신의 기준에서 분노하고 기꺼이 대신 싸우고자 한다. 더러는 민형사상 피해를 보상하라는 요구가 용서와 회복보다 더 큰 동기와 과정으로 자리 잡는 경우를 목격하게 된다. 어른들의 싸움은 문제의 해결과정에서 자녀가 전하는 부정확한 정보에 근거하는 경우가 많다. 일반적으로 "아이들이 거짓말을 하겠느냐?" 혹은 "내 자녀는 절대 거짓말을 할 아이가 아니다" 심지어 "나는 내 자식을 거짓말하는 아이로 키우지 않았다"라고 철통같이 믿지만 믿는 도끼에 발등이 찍히는 법이다. 아이들은 크고 작은 다툼과 갈등을 친구들과 겪은 뒤 자신이 잘못한 부분은 의도적 혹은 무의식적으로 빠뜨리거나 순간적인 상황의 모면을 위해 거짓말을 하게 된다. 일단 거짓말이 머릿속의 생각으로 머물러 있을 때는 문제가 아니다. 하지만 이 것이 입으로 언어로 뱉어 지고 나면 돌이킬 수 없다. 지난번 거짓말에 대한 변명과 포장이 이어진다. 한 번의 거짓말을 감추기 위해 아홉 번의 거짓말이 추가로 필요하게 된다. 최대한 상대방이 잘못을 부각시키고 자신의 억울함을 극대화하는 과정에서 부모는 자신의 자녀가 겪은 억울함에 주목하다보면 진실과 거짓의 경계를 냉정하게 구분하는 것을 놓치는 경우가 생긴다. 무엇보다 부모가 유도심문하거나 자녀에게 퍼 붙는 질문공세에 미성년자인 자녀가 적절한 대답을 찾지 못하는 사이 억울한 '희생양'과 '괴물'은 만들어진다.

하지만 건강한 부모는 자녀의 학교폭력과 연관된 설명 중 사실과 감정을 구분하고, 전후사정을 살펴 합리적으로 문제를 해결하고자 대화를 시도한다.

불건강한 부모는 자신이 믿는 사실을 진실로 여기고 끊임없는 질문공세로 대답을 요구한다. 자신이 원하는 대답이 나올 때까지 유도질문을 하기도 한다. 싸움은 결국 건강하지 못한 어른들의 다툼으로 귀결된다.

4 학교 폭력 CPR(심폐소생술:응급처치)

"말은 물 위에 쓴 글씨요, 실천은 바위에 새긴 조각이다"라는 속담처럼 학교폭력에 대해 온 사회가 분노의 도가니처럼 끓어 올라 대책을 내 놓으라고 아우성친다. 하지만 학교폭력 예방 및 대책에 관한 법률』은 물론『학교폭력 예방 및 대책 5개년 기본계획(2015~2019)』까지 수립되어 시행되고 있다. 전국 180여개 지역교육청에는「학교폭력 신고 상담 센터」가 설치되었고 학교폭력 긴급전화(1588-7179)를 운영하고 있으며, 학교 내 CCTV를 설치하고 배움터지킴이 배치가 대폭 확대되었다.「등·하교 안심알리미 서비스」가 본격 실시되고 있다. 그럼에도 불구하고 폭력은 끊이지 않고 날로 심각해진다. 필자는 이 원인을 인성교육의 부재이니, 교권추락과 학생인권조례 제정 등에서 찾기보다도 우리 사회에 만연한 폭력의 한 모습(아류)라고 진단한다. 즉, 온 사회가 폭력이라는 먹구름으로 가득한데 학교의 하늘 위에만 비폭력이라는 맑은 하늘이 존재하기를 바라는 것처럼 들린다.

학교폭력이 일어났을 때 전문가에 의한 전문적인 적인 대처도 필요하지만 일단 응급처치가 필요하다. 정혜신 박사(2018)는 이를 CPR(심폐소생술)이라고 불렀다. 학교폭력에도 심폐소생술CPR이 필요하다. "도천아"하고 이름을 불러 주어야 한다.

학교폭력은 예방이 최고의 대책이다. 그러나 일단 일어난 학교폭력에 대해서는 응급처치 즉, 심폐소생술CPR이 제공되어야 한다. 학생들의 마음을 공감해 주어야 한다. 뿐만 아니라 용서와 회복을 통해 성장에 이르도록 이끌어 주어야 한다.

하지만 대부분의 경우 학교폭력에 대한 대처는 "누가, 무엇을 잘못했는지?" "왜 그랬는지" 질문한다. 이 질문을 하기 전에 친절하고 온화하게 진정성이 담긴 목소리로 학교폭력 심폐소생술CPR 즉, "도천아"를 불러 주어야 한다.

1) "도움이 필요한 것이 무엇이니?" 물어보고,
2) "천천히 말해 보라"고 하며 기다려 주어야 한다. 그런 다음
3) "얼마나 아팠는지?" 물어보고 공감해 준다.

　　이는 로저스의 상담의 3요소인 '무조건적 긍정적 존중', '진정성', '공감' 의
3요소가 반영된 것으로 볼 수 있다.
　　학교폭력은 위와 같은 응급처치(심폐소생술)가 제공되었을 때, 생명을 구
할 수도 있고 중상重傷이 될 상황에서도 가벼운 상처로 마무리 할 수도 있다.

학교폭력에 관련된 법과 규칙들 이해하기

1. 학교 폭력은 폭력 사회의 거울이다

작가 김성윤(2014)은 〈18세상〉에서 "우리가 알고 있는 청소년 문제라는 것은 사실상 우리 사회가 문제가 없는 것처럼 보이게 하는 알리바이이다"라고 지적하였다. 학교 폭력 역시 우리 사회가 폭력적이지 않다는 알리바이처럼 보인다. "학교 폭력이다"라고 소리치는 사람들을 보라. 국회 폭력, 재벌가의 값질 폭력, 노동자를 향한 기업들의 손해배상 폭력, 여성과 외국인에 대한 차별, 언론의 무분별한 신상 털기 폭력 등은 무대 뒤로 감추어지고 배경이 된다. 전국의 학교가 12,000개가 못 되는데 경찰을 2만 명 증원하여 학교폭력에 대처하겠다고 한다. 학교를 경찰서로 만들겠다는 것인가? 학교폭력을 예방하고 대처하는 전문상담인력을 배치하는 것은 총액 임금과 공무원 총 정원에 묶여 어렵다고 한다. 학교폭력에 대한 분노가 넘쳐나고 목소리를 높일수록 애국자, 교육자 코스프레가 가능한 것은 무슨 까닭일까?

학교 폭력은 우리 사회의 폭력성의 한 단면이자 거울이다. 학교 폭력은 우리 사회의 현 주소이다. 학교 폭력은 우리 사회에 만연한 다양한 폭력의 청소년 버전이다. 나라의 법을 만드는 국회의원들조차 온갖 욕설과 폭력으로 자신의 의사를 전달하는 마당에 미숙한 청소년들이 폭력을 사용하는 일은 어찌 보면 당연한 일인지도 모른다. 학교 폭력은 쌍용자동차 파업 사태에 대응하는 공권력에 의한 폭력의 학교 버전이자 재벌의 매 값 폭력의 서민 판이다. 가정 폭력의 어그러진 그림자이며, 교사의 체벌이라는 폭력에 대한 학생들의 아우성이다. 눈만 돌리면 만나는 TV와 영화, 온갖 폭력적 게임의 현실화이다.

시인이자 영화감독인 유하는 "말죽거리 잔혹사(2004)""비열한 거리 (2006)""강남(2014)"을 통해 우리 사회에서의 폭력의 밑바닥과 심리를 탁월하게 묘사하고 있다.

학교에서 배운 것

유하

인생의 일할을
나는 학교에서 배웠지

아마 그랬을 거야
매 맞고 침묵하는 법과
시기와 질투를 키우는 법
그리고 타인과 나를 끊임없이 비교하는 법과

경멸하는 자를
짐짓 존경하는 법

그 중에서도 내가 살아가는 데
가장 도움을 준 것은

그런 많은 법들 앞에 내 상상력을
최대한 굴복시키는 법

참된 배움이란 교사의 가르침 넘어 있고 인생에서 가장 값진 배움 들은 학교에서, 칠판에서가 아니라 가르침이 멈추는 곳에서부터 시작된다. 우리가 학교에서 배워야 할 것들, 가르쳐야 할 것들에 대한 덕목에 관해 다시 한 번 사회적 합의가 필요한 것은 아닐까? 청주교대 박성희 교수는 초등학교 교과목을 '소통', '관계', '배려' 세 과목으로 구성하자고 제안한 바 있다. 자연과의 소통, 관계 맺기가 과학과목이 아닌가? 몸과의 소통은 체육 과목, 국어와 영어는 언어적 소통 등에 해당할 것이다. 학교에서 배워야 할 것들의 핵심덕목을 중심으로 과목을 재구성하자고하면 해당 과목의 교수들과 교사들이 들고 일어날 것이지만 교육의 궁극적 목표를 다시 생각하자면 이대로는 안 된다는 점이다. 변산공동체 학교를 세운 윤구병 선생(2012)은 교육의 목표를 '스스로 제 앞가림하는 힘을 기르는 것'과 '함께 어울려 사는 힘을 기르는 것'이라고 정의하였다.

학교에서 우리 학생들이 마땅히 배워야 할 것들에 대한 사회적 합의가 필요하다. 2015년 7월부터 시행되고 있는「인성교육진흥법」[1]에 의하면 "인성교육"이란 〈자신의 내면을 바르고 건전하게 가꾸고 타인·공동체·자연과 더불어 살아가는 데 필요한 인간다운 성품과 역량을 기르는 것을 목적으로 하는 교육〉을 말한다"라고 정의하면서 "핵심 가치·덕목"을 길러야 하는데 이는 인성교육의 목표가 되는 것으로 예禮, 효孝, 정직, 책임, 존중, 배려, 소통, 협동 등의 마음가짐이나 사람됨과 관련되는 핵심적인 가치 또는 덕목이라고 정의하였다. 또한 "핵심 역량"이란 핵심 가치·덕목을 적극적이고 능동적으로 실천 또는 실행하는 데 필요한 지식과 공감·소통하는 의사소통능력이나 갈등해결능력 등이 통합된 능력을 말한다"라고 설명한다. "핵심가치덕목"과 "핵심역량"을 길러주기 위해 무엇을 어떻게 할 것인가? 에 대한 설명은 없다. 무엇을 어떻게 배울 것인가? 가 바로 학교에서 배워야 할 것들이다.

2.「학교폭력예방및대책에관한법률」[2] 이해하기

2004년 제정된 이 법은 2018년 8월 현재 제정 이후 22번의 제·개정 과정을 거

---

1 [시행 2015.7.21.] [법률 제13004호, 2015.1.20., 제정]
2 [시행 2017.4.18.] [법률 제14762호, 2017.4.18., 일부개정]

〈그림1〉학교폭력예방법 법률 체계도

친 대표적인 누더기 법이다. 줄여서 '학교폭력예방법'이라고 한다. 2012년 이전에는 '학폭법'이라고 불렸다. 이 법은 2004년 1월 29일 제정되어 같은 해 7월 30일자로 시행된 법률이다. 문제는 법령의 제정 과정이다. 오랜 기간 전문가들에 의해 체계적으로 정밀하게 구성된 것이 아니라 학교폭력에 대한 사회적 비난 여론이 비등해 질 때 대응적으로 만들어 진 법이라는 점이다. 이법의 개정 과정 역시 사회적 이슈(방아쇠 사건)가 일어나면 해당 조항을 개정하는 땜빵식 입법을 해 왔다. 지금이라도 제대로 된 연구와 분석을 거쳐「학교폭력예방·대책기본법」을 만들어야 한다. 소년법, 형사법 등 흩어진 관련 법령을 모두 모아 학교폭력에 관한 한 이 법이 중심이 될 수 있도록 하는 것이 필요하다.

이 법령의 체계를 살펴보면「학교폭력예방 및 대책에 관한 법률 시행령」이 대통령령 제 28211호로 2017년 7월 26일자로 시행 중이다. 시행령 역시 15번의 개정 과정을 거쳤다. 하위 행정규칙으로는 "학교폭력 가해학생 조치별 적용 세부 기준 고시"가 2016년 9월 1일자로 제정되어 있다. 자치법규로는 광주광역시교육청의 〈학교 학부모회설치·운영에 관한 조례[3]〉와 제주특별자치도

3 [시행 2018.4.1.] [광주광역시조례 제5061호, 2018.4.1., 타법개정]

교육청의 〈학교폭력예방 및 대책에 관한 조례〉[4]가 있다. 이를 그림으로 제시하면 〈그림1〉과 같다.

〈그림1〉에서 볼 수 있듯이 대한민국에는 학교폭력 예방과 대책에 관한 법률이 있고 이 법에 의해 국가와 지방자치단체가 기본계획을 5년마다 수립하고 다양한 대책을 실천하고 있다. 학교폭력은 의미 있게 줄어들었는가? 잊을 만하면 찾아오는 학교폭력에 대한 기사들은 무엇을 의미하는가? 약이 많은 병은 고치기 힘든 병이다. 학교폭력을 예방하고자 하는 범국가적 예방 프로그램인 '어울림'과 '어깨동무'가 교육부에 의해 확대 보급 되고 있다. 최근에 주목받고 있는 '회복적생활교육'과 '긍정적 학급운영' '비폭력대화' '평화샘 프로젝트' 등 다양한 프로그램 등이 교육청 혹은 개별학교 차원에서 운영되고 있다. 그러나 어떤 것도 학교폭력을 획기적으로 줄이거나 개선하였다는 풍문을 들은 바 없다. 필자가 과문寡聞한 탓일 것이다.

3. 학교폭력예방법[5]의 주요내용

가. 주요내용

1) 제1조 목적

이 법은 학교폭력의 예방과 대책에 필요한 사항을 규정함으로써 피해학생의 보호, 가해학생의 선도·교육 및 피해학생과 가해학생 간의 분쟁조정을 통하여 학생의 인권을 보호하고 학생을 건전한 사회구성원으로 육성함을 목적으로 한다.

2) 정의

법제2조1항(정의)는 "학교 폭력"이란 ① **학교 내외에서** ② **학생을 대상으로 발생한** ③ **상해, 폭행, 감금, 협박, 약취·유인, 명예훼손·모욕, 공갈, 강요·강제적인**

---

4 [시행 2015.8.13.] [제주특별자치도조례 제1321호, 2015.8.13., 제정]
5 [시행 2017.11.28.] [법률 제15044호, 2017.11.28., 일부개정]

심부름 및 성폭력, 따돌림, 사이버 따돌림, 정보통신망을 이용한 음란·폭력 정보 등에 의하여 신체·정신 또는 재산상의 피해를 수반하는 행위를 말한다.

3) 의무

가) 제3조 해석·적용의 주의 의무: 국민의 권리가 부당하게 침해되지 않도록 주의

나) 제4조 국가 및 지방자치단체의 책무: 법적·제도적 장치 마련, 선도·교육 활동 장려, 관련 시책 반영 노력, 행정적·재정적 지원

다) 제6조 교육부장관에 의한 기본계획수립: 5년 마다 수립(1차 5개년 계획 2005~2009년, 2차 2010~2014년, 3차 2015~2019년 시행 중)

라) 제11조 교육감의 임무: 전담부서 설치·운영, 실태조사 실시, 학교폭력 상담·조사, 관계 기관과의 협력

마) 제15조 학교장의 임무(①~②): 학교폭력 예방교육(학생, 교사, 학부모), 피해학생(장애학생) 보호,

③ 학교의 장은 제1항에 따른 학교폭력 예방교육 프로그램의 구성 및 그 운용 등을 전담기구와 협의하여 전문단체 또는 전문가에게 위탁할 수 있다.

바) 제16조 피해학생의 보호, 1. 학내외 전문가에 의한 심리상담 및 조언

장애학생의 보호(제16조의2)

사) 제17조 가해학생에 대한 조치 의무, 5. 학내외 전문가에 의한 특별 교육이수 또는 심리치료

아) 제19조 학교장의 의무: 학교폭력 사실 조치와 결과 보고 및 학교폭력 단체 결성예방 및 해체 노력

자) 제20조 학교폭력 신고의 의무: ① 학교폭력 현장을 보거나 그 사실을 알게 된 자는 학교 등 관계 기관에 이를 즉시 신고하여야 한다.

자) 제21조 비밀누설금지 등: 관련 정보와 신상자료 및 회의자료

차) 기구 설치 및 기능

(1) 학교폭력대책위원회 : 제7~8조

(2) 학교폭력대책지역위원회 : 제9~10조1, 학교폭력대책지역협의회 : 제10조2

(3) 학교폭력대책자치위원회 : 제12조

(4) 전문상담교사배치 및 전담기구 구성 : 제14조(의무가 아닌 권유 규정)

① 학교의 장은 학교에 대통령령으로 정하는 바에 따라 상담실을 설치하고, 「초·중등교육법」 제19조의2에 따라 전문상담교사를 둔다. → 두어야 한다 의무 규정으로 변경[6] 하여야 함.

4) EFRG 프로그램의 법적 근거: 법제15조 ③, 16조 1항, 17조 5항

「학교 안팎 청소년 폭력 예방 보완대책(2018. 8. 31)」(관계 부처 합동)에 따르면 학교폭력 사안처리 제도 개선의 일환으로 학교의 교육적인 해결 노력을 확산하기 위해 학교 자체 해결 권한 부여 및 학생부 기재 개선안을 마련하고자 한다. 특히 교육적 관계회복 중심의 학교폭력예방법 개정을 추진하고 있다. 이를 위해 단순·경미한 학교폭력은 전담기구의 확인을 거쳐 학교에서 자율적으로 해결할 수 있는 권한을 부여하도록 법령(학교폭력예방법 제13조-자치위의 구성·운영)을 추진하고 있다(2018년 하반기).

단순·경미한 학교폭력은 전담기구의 확인을 거쳐 학교에서 자율적으로 해결할 수 있는 권한 부여 추진

〈 단순·경미한 학교폭력 기준(예시안)〉

❖ (단순·경미의 기준) 학교폭력의 심각성·지속성·고의성이 낮고 가해학생이 깊이 반성
 * 다음의 조건(①~⑤)을 모두 만족 : ①전치 2주 미만의 상해 ②재산상 피해가 없거나 복구된 경우
  ③고의적이거나 지속적인 사안이 아닐 것 ④집단폭력이 아닐 것 ⑤성폭력이 아닐 것
❖ (절차) 전담기구 조사 → 학교 자체 해결 결정 → 교육청·자치위 보고
❖ (은폐·축소 차단) 교육청 및 차기 자치위에 보고 의무화, 은폐·축소 시 파면·해임 등 징계 가중

〈그림2〉 학교폭력예방법 제13조(자치위의 구성·운영) 개정 추진('18, 하반기

6 이동갑(2017 : 207)

4. 학교폭력예방법의 문제점과 개선점 이해

정의가 너무 광범위하게 규정되었고 폭력의 개념이 너무 포괄적이다. 성격상으로는 명백하지만 내용적으로 사소한 폭력 행위 만으로 징계를 받을 수 있으며 반대로 폭력의 정도가 중할 경우에는 형사처벌에 의한 처벌보다는 학교폭력예방법의 적용 대상이 되면 처벌을 가볍게 받을 수 있는 모순이 존재한다(정향기, 2017: 126).

가. 대상과 범위 등의 문제(김갑석, 2015)

1) 장소 : 학교 밖에서 발생한 사건까지 관할에 두는 문제 → 학교 외에서 발생한 사건은 소년법 처리 절차에 따라 처리하는 것이 바람직하다고 주장하고 있으나 장소만 학교 밖일 뿐 학생들에 의한 학교생활의 갈등이 폭력의 원인이 되었다면 학교폭력에 포함되어야 한다(필자 의견).

2) 주체 : '학생을 대상으로 한'이라는 규정은 '학생 간에 일어난 폭력' 이 개정된 것임. 범위가 너무 넓고 애매함. 성인에 의한 학생 폭력도 대상이다. → '학생 간에 일어난 폭력'으로 돌아가야 한다.

3) 범위 : 정의 ③의 내용으로 너무 추상적이고 광범위 함. 언어폭력까지 포함하고 있음. 친구들 간의 장난이나 말실수도 학교 폭력의 대상이 될 수 있다. '약취·유인'은 「성폭력범죄의 처벌 등에 관한 특례법」 제2조 2제2호에 포함되어 있다. 중복 규정의 문제, '공갈'은 형법 제350조와 중복된다. '강요'는 범위가 너무 광범위하다. 성폭력은 중대한 폭력이기에 학교에서 다루기 어렵다. 성추행, 성희롱까지 포함하는 개념에 대한 구체적 언급이 없어 성범죄자가 양산될 우려가 크다. 범위를 분명하고 구체적으로 하는 것이 필요하다.

나. 시효에 관한 문제

학교폭력 사건의 조치에 관해서는 시효가 없다. 현실적인 조치사항도 없는 학교폭력 가해 사실을 피해학생이 고의로 간직하고 있다가 가해자의 진로나 취업, 결혼 등의 문제에 영향을 줄 수 있다. 물론 당시에는 학교폭력을 알리기 힘든 상황이 있을 수 있다. 그럼에도 불구하고 공소시효가 없는 것은 헌법상의 권리 등과 배치 될 수 있다. 시효제도 도입이 필요하다.

다. 중복되는 법령 규정과 사법 과잉화의 문제

학교폭력의 범위가 너무 광범위하여 많은 법령들과 충돌하고 있다. 즉, '상해 죄'는 형법 257조, '폭행죄'는 형법 260조, '감금죄'는 형법 제276조 제1항, '협 박죄'는 형법 283조 제1항 등 소년법 등과도 중복된다. 즉, 가해학생이 사법 기 관에 출두하였다가 무혐의 처분을 받으면 학교폭력예방법에 의해 처벌할 수 있는지 문제가 발생한다. 형법상의 처벌이 확정될 경우 학교폭력예방법에 의 한 조치를 취할 수 없게 된다. 이중처벌이 되기 때문이다.

미수범에 대한 처벌 문제도 있다. 형법상에는 ' 미수는 범죄가 실행에 착수 하여 행위를 종료하지 못하였거나 결과가 발생하지 아니할 때는 미수범으로 처리한다. 미수범을 구분할 때 위험성과 실행의 착수를 기준으로 하는데 그 기준은 가능성이 있으면 미수범이 되고 가능성이 없으면 불응범이 된다. 실행 의 착수와 위험성이 미수범의 성립 요건이다'이런 점에서 학교폭력에도 미수 학생이 있을 수 있다. → 미수의 범위를 구체적으로 정하여 미수의 행위에 따 라 조치의 강도를 정하여야 한다. 개선의 방식으로 인권조례형식이 고려될 수 있다(김갑석, 2015: 143).

장난의 범위를 정하는 것도 문제이다. 친구끼리의 가벼운 장난도 학교폭 력이 될 수 있다. 지나가면서 반갑다고 가볍게 친구의 등을 때리는 행위, 상대 방이 싫어하는 별명을 부르는 행위, 상대방의 물건을 빌리는 행위 등 학교생 활의 일상 행위들이 법령을 위반할 소지가 가득하다면 학교는 지뢰밭이 되고 학생들의 인간관계는 극도로 위축될 것이다. 학교에 사법과잉이 넘쳐나고 학 교가 경찰서, 재판소의 앞마당이 된다. 학교 폭력 사건들이 이미 레드 오션이 된 변호사의 새로운 블루오션이 되었다는 기사들이 넘쳐나고 있다. 네이버에 '학교폭력'이라고 입력하면 다양한 법률사무소와 변호사들의 전화번호가 넘 쳐난다. 일부학교에서는 피해와 가해자 상관없이 변호사들이 의뢰인의 이익 을 위해 학교폭력대책자치위원회에 참석하겠다고 신청하고 있다. 문제는 변호사를 고용한 여력이 없는 이들이 피해자인 경우 고통과 불신은 몇 배가 되어 잠재적 사회문제가 될 소지가 엿보인다.

5. 사법과잉과 교육 포기 문제

가. 담임교사와 학교장의 지도가 사라진다.

학교가 교육기관인지 사법 기관인지 경계가 모호할 지경이다. 학생들의 일상적인 행위들이 사법의 영역이 되었기 때문이다. 학교폭력 신고의 의무는 담임교사의 경우 자신이 지도하는 학생들에게 적절한 지도를 하기 이전에 먼저 신고부터 해야 할 의무를 지니게 된다. 담임교사 제도가 없는 영미英美식 학교에서는 당연한 일일 수 있다. 하지만 학급의 담임이 생활지도의 상당 부분을 책임지고 사명감을 가진 우리 한국의 현실에서는 담임교사 지도에 관한 권리와 의무를 일거에 박탈하는 역할을 한다. 학교장 역시 재량을 가지고 학생들을 지도하는 것과 신고 사이에 혼란을 겪게 된다. 생활지도 차원에서 화해와 회복을 강조하고 지도하려는 시도들이 '축소, 은폐'로 비춰지고 이로 인해 실제로 행정조치(주의, 경고)나 징계를 받을 수 있다. 친구끼리의 사소한 말다툼이나 장난 혹은 몇 년 전에 있었던 사소한 폭력도 신고가 되고 있는 현실이다. 특히 폭력적인 성향을 지닌 문제행동을 하는 학생이 교육과 상담의 대상이 되어 보기도 전에 신고의 대상이 됨으로써 무기력과 교육포기의 현상마저 가져오는 것은 누구를 위한 법이며 제도인지 근본적으로 의심하지 않을 수 없다. 담임교사와 학교장의 지도와 재량권을 과감하게 확대하고 선의를 가지고 지도하는 가운데 일어나는 실수들은 법적 처벌의 대상이 되지 않도록 담보하는 것이 필요하다.

나. 학생들의 다툼이 어른들의 전쟁으로

학생들은 이미 어깨동무를 하고 친하게 지내고 있는데 부모님들의 감정싸움은 법정으로 까지 번지게 되는 경우가 더러 엿보인다. 가해자의 부모가 부장판사이거나 청와대 고위 관료일 경우도 방송 매체를 통해 접할 수 있다. 절차상의 문제를 걸어 모든 과정을 무효화하고 희화화하는 놀라운 신공 앞에 비전 문가들이 추풍낙엽처럼 무기력하게 추락한다. 학교는 교육적인 어떤 노력도 신속하게 포기하고 작은 폭력도 발견 즉시 신고, 학교폭력대책위원회 개최로 가게 된다. 교육이 사라지고 아이들이 사라지고 그 자리에 어른들이 들어와 법적인 다툼의 장으로 몰고 간다.

교실은 실수와 실패가 넘쳐나고 허용되는 공간이어야 한다. 아이들은 실수하면서 배우고 그 것을 바로잡는 과정이 교육이다. 하지만 일부 학부모들은 자녀들이 학교에서 있었던 정보를 접하는 과정에서 전후사정을 고려하지 않고 거친 항의를 쏟아 놓는다. 심지어 가정에서 언니가 동생을 때리는 행동을 보고 담임교사에게 밤늦게 전화하여 "도대체 학교에서 뭘 가르쳤기에 우리 아이가 저 모양이냐고 따졌다"는 것이다.

많은 부모님들이 착각하고 있는 것이 있다. 자신의 자녀들에 대해 가장 잘 알고 있다는 것이다. 아이들의 학교생활을 가정생활과 전혀 다른 공간이다. 단체 생활 속에는 새로운 질서와 양보와 인내, 관계 맺음에 대한 배려와 소통이 필요하다. 가정 마다 한두 명의 자녀를 기르는 요즘 학생들의 참을성은 부족하고 소통과 배려에 대한 훈련도 부족하다. 자신의 이익이 조금이라도 침해되면 견디지 못하고 용인 될 수 없는 방법으로 주장하고 항의하기도 한다. 이 과정에서 자녀에 의해 왜곡된 정보가 부모에게 전달될 가능성이 있다. 간단한 확인만 해도 될 일을 전화로 SNS로 사회적 문제를 일으킨다.

일단 언론에 주목을 받거나 사회적 문제로 이슈화되면 돌이킬 수 없는 파국으로 치닫게 된다. 아이의 문제는 오해로 인한 가벼운 다툼이건만 부모에 의해 사회적 문제가 될 경우 가정도 학교도 수습을 위한 행정적 비용이 크고 심리적 상처도 오래간다.

물론 자녀의 억울한 학교 폭력의 피해를 보고 직장을 잠시 접고서라도 문제를 해결해야 하겠다는 절박한 학부모의 심정은 주목 받고 인정받아야 마땅하다. 그러나 이 모든 일에 앞서서 가장 좋은 해결은 예방이며 초기에 개입하는 것임을 잊지 말아야 할 것이다. 아이들이 스스로 해결할 수 있는 문제를 어른들이 끼어들어 상황을 악화시키는 일은 자녀에게도 학교에게도 도움이 되지 않는다. 교육은 기다림의 예술이다.

다. 교사들의 소진과 학생 지도 포기

학교폭력의 해결과정에서 학생들의 문제가 자녀에게 불리하게 전개될 경우 일부 학부모들은 학교와 교사를 문제 삼는다. 학교폭력을 조사하는 과정에서 특정 교사가 언성을 높이거나 학생들을 분리하는 과정에서 물리적으로 상처를 주었다는 등 '아동학대'로 문제를 몰고 가는 경우이다.

이 경우 교사들은 「아동복지법」「아동학대범죄의 처벌 등에 관한 특례법」에 의해 벌금만 받아도 그 직을 잃게 될 수 있다. 학부모들이 '아동보호전문기관'에 아동학대를 신고하게 되면 경찰에 신고가 접수되고 교사는 일과 중 수업 시간에도 경찰에 출두하여 진술을 요구 받을 수 있다. 이 과정에서 많은 교사들이 소진되고 아동 지도에 자신감이 없어지고 두려움과 공포 속에서 퇴직과 휴직을 고민하게 된다. 학부모와의 상담과 아동 상담 역시 두려움의 대상이 된다. 그 피해는 오롯이 학생들에게 돌아간다. 일부 건강하지 않는 학부모의 학교와 교사를 상대로 한 소송과 교권침해의 수위는 위험선을 넘고 있다. 이를 위한 대책 마련이 시급하다.

우리 사회는 1997년 IMF 이후 교사라는 직업이 부동의 1위를 차지할 만큼 매력적으로 자리매김하였다. 하지만 교사에게 대한 사회적 처우와 학부모들의 인식은 예전과 많이 달라졌다. "스승의 그림자도 밟지 않는 것이 아니라 학생들의 그림자도 밟아서는 안 된다"는 자조가 들린다. 문제의 소지를 일으키지 않기 위해 적극적인 지도와 상담보다는 신고하고 법대로 하는 것이 안전하다는 냉소도 엿보인다. 누구를 위한 법이며 제도인지 묻지 않을 수 없다. 물론 교사들도 변해야 한다. 더러는 자질이 부족하고 아이들의 고통에 공감하는 정도가 결여된 교사들도 만나게 된다. 이들에게도 기회를 주어야 한다. 교직 입직 단계에서 변화된 환경에 대한 교육이 있어야 한다. 즉, 교대나 사범대학에서 학교폭력과 생활지도, 상담에 대한 과목이 현행 교육과정의 5% 내외에서 적어도 20% 정도가 되어야 한다. 임용고사 과정에서도 교사의 품성과 생활지도 역량이 중요하게 평가 되어야 한다. 특히 교사 연수와 재교육과정에서 학교폭력과 생활지도 연수가 질적·양적으로 확대되어야 한다. 무엇보다 소진되고 상처받은 교사들을 대상으로 힐링과 치유가 충분히 이루어 질 수 있도록 배려되어야 한다.

　최근 사회 일부에서는 교사의 방학을 문제 삼아 방학을 없애자는 국민청원이 논란이 되고 있다(중앙일보, 2018. 7. 29)[7]. 무노동 무임금의 원칙을 지적하고 있다. "방학은 교사가 미치기 직전에 하고, 개학은 학부모가 미치지 직전에 한다"는 말처럼 남의 자녀 25명~30명을 좁은 공간에서 하루 종일 돌보고 가르치는 일이 보통 일이 아니다. 교사가 방학 중에 아무 것도 하지 않고 해외여행이나 다닌다는 주장은 교직에 대한 과도한 이해 부족으로 안타깝다. 방학 중 1주일 이상을 마음 편히 쉴 수 있는 교사는 많지 않을 것이다. 각종 연수와 행정처리도 방학 중이라고 해도 예외가 아니다. 교사가 해외여행을 통해 경험을 넓히면 그 것이 학생들에게 도움이 되지 않을까? 우리 가족이 가지 못하는 해외여행을 교사는 왜 가느냐? 는 불만이라면 매우 불건강하다. 교사가 방학동안 도서관에서 책을 보거나 학교에 와서 빈 교실을 지키면 안심이 되시려는가? 학생 수가 줄어드는데 교사는 왜 줄지 않느냐고 항의할 일이 아니다. 초등학교 1~2학년은 현행 25명 내외의 정원을 반으로 줄여야 한다. 교육의 질을 높이기 위해 교사들의 삶의 질을 높이는 것에 대한 투자를 인색하게 여겨서는 안 된다. 교사가 행복한 것을 배 아파하면 안 된다. 교사가 행복해야 학생들이 행복해 질 수 있다. 며느리가 행복한 표정을 짓는 것만으로도 심술이 난다던 시어머니가 되어서는 안 된다. 행복한 교사가 행복한 아이들을 가르친다.

7　http://www.koreadaily.com/news/read.asp?page=1&branch=&source=&category=society
　&art_id=6420396

3과 _____

괴물이 된 "학교폭력대책자치위원회"

1. 불신 받는 학교폭력: KBS1 TV 뉴스(2015. 12. 23)

〈녹취〉학교폭력 피해학생 부모 : "중립이라고 주장하면 그거는 눈 가리고 아웅이죠. 하늘이 보고 있어요. 그러시면 안 된다는 거예요. 자기 자식이라고 생각해보고..."

〈녹취〉학교폭력 가해학생 부모 : "친구들하고 놀면서 그 정도의 다툼은 그냥 선생님들 선에서 화해시켜서 애들끼리 잘 생활할 수 있도록 해주셔야 되는 부분도 있는데. 신고한 사람이 무조건 피해자가 되고 저는 가해자가 되는 거잖아요."

〈인터뷰〉정○○(상담교사) : "아이들끼리는 사실 갈등과 오해가 풀리면 쉽게 화해가 되거든요. 그런데 부모들은 법의 테두리에 딱 묶여 있으니까 자기 아이 보호하겠다는 심리가 강해져서 굉장히 갈등이 심각해져요."

학교폭력을 줄이자며 일선 학교마다 도입한 학교폭력대책 자치위원회.
좋은 취지로 출발했지만 점점 부작용이 드러나면서 학교 현장의 불만은 커지고 있습니다. 3년 전부터 학폭위의 처분 결과를 생활기록부에 기록한 이후 입시 불이익을 우려한 학부모들의 반발은 커졌고 소송도 증가하고 있습니다. 또 교사들이 사실상 학폭위를 주도하다 보니 학교폭력에 제대로 대처하지 못한 교사들의 관리 책임을 묻는 경우는 거의 없습니다. 불신의 대상이 된 학폭위, 그 실태를 취재했습니다.

지원이 엄마가 학교폭력 신고전화에 피해 사연을 접수하자 해당 학교에서는 학교폭력대책 자치위원회를 열었습니다. 심의 결과 처분을 요청한 학생 9명 가운데 6명의 가해 사실이 인정돼 특별교육과 접촉금지, 서면사과 등의 징계가 내려졌습니다. 지원이 어머니는 징계 수위가 낮다면서 학폭위가 피해상황을 충분히 파악하지 않았다고 말합니다.

〈녹취〉지원(가명)어머니 : "제가 얘기를 하면 충분히 엄마가 얘기할 수 있는 그런 시간을 줘야 되는데 자꾸만 거기서 커트, 그러니까 자르는거에요. 지극히 객관적인 부분 있잖아요. 특히 이런(문자메시지) 부분. 이거는 문자로 온 거잖아요. 이런 것들은 숨길 수 없는 부분이잖아요. 그래서 이것들을 오픈을 했지만 정말 제가 얘기했던 부분은 전혀 결과 진행 회의록에 나와 있지 않았다는거죠."

가해학생측도 학폭위 조사 과정과 결정에 불만을 나타냈습니다. 가해학생 학부모는 학폭위가 제대로 사실 관계를 파악하지 않고 징계를 내렸다고 주장합니다.

〈녹취〉가해학생 어머니 : "그날 바로 무슨 조사를 하거나 이런 것도 없이 그냥 학교폭력위원회 딱 열리면, 저희가 진술하고 나가면 바로 거기에 대해서 징계 논의를 바로 해버려서 징계가 딱 나오니까. 위원회 구성된 사람들이 진실을 정확하게 파악을 못한다는 거죠."

가해 학생 측 학부모들은 학폭위의 징계가 지나치다며 재심과 행정심판을 청구했지만 받아들여지지 않았습니다. (이하 생략)

학교폭력예방법은 모든 학교에 학교폭력대책자치위원회를 설치하고 운영하도록 규정하고 있다.

제12조(학교폭력대책자치위원회의 설치·기능) ① 학교폭력의 예방 및 대책에 관련된 사항을 심의하기 위하여 학교에 학교폭력대책자치위원회(이하 "자치위원회"라 한다)를 둔다. 다만, 자치위원회 구성에 있어 대통령령으로 정하는 사유가 있는 경우에는 교육감의 보고를 거쳐 둘 이상의 학교가 공동으로 자치위원회를 구성할 수 있다. 〈개정 2012.1.26.〉

그러나 학교폭력대책자치위원회(이하 자치위원회)에 대한 불신과 불만이 피·가해학생 뿐만 아니라 관련 학교와 학부모 모두에게서 넘쳐나고 있다. 무엇이 문제인가? 교내의 거의 모든 갈등을 처벌로 해결하는 학교폭력대책위원회가 상시화 된 교육현장은 삭막하게 변질되었다. 지나치게 사소한 일까지 자치위원회로 넘어간다. 소통과 화해를 통한 문제해결 시도는 자칫하면 축소, 은폐 시도로 오인되어 징계를 피할 수 없다. 초등학교 1학년(만6살) 어린이들도 친구를 때렸다는 일로 자치위원회가 열리고 있다. 모든 처분이 생활기록부에 기록되는 것 역시 문제점이다.

2. 학교폭력전담기구(이하 전담기구) 운영에 관한 문제점과 개선 방안들(정향기, 2017 참조)

교육부가 발간한 학교폭력 사안처리 가이드북 전담기구의 구성과 역할에 대해 설명하고 있다(2004: p. 34). 전담기구의 구성권자는 학교장으로 교감, 전문상담교사, 보건교사 및 책임교사(학교폭력 문제를 담당하는 교사)로 구성한다. 따라서 학교폭력과 관련된 생활지도부장이나 상담부장 등의 보직교사도 구성원이 될 수 있다(법률 제14조 제3항). 일반적으로 학교폭력이 발생하면 다음과 같은 절차를 거친다(충청북도교육청 2018학년도 1학기 생활지도 담당자 연수자료: 학교폭력 사안처리 절차. pp: 39~41).

학교폭력 전담기구는 신고접수 및 학교장 보고, 즉시조치(피·가해학생 즉시 격리, 성범죄의 경우 수사기관에 신고), 사안조사, 가·피해학생 부모 면담, 학교장 보고를 담당한다. 이 과정에서 다양한 형태의 민원이 발생할 소지가 있다. 전담기구와 자치위원회 운영상의 문제점은 정향기의 박사논문 "학교폭력 예방제도의 문제점과 개선방안에 관한 법적 연구(2017)"을 참고하였다.

가. 전담기구의 사안조사 시간 부족

신속하게 2~3일 내 사안조사를 마치고 자치위원회를 개최하여야 하기에 시간적 여유가 부족하다.

나. 협의·화해 기능 축소

예전에는 담임교사 종결제도가 있었지만 폐지되었다. 이에 학생 간의 사소한 다툼까지도 자치위원회에서 심의하게 되고 담임교사는 이 문제에 대해 조정 혹은 화해를 시킬 길이 없다.

다. 긴급조치로 인한 불이익 가능성

사안조사 단계에서 학교장은 긴급하다고 하면 사실관계가 명확하게 확정되지 않은 단계에서도 긴급조치를 할 수 있다.

라. 개선방안

학교폭력은 무엇보다 예방이 중요하다. 초기 단계에서 상담을 통해 해결하는 것이 필요하다. 이를 위해서는 ① 모든 학교에 전문상담교사를 배치하는 것이 필요하고 교육부 역시 101명 이상의 모든 학교에 전문상담인력을 배치하고자 추진 중이다. 또한 ② 전문상담인력의 역량 강화 방안(슈퍼비전 체계 마련 및 의무적 연수체계 마련)도 중요하다. ③ 담임교사와 일반 교사들에 대해서도 기본적인 학교폭력에 대한 대처 방안 습득과 상담 기술에 대한 연수가 필요하다. 학교 내에서 소화하기 힘든 ④ 전문적인 치료나 상담을 위해서 전문기관과 협약(위탁)을 맺고 유기적으로 협력할 수 있는 시스템을 갖추어야 할 것이다.

3. 학교폭력대책자치위원회에 관한 문제점과 개선방안들(정향기, 2017. 참고)

제12조(학교폭력대책자치위원회의 설치·기능) ① 학교폭력의 예방 및 대책에 관련된 사항을 심의하기 위하여 학교에 학교폭력대책자치위원회(이하 "자치위원회"라 한다)를 둔다. 다만, 자치위원회 구성에 있어 대통령령으로 정하는 사유가 있는 경우에는 교육감의 보고를 거쳐 둘 이상의 학교가 공동으로 자치위원회를 구성할 수 있다. 〈개정 2012.1.26.〉

제13조(자치위원회의 구성·운영) ① 자치위원회는 위원장 1인을 포함하여 5인 이상 10인 이하의 위원으로 구성하되, 대통령령으로 정하는 바에 따라 전체위원의 과반수를 학부모전체회의에서 직접 선출된 학부모대표로 위촉하여야 한다. 다만, 학부모전체회의에서 학부모대표를 선출하기 곤란한 사유가 있는 경우에는 학급별 대표로 구성된 학부모대표회의에서 선출된 학부모대표로 위촉할 수 있다.〈개정 2011.5.19.〉

자치위원회는 학교폭력의 예방 및 대책에 관한된 사항을 심의하는 기구이다. 위원이 10명이라면 학부모 위원이 6인 이상, 9명이라면 5인 이상이 되어야 한다. 자치위원회는 학교폭력예방법 시행령 제14조에서 학교의 교감, 학생생활지도 경력 교사, 법 제13조제1항에 따라 선출된 학부모 대표, 판사·검사·변호사, 해당 학교 관할 경찰서 소속 경찰관, 의사 자격이 있는 사람, 그 밖에 학교폭력 예방 및 청소년보호에 대한 지식과 경험이 풍부한 사람으로 구성할 수 있도록 규정하고 있다. 자치위원회의 문제점들은 다음과 같다(가~마).

가. 자치위원의 전문성 부족

자치위원들 중 교감을 제외한다면 해당학교의 교사 중 학생생활지도 경력이 풍부한 교사가 그 업무를 맡고 있느냐? 가 매우 중요하다. 교감선생님이라고 해도 생활지도나 학교폭력을 제대로 다루는 경험이 없을 수도 있다. 그러나 학교폭력 업무는 3D 업무로 기피업무인지라 거의 신규에 가까운 교사가 맡고 있는 경우도 많다. 많은 절차상의 문제 및 학부모와의 불필요한 감정싸움, 조사 과정에서의 미숙함 등이 담당교사의 자질과 관련이 크다.

학부모 대표의 전문성은 과연 무엇으로 보장할 수 있는가? 가·피해학생의 학부모가 문제 삼는 불신의 큰 역할이 학교폭력위원회 소속 학부모에 의한 개인정보 및 회의 관련 정보 누출이다. 이들은 학교폭력 관련학생과 학부모로부터 친분관계나 영향력에서 자유롭기 어렵다. 판사·검사·변호사 등 법조인들이 위원회 위원으로 참가하여 준다면 얼마나 고맙겠는가? 하지만 이들이 최소한의 여비지급을 받고 몇 시간에 걸친 회의에 참가하는 일은 극히 드물다. 아니 위촉하는 것 자체가 거의 불가능하다.

해당학교 관할 경찰서 소속 경찰공무원 이른바 SPO School Police Official 학교전담경찰관은 현재 약 10.5개교 당 1명이 배치되어 있다. 그러나 이들 중 대부분은 교육학과 상담에 관한 연수를 받지 못한 채 학교폭력 업무는 여러 업무 중의 하나인 까닭으로 전문적 자질을 향상할 수 있는 기회가 거의 없는 형편이다. 의사 자격이 있는 사람 역시 판·검사·변호사처럼 위원으로 위촉하거나 형식적으로 이름을 빌려주었다 하더라도 식사 시간이 아닌 회의에 참석하는 일은 극히 드물다. 사정이 이러하니 학생·학부모의 입장에서는 학폭위의 결정에 신뢰할 수 없다는 말이 나오게 되는 것이다.

나. 선도위원회의 조치와의 혼동

선도위원회는 학칙 위반에 대한 징계를 담당하는 곳으로 해당학교의 교사로 구성되어 있다. 간혹 선도위원회에서 학교폭력 사건을 조사하거나 자치위원회의 의결로 선도위원회에서 조치 결정을 하기도 한다.

다. 자치위원회의 부조치 결정의 어려움

단순히 사과를 통해 해결될 수 있는 가벼운 사안까지 개입하여 가해학생에 대한 선도조치가 내려지는 문제이다. 가해학생에 관하여 법적 조치를 할 필요가 없다고 판단하여도 은폐 가능성이라는 부담 때문에 서면 사과로도 결정을 하는 편이다. 하지만 서면사과는 헌법상 양심의 자유를 침해할 소지가 있어 때로는 과감하게 부조치 결정을 통한 해결이 필요하다.

라. 자치위원회 운영과 가해 측의 의사표현 기회 부재

자치위원회가 신속한 심의 결정에 초점을 맞추다 보니 심의과정에서 일방적으로 가해 학생 및 그 부모의 진술이 배제되거나 필요한 정보를 충분히 제공하지 못하는 사례가 불만의 원인이 되고 있다.

마. 교사에 대한 교권침해와 폭언·폭행 등에 무방비

자치위원회 진행 과정에서 일부 가·피해 학생 부모들에 의한 교권침해가 심각하다. 수업 중 교실에 들어와서 교사를 끌어내는 일부터 일과 시간 외 밤늦은 시간이나 주말 등을 가릴 것 없고 몇 시간씩 폭언과 욕설 등을 퍼 붇고는 오히려 녹취를 하였으니 고소를 하겠다고 한다. 검증되지 않는 자녀의 이야기만을 듣고 SNS에 민원을 제기하여 언론의 주목을 받아 교사는 이미 마녀사냥을 당하여 도저히 학생들 앞에 설 수 없는 교권침해를 당하는 경우가 많다. 이 경우 교사가 할 수 있는 일이라고는 경찰서에 고소하는 일 외에는 없다. 이런 일을 겪은 교사는 극히 소진되어 학부모에 대한 두려움과 공포뿐만 아니라 아동들을 지도하는데 있어서도 위축되고 움츠려드는 자기검열을 하게 된다. 해당교사가 스트레스를 못 이겨 병가를 내거나 휴직을 하게 되면 그 피해는 오롯이 학급 학생들의 몫이 되는 경우가 대부분이다. 문제를 일으킨 학부모는 전학을 가버리면 그만 이라고 생각하지만 남은 학급 학생들과 학부모들은 무슨 죄인가?

그럼에도 불구하고 오죽하면 학부모들이 그렇게까지 하겠느냐는 동정도 있다. 그러나 많은 경우 학교폭력의 예방과 해결과정에서 학부모의 문제가 아이들의 문제를 삼키는 경우를 목격한다. 마음먹고 자신의 자녀를 맡은 교사를 자르겠다고 결심한 학부모가 자녀 앞에서 담임교사와 학교를 비판하고 욕설하는 과정을 오롯이 목격한 학생은 가장 큰 피해자가 된다는 것을 짐작하지 못한다. 이런 학부모를 만나는 교사는 이후 모든 학부모를 두려워하고 그 자녀인 학생들마저 조심한다. 자기 검열하고 트라우마를 겪는다. 교사들을 위한 법률적 지원과 심리 치료, 힐링 연수 등이 보다 체계적으로 제공되어야 한다.

바. 개선방안들

자치위원의 전문성 확보는 시급한 일이다. 이를 위해서는 해당 전문가들이 위원회에 참여할 수 있도록 봉사정신 외에 필요한 인센티브를 제공하는 것도 고려되어야 한다. 아울러 수준 높은 연수가 제공되어 자질을 향상시킬 수 있도록 하여야 한다. 특히 학교폭력업무 담당교사의 전문성이 중요하다. 이들에 대한 업무적 배려와 지원 체계가 필요하다. 가장 유능하고 사명감을 가진 직원이 이 업무를 담당하여야 한다. 물론 이들은 상담에 대한 충분한 기술과 행정처리절차에 대한 숙련과 책무성이 요구된다. 학교에서 수석교사 혹은 관리자(교감, 교장)가 되고자 하는 교사는 반드시 이 업무를 감당할 필요가 있다.

선도위원회 조치와 혼동이 되지 않도록 사안을 정확하게 유형화하여야 한다. 전담기구나 선도위원회에서 해결할 수 있는 경우를 명확하게 하고 그 외에 사안을 자치위원회에서 다루도록 하여야 한다. 가해 학생 측의 의사표현 기회를 더 부여함으로써 공정한 조사와 결정이 이루어질 수 있도록 하여야 한다. 무엇보다 학교장의 종결권을 강화하여 이 정도 사안이라면 생활지도 차원에서 상담 혹은 적절한 프로그램 이수를 제안하여 굳이 학교폭력위원회를 열지 않아도 될 수 있도록 하여야 할 것이다. 학교장 종결권 강화에 대한 입법이 추진되고 있으나 문제는 축소·은폐 시도라고 학부모들이 반발할 경우 마땅한 대안이 없다는 것이 현재 우려가 되는 지점이다.

4. 학교폭력대책위원회를 상위 기관(교육청)으로 보내자는 논란

필자는 최근 학부모로부터 학폭위를 신뢰할 수 없으니 상위 기관(교육청)에서 학폭위를 실시하는 것에 대한 건의를 받고 다음과 같이 답변[1]하였다.

---

1 민원인의 동의를 얻지 못하였기에 민원 내용은 핵심을 근간으로 수정 편집하였으나 답변은

☞ 민원내용 (1) : 공정하고 객관적 조사를 위해 학교폭력대책자치원위원회 (이하 자치위원회)를 학교 안이 아닌 상위기관(교육청) 또는 전문민간기관에 설치 바람

☞ 답변 가. 학교폭력대책위원회를 상위 기관인 교육청 또는 전문민간 기관에 설치하는 것을 추천하셨습니다. 이는 위원회 위원들의 전문성 부족과 일부 학부모 위원들이 편견(친분관계에 따른)이 반영되어 피·가해학생 편에서 판단을 할 수 있는 가능성을 우려하시는 것으로 살펴집니다.

나. 위원회 위원들의 전문성 강화를 위해서는 학교 및 교육청에서 의무적으로 연수를 실시하고 있으며 개인정보 보호 등의 법률에 의해 비밀유지와 관련한 필요한 서약을 받고 있습니다. 그럼에도 불구하고 실수 혹은 개인적 일탈로 인한 정보 누설을 할 수 없도록 기밀유지 의무를 부여하고 있습니다.

다. 학교폭력이 발생할 경우 해당학교 내에 학교폭력전담기구가 구성됩니다. 학교 내의 사정을 가장 잘 알고 있는 이들이 학교폭력전담기구에 소속되어 효율적이고 신속하게 조사를 할 수 있는 장점이 있습니다. 하지만 이들의 전문성과 신뢰성에 대해 문제를 제기하시는 경우 조사단계에서부터 상위기관에서 전문 인력에 의한 조사를 요구하시는 의견입니다. 이는 별도의 인력을 채용하여야 하는 문제가 해결되어야 합니다. 아울러 해당 학교에 외부 전문가들이 방문을 하여 조사를 하는 것에 따른 교육권 침해 등의 논란이 있을 수도 있습니다. 현재 아동학대 등의 사안의 경우 아동보호전문기관에서 방문하여 조사를 실행하고 있습니다. 하지만 모든 사안을 외부 전문가들이 방문하여 조사를 하는 것은 엄청난 행정력이 소요 될 것으로 예상됩니다. 따라서 현재는 전담기구에 소속된 분들에 대한 재교육과 연수를 강화하는 것으로 접근할 문제라고 보입니다.

라. 학교폭력대책자치위원회의 경우 이를 상위기관인 교육(지원)청에 배치

원본에 가깝다

하여야 한다는 의견이 있습니다. 일부 의원들이 발의하여 입법 과정에 있습니다. 작은 지역 교육청은 몇 사람의 전문 인력을 추가로 배치하면 되겠지만 ○○시의 경우 하루에도 여러 건의 학교폭력이 발생하기에 상당 규모의 전문 인력이 선발·배치되어야 합니다. 인력배치에 따른 채용과 예산문제가 해결되어야 하며, 전문 인력 양성을 위한 교육(연수) 커리큘럼 마련 등 선발과 배치에 따른 충분한 준비가 선행되어야 할 것입니다. 이러한 의견은 공청회와 여론 수렴 등 법안 제정과정의 다양한 의견을 반영하여 입법이 될 것으로 생각됩니다(답변 내용).

필자의 의견은 학교폭력대책자치위원회의 상위 기관 설치는 문제의 본질을 잘못 짚은 것이다. 전문성이 부족하면 전문성 향상 방안을 마련하여야 한다. 이를 상위 기관으로 보내면 일선 학교에서는 문제가 해결되는 것처럼 보일 수 있지만 이는 착시에 불과하다. 상급관청(교육청) 혹은 외부 기관이 학교를 방문하여 조사를 할 경우 일단 학생들과 학부모들은 학교의 조사 과정에 협조하지 않을 가능성이 크다. 경찰 수사에서도 초등수사가 가장 중요하듯이 상급기관(외부전문기관)이 방문 할 때까지 기본적인 조사는 결국 상황을 가장 잘 알고 있는 해당 학교와 교사가 주관하는 것이 필요하다. 이들을 배제할 경우 기초적인 사실 확인 등 모든 것에 행정적 투자가 필요하다. 그 것을 감당할 수 있겠는가? 초등학교 1학년 어린이들이 친구끼리 다툼을 한 일로 한 학부모가 학교폭력대책위원회를 열어 달라고 교육청에 신고하면 여러 명의 전문가들이 출동하여 사실관계를 확인하고 이를 다시 위원회에 보내어 심의를 받게 하는 것이다.

학교를 교육기관이 아니라 경찰서 혹은 법원으로 만드는 일이다. 친구 간의 장난과 다툼 및 크고 작은 모든 문제를 신고하여 학교폭력대책위원회로 보내는 것은 누구를 위한 제도인가? 무엇을 위한 절차인가? 우리 속담에 "빈대 잡자고 초가삼간 태운다". "모기를 보고 칼을 뽑는다"라는 말이 있다. 교각살우矯角殺牛의 잘못을 범하는 것이다. 뿔을 바로 세우려다가 소를 죽이게 된다. 학교가 교육 기관이라고 믿는다면 담임교사와 학교장에게 재량권을 충분히 주어야 한다. 물론 이를 위해서 이들을 위한 보다 전문적인 연수 역량강화 방안이 제공되어야 할 것이다. 학교장의 판단으로 교내 인력으로는 감당할 수 없는 사안에 대해 전문가들의 도움과 프로그램이 필요하다. 즉, 교육지원청에 전담지원팀이 구성되어 전문적 조력(법적 지원 포함)을 제공한다면 효과적인 도움을 받을 수 있다.

☞ 민원내용 ⑵: (학교폭력대책위원회에 전문위원으로) 최소한 법무사 이상의 자격자를 배치하여 주십시오.

☞ 답변 1. 위원회의 구성원으로 판사·검사·변호사와 의사 자격 소지자를 외부전문가로 임명하도록 법령에서는 권고하고 있습니다. 하지만 법무사 이상의 자격자를 배치하는 것은 의무적으로 할 수는 없습니다. 무보수 명예직인 위원들을 해당 분야의 전문가들께서 참석하실 수 있도록 보다 적극적인 홍보와 협력 방안을 협의하도록 하겠습니다. 실상 위원회에 보다 전문적인 인력이 참가하셔서 학교교육을 위해 도움을 주시도록 간곡하게 청하고 있으나 한계가 많습니다.
2. 특히 자격이 있는 법조인력(법무사), 의사, 경찰관 등이 참여하시면 큰 도움이 될 것입니다. 이를 위해서 학교가 더 노력할 필요가 있습니다. 특히 학부모님들께서 적극적으로 추천하고 지원하여 주시는 것을 간곡히 바라고 있습니다.

필자의 의견: 위원회 구성원들의 전문성이 가장 중요한 것은 아무리 강조해도 부족함이 없다. 문제는 이 중요한 협의체에 관심과 의지를 가진 사람들이 참석하도록 동기를 부여하는 일이다. 적절한 수당과 예산의 배치도 고려되어야 한다. 저마다의 생업을 가진 이들의 참석을 강제할 수는 없기 때문이다. 학부모님들의 참석이 과반수 이상에서 최근 1/3까지 낮아질 수 있도록 입법이 추진 되고 있다(관계기관 합동, 2018. 08. 31. 학교 안팎 청소년 폭력 예방 대책). 중요한 것은 참석자 각자의 독립성과 전문성의 총합이 위원회의 공정성

과 신뢰를 견인(보장)한다는 점이다. 위원들을 위한 적절한 연수와 동기 부여가 우선이다.

5. 학교장 종결제 강화와 그 대안

학교장에게 종결권을 강화하는 일은 무엇보다 신고 위주의 현행 법령을 개정하지 않고서는 어렵다. 신고를 하지 않으면 은폐, 축소가 되어 큰 불이익(징계)을 당할 수 있는데 화해와 교육을 시도할 강심장을 가진 학교경영자가 얼마나 있겠는가? 필자가 관내 학교에서 겪은 경험이다. 전년도에 학부모가 학교폭력자치위원회를 열지 않고 '회복적생활교육'을 실시하는 것을 동의하였는데, 학생들의 다툼이 다시 일어나 작년에 대책위원회를 열지 않은 것을 문제 삼은 것이다. 그 것도 언론을 통해서. 결국 해당학교에 행정조치를 내릴 수밖에 없었다. 물론 학부모의 동의서를 받았더라면 군이 행정조치가 아니라 단순한 현장지도에 머물렀을 것이다. 충북도교육청은 2018년 8월 5일 도내학교폭력자치위원회의 심의건수가 2015년 423건, 2016년 463건, 2017년 625건이라고 발표하였다. 2017년은 전면도보다 162건이나 증가하였다. 2018년의 심의건수는 5월말 현재 254건이다. 이는 "학교폭력에 대해 은폐·축소할 경우 처벌이 강화되어 학교폭력에 대한 민감도가 상당히 높아졌다"라며 "이로 인해 일선학교에서 학교폭력과 관련된 일이며 사소한 것이라도 모두 양성화하여 심의건수가 늘고 있다."라고 하였다. 재심청구도 많이 늘어나고 있다(2018. 8. 6. 중부매일).

그럼에도 불구하고 많은 학교에서는 신고와 처벌이 만능이 아니라 교육을 통해 다시 한 번 기회를 주고 행동을 수정하여 바람직한 성장을 돕는 것이 학교교육의 핵심이라고 믿고 있다. 이를 위해 EFRG 프로그램은 그 대안이 될 수 있다. 학교폭력예방법 제16조1항과 제17조 5항의 전문가 개입이 그 것이다. 학교폭력대책자치위원회에 회부하기에는 좀 가볍고 그렇다고 훈방 처분을 하기에는 무거운 잘못에 대해 학교는 전담기구를 통해 EFRG 프로그램을 이수하도록 권고하는 것이다. EFRG 프로그램은 다음 시간에 자세히 다루기로 한다.

학교폭력(괴롭힘) EFRG¹ 모델의 이해

1. 학교폭력(괴롭힘) 예방 · 대처의 새로운 패러다임 : EFRG 모델

"한 사회가 아이들을 다루는 방식보다 더 그 사회의 영혼을 정확하게 드러내 보여주는 것은 없다(Nelson Rolihlahla Mandela넬슨 만델라, 재인용, 김희경, 2017: 5)". 학교 폭력에 대처하는 우리 사회의 대처 방식은 우리 사회의 문화와 인식 수준을 그대로 보여준다. 「학교폭력(괴롭힘)예방및대책에관한법률」[시행 2017.7.26.] [법률 제14839호, 2017.7.26., 타법개정]이 2004년 제정되어 시행된 지도 14년이 되었다.

그 동안 줄어들던 학교폭력이 2018년 1차 학교폭력 실태조사 결과 피해응답율이 1.3%로 전년 대비 0.4% 증가하였다. 학교급별 피해 응답률이 초등학교에서 2.8%, 중학교는 0.7%, 고등학교 0.4%로 전년 대비 증가률이 각각 각 0.7%p, 0.2%p, 0.1%p 증가하였다.

이 수치는 학교폭력(괴롭힘)에 대한 홍보와 폭력 감수성 교육이 강화되면서 정서적 폭력을 포함하여 작은 일에도 신고와 처벌을 강조하는 사회적 분위기가 함께 작용한 것이라고 보아야 한다. 특히 신고 기간이 전년도에는 6개월이었으나 2018년도 1차 조사는 9개월이었다는 점을 감안하면 줄지 않았다라고 보는 것이 무난하다.

---

1 EFRG는 E(empathy:공감)-F(forgiveness:용서)-R(recovery:회복)-G(growth:성장)의 준말로서 줄여서 「성장과 공감」 모델이라고 한다.

구분	'12년 1차	'13년 1차	'14년 1차	'15년 1차	'16년 1차	'17년 1차	'18년 1차	증감 (%p)
응답률(%)	12.3	2.2	1.4	1	0.9	0.9	1.3	0.4
명수(천명)	172	94	62	44	39	37	50	13

〈 학교 급별 피해응답률 〉

구분	'12년 1차	'13년 1차	'14년 1차	'15년 1차	'16년 1차	'17년 1차	'18년 1차	증감 (%p)
초(%)	15.2	3.8	2.4	2	2.1	2.1	2.8	0.7
중(%)	13.4	2.4	1.3	0.7	0.5	0.5	0.7	0.2
고(%)	5.7	0.9	0.6	0.4	0.3	0.3	0.4	0.1

〈그림3〉 출처: 관계부처 합동(2018. 8. 31). 학교안팎 청소년 폭력예방대책

학교폭력(괴롭힘)이 발생하면 학교는 학생들에 대한 교육적 지도 혹은 화해보다는 즉시 신고하여 학교폭력대책자치위원회(이하 자치위원회)를 개최하여야 한다. 이를 이행하지 않음으로 인한 처벌에 대한 두려움이 크다. 따라서 예전 같으면 훈화와 화해, 혹은 가벼운 교육 프로그램 이수에 그칠 사안들이 학교폭력대책위원회에서 처리되고 있는 실정이다. 학교폭력(괴롭힘) 사안이 일단 대책위원회 개최를 앞두게 되면 피해학생과 가해학생의 화해는 거의 불가능하다. 화해 대신 그 공간에 국가의 공권력이 역할을 대신하여 가해자와 공방을 벌이는 방식으로 전환된다. 이 과정에서 피해학생의 목소리가 사라지게 되는 것이다. 대책위원회가 열리게 되면 피·가해자 모두 주변의 인맥과 정보를 총동원하게 되고 이 과정에서 심리적·정서적 2차 피해가 발생한다. 최근 대책위원회를 둘러싸고 벌어지는 이른바 브로커의 개입도 사회적 문제로 대두되고 있다(조선일보, 2017, 9, 18).

학교폭력(괴롭힘)을 해결하기 위한 다양한 이론과 프로그램이 제안되고 있다. 교육부 역시 '어울림'과 '어깨동무' 프로그램 등을 적극적으로 보급하고 있다. '회복적 생활교육'과 '비폭력대화', '감정 코칭' 등 다양한 학교폭력(괴롭힘) 예방과 대책에 관한 프로그램들이 일선에서 적용되고 있다. 하지만 모든 학교폭력(괴롭힘)은 피해자와 가해자 및 그 부모와 교사들마저도 개별성

을 지닌다는 점에서 획일적인 처방보다는 맞춤형 대책이 필요하다.

EFRG 모델은 학교폭력(괴롭힘)의 문제 해결과 과정에서 공감과 용서, 회복과 성장이 모두 필요하다고 본다. 이 과정에서 에니어그램은 학생 개인의 성격적 특성에 따라 피해자와 가해자, 그 부모가 인식하고 고통 받으며 해결하는 지점이 다르다는 것에 주목한다. 특히 현재의 신고와 엄벌위주의 학교폭력(괴롭힘) 대응은 피해자와 가해자, 그 부모와 학교 공동체 모두에게 상처를 주는 비교육적이고 반성장反成長적인 접근이다. 사후대책(학폭위)이 아니라 사전예방이 되어야 한다.

학교폭력(괴롭힘)을 해결하고자 하는 접근은 다양하다. 최근 많은 주목을 받는 것은 비폭력대화와 회복적 생활교육, 감정코칭 등의 프로그램이다. 교육부 역시 어울림 프로그램과 어깨동무 활동 등을 통해 일선학교에서 학교폭력(괴롭힘) 문제에 대처하고 이를 해결하기 위해 노력하고 있다. 하지만 학교폭력(괴롭힘)에는 만병통치약이 있을 수 없다. 모든 학교폭력(괴롭힘)의 형태가 각기 다르고 사람이 다르고 상황이 다르기 때문이다.

인간은 집단적인 아닌 개별적으로 따로 다루어 성장시키는 것이 가장 중요한 해결책이다. George Ivanovitch Gurdjief구르지예프도 "역사를 뒤 돌아보면 사람들을 개별적으로 다루지 않고 집단으로 다루어왔던 정치나 종교 또는 여타의 조직적인 행동은 모두 실패하였으며 앞으로도 실패할 것이 뻔하다"라고 강조하였다.

필자는 학교폭력(괴롭힘)의 피해자와 가해자 및 그 부모를 위한 성격유형별 특징과 이에 따른 대처방안을 제안하고 학교폭력(괴롭힘)의 대처과정을 EFRG Model 공감Empathy-용서Forgiveness-회복Recovery-성장Growth 을 제안하였다. 즉, 학교폭력(괴롭힘)의 대처과정은 먼저 공감수준으로 가해자가 피해자의 고통에 대해 공감하는 단계이다. 공감Empathy 수준에서 피해자 역시 자신의 고통에 대한 스스로를 위로하고 인정하는 자기연민Self-Compassion을 체험한다. 다음 수준은 용서Forgiveness 수준으로 가해자가 피해자에게 진심으로 뉘우치고 진정성이 바탕이 된 용서를 요청하여 피해자가 이를 수용하는 단계이다. 최근 많은 학교폭력(괴롭힘)이 용서 경험이 없이 대책위원회 가게 되어 피해자가 소외되는 현상이 발생한다. 회복Recovery 수준은 가해자의 진정 어린 사과(용서)를 받은 피해자가 이를 수용함으로써 자기 회복이 이루어진 상태이다. 이는 신체적·심리적·사회적 회복이 모두 포함되어야 한다. 마지막은 성장Growth 수준이다. 학교폭력(괴롭힘)의 피해 혹은 가해 경험을 통해 상처받고 고통 받지만 이를 성장의 기회로 삼아 자신의 미래에 긍정적 도움 경험으로 환류 하는 것을 성장이라고 한다. 이 단계를 다 수행하여야 학교폭력(괴롭힘) 문제 해결의 한 과정(사이클)이 완결된 것으로 볼 수 있다.

EFRG 모델은 모든 학교폭력(괴롭힘)은 개별적이기에 획일적인 해결방법이 있다기 보다는 맞춤형 해결이 중요하다고 보았다. 특히 피·가해자 당사자들만 주목하지 말고 학급공동체의 문화를 개선하는 방식으로 접근해야 한다는 것을 주목하였다.

2. 학교폭력(괴롭힘) EFRG 해결 과정이란?

학교폭력 EFRG(공감-용서-회복-성장) 모델은 피해학생으로 하여금 자존감을 바탕으로 가해학생과의 관계를 회복하고 학교폭력이라는 외상을 딛고 성장(외상후성장) 할 수 있도록 이끌어 준다. 가해 학생 역시 자신의 잘못을 진심으로 뉘우치고 용서를 구하여 관계를 회복하게 한다. 진정한 용서와 관계 회복은 학교폭력의 경험을 개인과 가정뿐만 아니라 학급과 학교까지 성장으로 이끌어 간다.

학교폭력 EFRG 모델(약칭 공감과 성장 모델)의 가장 큰 특징은 지금까지의 학교폭력에 대한 대책들이 공감과 용서 혹은 회복 등의 특정한 영역에 주목하였다면 외상 후 성장의 개념까지를 포함하여 공감-용서-회복-성장의 통합적 접근을 추구하는 점이다. 일반적으로 큰 고통은 외상후스트레장애(PTSD)까지 이르게 하지만 본 프로그램은 학교폭력의 경험을 **외상 후 성장**成長으로 이끌어 준다. 특히 양측 학부모의 참여를 통해 가정과 연계하고, 학급을 중심으로 초대하여 교실공동체 속에서 방관자가 방어자가 될 수 있는 문화를 만들 수 있도록 관련 당사자 모두에 대한 총체적 접근을 시도한다.

무엇보다 학교폭력의 근본적인 원인과 치료를 에니어그램 성장이론과 접목하여 각 성격유형에 따른 학교폭력 대처 및 처방을 제안하였다. 학교폭력이라는 상처가 개인과 가정, 학급과 학교 및 나아가 우리 사회를 성장하게 하는 경험으로 작동할 수 있도록 에너지를 변화시켜야 한다. 본 프로그램은 모두 30시간[2]으로 첫째 날과 마지막 날, 학급공동체가 함께 각 3시간씩 프로그램에 참여하게 된다. 둘째 날부터는 공감-용서-회복-성장 각각 6시간씩 전문가와 함께 우리가 경험한 여러 문제들을 교육적이고 성장지향적으로 풀어나가게 된다. 마음을 열고 우리 학생들이 상처를 보듬고 이를 성장의 기회로 활용하기를 기대한다. 니체가 말했듯이 "삶의 이유를 아는 사람은 거의 모든 방식의 삶을 견딜 수 있다".

학교폭력(괴롭힘)의 해결과정은 EFRG 공감Empathy-용서Forgiveness-회복Recovery-성장Growth의 4수준이다. 학교폭력(괴롭힘)은 가해학생들이 피해학생의 고통을 공감Empathy하지 못하는 것에서 출발 한다. 피해학생 역시 자신의 고통에 대해 자기 스스로 연민하며 인정하고 사랑하지 못하기에 고통을 부인, 외면, 회피 등을 통해 정면으로 대면하는 것을 두려워한다. 피해자와 가해자가 폭력에 대해 공감하는 것이 학교폭력(괴롭힘)을 그 곳에서 멈춘다. 다음 수준은 용서Forgiveness인데 가해자가 피해자의 고통에 대해 인정하고 뉘우치고 사과하는 과정이다. 용서에 가장 중요한 요소는 진정성이다. 진정성은 피해자가 가해자의 용서를 비는 마음이 진심이라고 인정하고 수용하는 것이다. 회복Recovery 수준은 용서의 결과가 그 시작이다. 용서가 없이는 완전한 회복이 되지 못한다. 소수의 피해자와 그 부모는 가해자의 진정성 있는 사과 혹은 사죄가 없었음에도 용서를 베풀고 고통 속에서 빠져 나오기도 한다. 성장Growth 수준은 회복의 결과이면서 학교 폭력 과정의 총체적 목표이기도 한다. 학교폭력(괴롭힘)이 없었다면 좋았겠지만 이미 일어난 학교 폭력의 해결과정에서 성장이 일어나는 것은 고무적이다. 이는 피해자와 가해자 모두에게 교육적인 해

---

[2] 사전 교육으로 피해학생(부모), 가해학생(부모)을 각각 2시간씩 만난다. 이를 포함하면 34시간이라고 할 수 있다.

결과정에서 주어진다. 성장은 심리적·사회적·교육적 요소가 모두 포함되어야 바람직하다. EFRG 모델을 요약하여 설명하면 다음 〈그림4〉와 같다.

3. EFRG 각 수준 이해하기

가. 공감수준

먼저 공감 수준에서 가장 중요한 것은 피해자와 가해자가 폭력이라는 행위가 의미하는 부정적 요소에 대해 인식하는 것이다. 장난삼아 하는 신체적·언어적·정서적 폭력 행위가 한 인간의 존엄성과 인권을 침해할 수 있다는 영향에 대해 주목하는 것이다. 특히 피해자가 느끼는 고통에 대해 정확한 인식을 가져야 한다. 이는 먼저 피해자 자신이 자신에게 행해지는 폭력적 상황에 대해 부당함을 생각하고 느끼고 행동하는 것이다.

에니어그램 이론[3]에 의하면 머리형의 피해자와 가해자는 자신에게 일어난 학교폭력(괴롭힘)의 가해와 피해 상황에 대해 논리적 근거를 찾는다. 머리형의 근본적 분노는 두려움이다. 이 두려움에서 벗어나기 위해 끊임없이 새로운 이론을 개발한다. 가해자는 피해자에게 피해를 받을 만한 이유(꼬투리)를 찾는다. 그 이유는 지극히 비합리적·비논리적이지만 가해자는 이를 극대화하고 합리화한다. 피해자는 자신이 당하는 피해에 대해 합리적 사고로 수용할 수 없는 상황에서 두려움 때문에 스스로 포기를 하거나 가장 가까운 사람들이 고통을 받을 것이라는 가정假定으로 도피한다. 저항하기를 포기하는 것이다.

가슴형의 경우 피해자는 수치심이 핵심감정이다. 자신에게 가해지는 폭력이 외부로 알려지는 것에 대해 억울함이 크지만 수치심이 이를 압도하여 도움 요청을 하는 시기를 놓친다. 가슴형 가해자의 경우에는 자신의 주변에서 일어나는 사랑받지 못한 경험과 자신이 당한 폭력 등이 자신보다 상대적으로 힘이 약한 피해자에게 전이하는 방식으로 투사될 가능성이 많다. 감정이 이성을 지배하여 폭력적 상황이 급격히 상승하게 되고 정서적 폭력이 가중하게 동반된다.

3 에니어그램 이론에 대한 설명은 제2장에서 제시됨.

장형의 경우 가해자는 핵심감정이 분노이다. 자신의 영역에 침입한 것에 대한 분노인데 이 자신의 영역은 비합리적으로 설정된다. 장형의 가해자에게 몸은 늘 머리와 가슴보다 앞서 나간다. 주체할 수 없는 폭력적 물리력이 언어와 동반되어 피해자에게 퍼 부어진다. 장형의 피해자는 가해자의 우월한 물리력에 대한 무기력함과 생존의 공포가 크다. 잠시 상황을 모면하거나 버티게 되거나 자신에 대한 정서적 위로 및 합리적인 해결방안을 찾는 것을 정지시키기도 한다.

학교폭력(괴롭힘)의 피해학생과 부모들의 고통은 현실적이고 절대적으로 심각하며 죽음에 이를 만큼 절박하다. 하지만 가해자와 그 부모, 친구들과 교사 및 학교 측이 느끼는 공감의 정도가 피해학생과 부모의 그 것과는 거리가 있다. 무조건적 경청과 공감이야말로 첫 번째 단추임에도 작은 말 하나, 말씨와 눈빛 하나, 감정 하나에 예민하게 갈등이 증폭되는 단계가 문제이다. 공감 단계에서 학교폭력(괴롭힘)의 가해자와 피해자 모두는 머리, 가슴, 장의 세 중심이 모두 골고루 활용될 때 학교폭력(괴롭힘)의 고리는 여기에서 멈춘다는 것이다.

최근 일선학교에서는 학교폭력(괴롭힘)의 조짐이 보이면 성관련은 인지하는 즉시, 다른 사안은 늦어도 14일 이내에 학교폭력대책자치위원회가 개최되어야 한다. 특별한 사정이 있으면 1주일 연장이 가능하다. 이 과정에서 공감 프로그램을 통해 피해와 가해 양측 당사자들이 공감하는 훈련을 하게 된다면 문제가 해결될 수 있다. 피해자와 가해자의 진심어린 용서와 화해를 위한 첫 번째 열쇠가 될 수 있다. 공감을 위한 구체적인 프로그램의 내용은 추후 제시하고자 한다.

나. 용서수준

용서수준에서 가장 중요한 것은 가해자의 진정성 있는 뉘우침(후회)이다. 용서는 진심으로 뉘우치고 후회하여 다시는 되풀이 하지 않겠다는 결심을 동반한다. 이 단계는 직전 수준인 공감수준에서 가해자와 피해자가 상대방의 고통에 대해 생각과 느낌, 행동으로 인식하는 공감의 과정이 진행되지 않으면 용

공감(Empathy) 수준 - (9H)			
센터	Heart (가슴)	Core Action (중심활동)	마음 나눔
사전:피·가해학생(학부모)(2H)			전체
에니어그램 검사 실시 (3H)			
피해	– 두려움 – 슬픔 – 분노	– 피해목록작성 – 피해 감정 표현하기 – 자신 사랑하기	피해자 (먼저) (3H)
가해		– 가해목록작성 – 감정 표현하기 – 자신 사랑하기	가해자 (나중) (3H)
핵심 감정 / 과제	– 두려움. 슬픔, 분노 – 공포, 수치심, 고립감, 원망스러움, 감정 가위눌림 / – 목록작성하기, 감정 표현하기, – 자신 사랑하기		

용서(Forgiveness) 수준 (6H)			
센터	Body(장)	Core Action (중심활동)	행동
피해	– 두통 – 답답함 – 소화불량 (신체화)	– 용서표현수용하기 – 용서 편지 쓰기 – 용서 베풀기	피해자 (3H)
가해		–진심으로 뉘우치기 –용서 편지쓰기 –용서 구하기	가해자 (3H)
핵심 감정 / 과제	–두통, 답답함, 소화불량(신체화) / –진심으로 뉘우치기, 용서 표현하기, –용서표현 수용하기, 용서 편지쓰기		

성장(Growth) 수준 (9H)			
센터	Whole (온몸)	Core Action (중심활동)	생활
피해	날개 개발	–개인 컨설팅 –공감,용서,회복 수준별 정리 후 피드백 –프로파일 제공 –학교폭력 경험을 성장의 동력으로 만들기(에너지 전환)	피해자 (2.5H)
가해	화살 개발		가해자 (2.5H)
담임교사	피·가해학생 상담		1H
에니어그램 성장 나눔(공동작업) – 성격유형역할극(방관자→방어자로) – 학급헌장 만들기			공동 (3H)
핵심 감정 / 과제	– 안정감, 자신감, 신뢰감 / – 생활, 날개·화살, 균형 있는 날개·화살 활용, 방관자,방어자, 성격유형역할극, 학급헌장만들기		

회복(Recovery) 수준 (6H)			
센터	Head (머리)	Core Action (중심활동)	인지 재구조화
피해	– 희망 – 안도감 – 정화 (카타르시스)	– 회복목록 만들기 – 회복목록 교환하기 – 회복 도움활동 다짐하기	피해 학생 (2H)
가해			가해 학생 (2H)
공동 작업		–용서 구하기 –용서 베풀기 –용서 후 화해하기	피·가해 (2H)
핵심 감정 / 과제	– 희망, 안도감, 카타르시스(정화) / – 회복목록, 회복목록 교환, 회복 도움활동, 용서 후 화해하기		

〈그림4〉 EFRG 모델

서는 무의미해진다. 진정성 있는 사과(사죄)인 용서는 힘의 중심별로 살펴보면 다음과 같이 진행된다.

머리형에게 용서는 합리적인 잘못에 대한 발견 즉 인식의 문제이다. 피해자는 자신이 그러한 폭력을 당할 존재가 아니라는 인식을, 가해자는 폭력을 사용하여 타인에게 물리력을 가하는 것에 대한 부당함을 인지하여야 한다.

가슴형의 피해자는 억울한 감정으로 가득 차 있다. 수치심과 함께 분노와 증오로 가는 억울한 마음은 오직 가해학생의 진정성이 바탕이 된 사과로서만 치유될 수 있다. 용서를 베풀고 나면 가슴형은 비로소 자유를 얻는다.

장형에게 용서는 실천을 의미한다. 구체적으로 잘못을 뉘우친 것에 대한 사과의 행동을 눈앞에서 실천하라는 요구이다. 논리적으로 설득하려고 하거나(머리형) 마음이 아프겠다는 식의 공감적 표현(가슴형)도 구체적 실천이 동반되지 않으면 믿을 수 없다.

드물게 가해자로부터 진성성이 바탕이 된 용서를 제안 받지 못한 피해자들 중에는 내면의 건강성을 바탕으로 상대방의 고백되지 못한 잘못마저 미쳐 용서함으로써 스스로 원망과 증오의 늪에서 벗어나 건강한 상태로 전환되는 것을 목격하기도 한다.

다. 회복수준

회복수준은 공감과 용서 다음 단계이다. 공감과 용서 수준을 정확하게 거치지 않으면 100% 회복은커녕 30%, 50% 회복에 머무르고 만다. 회복은 신체적·심리적·사회적 및 인격적 회복이 동시 혹은 순차적으로 일어나야 한다. 무엇보다 먼저 신체적 회복이 우선되어야 한다. 육체적 고통의 감각이 실제 하는 순간 회복은 시작되지 않는다. 의료적 처치와 응급조치 등의 신체적 보호와 회복이 되면 심리적 회복이 동시적으로 진행된다. 심리적 회복과 함께 회복되어야 할 가장 본질적인 회복은 관계의 회복 즉 사회적 회복이다. 일반적으로 학교폭력(괴롭힘)에서 주목받지 못하는 부분이 관계적 회복 부분이다. 마지막 회복은 인격적 회복인데 특히 피해자가 자기 자신에게 회복을 선언하는 것으로 폭력의 의미를 재구성하여 자신에게 알리고 스스로 이를 직면하여 재평가하는 것을 말한다.

머리형에게 회복은 자신에게 일어난 학교폭력(괴롭힘)의 전 과정에 대해 인지적, 논리적 정리가 되었다는 신호를 보내는 것이다. 학교폭력(괴롭힘) 당시의 상황을 재구성하여 행동양식과 언어적 대처 방식 등에 대해 분석하고 정리하는 것이다. 이를 통해 다음에는 비슷한 상황에서 어떻게 대처할지 인지적 재구성을 하는 것이다.

가슴형에게 회복은 마음으로 용서를 하고 그 용서가 내면화되어 더 이상 증오의 감정을 불러오지 않는 지점을 말한다. 학교폭력(괴롭힘)의 전 과정을 통해 느낀 분노와 억울함, 증오와 원망의 감정들이 공감과 용서를 통해 충분히 다루어지면 그 감정들에게 더 이상 휘둘리지 않는 상태를 맞이하게 되는데 이를 회복이라고 부를 수 있다.

장형에게 회복Recovery은 신체적 자유와 현실적 관계망 속에서 갈등이 없어진 상태를 말한다. 학교폭력(괴롭힘)으로 인한 뉘우침과 사과 및 용서가 이루어진 결과 관계가 회복되었다. 학교폭력(괴롭힘)이 있기 전의 상태로 회복된 것이 장형의 회복이다. 피·가해자 양측 당사자가 학교폭력(괴롭힘)이라는 상처의 원인과 과정, 결과를 분석하여 본인의 상처를 마주보고 그 교육적 함의를 인식할 수 있는 것이 중요하다.

라. 성장수준

인간에게 주어지는 어떤 경험도 그 것을 받아들이는 사람의 선택에 따라 절망과 성장이 교차된다. 학교폭력(괴롭힘)의 마지막 단계가 성장이라는 것은 매우 생소 한 개념이지만 이는 "실패를 통해 배운다"라는 말과 연장선상에 있다. 성장成長을 위한 중요한 전제조건은 학교폭력(괴롭힘) 에니어그램 코칭의 제공이다. 성장수준은 EFRG 모델에서 공감Empathy과 용서Forgiveness, 회복Recovery을 정확하게 거쳤다면 큰 성장Growth이 일어난다. 에니어그램 각 힘의 중심(센터)별 성장을 다음과 같은 모양으로 일어난다.

먼저 가슴형(2, 3, 4유형)들은 학교폭력(괴롭힘)의 과정 속에서 자신의 대처방식이 끼친 정서적 영향에 대해 반추하게 된다. 머리형(4, 5, 8유형)은 합리적인 논리를 통해 학교폭력(괴롭힘)의 전 과정을 분석하고 평가하여 재구성한다. 장형(8, 9, 1유형)은 학교폭력(괴롭힘)으로 인해 자신에 생활 속에서 일어난 일들의 구체적 변화와 현실에 대해 수용하고 해결점을 찾아낸다.

4. 침묵이라는 폭력

때로 침묵은 많은 언어들보다 더 강력하거나 격렬하기도 하다. 단지 말이 없다고 해서 침묵이라고 부르기는 어렵다는 것이다. 말을 하지 않고 노려보거나 무시하는 것 역시 정서적 폭력이다. 꼭 소리를 지르고 욕설을 해야 만이 언어폭력이 아니다. "언어의 한계가 그 사람의 한계이다(Ludwig Josef Johann Wittgenstein비트겐슈타인)". 말은 그 사람의 속마음을 드러내 보인다. 말을 하지 않는 것이 성숙한 것이라고 등치할 수는 없다. 말이란 본디 숙성과 발효를 거쳐 맛을 내는 포도주처럼 향기로워야 한다. 하지만 강요된 침묵은 어김없이 상처를 낸다. 학교라는 공간에서는 침묵은 위장된 평화일 경우가 많다. 매 순간 침묵은 강요당하는 경우가 많다. 침묵이 스스로의 의지에 의한 선택이 아니라면 모든 침묵은 일정한 양만큼의 폭력적 요소가 있다. 이 역할을 하는 것이 방관자이다. 방관자가 많은 집단에서 폭력은 더욱 더 용기를 얻는다.

　일반적으로 침묵에는 이른바 좋은 침묵 즉, 건강한 침묵과 나쁜 침묵, 불건강한 침묵이 있다. 건강한 침묵이란 남에게 해를 끼치는 말과 행동을 하지 않으며 기꺼이 타인의 권리와 기쁨을 방해하지 않고 기다려주고 지켜보는 침묵 등을 말한다. 하지만 건강하지 않는 침묵은 불의를 보고 막지 않으며 못 본채 하는 비겁한 침묵, 틀린 것을 보고 고치려고 하지 않는 침묵, 자신과 가장 가까운 이웃들에게 주어지는 거짓과 불의에 항거하지 않고 외면하는 침묵 등은 해롭다. 방관자가 침묵을 깨뜨리고 일어나 방어자의 역할을 할 때 상황은 바뀐다.

　Friedrich Gustav Emil Martin Niemöller마르틴 니묄러(1982~1984) 목사가 쓴 것으로 추정되는 시 "나치가 그들을 덮쳤을 때"[4]는 침묵의 역설을 잘 보여

준다. 저항하지 않고 침묵한 독일 지식인들에 대해 상호의존과 연대가 얼마나 중요한지 웅변한다.

나치가 공산주의자들을 덮쳤을 때,

나는 침묵했다.
나는 공산주의자가 아니었다.

그 다음에 그들이 사회민주당원들을 가두었을 때,
나는 침묵했다.
나는 사회민주당원이 아니었다.

그 다음에 그들이 노동조합원들을 덮쳤을 때,
나는 아무 말도 하지 않았다.
나는 노동조합원이 아니었다.

그 다음에 그들이 유대인들에게 왔을 때,
나는 아무 말도 하지 않았다.
나는 유대인이 아니었다.

그들이 나에게 닥쳤을 때는,
나를 위해 말해 줄 이들이
아무도 남아 있지 않았다.

학교에서 폭력의 가장 큰 피해자이면서 가해자는 일반적으로 학생들이다.

---

4 https://ko.wikipedia.org/wiki/%EB%82%98%EC%B9%98%EA%B0%80_%EA%B7%B8%EB%93%A4%EC%9D%84_%EB%8D%AE%EC%B3%A4%EC%9D%84_%EB%95%8

학생들 스스로가 자신을 지키면서 동료(친구)들을 지킬 수가 있다. 외면하지 않고 함께 호루라기를 부는 심정으로 학교폭력(괴롭힘) 장면에서 침묵을 깨뜨리고 '멈춰'라고 누군가 이야기하기 시작할 때 폭력을 뿌리를 내리 못한다. 우리들의 일그러진 영웅 엄석대는 오랜 기간의 침묵을 자양분으로 자란다. 평화의 시작은 비겁한 침묵을 깨뜨리고 일어서려는 자존감이다. 부당한 폭력에 대해 옳지 않다고 지적하는 한 마디의 외침이다. 이 소리가 머릿속에서 머무르지 않고 작고 여린 목소리지만 누군가의 입을 통해 발화 되었을 때 상황은 전혀 다르게 전개될 수 있다. 에너지의 흐름을 바꿀 수 있다. 한 처음 작은 목소리가 메아리가 되고 반향이 되어 동의를 얻었을 때 폭력을 더 이상 힘을 발휘하기 어렵게 된다. 비겁한 침묵을 넘어서는 용기가 학교 폭력의 방어선이 된다.

EFRG 모델은 침묵하는 다수가 방관자가 아닌 방어자가 되도록 결심을 하고 행동을 전환하는 것이 목표이다.

EFRG 주요개념 이해하기

1. 감정카드 활용하기

감정의 사전적 정의는 "어떤 현상이나 일에 대하여 일어나는 마음이나 느끼는 기분"(표준국어대사전 검색, 2018. 8. 24)[1]이다. 감정을 이해하고 알아차리고 다스리는 것은 왜 중요한가? 우리가 감정과 잘 관계 맺는 법을 배운다면 감정은 대단한 지혜를 담고 있는 약과 같은 것이지만 이러한 이해 없이 감정을 대한다면 독처럼 크나큰 해악과 고통을 일으킬 것이다. Parker J. Pamer파커 J. 파머(2018)는 "폭력은 고통을 다루는 방법을 알지 못할 때 생기는 것(76)"이라고 통찰하였다. 이 폭력은 스스로에게 가해질 때 과로나 약물 남용 등으로 나타나고 타인에게도 행사될 수 있다. 그러나 "고통은 죽음이 아닌 생명을 가져다 주는 무언가로도 변형될 수 있다. 상실에도 불구하고가 아니라 그 것 때문에 더욱 성숙하고 자비로운 사람이 되었다는 것, 타인의 슬픔과 기쁨에 마음을 쏠 수 있는 역량이 생겼다는 것"을 말한다.

아들러는 우리 마음이 상처를 입고 그 상처로 인해 고민과 고통을 겪게 되는 것은 아니라면서 "트라우마는 없다'라고 단언했다. 즉, 우리가 지금 어떤 모습을 하고 있든 정상 혹은 건강한 모습에 대해 이해하고, 그런 상태를 목표로 스스로 훈련해 나가면 행복에 이를 수 있다는 것이다. 우리가 겪는 어떤 경험도 그 자체만으로 성공이나 실패의 원인이 될 수 없다. 그 것은 우리가 겪은

---

1 http://stdweb2.korean.go.kr/search/List_dic.jsp

경험에 의해 결정되는 것이 아니라 그 경험에 어떤 의미를 부여함으로써 우리 자신을 결정하기 때문이다. 따라서 어떤 경험을 트라우마로 보면 그 것은 트라우마가 된다. 어떤 경험에 의해서 사람들이 똑같은 영향을 받는다고 가정하면, 우리 인간이 선택할 수 있는 것은 없다. 지금과 다른 삶으로 이끌어 주는 교육이나 치료는 불가능하기 때문이다(Ichiro Kishimi·Fumitake Koga이치로 키시미·후미타고 고가, 2014).

　학교폭력(괴롭힘)은 공격성의 과잉이라기보다는 공감의 부재의 문제이다. 인간의 본성은 인간이 처한 환경에 따라 매우 다양한 관점을 발전시키고 세대를 거치면서 본성도 변화한다. 오늘날 우리 사회는 공감 부재의 시대이다. 우리에게 부족한 것이 타인과 공감하는 감정이다(Paul R. Ehrlick·Robert Onsteine폴 에얼릭·로버트 온스타인, 2012). 그런 측면에서 학교폭력(괴롭힘) 과정에 노출된 관련학생들에게 자신의 감정을 알아차리고 표현하고 변화하도록 선택하는 것이 중요하다. EFRG 모델에서는 공감-용서-회복-성장의 각 수준별 단어 40개를 선정하였다. 일부 단어는 각 수준에서 중복되기로 한다. 프로그램을 운영하는 지도자들은 다양한 문헌을 분석하고 수차례 협의를 가졌으며 최종적으로 학회의 상담 전문가들에게 타당성 검증을 통해 다음과 같은 단어를 선정하였다. 감정카드는 이후 현장에서 활용되는 과정에서 한 번도 선택되지 않거나 극히 선택이 드물었던 단어를 제외하는 방식으로 순차적으로 재구성될 예정이다.

가. 공감수준 감정카드

공감수준은 EFRG 모델의 첫 입구이다. 공감 수준에서 관련학생들과 학부모들이 경험하게 되는 감정의 본질은 두려움(머리형)과 슬픔(가슴형), 분노(장형)이다. 공감수준은 에니어그램 힘의 중심이 가슴(센터)을 주로 활용한다. 공감수준에서 경험하는 감정의 색깔은 붉은 색이다. 가슴으로 느끼고 경험하는 심장의 색이다.

서러움	억울함	불안함	두려움	따뜻함
원망스러움	쓸쓸함	걱정스러움	놀람	당황스러움
조마조마함	창피함(수치심)	후회스러움	속상함	울적함
허탈함	외로움	무서움	미안함	화남(분노)
슬픔	답답함	괴로움	심심함	막막함
미움(증오)	후련함	부담스러움	마음이 철렁함	어이없음
마음이 가벼움	편안함	감사함	실망스러움	위로받음
안전함	자책감	기대감	든든함	안타까움

<표1> 공감수준 단어카드 목록

나. 용서수준 감정카드

용서수준은 공감 다음에 위치한다. 학교폭력(괴롭힘)의 관련학생들이 공감을 통해 서로의 입장에 대해 마음으로 교감하였다면 이를 행동으로 실천하려는 용서가 필요하다. 에니어그램 힘의 중심에서 용서는 행동이며 장(배) 중심이 된다. 상징색은 땅에 뿌리내린 황토색인 주황색이다.

용서	동정심	포용	이해	너그러움
마음 넓게	불쌍히 여기는 마음	미움	선함	반성하는 마음
권리	뻔뻔함	실수	선입견	인정 배품
행동 책임	극복	깊이 생각함	자유	평화
대화의 힘	상처	속상함	존중함	잘못
거부	사람	사과	화해	설득
평생	방어	갈등	선택	고통
후회	좌절	희망	연민	실천

<표2> 용서수준 단어카드 목록

다. 회복수준 감정카드

회복수준은 용서수준 다음이다. 용서를 구하고 베풀어야 회복이 가능하다. 회복은 모든 수준에서 가장 에너지가 집중되는 작업단계working stage이다. 피·가해학생이 대면하여 용서구하기와 용서 베풀기를 하게 되면 성장의 문으로 들어선다. 회복수준의 에너지 중심은 머리이다. 자신의 회복에 대한 경험(과정)들을 인지재구조화한다. 상징색은 파랑색이다.

회복하는	보상	명랑한	반가운	새 출발
수용하는	안정된	열정적인	즐거운	친근한
행복한	차분한	자랑스러운	진정한	변화하는
분명한	사랑하는	응원하는	여유로운	편안한
바라는	할 수 있는	해내다	회복된	훌륭한
격려하는	원래대로	도움이 되는	편안한	존중하는
자신감	시도하는	열정적인	조용한	당당한
침착한	희망에 찬	돌아보는	성취하는	뿌듯한

〈표3〉 회복수준 단어카드 목록

라. 성장수준 감정카드

성장수준은 EFRG 모델의 마지막 수준이다. 학교폭력(괴롭힘)에 노출된 가·피해학생 뿐만 아니라 학부모, 학급과 담임교사 모두가 성장하게 된다. 성장의 에너지는 세 힘의 중심이 통합된 whole body (온 몸)이다. 상징색은 녹색이된다.

솔직한 마음	도울 수 있는	친구를 소중히	의견배려하기	정직 실천하기
회복할 수 있는 힘	슬픔 이겨내기	자존감 회복	나 이해하기	친구 배려하기
용서하는 기쁨	희망의 시작	다름의 이해	성장한 느낌	봉사하는
마음을 이해	평생 친구	인정받는	행복한 마음	희생하는 자세
노력이 필요함	이해하는 자세	치유와 감사	사랑의 실천	새로운 출발
지혜로운 선택	소중함을 되찾음	희망찬 꿈	평화로운 생활	존경받는 사람
두려움을 이겨냄	잘못을 뉘우침	갈등의 해결	친구 도와주기	욕설하지 않기
함께하는 즐거움	존중하기	경청하기	공감하기	비난하지 않기

〈표4〉 성장수준 단어카드 목록

2. 공감척도(온도)계 활용하기

워크북 공감 1-2에서 처음 만나게 되는 공감척도(온도)계는 학교폭력 EFRG 모델의 가장 핵심기둥의 하나이다. 아래 〈그림5〉에서 보는 바와 같이 공감 척도는 숫자 0부터 10까지 이다. 가운데 숫자는 5를 기준으로 왼쪽으로 가는 것은 부정적인 감정을 뜻하고 오른 쪽으로 가는 것은 긍정적인 감정을 말한다. 따라서 숫자 0은 최악의 상태를 말하고 숫자 1은 부정적인 감정이 가장 큰 상태이다. 숫자 10은 만족도 즉, 행복도가 최고점에 이른 것을 말한다.

아래에는 온도계가 표시되어 있어 공감척도계를 다른 표현으로는 공감온도계라고도 할 수 있다. 온도계의 온도는 가운데 0℃를 중심으로 좌측 파랑색 화면은 영하의 온도이며, 우측 주황색 온도는 영상 온도를 말한다. 온도는 우리가 일상생활 속에 경험할 수 있는 온도로 부정적인 감정이 많을 때는 영하로 내려가고, 긍정적인 감정이 많을 때는 영상 온도가 될 것이다.

공감척도(온도)계는 〈공감 1-2〉를 시작할 때, 공감 수업을 마칠 때 〈공감 3-3〉에서 공감척도(온도)변화를 측정하는 것으로 해당 수준(회기)에서 자신의 변화를 측정하고 이를 지도자와 상담하는 도구로 활용한다. 이 방법은 질적 연구의 인터뷰 기법처럼 내담자가 실제로 자신의 변화에 대해 인식하고 표현하는 것도 도움이 되지만 래포rapport를 형성하고 대화를 매개하는 다리 역할을 할 수 있을 것이다.

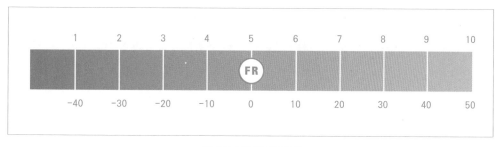

〈그림5〉 공감척도(온도)계

3. 문제해결카드 활용하기

문제개념화		
머리	**가슴**	**배(장)**
공통점		**차이점**
해결(solution)		

<그림6> 문제해결카드

가. 문제 규정하기(문제 개념화)

현재 내가 당면한 문제는 무엇인지 규정하는 것이 핵심이다. 상담에서는 이를 사례개념화라고 한다. 문제가 무엇인지 정확하게 인식하는 것 차체가 문제를 해결하는 가장 확실한 열쇠가 된다. 배가 아픈 환자에게 두통약을 처방해서는 안 된다. 모든 복잡한 문제들도 기본적으로는 단순한 문제들이 복합적으로 얽힌 것이다. 가장 단순하고 쉬운 것부터 찾아서 매듭을 풀어나가면 어떠한 문제도 해결할 수 있다. 간혹 일부 문제는 지금 나의 역량으로는 해결할 수 없는 문제들도 있다. 이 경우 이를 발견하고 인정하는 것이 문제해결이다. 외부전문가의 도움을 받거나 해결을 잠시 미루도록 결정하는 것도 가능하다.

나. 다양한 해결 방안 제안하기(힘의 중심에 따른 다양한 해결방안 제시)

같은 문제라 하더라도 문제를 받아드리고 해결하는 접근은 다양할 수 있다. 즉, 에니어그램의 힘의 중심에 따라 머리형, 가슴형, 장형이 각각 문제를 바라보는 인식과 해결방법에서 다른 의견을 가질 수 있다. 먼저 각자의 생각과 의견을 나누어보고 토론하여 본다. 그 의견들이 어떠한 힘의 중심에 속한 것들인지 구분하여 본다. 예를 들면 수학여행 중 10층에 투숙하다가 한 밤중에 불이 났다고 가정하면, 머리형은 먼저 출구가 어디인지 불은 얼마나 번졌는지 확인한다. 가슴형은 누가 다친 사람은 없는지 안타까워하며 사람들을 챙긴다. 장형은 불이야! 소리치며 옆 방 문들을 두들기며 밖으로 뛰쳐나간다. 즉, 힘의 중심에 따른 다양한 해결방안을 제시하는 것이다.

다. 공통점과 차이점 비교하기

이러한 해결 방안들은 힘의 중심이 다른 사람들에게 혼란과 의문을 제공할 수 있다. 학교폭력(괴롭힘)의 대처과정이 그러하다. 서로 다른 힘의 중심을 활용하기에 피·가해학생과 그 부모, 교사가 생각하는 해결지점이 각기 다를 수 있다. 그럼에도 불구하고 최소한의 공통점은 존재한다. 그 것으로부터 해결책은 시작된다. 공통점과 차이점을 정리하여 토론하여 봄으로써 합의된 해결방안 제시에 한 걸음 다가설 수 있다.

라. 해결방안 제시하기

모든 문제에 정답이 있는 것은 아니다. 하지만 자신이 생각하는 해답을 항상 존재한다. 이 해답이 자신이 제안하는 해결방안이다. 일반적으로 문제해결카드라는 알고리즘을 거치지 않았을 경우 문제를 규정하고 해결방안을 제시하는 것이 바로 이루어진다. 그러나 문제해결카드를 활용한 접근은 모둠에서 활용할 경우와 개인적 활용 모두에서 두 단계를 더 거치게 된다. 다시 말하면 모둠 활동시 리더가 모둠원의 이야기를 들으며 머리, 가슴, 장형에 속하는 영역에 의견을 적고 공통점과 차이점을 정리하는 방식으로 진행한다. 개인적 활용의 경우 자신이 생각하는 효과적인 방안을 머리, 가슴, 장형 중의 한 칸에 적어

보고 다른 힘의 중심을 활용하나는 사람들은 어떤 해결책을 제시할지 짐작하여 적어본다. 이 과정을 거친 후 공통점과 차이점을 보다 선명하게 찾아보고 해결방안을 제시할 수 있다.

4. 성격유형 역할극

교육과 상담영역에서 역할극은 참가자가 수업자료로 제공되는 행동을 연습하거나 수업에서 정보를 제공하는 특정 상황에서 역할을 해 내는 방식의 구조화되고 목적지향적인 학습 기술이다. 하지만 이 역할극은 양날의 칼과 같아서 학습자와 교수자 모두에게 놀라운 유익을 주는 역동적이고 매력적인 도구이자, 오용되거나 비효율적으로 사용될 때는 아니한 것만 못한 것이 되어버리고 만다(Susan El-Shamy수잔 엘 샤미, 2009). 마을공동체교육연구소(2011)는 「집단 괴롭힘 없는 평화로운 교실 만들기」에서 역할극을 학급에서 일어나는 갈등상황을 공유할 수 있는 핵심장치로 활용한다고 소개한다. 문재현(2013) 등은 왕따 예방 역할극을 통해 폭력 없는 평화로운 학교 만들기를 실행하고 있으며 큰 효과를 거두고 있다. 핀란드의 국가차원 학교폭력 예방 프로그램인 Kiva Koulu키바 코울루에서도 역할극을 통해 피해학생의 고통에 공감하고 따돌림 받는 학생을 어떻게 도울 수 있을지 체계적이고 구체적인 행동지침을 배운다. 즉, Kiva Koulu Program키바코울루 프로그램의 핵심이 왕따 역할극이다.

　EFRG 모델에서의 역할극은 일반적인 역할극을 단회로 가장 단순하게 구성한 것이다. 이 역할극에 출연하는 이들의 역할은 학교폭력(괴롭힘) 장면에서 교실에서 담당하던 역할을 성격유형을 중심으로 재연하는 것이다. 학생들의 역할은 가해자와 피해자 외에 주변인으로 구분할 수 있다. 주변인은 다시 피해자의 곁에서 피해자를 돕는 방어자와, 가해행동을 돕는 가해 동조자, 그리고 '학교폭력을 목격하고도 무관심하여 모른 채 하거나 별다른 행동 없이 가해행동을 지켜보기만 하는 학생'이다(주지선, 2017: 13).

　EFRG 성격유형 역할극은 본인이 희망하여 선택하는 것을 우선으로 하되 특정한 역할에 대해 학생들이 희망하지 않는 것이 주도적인 분위기 일 때는 사전에 제작된 명찰을 뒤집어 놓아서 선택될 수 있도록 유도한다. 학생들은 각자 자신이 속한 역할에 따라 역할극을 하되 지도자는 실제 상황에서 있었던 일들을 역할극에서 실제 상황을 재연하는 것이 어려울 경우가 있다. 이 때는 상황을 매우 단순화 하거나 빈 의자 기법을 활용할 수 있다.

"공동체가 성격유형 역할극을 수행하는 것이 감당되지 않는다"라고 판단될 경우 일반적인 역할극으로도 가능하다. 다만 지도자는 학생들의 성격유형을 감안하여 지도(피드백)를 할 수 있다.

인사

義村 李東甲

나마스테! 두 손 모아 당신께 인사합니다.
당신 안에 계신 신(神)께 절합니다.
내 안의 신(神)을 바라 봐 주십시오.

성불(成佛)하십시오. 두 손 모아 절합니다.
당신 안의 부처님께 인사합니다.
당신은 이미 부처님이십니다.

그리스도의 평화를 빕니다.
주님의 평화를 전합니다.
받을만하지 않으시면 그 평화 내게 돌아오시니[1]
부디 받아 주세요. 주님의 평화를.

I SEE YOU![2]
제 전 존재로 당신을 봅니다.
당신의 전 존재로 저를 보아 주세요.

이 우주에 단 한 사람, 제가
전 우주에 단 한 사람 당신께
마음 깊이 두 손 모아
인사합니다.

---

1 루가복음 10장 6절
2 제임스 카메룬(2009), 아바타에서 나비 족이 건네는 인사말. 남 아프리카의 반추어족에 속하
는 원주민 Kaffer족에서 비슷한 인사 말이 있음(마르틴 부버, 1995. 나와 너. p. 32)

2장

에니어그램
주요 개념 이해하기

에니어그램이란 무엇인가?

1. 에니어그램의 역사

에니어그램의 정확한 기원은 알지 못한다. 역사 속에서 소실되었다는 표현이 솔직할 것이다. 일반적으로 기원전 2500년경 바빌론에서 시작되었다고하지만 확실한 증거는 없다. 고대 그리스 사상에서 나왔다는 사람들은 이 도형의 근거가 피타고라스, 플라톤 등의 사상 속에서 발견된다는 점을 들고 있다. 그러나 에니어그램의 상징을 현대의 서구 사회로 가져온 사람은 George Ivanovich Gurdjieff조지 이바노비치 구르지예프라는 사실에는 의심이 없다. 1875년태어난 그는 그리스계 미국인으로 전 세계를 다니며 인간의 정신을 변화시킬지식을 찾아 다녔다. 그는 자신과 친구들이었던 다른 'SAT(Seeks After Truth: 진리를 추구하는 사람들)' 회원들이 발견한 지혜를 통합하여 자신의 것으로 만들고 발전시켰다. 그의 가르침의 목적은 사람들로 하여금 우주 안에서 자신의위치를 이해하고 자기 삶의 객관적인 목적을 알도록 일깨우는 것이었다.

구르지예프의 사상을 좀 더 현대적으로 해석하고 가르친 사람은 Oscar Ichazo오스카 이카조였다. 그는 1950년대 중반 에니어그램 상징의 모든 자료들을적절히 배열하였다. 이로서 다양한 사상과 지혜가 결합된 오늘날 우리가 알고 있는 에니어그램의 기본적인 원형이 완성되었다. 심리치료사였던 Claudio Naranzo클라우디오 나란조는 1970년대 캘리포니아에 있는 에샬렌 연구소[1]에서

---

1 https://www.visitcalifornia.com/kr/attraction/%EC%97%90%EC%82%B4%EB%A0%8C

게슈탈트 심리치료를 개발하여 유명해졌는데 칠레를 여행하면서 만난 에니어그램 프로그램을 45일간의 자아실현 집중 프로그램으로 개발하였다. 1997년 Don Richard Riso돈 리차드 리소는 '발달의 수준Level of Development'을 통해 에니어그램의 큰 도약을 이루었다(Don Ricaard Riso · Russ Hudson돈 리차드 리소·러스 허드슨, 2016).

에니어그램은 아홉 개의 점을 가진 도형을 의미한다. 에니어Ennea는 아홉을 의미하며 그램gram은 도형을 의미하는 말이다. 즉, 아홉 가지로 이루어진 인간 성격 유형과 그 유형들의 연관성을 표시한 기하학적 도형이다(Don Ricaard Riso · Russ Hudson돈 리차드 리소·러스 허드슨, 주혜명 역, 2016: 21). 에니어그램은 한 개인이 유아기로부터 성인에 이르기까지 삶의 전 과정을 종단적으로 이해할 수 있는 도구(Roxannne록산드, 2007)로 인간이 생각하고 느끼고 행동하는 아홉 가지의 서로 다른 방식에 대한 통찰을 제공하여 인간을 보다 체계적이고 객관적으로 이해할 수 있도록 안내한다. 특히 성장과 발달을 지원하고 치유와 영성의 회복 등 다양한 분야에 도움을 준다(김미화, 2017: 11). 에니어그램은 우리가 자신과 주위 사람들의 장점을 발견하고 삶을 긍정적으로 살 수 있도록 돕는 도구이다(Elezabeth Wagele엘리자베스 와겔리, 2015: viii). 에니어그램을 통해 자신뿐만 아니라 중요한 영향을 끼치는 의미 있는 타자들에 대한 이해와 수용을 넓히고 자기변혁을 통해 성장할 수 있다. Ginger Lapid-Bogda진저 래피드-보그다, 2005: 22)는 개인적 능력과 사회적 능력 모두를 개발하는데 에니어그램은 유용한 시스템이라고 주장하였다.

2. 에니어그램의 주요개념 이해

가. 에니어그램 이론

사람들은 정도의 차이는 있겠지만 아홉 가지의 특성을 모두 가지고 태어난다. 어른이 되어도 한 가지 유형으로 굳어지지 않을 수도 있다. 하지만 일반적으로는 한 유형을 핵심적으로 가지고 점점 그 유형의 관점으로 세상을 보고 대처하는 것에 익숙해진다. 그러나 나머지 여덟 유형의 긍정적인 면을 발견하고 끌어와 발전시킨다면 더욱 더 유연하고 균형 있는 삶을 살 수 있을 것이다 (Elizabeth Wagele엘리자베스 와겔리, 2013: 17).

Carl Gustav Jung칼 융의 심리유형이론은 인간의 타고난 심리유형 즉 인식과 판단의 유형이 결정되는 것은 청소년 시기에 비로소 가능하다. 그 시기가 되어야 자신의 주 기능을 활용하여 성공하는 체험을 하고 이를 성장시킬 수 있는 것이다. 이런 이유로 어린이성격유형검사CATi 는 10세 이후의 아동을 대상으로 실시할 수 있다. 그러나 에니어그램은 부모의 정자와 난자가 만나는 그 순간 성격유형이 결정된다고 본다. 하지만 영·유아나 유치원과 초등학교 저학년 시절의 아동들은 관찰과 대화를 통해 자신의 성격을 찾을 수 있다. 놀라운 일은 어린이 스스로가 자신을 너무 잘 이해하고 있다는 점이다. Wagele와 겔리와 Judith dome주디 돔(2010)은 유아들도 생일 케이크를 찾는 과정을 통해 자신의 성격유형을 찾아 갈 수 있음을 보여 주었다.

나. 날개유형과 화살유형

'날개'는 자신의 유형 양 옆에 있는 두 가지 유형을 말하고 '화살'은 자신의 유형에서 뻗어나간 두 개의 선이 가리키는 유형을 말한다. 같은 유형이라도 어느 한 쪽의 날개를 더 많이 사용하고, 어느 화살의 영향을 더 많이 받느냐에 따라 다른 성격처럼 보이기도 한다.

하지만 어린이의 유형을 찾는 것에만 집중하며 그 유형의 틀에 얽매어 어린이를 한 독립된 인격체로 보지 못하는 오류를 범할 수 있다. 에니어그램을 어린이·청소년들에게 적용하는 경우 '유형'보다는 '성향'이라는 단어를 사용하는 것은 어린이 스스로 자신의 유형을 분별할 수 있는 나이가 되기까지는 특정 성향을 아동의 진짜 유형으로 규정하는 것의 위험성을 말한다.

EFRG 프로그램에서 에니어그램을 활용하는 것은 폭력과 관련된 인간의 본성이 두려움과 분노, 슬픔 속에서 어떤 방식으로 작동하여 고통을 주는가를 성찰하고 그 것을 극복하기 위한 대처방식을 제안하는데 있다. 이 것은 에니어그램이 아니어도 가능할 것이지만 에니어그램은 학교에 재학하는 청소년들에게 가장 적절한 도움을 줄 수 있는 현실적인 도구라고 판단된다. 에니어그램은 무엇보다 다른 사람을 판단하는 도구가 아니라 자기 자신을 돌아보는 도구이다.

필자는 에니어그램의 한계에 갇히거나 주객이 전도되어 에니어그램을 중심으로 한 학교폭력의 인식과 해결이 되어서는 안 된다고 본다. 에니어그램을 넘어서 인간의 본성과 에너지, 힘의 중심을 이해하는 도구로 학교폭력(괴롭힘)과 관련한 더욱 더 유익한 이론을 추구하고 있다.

다. 발달 수준 이해하기

모든 유형에는 건강한 범위, 평균 범위, 불건강한 범위의 세 가지 범위가 있고 각각의 범위 안에는 다시 세 수준이 있다. 건강한 범위는 1~3수준으로 각 유형이 가지는 장점들을 삶에서 보여준다. 평균 수준은 4~6수준으로 그 유형의 평균적인 행동을 나타낸다. 불건강한 수준인 7~9수준은 그 유형이 가지는 기능장애의 유형을 나타낸다. 발달수준은 각자가 자신의 자유로움과 의식 수준을 측정하는 도구로 활용할 수 있다.

즉, 건강한 수준에 속한 사람은 자신의 에고와 집착에서 벗어나 자유로운 상태에서 힘과 지혜, 사랑과 좋은 열매들을 나타낸다. 학교폭력(괴롭힘)의 과정에서 건강한 학생은 가해자가 되지 않는다. 또한 학교폭력(괴롭힘)이 다가왔을 때 지혜롭게 반응하여 튕겨낸다. 부모의 경우에도 건강한 피해학생의 부모는 자녀의 괴롭힘을 초기에 발견(통찰)하고 상황이 심각해지기 전에 주변의 도움을 활용하여 구해낸다. 이 과정에서 가정이 재구조화되고 성장한다. 드물게 건강한 부모에게서 불건강한 자녀가 가해를 하였다면 부모는 자녀와 함께 공감과 용서, 회복과 성장 과정을 통과하여 자녀를 구해낸다.

낮은 수준은 우리의 자유를 구속한다. 즉, 우리자신이 자신의 에고와 집착과 동일시되어 자신과 주변에 고통을 주게 된다. 평균적인 건강을 가진 사람도 불건강한 범위로 떨어지면 선택의 자유가 거의 없어지게 된다. 학교폭력은 불건강한 가해학생에 의해 주로 이루어진다. 안타깝게도 많은 경우 폭력적인 학생은 불건강한 부모로부터 소통과 배려가 부족한 양육을 받아왔다. 학교폭력(괴롭힘)의 가해학생으로 학교로부터 호출을 받은 경우에도 불건강한 부모는 자녀의 역성을 든다. 자신의 자녀에 대해 잘 안다고 생각하고 상대방 학생에게 문제가 있어 어쩔 수 없이 폭력을 행사했거나 오히려 억울한 누명을 쓰고 있다고 강변하기도 한다. 그 부모의 모습을 보고 자녀들은 더욱 불건강한 상태로 고착된다. 인간의 기본 성격 유형은 바뀌지 않지만 우리가 어떤 수준에 있느냐는 하루에도 몇 번씩이나 바뀔 수 있다. 즉, 특정 주파수 대역 안에서 자신의 성격 유형이 여러 단계 오르내릴 수 있다.

평균 범위에 속한 사람들은 일반적으로 정상이라고 생각되는 행동 양식을 보인다. 이들은 자신과 자신의 에고를 동일시하는 정도가 크다. 그 결과 자신의 잠재력 중 아주 작은 범위에서 자신을 실현한다. 이는 성격유형의 관심사가 에고를 유지하는데 초점을 맞추기 때문이다. 하지만 삶과 인간관계에 있어 자신의 이미지를 지지해 주지 않으면 다양한 상황 속에서 자신과 다른 사람을 조정하려는 문제가 생기고 대인관계에서 갈등이 초래된다. 학교폭력(괴롭힘)의 상황에서 평균 수준의 가해학생과 피해학생은 많이 만나 볼 수 있다.

자신의 수준이 어느 상황에 있는지 스스로 알아차리는 것이 필요하다. 건강한 범위에서 평균 범위로 가고 있음을 알아차리는 신호는 다음과 같다. 이럴 때 각 유형은 좀 더 자신의 에고와 동일시 되어가고 있으며 갈등과 다른 여러 문제들이 생기게 될 것이라는 단서가 된다.

불건강한 범위로 내려간다는 것은 위험한 상황을 의미한다. 불건강한 상황에 이르는 경계가 되는 구역을 '쇼크 포인트shock point'라고 한다. 대부분의 사람들은 불건강해지지 않은 채로 여러 해 동안 평균 범위 안에서 자신의 역할을 하다가 추가적인 '쇼크'나 에너지 투입이 일어나면 불건강한 상태가 된다. 이럴 때 심리치료나 치료 프로그램에 참석하여 건강을 회복하는 것이 필요하다. 건강한 범위에 속하기 위해서는 무엇보다 건강하고자 하는 의도를 가지고 현재 존재에서 깨어 있고자 하는 노력이 필요하다. 또한 의식을 확장시키기 위해 연습하여야 한다. 학교폭력(괴롭힘)의 해결 과정에서 발달 수준을 만나는 것은 무척 의미 있는 일이다.

3. 아홉 가지 유형 안내(Elizabeth Wagele엘리자베스 와겔리, 2013. 참조)

가. 에니어그램 아홉 가지 유형

에니어그램은 인간의 타고난 성향을 아홉 가지로 나누어 설명한다. 아동들도 마찬가지다. 아동들의 아홉 가지 유형을 알면 그들이 무엇을 추구하고 어떤 어려움을 겪고 있으며 자신의 갈등을 어떤 방식으로 인식하고 해결하고자 하는지 이해할 수 있다. 우리 학생들이 학교폭력에 대해 어떻게 받아들이고 이해하며 대처하는지 알 수 있다. 그들의 마음을 열고 상처로부터 해방되며 오히려 성장의 기회로 만들 수 있는 열쇠를 찾을 수 있을 것이다.

이는 청소년들이 자기 자신의 참된 내면의 모습을 발견할 때, 자신의 삶에서 진정으로 원하는 것이 분명해지고 그 목표에 더욱 집중하게 될 수 있다. 사실 청소년기는 삶에서 많은 모순을 경험하는 시기이다. 에니어그램은 많은 모순 속에서 청소년들이 자신이 누구인지 스스로 찾아갈 수 있는 여정을 돕는다. 아울러 여러 사람들에게 주위 사람들과 관계를 잘 형성하는 방법을 알려줄 수 있다. 에니어그램은 우리 자신과 주위 사람들 즉 가족, 친구, 선생님 등의 다양한 장점을 발견하고 삶을 긍정적으로 살 수 있도록 이끌어 주는 도구가 될 수 있다. 에니어그램은 이스라엘과 팔레스타인의 청소년들이 화합하는데 도움을 주었다. 여러 인종과 아이들과 어른들이 피부색이 아닌 진정한 다양성에 집중하도록 도움을 주었다. 에니어그램은 청소년들에게 자신을 존중하고 자신이 원하는 것을 표현하는 방법을 배우도록 도울 수 있다. 심리학자인 Erik Homburger Erikson에릭 에릭슨의 지적처럼 "청소년기의 목표는 분명하고 안정된 자아정체감을 확립하는 것"이다. 청소년기는 급격한 변화의 시기로 12세에서 17세 사이는 부모의 시간 20년에 해당한다는 말을 기억하여야 한다(Elizabeth Wagele엘리자베스 와겔리, 2015). 나는 누구인가? 를 스스로 발견하는 일은 청소년 시기의 가장 가치 있는 선물이 될 수 있을 것이다. 에니어그램은 자신을 이해하고 자신의 정체성과 안정감을 확립하는데 가장 강력한 도구가 될 것이다.

나. 유형별 안내

1) 1유형: 개혁하는 성향

이들은 자기 스스로의 평가 기준이 높고 걱정이 많다. 비교적 정리, 정돈이 잘 되어 있으며 변명하거나 꾸짖기를 잘한다. 작은 실수에도 미안함 마음을 크게 느끼고 자신과 타인에게 옳고 그름을 판단하여 밝히거나 지적한다. 맡은 일에 열심을 다하고 모든 것을 옳고 그름으로 구분하려는 경향이 있다. 말을 하거나 들을 때 문법(말의 규칙)을 신경 쓰고 고쳐 주고 싶어 한다. 좋은 사람이 되고 '올바른' 행동을 하기 위하여 노력한다. 게임이나 놀이에서 다른 친구들을 이끌고 분노를 잘 드러내지 않는 경우가 있다.

2) 2유형: 도와주는 성향

이들은 쉽게 상처 받고 관심 받는 것을 좋아하며 다양한 인간관계를 만든다. 다른 사람에게 잘 맞춰주고 자신은 좋은 사람이라고 생각한다. 학교생활을 잘 하려고 노력하고 사람들에게 기쁨을 주려고 애쓴다. 친구를 쉽게 사귀는 방법을 알고 있으며 다른 사람을 돕거나 상담해 주는 것을 좋아한다. 사람과 만날 때 일대일 관계가 편하고 고통 받는 사람이나 동물들을 걱정 한다. 충고를 잘 하는 편이며 감정에 관한 단어를 많이 사용 한다

3) 3유형: 성취하는 성향

친구들을 잘 사귀고 자신만만하다. 사람들 앞에 나서기를 좋아 하고 열심히 공부하거나 일 한다. 능력이 있다고 평가 받으며 에너지가 넘치고 행동이 빠르다. 이들은 경쟁을 좋아하며 승부욕이 강한 편이며 세상일을 잘 될 것이라고 바라본다. 목표에 도달하기 위해 지름길을 선택 하고 문화에 쉽게 적응하고 유행에 민감하다. 이들에게는 다른 사람들이 나에게 하는 평가가 중요하고 상대편이 내 말을 듣도록 여러 가지로 설명을 잘 한다.

4) 4유형: 낭만적인 성향

이들은 쉽게 상처 받는다. 질투심이 강하고 자신은 특별하다고 생각 한다. 감

정표현이 풍부하고 쉽게 우울해지는 경향이 있다. 창의적이고 아름다움을 추구 하며 친구들보다 더 감성적이고 예술가적인 기질을 가지고 있다. 자신과 다른 사람을 분석하기를 좋아 하며 연민(불쌍히 여기는 마음)을 가지고 있다. 행동이 변덕스럽고 과장하는 경향이 있으며 감탄을 잘하며 부드럽게 말하거나 때로는 감정을 크게 표현 한다.

5) 5유형: 관찰하는 성향

이들은 호기심이 많은 편이고 신중하고 자기 의견이 분명하다. 갈등을 피하고자 하며 조용하고 수줍음이 많은 편이다. 다양한 각도에서 사물을 보고 억지로 또는 강제로 요구 받는 것을 싫어한다. 모임의 변두리에 머무르면서 관찰하고 혼자 있는 것을 좋아하고, 가까운 친구가 적은 편이다. 스스로 흥미로운 주제를 잘 찾아내고 사회 규범(규칙)에 무관심하거나 때로는 규범에 대항 한다. 감성적인 표현과 소음(큰 소리로 말하기)을 싫어하며 온화한 목소리로 얘기하지만 강의 하듯이 말한다.

6) 6유형: 충성하는 성향

이들은 에너지가 풍부하고 약자의 편을 드는 경향이 있다. 실패할 것에 미리 걱정하고 조심성이 많아 늘 위험요소를 살핀다. 이들은 사람들을 웃기는 방법을 아는 편이고 강한 책임감으로 학업성취 능력이 우수할 수 있다. 다른 사람들의 생각(의견)을 알고 싶어 하며 친구에게 정성을 다하며 자신이 속한 집단을 매우 소중하게 여긴다. 강하게 행동하고, 똑똑하거나 무기력하다. 때때로 다른 사람을 원망하거나 쉽게 화를 낸다. 상냥 함거나 퉁명스럽고, 지배적이거나 협동적인 성향 등으로 왔다 갔다 한다.

7) 7유형: 모험적인 성향

이들은 늘 바쁘다. 타고난 성격이 밝고 사람을 좋아하고 파티를 즐긴다. 동시에 여러 가지 일을 하고 사람들에게 친하고 사교적이다. 모험담을 좋아하며 말이 많다. 타고난 재능이나 능력이 많을 수 있다. 새롭고 신기한 것을 좋아하고 모르는 것을 알고 싶어 한다. 재미있어 보이는 것을 무엇이든 시도 하며 크게 화가 나거나 실망하는 부정적인 감정에서 빨리 벗어난다. 스릴을 느낄 수 있는 문제 상황에 빠지는 것을 좋아하며 한 가지에 오래 집중하지 못하고 반복되거나 느린 것을 싫어한다.

8) 8유형: 도전하는 성향

자신감과 책임감이 강하고 약한 모습을 보이기 싫어한다. 어떤 일에 큰 관심으로 집중하며 옳고 그름에 대한 판단이 중요하다. 스스로 결정하고 경쟁심이 강한 편으로 강하고 자신감 넘치는 목소리로 말한다. 기운이 넘치고 존재감이 강하기 때문에 쉽게 눈에 띈다. 체력이 좋아서 남들이 지친 후에도 더 놀고 싶어 한다. 자신을 지킬 수 없는 약자들을 보호해 주며 타고난 지도자이다. 사람들이 따라오도록 규칙을 만든다. 쉽게 화를 내고 그 것 때문에 문제에 빠질 때가 있다.

9) 9유형: 평화적인 성향

상냥하고 마음이 넓은 편이며 쉽게 상처 받는다. 세상을 바람직한 방향으로 바라보는 성향으로 말이 약간 느리고 이야기가 길다. 다른 사람의 입장에서 사물을 볼 수 있으며 공정하지만 아주 드물게 분노가 폭발한다. 이들은 강요할수록 고집스러워지는 경향이 있어 편안하고 안락한 상태를 좋아 한다. 선택을 하지 못하고 괴로워하며 결정을 피하려는 경향이 많고 결정을 내려야 할 때 꾸물거린다. 갈등을 피할 수 없을 때 해결하려고 노력하며 사람들과 잘 어울리고 문제를 일으키지 않도록 힘쓴다.

4. 아홉 가지 유형의 두려움과 욕망, 메시지들(Don Richard Riso·Russ Hudson돈 리차드 리소·러스 허드슨, 2016, 참조)

가. 각 유형이 어린 시절에 받는 메세지

유형	메세지
1	실수를 하는 것은 옳지 않다
2	자신의 필요를 충족시키는 것은 옳지 않다
3	자신의 감정과 정체성을 가지는 것은 옳지 않다
4	너무 현실적이거나 행복한 것은 옳지 않다
5	세상에서 편안한 것은 옳지 않다
6	나 자신을 신뢰하는 것은 옳지 않다
7	다른 사람에게 의존하는 것은 옳지 않다
8	약해지거나 다른 사람을 신뢰하는 것은 옳지 않다
9	나 자신의 의견을 주장하는 것은 옳지 않다

〈표5〉 출처: Don Richard Riso · Russ Hudson, 2016: 51

나. 각 유형이 갖는 기본적인 두려움

유형	두려움
1	사악하고 부도덕하고 결함이 있는 것에 대한 두려움
2	사랑받을 가치가 없는 것에 대한 두려움
3	가치 없는 것, 혹은 타고난 재능이 없는 것에 대한 두려움
4	정체성이 없는 것, 혹은 자신이 중요한 존재가 아닌 것에 대한 두려움
5	쓸모없고 무능하게 되는 것에 대한 두려움
6	도움이나 안내를 받지 못할 것에 대한 두려움
7	자신이 가진 것을 박탈당하거나 고통에 빠지는 것에 대한 두려움
8	다른 사람에게 해를 당하거나 통제당하는 것에 대한 두려움
9	연결을 잃은 것, 자기 혼자 떨어져 나가는 것에 대한 두려움

〈표6〉 출처: Don Richard Riso · Russ Hudson, 2016: 53

다. 각 유형이 갖는 근본적인 욕망과 욕망의 왜곡

유형	욕 망 → 욕망의 왜곡
1	완전하고자 하는 욕망 → 비판적인 완벽주의로 왜곡
2	사랑받고자 하는 욕망 → 필요한 사람이 되고자 하는 욕구로 왜곡
3	가치 있게 여겨지고자 하는 욕망 → 성공을 좇는 것으로 왜곡
4	자기 정체성을 찾고자 하는 욕망 → 자기몰입으로 왜곡
5	유능해지고자 하는 욕망 → 쓸모없는 전문화로 왜곡
6	안전하고자 하는 욕망 → 확신에 대한 집착으로 왜곡
7	행복하고자 하는 욕망 → 광적인 도피로 왜곡
8	자신을 보호하고자 하는 욕망 → 끊임없는 싸움으로 왜곡
9	평화에 대한 욕망 → 고집스러운 태만으로 왜곡

〈표7〉 출처: Don Richard Riso · Russ Hudson, 2016: 54

라 . 각 유형이 어린 시절 상실한 메세지

유형	메세지
1	"너는 좋은 사람이다"
2	"너는 필요한 사람이다"
3	"너는 있는 그대로의 모습으로 사랑받는다"
4	"너는 있는 그대로의 모습으로 받아들여진다"
5	"너의 욕구는 문제가 아니다"
6	"너는 안전하다"
7	"너는 보살핌을 받을 것이다"
8	"너는 배신당하지 않을 것이다"
9	"너의 존재는 중요하다"

〈표8〉 출처: Don Richard Riso · Russ Hudson, 2016: 56

우리는 어떤 경우에도 소중한 존재이다. 우리는 우리의 성격 이상의 존재
이다. 자신에 대해 깊은 진실을 이해하고 통찰과 깨달음을 통해 성숙하고 자

유로운 삶을 살아가는 것이 목표이다. 에니어그램은 우리가 스스로를 성격과 동일시하는 것을 멈추고 자신의 성격을 방어하기를 멈출 때 기적이 일어난다고 안내한다.

힘의 중심 이해하기

1. 힘의 중심이란 무엇인가?(Don Richard Riso · Russ Hudson돈 리차드 리소 · 러스 허드슨, 2016; Renee Baron · Elibeth Wagele레니 바론 · 엘리자베스 와겔리, 2014; Susan Rhodes수잔 로즈, 2012)

나 자신이 어떤 유형의 사람인지 알기 위해서는 먼저 내가 어떤 중심에 속해 있는지를 찾아야 한다. 자신의 유형을 찾는 핵심 열쇠는 자신의 '중심'이 무엇인가를 발견하는 것이다. 중심은 가슴heart, 머리head, 장gut으로 구성되어 있다. 이를 리소와 허드슨은 사고, 감정, 본능 중심으로 표현하기도 한다. 본 프로그램에서는 쉽게 머리, 가슴, 배라고 부르기로 한다. 이는 우리 몸을 이루는 세 가지 중심과 일치한다. 우리 모두는 정신, 감정, 몸을 가지고 있다. 동시에 내부에는 세 가지 센터(지능의 중심)가 있다. 그 중 하나의 에너지 센터가 지배적인 역할을 하는데 그 센터가 우리의 관점 혹은 유형을 결정한다. 사람들이 자신의 유형을 찾을 때 에너지의 센터에 초점을 맞추는 것이 더 쉽다. 우리는 그 사람의 에너지를 먼저 살펴봄으로써 어떤 에너지가 지배적인지 판단할 수 있다.

에니어그램에서는 인간의 성격 유형을 세 개의 그룹, 즉, 본능형, 감정형, 사고형으로 분류한다. 이들 세 기능은 인간 신체의 미묘한 '중심들'과 연관 되어 있다. 그래서 중심이 같은 사람과는 비교적 쉽게 소통할 수 있다. 물론 다른 중심에 있는 사람과도 친밀한 관계를 형성한다면 균형 잡힌 성격을 만드는데 도움을 받을 수 있다. 성격의 고착은 주로 이 세 중심들 중 하나와 관련된다. 8

〈그림7〉 힘의 중심,
윤운성(2005: 55)

,9, 1 유형은 본능중심이고, 2, 3, 4 유형은 가슴중심이다. 5, 6, 7 유형은 사고 중심이다. 현대 의학에서도 인간의 두뇌를 세 개의 기본적인 구성요소로 분류한다. 근뇌root brain 즉 본능의 뇌, 대뇌변연계limbic system 즉 감정의 뇌, 대뇌피질cerebral 즉 사고의 뇌가 그 것이다. 각 유형의 특성은 다음과 같다.

장(배)중심의 사람들은 원기왕성하고 현실적이며 진지하다. 이들은 현실에 대한 저항을 유지하는데 관심을 갖는다. 이 유형들은 공격과 억압과 관련된 문제들을 가지고 있으며 이들의 자기 방어 아래에는 많은 분노가 있다. 가슴중심의 사람들은 다정하고 감정적이며 상호적이다. 이들은 주로 자신의 자아이미지에 관심을 갖는다. 자신에 대한 이야기와 가장된 특성들이 자신의 실제 정체성이라고 믿는다. 이들의 자아방어 아래에는 수치심이 있다. 머리 중심의 사람들은 지적이며 들떠 있고 초연하다. 이들은 불안감에 관심을 가진다. 이들은 자신을 안전하게 해 준다고 믿는 일들을 하고자 한다. 이들의 자기방어 아래에는 두려움이 있다. 당신은 어디에 속해 있는가?

2. 본능중심

8, 9, 1 유형은 본능 중심에 속한다. 이들의 주된 관심은 환경에 저항하고 환경을 통제하는 것이다. 이들의 핵심문제는 분노와 억압이다. 이들은 독립성을 추구하고 내재된 감정은 분노이다. 이들은 자신의 본능, 생명력의 근원, 힘에 이끌린다. 이들은 몸, 기본적인 삶의 기능, 생존에 관심을 둔다. 8유형 도전하는 사람은 자신의 강함을 드러내며 분노를 표시하는데 주저하지 않는다. 평화적인 사람 9유형은 수용적이고 순응하며 자주 자신의 분노를 알아차리지 못한다. 개혁하는 사람 1유형은 분노를 성격적인 결함으로 인식하여 이를 잘 드러내려고 하지 않는다. 그는 행위의 규범을 철저히 따르며 더 나은 세상을 만들고자 노력한다(Renee Baron · Elibeth Wagele레니 바론 · 엘리자베스 와겔리 2012:

15).

이들의 구성요소는 불이며 에너지는 신체적이다. 이들은 윤리·도덕에 끌리고 장 본능에 의지한다. 이들은 감각에 기반을 두고 자연에 맞춘다. 이들은 현실에 기반을 둔 목표를 가지고 있으며 신체 부위는 손이나 장(배)이다. 이들은 행동에 초점을 맞추고 에너지가 중립적이다. 정당성에 가치를 두며 도전적인 감정은 분노이다(Susan Rhodes수잔 로즈, 2012: 98).

가. 8유형 도전하는 사람들

8유형이 긍정적인 모습을 보일 때 이들은 자신감과 에너지가 넘치고 결단력이 있으며 용감하다. 직선적이고 충직하며 남(약자)들 잘 보호하고 너그럽다. 하지만 부정적인 모습을 보일 때에는 자기중심적이고 타협하지 못하며 지나치게 공격적이다. 거만하고 요구사항이 많고 소유욕이 강하고 남을 지배하려고 한다. 배려심이 부족하고 투쟁적이 된다.

이 유형의 어린이들은 독립적이며 내적인 힘과 투지를 가지고 있다. 화가 나면 말이나 행동으로 상대방을 공격하며 사람들의 약점을 잘 알아차린다. 다른 사람의 통제를 받는 것을 힘들어 하고 좀처럼 주도권을 내려놓지 않는다. 이들은 강력한 힘을 소유하고 있지만 내면의 영혼은 부드럽다. 이들에게 필요한 것은 내가 신뢰하는 사람들에게 나의 부드럽고 다정한 면을 보여 주려고 노력하는 일이다. 좋은 관계를 형성하기 위해 소소한 타협을 하는 것이 가치 있는 일이라는 것을 깨닫는 것이다.

나. 9유형 평화적인 사람들

이들은 조화를 이루며 살기를 원하고 갈등을 피하고 사람들과 잘 지내고자 하는 욕구에 따라 행동한다. 9유형은 긍정적인 상황에서 공감을 잘하고 부드럽다. 인내심이 많고 남을 잘 지지해 준다. 판단하여 들지 않고 무엇이든지 수용한다. 친절하고 생각이 열려 있다. 하지만 이들이 부정적인 모습을 보일 때에는 자기 주장을 잘 표현하지 못하고 방어적이 된다. 잘 잊어버리거나 남에게 무관심하고 지나치게 순응하려 한다. 적개심을 간접적으로 표현하는 수동적 공격성을 띠거나 지나치게 강박적인 된다.

9유형의 어린이들은 소위 '착한 아이'이기 때문에 겉으로는 분노를 드러내지 않고 마음속에 간직하거나 이를 부인한다. 사람들이 논쟁을 벌일 때는 아예 신경을 꺼버린다. 사람들이 자신을 무시하고 자신의 요구나 의견, 감정을 소홀히 여긴다고 느낀다. 이들이 스스로를 위해서 할 수 있는 일은 내게도 무슨 일이든 해낼 수 있는 충분한 능력이 있다고 자신감을 갖는 일이다. 자신이 원하는 것을 당당하게 요구하고 섣불리 사람들의 기대에 부응하려고 하기보다는 약간의 죄책감을 갖는 것이 더 나을 수 있다는 것을 아는 것이다. 당신의 재능을 보여주고 사람들이 이를 즐길 수 있도록 하라.

다. 1유형 개혁하는 사람들

이들은 스스로를 더 나은 방향으로 발전시키고 바르게 살고자 하는 욕구에 따라 행동한다. 이들은 꼼꼼하고 까다로운 편으로 정치나 도덕적 원칙, 종교 등에 많은 관심을 갖는 경향이 있다. 이들은 긍정적인 상황에서 양심적이고 객관적이며 공정하다. 이들은 도덕적이고 이상적이며 신뢰할 수 있다. 생산적이고 자기 훈련이 잘 되어 있으며 현명하다. 하지만 이들이 부정적인 모습을 보일 때에는 고집이 강하고 트집을 잘 잡으며 매사에 논쟁하려고 한다. 융통성이 없고 판단하려고 하며 지나치게 비판적이다. 독단적이고 걱정이 많으며 강박 관념과 충동에 시달린다.

1유형의 어린이들은 완벽한 결과를 낼 수 없을 것 같으면 하던 일을 멈춘다. 책임감이 강하여 부모의 역할을 떠맡기도 한다. 착한 아이는 화내지 않아야 한다는 생각에 부정적인 감정을 참는다. 부모님과 선생님의 기대에 부응하려고 노력하며 다른 사람의 비판을 받기 전에 스스로 비판한다. 이들에게 필요한 도움은 실수해도 괜찮다는 것을 있는 그대로의 모습으로 나는 사랑받을 자격이 있다는 것을 인정하는 일이다. 내가 원하고 필요로 하는 것을 요구하고 너무 진지해지지 않는 법을 배워야 한다. 쉬면서 즐겨도 괜찮다. 그대 자신에게 강요하지 말라.

3. 머리 중심

5,6,7 유형은 '머리' 중심으로 이들의 화두는 '두려움'이다. 관찰하는 사람인 5유형은 자신의 내적 자원에 의지하며 무언가를 알고 있거나 어떤 것에 대해 잘 알고 있다고 생각할 때 안정감을 느낀다. 충성하는 사람 6유형은 권위 있는 인물에게 인정받거나 권위에 반항함으로써 두려움을 벗고 안정감을 느끼고 자 한다. 모험적인 사람 7유형은 활동적이고 낙천적이며 두려움을 포함하여 즐겁지 않은 감정을 회피하려고 한다(Renee Baron·Elibeth Wagele레니 바론·엘리 자베스 와겔리, 2012:15).

이들의 구성요소는 공기이며 에너지는 정신적이다. 이들은 과학에 끌리고 이해력에 의지하며 사고에 기반을 두고 아이디에 맞춘다. 이해를 기반을 둔 목표를 가지며 신체 부위는 머리이다. 이들의 초점은 안전이다. 에너지는 남 성적이고 양이다. 명확성에 가치를 두며 도전적인 감정은 두려움이다(Susan Rhodes수잔 로즈, 2012:98).

가. 5유형 관찰하는 사람들

5유형은 모든 것을 파악하고 이해하고자 하며, 스스로의 힘으로 문제를 해결 하고 어리석게 보이지 않으려는 욕구에 의해서 행동한다. 이들은 긍정적인 모 습을 보일 때 차분하고 분석적이며 통찰력이 있다. 호기심이 있고 열린 생각 을 하며 직관력이 있다. 집중을 잘 하고 현명하고 끈기가 있다. 하지만 부정적 인 모습을 보일 때는 비판적이고 고집스러우며 사람들을 멀리한다. 거만하고 논쟁하기를 즐겨하며 관계에 거리를 둔다. 판단하려고 하고 인색하며 고집이 세다. 자신이 가진 정보를 나누려고 하지 않는다.

5유형의 어린이들은 영리하고 호기심이 많다. 독립적인 사고방식을 가지 고 있으며 궁금한 것이 있으면 부모나 교사에게 자주 질문한다. 많은 시간 혼 자서 책을 읽거나 무언가를 수집하며 보낸다. 정보를 수집하면서 한 발 뒤로 물러서서 사건을 바라본다. 많은 친구를 사귀기보다는 소수의 친구들과 특별 한 관계를 맺는 편이다. 두려워하고 있다는 것을 들키지 않으려고 무표정한 얼굴을 한다.

나. 6유형 충성하는 사람들

6형은 안전하고자 하는 욕구에 의해 행동한다. 공포에 순응하는 6유형은 인정받기를 원하고 겉으로 두려운 감정을 드러내는 반면 공포에 대항하는 6유형은 두려움과 직면하게 된다. 한 사람 안에서 두 가지 측면이 다 나타날 수도 있다. 이들이 긍정적인 모습을 보일 때는 충직하고 책임감이 강하며 믿을 수 있다. 기민하고 실질적이며 남을 잘 도와준다. 정직하고 재치가 있으며 연민이 많다. 하지만 부정적인 모습을 보일 때는 방어적이고 융통성이 없으며 지나치게 조심한다. 완고하고 짜증을 잘 내며 냉소적이다. 통제하려고 하고 패배의식에 시달리며 피해망상에 사로잡히기도 한다. 이들이 스스로에게 들려주어야 할 말은 나는 강하고 침착해. 나는 할 수 있어. 위험을 감수하거나 실수를 해도 괜찮아. 오늘 나는 괜찮았어. 내일도 괜찮을거야. 어떤 상황에서도 대처할 수 있는 만반의 준비가 되어 있어라고 말해주는 것이다.

6유형 어린이들은 책임감이 강하고 안정과 안전을 추구하는 유형으로서 친구나 자기가 믿는 신념에 가장 충실한 사람들이다. 내려오는 전통이나 자신이 속해 있는 단체에 강한 충성심을 갖고 있으며 함께하는 공동체에 대한 헌신이 대단하다. 신중하며 거짓말을 모르는 그들은 협조적이며 조화를 이루려 노력하며 믿음직스럽다. 상대에게 호감을 주는 유형이다. '성실하다', '책임감이 있다', '충성스럽고 믿을 만하다'는 말에 가장 큰 만족을 얻는다.

다. 7유형 모험하는 사람들

7형은 흥미로운 일을 계획하고 행복해지기를 원하며 세상에 기여하고 고통과 아픔을 피하고자 하는 욕구에 의해 행동한다. 7유형은 많은 일을 계획하고 바쁘게 움직이면서 자기 불안을 거부하거나 억누른다. 이들은 긍정적인 모습을 보일 때에는 밝고 쾌활하며 열정적이고 활력이 넘친다. 자발적이며 상상력이 풍부하고 호기심이 많다. 매사를 밝게 생각하며(낙천적)이고 재미를 추구하고 너그러워서 매력적이다. 하지만 이들이 부정적인 모습을 보일 때에는 산만하고 방어적이며 충동적이다. 자기중심적이고 들떠 있고 잠시도 쉬지 못한다. 고집스럽고 믿음직하지 못하며 자기 파괴적이 되기도 한다.

7유형 어린이들은 모든 일을 낙천적으로 보려고 하며 열정이 넘치고, 밝고 명랑하다. 자기주변에서 즐거움과 재미있는 놀이를 찾아내는 능력이 뛰어나다. 본인이 좋아하는 사람들이 주변에 많이 있으며 자기 자신도 매력적인 사람이 되려고 노력한다. 또한 아이디어와 상상력이 풍부하며 호기심이 많다. '앞으로의 계획이 무궁무진하다', '항상 즐겁다', '너무나 유쾌하다', 라는 것에 만족을 얻는다.

4. 가슴 중심

가슴 중심 유형의 화두는 '이미지'이다. 나를 바라보는 사람들의 생각을 지나치게 의식하다가 자신의 진실 된 감정을 깨닫지 못할 때도 있다. 도와주는 사람 2유형은 사람들을 돌보는데 관심이 있고 사랑의 이미지를 보여주고 싶어한다. 성취하는 사람 3유형은 사회적으로 합의된 규범을 비추어 바람직하게 보이는 것을 좋아한다. 낭만적인 사람 4유형은 자신을 표현하고 싶어하고 독창적으로 보이고 싶어하는 강력한 욕구를 가지고 있다(Renee Baron·Elibeth Wagele레니 바론·엘리자베스 와겔리, 2012: 15).

이들의 구성요소는 물이다. 에너지는 감정적이며 예술에 끌린다. 이들은 공명·공감에 의지한다. 느낌에 기반을 두고 이미지를 맞춘다. 관계에 기반을 둔 목표를 가지고 있으며 신체부위는 가슴이다. 초점을 이미지에 두고 에너지는 여성적이며 음이다. 공감에 가치를 두고 도전적인 감정은 수치심이다(Susan Rhodes수잔 로즈, 2012: 98).

가. 2유형 도와주는 사람들

이들은 사람들에게 사랑받고 가치 있게 대우받고 싶은 욕망에 따라 행동한다. 긍적적인 감정 표현을 좋아하고 구변 사람들에게 의존하는 경향이 있다. 이들은 긍정적인 상황에서 친근하고 세심하며 다정하다. 너그럽고 사람들의 감정을 잘 알아차리며 적응을 잘 한다. 열정이 있으며 통찰력이 있고 표현을 잘 한다. 하지만 이들이 부정적인 모습을 보일 때면 돌려서 말하고 진실하지 못하다. 지나치게 순응적이고 신경질적이 된다. 순교자처럼 행동하고 자신의 희생을 빌미로 상대방을 조정하려고 한다. 감정을 드러내 놓고 표현한다(외향적일 경우).

2유형의 어린이들은 부모님을 잘 도와드리고 이해하려고 함으로써 부모님을 기쁘게 해 드리려고 노력하여 겉으로 볼 때는 말을 잘 듣는 아이처럼 보인다. 이들은 친구들에게 인기가 많거나 인기 있는 사람이 되려고 노력한다. 자신을 못마땅하게 여기거나 비판하는 것을 민감하게 받아들인다. 외향적인 2유형은 우스꽝스럽게 행동하고, 내향적인 2유형은 조용하면 수줍어한다. 이들에게 도움이 되는 말은 무언가를 주어야만 사랑받을 수 있는 것이 아니다라는 사실을 깨닫는 것이다. 또한 나도 남들처럼 도움이 필요한 사람이고 다른 사람들만큼이나 소중한 존재이다. 내가 무엇을 원하는 것을 분명하게 말하고 혼자서도 즐거운 시간을 보낼 수 있는 것을 익혀야 한다.

나. 3유형 성취하는 사람들

3유형은 사람들에게 인정받고자 성공을 추구한다. 이들은 생산적이고 효율적인 사람이 되는 욕구에 의해 행동한다. 이들이 긍정적인 모습을 보일 때에는 유능하고 열정이 넘치며 낙관적이다. 자주적이며 근면하고 실용적이다. 통솔력이 있고 책임감이 강하며 자신감이 넘친다. 하지만 부정적인 모습을 보일 때는 자기중심적이고 방어적이며 지나치게 경쟁적이 된다. 가식적이고 허영심이 있고 기회주의자가 된다. 겉모습을 중요시하고 양심을 품으로 스스로를 속인다.

3유형 어린이는 친구들과 어른들에게 많은 사랑을 받는다. 자신이 한 일에 대한 칭찬을 받기 위해 열심히 노력하기 때문이다. 학급이나 학교에서 능력 있고 책임감 있는 학생으로 인정받는다. 학생회나 동아리 활동에 적극적이고 자신만의 프로젝트를 침착하고 부지런히 수행한다. 이들에게 도움이 되는 말은 나의 가치는 다른 누군가가 아닌 내가 정하는 것임을 인정하는 것이다. 내 감정은 내가 이룬 일만큼이나 가치가 있으며 내가 할 수 있는 가장 유익한 일은 쉼과 성장을 위한 시간을 갖는 것이다.

다. 4유형 낭만적인 사람들

4유형은 자신의 감정을 충분히 느끼기 원하며 사람들에게 이해받고 싶어 한다. 또한 인생의 의미를 찾으려 하며 일상적인 것에서 벗어나고자 하는 욕구에서 행동한다. 이들은 긍정적일 때 부드럽고 따뜻하며 품위가 넘친다. 연민이 많고 사람들을 지지해 주는 재치가 있다. 독립적이고 창의적이며 남을 잘 지지해 준다. 자신에 대해 성찰하고 창의적이다. 하지만 부정적인 모습을 보일 때는 우울하고 위축되며 감정의 기복이 심하다. 쉽게 상처받고 신경질적이 되며 자신에게만 몰두한다. 죄책감에 시달리고 도덕군자처럼 굴고 질투가 많다. 정서적인 돌봄이 필요하다.

4유형의 어린이들은 감수성이 매우 풍부하고 비난받거나 이해받지 못할 때 권위주의에 반발하거나 반항적이 된다. 만약 부모가 이혼하거나 주위 사람이 죽으면 외로움을 느끼거나 자신이 버림받았다고 느낀다. 다른 사람들이 가지고 있는 무언가가 자신에게는 없다고 생각한다. 상상력이 풍부하여 창의적인 방식으로 혼자 놀기도 하고 독창적인 놀이를 만들어서 친구들을 참여시키기도 한다. 이들에게 필요한 도움말은 여유를 가지고 현재를 즐기라는 것이다. 나의 몸과 세상, 그리고 우주는 편안한 곳이며 내 인생은 그 자체로 좋다. 있는 그대로의 나는 더할 나위 없이 아름답고 유능하며 사랑스럽다. 친한 친구에게 하듯 나도 나에게 상냥하게 대할 수 있다. 매일의 삶은 불완전할지라도 가치가 있다.

8과 _____

발달수준, 날개와 화살 이해하기

1. 발달수준이란 무엇인가?

Riso와 Hudson리소와 허드슨(2010)에 의하면 인간의 성격유형은 각 유형별로 건강한 수준과 보통수준, 불건강한 수준으로 나뉜다. 이는 아홉 가지 수준으로 발달하는데 1~3수준은 건강한 수준, 4~6수준은 보통 수준, 7~9수준은 불건강한 수준으로 본다. 아홉 가지 발달 수준은 각각의 성격유형을 함유하기 때문에 다양한 역동을 만들면서 유형들 사이의 상호관계 역동과 더불어 각 유형 내에서의 다양한 모습을 보이게 된다. 각 수준의 특징은 다음과 같다.

1수준: 자유로운 수준 – 그 유형의 가장 건강한 수준으로 에고를 초월하여 균형과 자유로움을 보인다.
2수준: 심리적으로 능력 있는 수준 – 에고는 존재의 특성 모드를 기초하여 확인할 수 있음. 즉, 건강하지만 어린 시절의 기본적 불안에 대응하는 자기방어가 나타남.
3수준: 사회적 가치 수준 – 에고는 건설적인 방법, 성공적인 승화를 통해 작용함. 자아가 좀 더 활동적, 타인과 사회에 건강한 특징 보임.
4수준: 고착수준 – 현존과 자각에 이르지 못함. 자신도 모르는 사이에(부지불식 간) 각 유형의 심리학적 맹점이 나타나 내면적인 혹은 타인과의 갈등을 초래함.
5수준: 개인 간 갈등수준 – 에고의 욕구를 채우려고 환경을 조정함. 조작과 방어. 주위 환경을 특징적인 방법으로 통제하려고 하여 자아가 팽창. 방어기제가 심해지고 갈등 증가.

6수준: 과잉보상 수준 – 에고가 팽창하여 자아 정체성의 공격적 방어, 갈등이 증가되어 불안에 대해 과잉보상. 특징적인 자기중심적 형태가 나타남.

7수준: 침해 수준 – 에고는 그 자체를 유지하기 위해 자신과 타인을 침해하고 폭력적이며, 비난하고 광폭해짐(심각한 병리 상태)

8수준: 망상과 강박 수준 – 에고 자아의 통제 불능. 현실과 연결이 끊어짐. 주요 성격장애 출현. 심한 신경증적 상태로 유형마다 다른 방법으로 현실과 멀어짐.

9수준: 병리적 파괴 수준 – 심한 병리나 죽음. 현실과 멀어지고 환경을 보존하며 자신이 초래한 불안으로부터 자신을 구하기 위해 자신과 타인을 파괴함(Roxanne Howe-Murphy록산느 2011:223, Don Richard Riso · Russ Hudson돈 리차드 리소·러스 허드슨, 2011:473).

학교폭력에 있어 의식의 발달 수준은 어떤 관련이 있는가? 먼저 건강한 수준에서는 학교폭력의 가해자가 나오지 않는다. 피해자의 경우 건강한 수준에 있다면 주변으로부터 도움을 받아 상황을 악화시키지 않고 빠져 나올 수 있을 것이다. 피·가해자의 부모가 건강한 수준일 때도 합리적이고 효율적인 대처를 통해 심각한 상황에 까지 이르지는 않는다. 문제는 평균 수준 이하의 가해

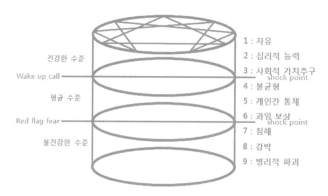

〈그림8〉 발달수준, Roxanne Howe-Murphy(2016:222)

자와 피해자, 그 부모들이 만났을 때 각각의 유형들이 가지는 에고(격정)과 고착이 상황을 악화시켜서 자신과 타인을 파괴하는 불건강한 수준으로 이끌게 된다는 점이다. 이를 그림으로 나타내면 다음 〈그림8〉과 같다.

가. 건강한 범위

건강한 범위에서는 에고정체성이 있지만 아주 가벼운 정도이고 세상에 이로운 방식으로 표현된다. 각각의 유형이 자신이 가장 동일시하는 개인적인 특성을 나타내는 건강한 방식을 가지고 있다. 이 범위에 속한 이들은 균형이 잘 잡혀 있으며 성숙하고 자기 역할을 잘 해낸다. 하지만 수준이 2,3 정도에서도 여전히 자신의 에고는 가지고 있으며, 자신의 기본적인 욕망과 기본적인 두려움을 보상받으려고 노력한다(Don Richard Riso · Russ Hudson돈 리차드 리소 · 러스 허드슨, 2016: 122).

나. 평균적인 범위

평균적인 범위의 사람들은 다른 사람들이 정상이라고 생각하는 방식으로 행동한다. 이들은 자신과 자신의 에고를 동일시하는 정도가 크다. 그 결과 자신의 잠재력 중 아주 일부분을 자신의 것으로 만들 수 있다. 이는 성격 유형의 주요 관심사가 에고를 유지하는데 있기 때문이다. 이들이 삶과 인간관계 속에서 자신의 자아 이미지를 지지해 주지 않으면 자신과 다른 사람들을 조정하려는 문제가 생기고 대인관계에서도 갈등이 일어난다(Don Richard Riso · Russ Hudson돈 리차드 리소 · 러스 허드슨, 2016: 114).

다. 불건강한 범위

대부분의 사람들은 불건강해지지 않은 상태로 여러 해 동안 평균 범위 안에서 자신의 역할을 한다. 이 평균 범위와 불건강한 범위의 경계가 되는 지점을 '쇼크 포인트shock point'라고 부른다. 불건강한 범위로 내려가기 위해서는 추가적인 쇼크나 에너지의 투입이 있어야 한다. 예를 들면 학교 폭력의 관련자가 되거나 성인의 경우 이혼이나 사별, 직장을 잃는 경험이다. 자신이 불건강한 범위로 내려가고 있다는 것을 깨닫는다면 심리치료나 치료프로그램을 통해 건강을 회복할 필요가 있다. 결국 불건강한 범위는 자기 방치를 나타낸다고 할 수 있다(Don Richard Riso·Russ Hudson돈 리차드 리소·러스 허드슨, 2016: 120~122).

2. 날개란 무엇인가 (Susan Rhodes(2012)를 중심으로 설명)

각각의 에니어그램 유형에는 양쪽에 이웃하는 유형이 있는데 이를 날개라고 부른다. 일반적으로 한 유형이 다른 유형보다 더 강한 영향력을 행사한다. 따라서 어느 쪽 날개가 더 우세한 영향력을 가지는가에 따라 그 유형을 반씩 나누어 분류할 수 있다. 예를 들면 2유형의 사람이 1번 날개가 우세하다면 포인트 1날개를 가진 2유형이라고 부르고 2w1로 표기한다. 일반적으로 에니어그램을 다룬 대부분의 책에서는 18개의 유형에 대해 설명한다. 하지만 어떤 사람은 양쪽 날개 모두와 동일시하기도 하는데 이런 경우 양 날개를 가졌다고 한다. 실제로 각 유형에는 세 가지 날개를 가질 수 있다고 본다면 모두 27개의 날개 유형이 생긴다. 날개는 독립적으로 혼자 떨어져서 존재하는 것이 아니라 서로 관계를 맺고 있다. 날개 유형을 통해 우리는 에니어그램 각 유형이 인접한 유형으로부터 일정한 영향을 받으며 원둘레를 시계방향으로 움직이며 나아갈 때 각 유형이 다음단계로 변화해 가는 것을 볼 수 있다(Susan Rhodes, 2012, 253~254).

가. 1유형: 완벽가

에니어그램에서 가장 진지한 이들은 이상적이고 완벽을 지향한다. 1w9는 좀 더 초연하고 내향적이며 사회적인 겸양을 가지고 있고 1w2는 관여를 많이 하고 외향적이며 공동체 활동에 관심이 많다.

1) 1w9 이상주의자

원칙을 세우는 사람들 – 이들은 정확하고 한 가지 일에 집중하며 감정을 잘 드러내지 않고 실제로 엄격해 보이기까지 한다. 이들은 자신의 감정을 억누르는 경향이 있고 주도성이 크게 드러나지 않는 9유형의 에너지로부터 영향을 받고 있다. 어떤 문제점을 잘 포착하지만 그들이 발견한 문제에 대해 반드시 행동에 나서야 한다는 강박관념은 가지지 않는다.

2) 1w2 사회운동가

개혁하는 사람들 – 이들은 1w9 유형에 비해 좀 더 외향적이고 솔직하며 사람 중심적이다. 좀 더 현실적이고 자신의 의견을 잘 말하는 편이다. 1w2 유형은 사회적인 테두리 안에서 더 확고한 기반을 두고 있어 자신이 올바르지 않다고 생각하면 그냥 지나칠 수가 없다. 이들은 계급의 최상층에 있기를 원하며 모든 것을 잘 알고 책임지는 것을 좋아한다.

나. 2유형 : 사교가

이들은 매우 적극적이고 체계적인 방식으로 사람들과의 관계를 발전시켜 나간다. 그들은 양 날개에 따라 사회적인 개혁(2w1)과 사회적인 상호작용(2w3)으로 나갈 수 있다.

1) 2w1유형 : 사회복지가

이들은 인도주의적 이상을 기꺼이 받아들인다. 인간 지향적이며 자신이 믿는 근거를 찾으려고 애쓰고 주변의 사람들의 고통을 덜어주기 위해 헌신적으로 봉사한다. 이들은 사람들에 대한 관심과 인간 조건을 개선하는 일에 매력을 느낀다.

2) 2w3유형 : 사회적 네트워크 조성가

이들은 좀 더 자유롭고, 좀 더 가볍고, 좀 더 형식에 덜 구애 받는다. 이들은 특별하고 멋진 이벤트를 만들기를 즐기며 주최자로서 모든 참가자들이 편안함을 느낄 수 있도록 애쓴다. 다른 사람에게 무엇을 베풀면서도 개인적인 즐거움을 찾아낸다.

다. 3유형 : 자기 시험가

이들은 남보다 탁월해지고자 하는 엄청난 충동과 욕구가 있다. 3w2는 사회조직적구성에 주된 관심이 있고 3w4유형은 독립적인 접근이 가능한 전문적인 컨설팅 등의 활동에 집중한다.

1) 3w2유형 – 경영자

이들은 친근하고 외향적이며 활기가 넘치는데 감정적인 측면보다는 사무적인 면이 강하다. 이들은 사람들의 말에 공감하고 잘 도와주는 사람이라기보다는 능력 있는 실천가에 더 가깝다. 이들은 주변사람들과의 관계 속에서 자신을 살피는 능력과 자신의 이미지를 관리하는 능력이 뛰어나다.

2) 3w4유형 – 전문직 종사자

이들은 강렬하고 자신의 일에 깊이 몰입하며 자신이나 다른 사람들에 대해 노골적으로 경쟁한다. 이들은 주로 일을 통해 자극을 얻고 일에 대한 개인적 특성과 관련이 있다. 이들에게 일은 직업이 아니라 사명이 된다. 일을 위해서라면 기꺼이 개인적인 관계도 포기한다.

라. 4유형 : 심해다이버

이들은 감정이 풍부한 장인들이다. 4w3유형은 감정의 에너지가 좀 더 사회적인 활동 안에서 나타나는 반면 4w5는 개인적으로 나타나며 자신의 열정을 밀고 나가는 편이다.

1) 4w3유형 : 전문가

이들은 감정적이고 예술적이지만 정신의 깊은 내면세계에 이끌리는 양가감정을 가지고 있다. 주로 창의적이고 개인주의적이며 고도로 전문적이면서도 높은 수익을 창출하는 일에 자신의 감정적 에너지를 쏟는다.

2) 4w5유형 : 예술가

이들은 자립적이고 은둔을 좋아하며 극단에 빠지는 경향이 있다. 이들의 내부에는 엄청난 에너지가 존재하며 진정성과 독창성을 부여하는 일에 몰입한다. 이들의 작업은 존재의 깊은 내면에서 나온다.

마. 5유형 : 문제해결자

이들은 에니어그램 유형 중 가장 지적인 유형이다. 5w4는 좀 더 감성적으로 사고하고 변덕스럽다. 5w6은 정신적으로 사고하며 좀 더 논리적이고 초연하다.

1) 5w4유형 : 인습타파주의자

이들은 워낙 변덕스러워서 이해하기 힘들다. 이들에게는 독특한 취미가 있고 자신의 지성을 독창적인 방식으로 활용한다. 이들은 다른 사람들의 반응에 크게 신경 쓰지 않으며 타고난 자유로움으로 색다른 것으로 좋아한다.

2) 5w6유형 : 사상가

이들은 객관적이며 분석적이다. 이들은 다양한 분야에 관심을 가지고 있다. 이들은 수줍음이 많고 명백하게 규정된 사회적 역할이 주어진 상황에서 쉽게 사람들과 관계를 맺는다. 이들은 감정이 없는 사람처럼 보이지만 도움을 청하면 매우 협조적인 사람이 된다.

바. 6유형 : 충성가

이들은 대체로 감각적이고 걱정이 많은 유형이다. 6w5는 내향적이고 과묵하며 봉사하는 데 관심이 많고, 6w7은 활기차고 재치가 있으며 예리하다.

1) 6w5유형 : 섬기는 사람

이들은 자기 성찰적이고 정신적인 문제를 신중하고 섬세하게 처리하는 경향이 있다. 이들은 좀 더 전통적인 조직, 기관, 체제에서 일하기를 원한다. 지극히 양심적이며 이타적인 근로윤리를 가진 타고난 섬기는 사람이 된다. 사려 깊고 부지런하며 책임감이 크다.

2) 6w7유형 : 재치 있는 사람

이들은 유머가 두려움을 이긴다는 것을 발견한 사람들로서 신경이 쓰이는 스트레스 상황 속에서도 재미있는 것을 찾아내어 긴장된 분위기를 편안하게 만들 수 있다. 사교적인 모임에서도 환영받는 사람이 되고 사회적으로 인정받으며 더욱 자신감이 커진다.

사. 7유형 : 즉흥 시인

이들은 정신적으로 가볍고 다소 산만하다. 7w6유형은 에너지가 좀 더 자유롭게 떠도는 괴짜 기질이 있으며 전체적으로 광기를 띨 수도 있다. 7w8유형은 흔들림이 없이 굳건하며 목표 지향적이고 현실적이다.

1) 7w6유형 : 코미디언

이들은 살아 있는 캐릭터처럼 재미있고 순간적인 기지로 문제를 해결하는데 탁월하다. 이들은 타고난 궁전광대처럼 스스럼없고 사람을 웃기를 법을 알고 있다. 잠시도 가만히 있지 못하고 재미있는 일을 추구하며 집단에 기운을 북돋우는 일을 할 수 있다.

2) 7w8유형 : 모험가

이들은 7w6유형보다 인내심이 있으며 흔들림 없이 굳건하다. 이들은 힘이 넘쳐나고 에너지와 상상력이 풍부하여 신체적·정신적인 도전적인 활동을 즐긴다. 이들은 자신이 관심 있는 분야에 적극적으로 뛰어들어 훌륭한 성취를 이룬다.

아. 8유형 : 마스터

이들의 에너지는 크고 강력하다. 87w6유형의 에너지는 맹렬하며 밀어 붙이는 경향이 있고 87w6유형9유형은 통합적이고 모든 것을 아우르는 특징이 있다.

1) 8w7유형 - 실질적 실력자

이들은 활기 넘치는 에너지가 결합되어 있으며 힘을 지향한다. 이들의 의지는 막강하고 진취적이며 목표 지향적이다. 이들의 목표는 크고 실제적이다. 이들은 불가능을 가능하게 하는 추진력이 있으며 솔선수범하고 말보다는 행동으로 보여준다.

2) 8w9유형 : 강자

이들은 8w7유형보다 더 차분하고 한결 같으며 신중하다. 이들이 감정을 잘 드러내지 않기만 매우 강력한 영향력을 발휘한다. 주변의 상황을 통찰하고 힘의 변화를 꿰뚫어 본다. 이들은 결심한 일을 바꾸는 일이 잘 없으며 목표를 끝까지 이룩하려는 추진력이 대단하다.

자. 9유형 : 스토리텔러

이들은 수용적이고 평화를 가져오는 에너지를 소유하고 있다. 9w8유형은 흔들림이 없이 확고한 반면 9w1유형은 몽상적이고 예지력이 있다.

1) 9w8유형 - 산과 같은 사람

이들은 거대한 강자가 굳어서 산이 된 사람들이다. 이들은 제 자리에 있는 것만으로도 힘의 근원을 나타낸다. 이들은 평화를 바라며 태평스럽다. 하지만 적절한 조건이 주어지면 언제든 폭발할 수 있는 화산작용을 할 수 있는 에너지를 지니고 있다.

2) 9w1유형 : 예언자

이들의 에너지는 수용적이다. 이들은 좀 더 활기차고 다양성이 있으며 미래를 지향한다. 이들은 앞으로 다가올 삶에 관한 특별한 변화를 잘 감지한다. 미래를 상상하고 그 꿈이 현실이 되기를 꿈꾼다. 이들은 믿음직스럽고 사람들에게 영감을 불어 넣는다.

날개를 통해 우리는 같은 사람이라도 서로 확연히 구분되는 바를 체험할 수 있다. 이는 핵심적인 동기는 비록 같을지라도 그 것을 표현하는 방식이 다르다는 점이다.

3. 화살이란 무엇인가?

에니어그램의 상징에는 원 주변에 있는 각각의 번호에 두 개의 선이 연결되어 있다. 성격은 자기 유형과 연결된 두 개의 유형에도 영향을 받는다. 연결된 두 개의 번호 중 한 선은 통합의 방향 다른 한 선을 비통합(분열)의 방향을 의미한다. 통합의 방향이란 각 유형이 완전성을 향해 나아가는 자연스러운 방향이고 비통합의 방향은 그 성격이 한계 상황에 다다랐을 때 어떤 불건강한 행동이 나타나는지 보여준다. 비통합의 방향은 스트레스가 증가하는 시기에 나타나는데 이는 한 유형에서 억압된 것이 스트레스 상황에서 밖으로 표출될 때 그 형태는 그 유형의 비통합의 방향에 있는 유형의 특성처럼 나타난다. 비통합의 방향은 무의식적이고 충동적이다. 이는 에고가 자신의 정신상태의 불균형을 보상하려는 자동적인 방식이다. 통합의 방향은 적어도 수준 4 정도에서 시작되지만 수준이나 그 이상에서 더 쉽게 일어난다. 성격 유형이 지고 있는 짐을 내려 놓기 시작할 때 특정 방향으로 성장과 발전 과정이 일어난다. 통합의 과정에서 그 유형의 중심 문제가 치유되는 것이다. 성장을 위해 우리가 필요로 하는 자질들이 발견되며 그 것을 개발하면 할수록 자기 성격 유형의 제한적인 패턴으로부터 스스로를 자유롭게 하는 과정이 더 빨리 일어난다. 각 유형의 통합 방향과 비통합 방향의 특성은 다음과 같다. 먼저 에니어그램 시스템에서 화살의 방향은 〈그림9〉와 같다. 통합방향은 다른 표현으로는 안정방향이라고도 한다. 화살표가 들어오는 쪽을 말하고 방향이다. 즉, 1→7→5→8→2→4→1, 9→3→6→9이 통합방향이다. 비통합방향(불안정방

〈그림9〉 화살의 방향

향 혹은 스트레스 방향)은 화살표가 향하는 방향으로 1→4→2→8→5→7→1, 9→6→3→9이다.

필자는 Susan Rhodes(2009)의 견해를 따라 통합과 비통합방향에 크게 의미를 두지 않고 양쪽 화살을 모두 사용하는 것에 주목하고자 하였다. 화살표의 방향은 어떤 사람에게는 특별히 중요한 점이 없다. 양쪽의 연결 포인트에 접촉하는 것이 모두 똑같이 쉽다고 하는 사람들도 많다. 따라서 연결포인트의 긍정적·부정적 효과에 대하여, 한쪽 포인트가 다른 쪽 포인트에 비해 유리한 측면이 있다는 것에 대해 평가하기가 이르다(125). 이 장에서는 Don Richard Riso·Russ Hudson돈 리차드 리소·러스 허드슨의 견해를 참고하여 소개하기로 한다.

가. 각 유형의 비통합 방향 특성들

유형	메세지
1	조직적인 1번이 갑자기 4번처럼 우울하고 비이성적인 된다
2	친절한 2번이 갑자기 8번처럼 공격적이 되고 남을 지배하려 한다
3	의욕적인 3번이 갑자기 9번처럼 아무 일에도 상관하지 않고 무감각해진다
4	독립적인 4번이 갑자기 2번처럼 지나치게 남의 일에 관여하고 집착한다
5	사색적인 5번이 갑자기 7번처럼 지나치게 활동적이고 산만하다
6	충실한 6번이 갑자기 3번처럼 경쟁적이고 거만해진다
7	활동적인 7번이 갑자기 1번처럼 완벽을 추구하며 비판적으로 된다
8	자신감 있는 8번이 갑자기 5번처럼 두려움이 많고 은밀해진다
9	자족적인 9번이 갑자기 6번처럼 불안하고 걱정이 많아진다.

〈표9〉 출처: Don Richard Riso · Russ Hudson, 2016: 126

나. 각 유형의 통합 방향 특성들

유형	메세지
1	분노가 많고 원칙적이며 비판적인 1번 유형이, 건강한 7번 유형처럼 유연하고 유쾌해진다
2	자만심이 있고 자기기만적인 2번 유형이, 건강한 4번 유형처럼 자신의 감정을 잘 알아차리고 스스로를 존중하게 된다
3	허영심이 많은 3번 유형이, 건강한 6번처럼 협동적이고 사람들에게 충실해진다
4	질투가 많고 감정적으로 불안한 4번 유형이, 건강한 1번처럼 원칙에 충실하고 객관적으로 변한다
5	욕심이 많고 독립적인 5번 유형이, 건강한 8번 유형처럼 자신감 있고 결단력을 지닌다
6	두려움이 많고 비판적인 6번 유형이, 건강한 9번 유형처럼 긍정적이고 편안해진다
7	욕구를 자제하지 못하고 산만한 7번 유형이, 건강한 5번 유형처럼 집중력이 있고 깊이가 있어진다
8	욕망이 강하고 남을 통제하려는 8번 유형이, 건강한 2번 유형처럼 남을 보살피고 따뜻한 마음을 갖게 된다
9	느리고 나태한 9번 유형이, 건강한 3번 유형처럼 적극적으로 자신을 개발하고 활동적으로 변한다

〈표10〉 출처: Don Richard Riso · Russ Hudson, 2016: 130

에니어그램 성격유형 역할극

1. 성격유형별 특징

성격유형은 생활전반에 영향을 끼친다. 발달수준에서 언급하였듯이 불건강한 상태에 빠졌을 때 자신뿐만 아니라 주변에 피해를 끼친다. 이번 장에서는 각 성격유형별 특성을 학교폭력과 관련하여 설명하고자 하였다. 유형별 소개는 김환영(2016) 박사의 국제에니어그램연구원 지도자양성프로그램 2급 지도자 과정 교재를 참고하였다. 가해학생의 특징은 Renee Baron · Elibeth Wagele레니 바론 · 엘리자베스 와겔리(2014)의 「Are you my type? Am I yours?」 (1995)에서 각 유형별 긍정적, 부정적 모습 중 부정적 모습을 참고하여 편집하였다. 학교폭력 피·가해자 부모의 특징은 Ginger Lapid-Bogda진저 레피드-보그다(2005)와 Tracy Tresider · Margaret Loftus · Jacqui Pollock트레이시 트레시더 · 마가렛 로투스 · 잭키 폴락(2015)의 의견을 종합하여 편집하였다.

가. 8유형 : '도전가, 보스, 챔피언, 리더, 최고 권력자'

1) 유형 소개

가) 자아개념 : 나는 강하고 힘이 있다. 나는 결단력이 있고 주장적이다.

나) 세계관 : 이 세상은 불공정한 곳으로 강한 자만이 살아남는다. 나는 어려움에 처한 사람들을 보호할 것이다.

다) 주의초점 : 나는 강함과 파워에 초점을 둔다. 만사가 효율적이고 올바른 방법으로 통제되고 있는가?

라) 삶의 주제 : 나는 의지가 굳기 때문에 내 방식대로 한다.

2) 주요 성격 특성

이들은 사람들과 대립하며 그들의 분노를 확인하고 공격적으로 표출하는데 주저하지 않는다. 자신의 말을 듣지 않거나, 반대하거나, 부당하고 정의롭지 못하다고 본능적으로 느끼면 불같이 화를 낸다. 이들의 분노는 보통 격노라는 표현이 맞을 것 같이 강렬하다. 대상을 가리지 않고 공격적인 감정을 표출한다. 이들의 분노는 순식간에 발생하지만 쉽게 사라진다. 이들은 자신의 위에 있는 어떤 권력 또는 권위라고 쉽게 인정하기 어렵다. 이들의 복수는 정의라는 이름으로 응징하는 것인데 적어도 내가 당한 만큼은 되 값아 주어야한다고 믿는다.

3) 불건강할 때의 모습

이들은 불건강할 때 자기중심적이 되고 남을 배려하지 않는다. 남을 지배하려고하며 지나치게 공격적이고 요구사항이 많다. 다른 사람들의 시선에서는 거만하고 투쟁적으로 비칠 수 있다. 이들은 소유욕이 강하고 타협할 줄 모르며 남의 잘못을 들추기 좋아하는 경향이 있다.

4) 불건강한 8유형 부모들의 특성

불건강한 8유형 부모들은 참을성이 거의 없다. 자녀 양육에 있어 주도권을 확보하려고 하며 가족들에게 일방적으로 요구한다. 자신이 생각하는 것보다 일의 진전이 느리면 짜증을 내고 약한 것을 경멸한다. 기대에 미치지 못하면 손해 보았다고 생각하는 경향이 있다. 이들이 건강할 때는 자녀의 재능을 알아차리고 끌어내는 능력이 있다.

나. 9유형 : 평화주의자, 중재자, 치유자

1) 유형소개

가) 자아개념 : 나는 안정감이 있으며 둥글둥글하다. 나는 침착하고 평화롭고

편안하다

나) 세계관 : 이 세상은 내 기여를 가치 있게 여기지 않는다. 편안하게 평화를 유지하자.

다) 주의 초점 : 사람들이 지금 내 말을 듣고 있는 것일까?

라) 삶의 주제 : 우리 모두가 잘 지낼 수 없을까?

2) 주요성격 특성

이들은 법 없이도 살 수 있는 사람들이다. 심한 경우 이래도 좋고, 저래도 좋다. 우유부단하다. 결정을 미루고 내려야 할 결정을 즉시 하지 않으며 심한 경우 결정 장애가 있는 것처럼 느껴진다. 나름대로 선호가 있을 수 있겠지만 삶, 경력, 행동 등에 대한 여러 선택지들 중에서 하나를 선택하는 것이 힘들다. 중요한 결정을 내리거나 부담스러울 때 이를 벗어나기 위해 게으름을 피운다. 다른 사람에게 지나치게 양보하는 '과잉적응'을 보이기도 한다.

3) 불건강할 때의 모습

이들은 불건강할 때 수동적으로 공격한다. 적개심을 간접적으로 표현하며, 고집스럽고 남에게 무신경하다. 자기주장을 잘 표현하지 못하고 방어적이며 차라리 멍한 상태가 되는 것을 선택한다. 잘 잊어버리고 강박적이 되기도 한다. 지나치게 순응하려고 한다.

4) 불건강한 9유형 부모의 특성

불건강한 9유형 부모는 갈등을 회피하고 우유부단하다. 매사에 명확하지 못하고 자꾸 미루는 버릇이 있다. 중요한 것을 자주 잊어버리고 활기가 없다. 압박을 받으면 수동적 태도와 공격적 태도를 번갈아 보인다. 하지만 이들이 건강할 때는 조화와 협력하는 가정을 만들 수 있다.

다. 1유형 : 완벽주의자, 개혁운동가, 도덕주의자, 이상주의자

1) 유형소개

가) 자아개념 : 나는 합리적이고 이성적이며 책임감이 있다. 나는 올바르고 객관적이다.

나) 세계관 : 이 세상은 불완전하기 때문에 내가 좀 더 나은 세상으로 만들어야 한다.

다) 주의초점 : 무엇이 옳고 그르며, 무엇이 맞고 틀리는가?

라) 삶의 주제 : 여기 일을 하는 올바른 방식이 있다. 내가 어떻게 하는지 보여주겠다.

2) 주요성격 특성

이들은 책임감이 매우 크다. 나뿐만 아니라 모든 사람이 저마다 자기가 맡은 일에 책임감으로 가지고 최선을 다해야 한다. 하지만 세상 사람들은 그렇지 않다. 사람들이 하는 크고 작은 일을 똑바로 하지 않으면 화가 나고 비판과 비난을 하게 된다. 이들은 자신과 주변의 사람과 환경이 제대로 되어 있는지 끊임없이 살펴보고 비판한다. 이들은 사소한 일 까지라도 통제하여 좋은 결과를 낳게 하고 싶지만 통제가 되지 않으면 짜증이 나고 화가 난다.

3) 불건강할 때의 모습

이들은 판단하려고 한다. 융통성이 없는 편이며 통제하려고 한다. 걱정이 많고 논쟁을 좋아한다. 사람들이 보기에는 트집을 잘 잡고. 타협하지 않으며 고집이 강한 편이다. 이들은 매사에 지나치게 심각하고 비판적이다.

4) 불건강한 1유형 부모의 특성

불건강한 1유형 부모는 자녀 양육에 있어 지나치게 비판적이고 자신의 분노를 깨닫지 못한다. 자녀를 통제하려고 하며 자기의 의견을 고집한다. 세부적인 것에만 집중하는 경향이 있다.

라. 2유형 : 베푸는 사람, 이타주의자, 보호자, 기쁨을 주는 사람

1) 유형소개

가) 자아개념 : 나는 친절하며 필요한 사람이다. 나는 사랑스럽고 돌보며 이기적이지 않다.

나) 세계관 : 이 세상에는 내 도움을 필요로 하는 사람들이 많다. 나는 정말 필요한 존재이다.

다) 주의초점 : 내가 누군가에게 필요한 사람일까? 다른 사람이 나를 좋아할까?

라) 삶의 주제 : 나의 기쁨은 주는 것이다.

2) 주요성격 특성

이들은 감정이 풍부하고 정서적으로 예민하다. 상냥하거나 공격적일 수 있고 너무 열광적이거나 욱하는 감정은 기복이 있다. 특히 비판하거나 상처를 주면 혹은 거절당하면 예민해진다. 부정적인 의견과 피드백을 너무 감정적으로 받아드리고 의욕과 에너지를 잃는다. 이들은 다른 사람을 도와줄 때 자부심을 느낀다. 주변의 필요와 욕구가 무엇인지 특정 상황에서 무엇이 필요하고 어떻게 도와야 할지 무의식적으로 알아차리고 돕는다. 그러나 충분한 인정을 받지 못하면 타인을 조정하려고 하고 순교자가 된 것처럼 행동한다.

2) 불건강할 때의 모습

불건강한 상황에서 2유형은 자신의 욕구조차 돌려서 말하기는 경향이 있다. 사람들이 자신이 이기적인 사람이 아니라는 것을 알기 바란다. 지나치게 순응적이다. 외향적일 경우 자신의 감정을 드러내 놓고 표현하며 남을 돕는 행동을 통해 상대방을 통제하려고 한다. 소유욕이 강하고 진실하지 못하며 순교자처럼 행동한다. 타인을 조정하려고 하며 신경질적이 된다.

3) 불건강한 2유형 부모의 특성

2유형 부모가 불건강한 상태일 때 이들은 자녀의 요구를 거절하지 못한다. 심지어 잘못을 지적할 때도 에둘러 말하며 직접적으로 꾸짖지 못한다. 이들은 자신의 사랑 혹은 희생에 대해 무의식중에 대가를 바란다. 그러나 정작 자신이 무엇을 원하는지 잘 모른다. 이들은 대인관계를 지나치게 중시하고 상황을 개선하기 보다는 상황에 맞추려고 하는 경향이 있다.

마. 3유형: 성취가, 생산자, 수행가, 소통자

1) 유형소개

가) 자아개념 : 나는 무한한 잠재력을 가지고 있다. 나는 목표 지향적이고 성취하며 적응을 잘한다.

나) 세계관 : 이 세상은 일등을 최고로 여기기 때문에 성공해야 한다.

다) 주의초점 : 어떻게 하면 게임에서 이기고 성공하여 다른 사람에게서 존경을 받을 수 있을까?

라) 삶의 주제 : 나는 내가 원하는 어떤 사람도 될 수 있다.

2) 성격유형 특성

이들은 삶의 모든 면에서 최고가 되고자 경쟁한다. 시합이나 시험 혹은 각종 대회에서 어떤 대가를 치르더라도 반드시 이기고자 한다. 또한 이길 수 없는 상황이나 실패가능성이 있는 상황은 회피해서라도 긍정적 이미지를 유지하고 싶어 한다. 이들은 특정 상황에 맞는 이미지를 만들어 내고 이미지 조정에 능숙하기 때문에 카멜레온처럼 잘 적응할 수 있다. 이들이 성공을 추구하는 과정에서 사람들에게 긍정적 이미지를 주기 위해 발생할 수 있는 문제는 허영과 기만이다. 즉, 좋은 점을 부각하기 위해 단점과 부정적 측면을 숨기고 미리 이미지를 조작한다.

3) 불건강할 때의 모습

3유형은 불건강할 때 자기중심적이고 가식적이 된다. 허영심이 엿보이고 겉모습을 지나치게 중요시한다. 자신이 바라는 것에 장애물이 된다고 여기면 앙심을 품는다. 이들은 매사에 지나치게 경쟁적이다. 목표를 이루기 위해 기만

하고 방어적이 된다. 기회주의자가 되는 것을 서슴지 않는다.

4) 불건강한 3유형 부모의 특성

불건강한 3유형의 부모는 퉁명스럽다. 다른 사람의 감정을 이해하려 하지 않으며 경쟁심이 강하다. 내면의 깊은 감정을 감추고 지나치게 일에만 몰두하는 경향이 있다. 건강할 때 이들은 가족의 성취를 위해 자신의 성품과 행동을 바꾼다.

바. 4유형 : 예술가, 개인주의자, 낭만주의자, 독특한 사람, 창조자

1) 유형소개

가) 자아개념 : 나는 독특하고 직관적이며 예민하다. 나는 낭만적이며 나만의 세계가 있다.

나) 세계관 : 사람들은 내게 없는 것을 가지고 있나 보다. 나는 중요한 무언가가 빠져 있다.

다) 주의초점 : 나는 독특하고 특별한 것에 끌린다. 나 자신을 제대로 표현할 수 있을까?

라) 삶의 주제 : 나를 구해 주세요. 나는 나이고 싶어요.

2) 주요성격 특성

이들은 감정적으로 민감하고 깊게 느낀다. 이들은 감정적 극단을 경험하며 살고 있다. 우울함에 위축된 삶과 열정이 넘치는 지나친 활동적인 삶의 양 극단을 오가는 삶을 산다. 우울할 때는 아무 것도 할 수 없지만 에너지가 충전되면 멀리 떨어져 있거나 가질 수 없는 것을 갈망하며 최고 속도로 나아간다. 이들은 시기심과 질투가 있다. 무의식적으로 끊임없이 자신과 타인을 비교한다. 이들은 대체로 인생이 허무하고 살기 힘들다고 느끼며 고통을 통해 아름다움과 예술품을 창조하게 된다.

2) 불건강할 때의 모습

이들은 불건강할 때 신경질적이 되고 삶의 전반적인 영역에서 위축된다. 그 결과 자기 자신에게만 몰입한다. 다른 사람들과 비교하고 질투가 많으며 정서적인 돌봄이 필요하다. 쉽게 상처받고 고상한 척한다. 우울함에 빠지거나 매사에 비판적이 되고 자기 마음대로 하려는 경향을 보인다.

3) 불건강한 4유형 부모의 특성

불건강한 4유형 부모는 자녀양육에 있어 변덕스럽고 싫증을 잘 낸다. 때로는 죄책감에 휘둘리기 쉽고 타인의 비판을 수용하지 못한다. 자신이 관심이 없으면 냉담하고 다른 사람을 비판한다. 너무 쉽게 짧은 시간에 감정에 휩쓸린다.

사. 5유형 : 사색가, 탐구자. 관찰자

1) 유형소개

가) 자아개념 : 나는 현명하고 지적이다. 나는 스마트하고 통찰력이 있으며 관찰한다.

나) 세계관 : 이 세상에는 많은 침입이 있다. 나는 나의 것을 지키고 힘을 충전하기 위한 나만의 시간과 공간이 필요하다.

다) 주의초점 : 나는 마음의 세계, 즉 생각에 빠지고 어떤 주제에 대해 가능한 한 완전히 알고자 한다.

라) 삶의 주제 : 나는 많은 것이 필요하지는 않지만 내 공간이 필요해

2) 주요성격 특성

이들은 가슴보다 머리를 사용하기 때문에 감정으로부터 자동적으로 분리된다. 즉 감정적인 기복이 적도 감정 반응이 느리다. 이들은 감정적 분리를 통해 불편한 감정과 그 감정으로 인한 에너지 손실을 피한다. 이들은 독립과 자율에 대한 욕구가 많다. 혼자 있을 때, 활력을 느끼고 생산적이 된다. 사람들과 엮이는 것을 싫어하고 허락 없이 이들의 영역에 들어오거나 간섭하는 것을 받아들이기 힘들다. 이들은 현명해지기 위해 습득한 지식과 정보를 비축해 두려

는 집착이 있다.

이들은 논쟁을 좋아하고 거만하게 비춰진다. 이들은 자신이 가진 정보나 지식을 나누는데 인색하다. 이들은 자신의 지적 성취에 대해 자부심을 가지고 있으며 매사를 비판적, 부정적으로 보려는 경향이 있다. 사람들과 관계 맺는 것에는 거리를 두려고 하고 사람들을 멀리한다. 이들은 고집스럽고 판단하려고 하는 경향이 있다.

3) 불건강한 5유형 부모의 특성

불건강한 5유형 부모들은 대인관계를 과소평가한다. 이들은 완고하고 정보를 공유하지 않으며 곧잘 비판한다. 이들은 좀처럼 속마음을 털어놓지 않고 관심이 없는 분야에 대해서는 냉담하다. 이들은 자율성을 지나치게 중시하는 경향이 있다.

아. 6유형 : 충성가, 질문가, 수호자, 기병대

1) 유형소개

가) 자아개념 : 나는 책임감이 있고 조직에 충실하며 안정지향적이다. 나는 호감이 가고 의지할만하고 충성스럽다.

나) 세계관 : 이 세상은 위험하고 안전하지 못하다. 조직에 충실한 동시에 권위라면 일단 의심하고 봐야 한다.

다) 주의초점 : 이리 잘 안될 경우 어떤 결과가 나올까? 나는 누구를 믿을 수 있을까? 내가 최선의 결정을 내리고 있는 것인가?

라) 삶의 주제 : 당신은 나를 신뢰할 수 있다. 나는 해도 문제 안 해도 문제다.

2) 주요성격 특성

이들은 대체로 겁과 불안이 많다. 걱정과 근심도 필요하지만 지나치면 문제가 된다. 나는 집 안과 밖에서 문제가 되거나 사고가 날 수 있는 가능성을 고려하여 유비무환의 자세로 생활한다. 이들은 하늘 아래 거의 모든 것을 의심하고 질문하려는 성향이 있다. 이는 무엇이든지 확실하게 하고자 하는 안전과 안정에 대한 욕구와 밀접한 관련이 있다. 끊임없이 자기 의문을 통해 스스로를 부정하고 의구심을 표현하며 다른 사람을 의심하는 것으로 보일 수 있다.

3) 불건강할 때의 모습
이들은 불건강할 때 눈에 띄게 불안해한다. 상황을 통제하려고 하며 예측할 수 없다. 지나치면 편집증 증세처럼 보인다. 매사에 방어적이 되고 완고하기까지 하다. 이들에게 안정감이 결여되면 눈에 띄게 짜증을 잘 내고 냉소적이 된다. 매사에 의심하고 지나치게 조심하며 자신과 타인에게 가혹하다.

3) 불건강한 6유형 부모의 특성
불건강한 6유형 부모는 자기 방어에 급급하다. 잔걱정이 많고 경계심이 많다. 불평이 지나치게 많거나 의심이 많고 자신의 생각을 기준으로 주변을 평가하는 경향이 있다.

자. 7유형: 열정가, 낙관주의자, 쾌락주의자, 꿈꾸는 사람, 비전 제시자

1) 유형소개
가) 자아개념 : 나는 자유롭고 재미를 추구한다. 나는 열정적이고 낙천적이며 사고가 빠르다.
나) 세계관 : 이 세상에는 기회와 선택으로 가득 차 있다. 나는 미래를 기대한다.
다) 주의초점 : 나의 주의는 외부 세상에 맞추어져 있다. 신나고 흥분되는 일인가? 지금 내가 부자연스럽고 강요당하는 것은 아닌가? 힘들거나 고통스럽지 않은 방법이 있을까?
라) 삶의 주제 : 나는 삶을 사랑하고 모든 것을 경험하고 싶다.

2) 주요성격 특성

이들은 고통, 불편함, 어려운 상황을 견디는 것이 힘들다. 쾌락주의자인 이들은 즐거움으로 충만한 삶을 추구하는데 이것을 고통의 회피를 합리화한 것이다. 이들은 맛있는 음식, 오락과 놀이, 여행 등에 대한 탐닉이 있어서 한 번 빠져들면 나오기 힘들다. 이들은 유머와 농담으로 진지함과 상황의 중요성을 감소시켜 가벼운 사람이라는 소리를 듣기도 한다. 이들의 마음은 속도가 빠르고 제한이 없다. 상상력과 창조력이 풍부하지만 한 군데 집중하기가 어렵다.

2) 불건강할 때의 모습

이들은 불건강할 때 자기중심적이며 충동적이 된다. 이들은 사회의 기본 질서에 대한 인정보다는 반항적이 되기도 하고 들떠 있다는 느낌을 준다. 잠시도 쉬지 못하고 좋아하는 일에는 고집스러운 면을 보이고 산만하다. 방어적이고 자기 파괴적인 경향을 보이기도 한다.

3) 불건강한 7유형 부모의 특성

불건강한 7유형 부모들은 자녀 양육에 있어 충동적인 경향이 있다. 집중력이 부족하고 자신을 합리화한다. 평범하고 일상적인 것을 지나치게 싫어하며 고통스러운 상황을 회피한다. 부정적인 피드백에 민감하게 반응한다.

2. 성격유형 역할극이란?

가. 성격유형 역할극의 필요성

학교폭력(괴롭힘)의 문제는 '폭력의 과잉'이라기보다는 '공감의 부재'가 문제의 핵심이다. 교육심리학자인 Howard Gardner하워드 가드너(2007)는 21세기에는 협력하는 작업이 가장 중요하며 '공감력'을 중요하게 평가하였다. 미래학자인 Jeremy Rifkin제러미 리프킨(2014)은 '인류가 경쟁의 문명에서 공감의 문명으로 이동하고 있다'라며 21세기를 '공감의 시대'라고 불렀다. 미래학자인 다니엘 핑크는 미래인재의 조건으로 '공감력'을 꼽았다(이혜정, 2017: 122). 공감을 가장 잘 경험할 수 있도록 안내하는 도구가 역할극이다. 서로의 입장을 바꾸어 생각하고 경험하는 일이기 때문이다.

성격유형 역할극은 일반적인 역할극에서 한 걸음 더 나아간다. 상대방이 어떤 특정한 생각과 행동을 하는 것은 그 사람의 성격유형과 어떤 관련이 있겠는가? 하는 이해이다. 우리는 위에서 성격유형별 주요특성과 그들이 불건강할 때의 모습을 만나 보았다. 학교폭력(괴롭힘)은 불건강한 가해자가 평균 이하의 건강 상태에 처한 피해자를 공격하는 것으로 본다. 우리는 학교폭력(괴롭힘)이 진공상태에서 일어나는 것이 아니라 학교라는 공동체에서 일어나는 것이기에 공동체적 대응이 필요하다고 본다. 따라서 학급이 관여하고 학교가 함께 대처하여야 한다. 학교폭력(괴롭힘)을 학급에서 교육적으로 행동수정行動修正하고자 할 때 일방적인 강의식 접근보다는 역할극이 더욱 효과적이다.

나. 성격유형 활용 역할극 하기[1]

1) 도입단계 : 학교폭력(괴롭힘) 상황 설명하기

프로그램 지도자는 학교폭력 상황을 제시해 준다.

2) 역할극 선택하기 : 5개 영역으로 범주화 (곽금주, 2008, 서미정, 2008)

① 가해자 : 가해의 역할을 하는 사람

② 피해자 : 피해를 당하는 사람

③ 동조자 : 가해행동에 대한 지지하는 역할을 하는 사람

④ 방어자 : 가해행동을 차단하는 역할을 하는 사람

⑤ 방관자 : 암묵적 가해자로 지켜보는 사람

교실 바닥에 역할극 명찰을 뒤집어 놓는다. 자원자가 있을 경우 지도자는 학급구성원들의 동의를 얻어 사전에 명찰을 줄 수 있다. 역할극의 초점은 학

---

1 역할극에 대한 자세한 내용은 23과 참조.

교폭력(괴롭힘) 상황에서 대부분을 차지하는 방관자를 방어자로 전환시키는 것이 목적이다. 역할극은 2번에 걸쳐 실시하게 된다.

3) 재연하기 : 지난번 상황에 대한 간단한 재연하기(5분)

지난 번 학교 폭력 상황을 간단하게 재연한다. 이 때 너무 희화화 되지 않도록 사실 관계를 중심으로 재연하는 것이 중요하다. 이 상황에서 모든 구성원들은 나는 그 때 어떤 역할을 하였는지 자기 역할에 대해 규정하고 성찰하여 본다. 이 때 관련학생들이 재연을 하기 힘든 상황일 때는 비슷한 내용으로 다른 상황을 단순화하여 재연할 수 있다. 지도자가 빈의자 기법으로 간접적으로 시연을 할 수도 있다.

4) 성격유형 역할극

학생들로 하여금 가해학생과 동조자 학생이 가진 성격유형의 특징과 피해학생 및 방어자, 방관자 학생이 가진 특성을 토론하여 보게 한다. 그 결과 성격유형 역할극을 다시 한 번 실시한다. 특히 방어자의 역할을 한 학생이 있다면 왜 그런 선택을 하였는지 의견을 들어 본다. 최종적으로 각 역할별 성격유형을 이해한 다음 성격유형 역할극 (가칭 : 다시 한 번 우리 교실)을 실시한다.

눈부처[1]

義村 李東甲

어! 아빠 눈 속에 내가 있네!
세 살 난 딸 아이 외침에
가슴이 덜컹, 내려 앉아
가만히 눈을 들여다보니
그 곳에 정말 내가 있었네!

어! 로사 눈 속에도 아빠가 있네!
둘이서 손뼉 마주 치며 좋아 하던 날
나는 결심 하였네!
이 아이에게 존경 받는 아빠가 되는 것을
인생의 목표로 삼으리라!

지금은 대학생이 된 딸 아이
아빠 보다 훌륭한 교육자가 되겠다고 하네!

그랬구나! 그랬었구나!
어린 아이 눈 속에 세상의 전부처럼
아빠가 눈동자에 가득 하듯
선생이 된 나도 그들에게
눈부처가 되어서
일생을 비추는 거울이 되리라!

---

1 눈부처라는 말은 눈동자에 비치어 나타난 사람의 형상, 동인(瞳人), 동자(瞳子)라는 뜻으로 한
   사람의 눈동자 속에 비친 또 한사람의 모습을 '눈 속에 앉아 있는 부처'로 표현한 것. 시인 정채
   봉은 정작 아름다운 것은 사람의 눈동자 속에 비친 자신의 모습이라고 표현함.

3장

공감(Empathy)수준의
학교폭력

공감수준 학교폭력 양상 이해

1. 공감수준의 주요 구성 요소

가. 감정은 도덕성이 없다

왜? 라고 묻는 것을 문제를 가장 복잡하게 만드는 지름길이다. 학교폭력(괴롭힘) 문제를 해결하고자 할 때 피해학생이든 가해학생이든 왜? 폭행을 했느냐? 왜 괴롭힘을 당했느냐? 는 물음에는 저 마다 사연이 다양하다. 증거가 객관적이지 못하고 정황을 증명하는 목격자도 신뢰롭지 못할 수 있다. 기억이 변하고 무엇보다 본인의 진술(설명) 역시 일관성을 가지지 못하기도 한다. 그러므로 문제를 해결하는 방법으로 시비是非를 가리려는 시도 또한 늪에 빠지는 길이다. 무엇보다 나는 "그러한 의도로 한 말이나 행동이 아니다"라고 부인할 때 문제가 복잡해진다. 사안을 바라보는 관점의 차이 역시 중요하다. 따라서 "판단은 피해자를 중심으로 하여야 한다"라고 권유한다. 하지만 피해자의 규정이 모호하고 피해와 가해가 동시에 얽혀 있는 상황에서 학교는 경찰서가 되고 법원이 되어 '진실 게임'과 '모의 법정'이 되어간다.

사전적 의미에서 감정은 "「명사」「1」사물의 특성이나 참과 거짓, 좋고 나쁨을 분별하여 판정함."이다(국립표준어대사전)[1]. 그렇다면 '참과 거짓', '좋고 나쁨'을 누가 판단하고 결정하는가? 똑같은 일도 사람마다 상황에 따라 혹은 시대에 따라 다를 수 있다. 정부의 정책도 그러하다. 1970년대 '딸 아들 가리지

---

1 http://stdweb2.korean.go.kr/search/List_dic.jsp.

말고 하나만 낳아 잘 기르자' "잘 키운 딸 하나 열 아들 안 부럽다' 등의 산아제한 정책이 2018년 현재는 세계 최저의 출산율을 걱정하며 출산장려금과 육아수당으로 바뀌었다. 한 때는 남자들의 머리카락 길이(장발)와 여자들의 치마 길이(미니스커트) 정부의 규제 대상이었다. '옳고 그름'이나 '좋고 나쁨'은 그 잣대가 고정되어 있지 않으니 갈등의 대상이 된다.

그러나 인간의 감정은 옳고 그름이나 판단의 대상이 되지 않는다. 누군가 배가 고프거나 슬프거나 짜증이 나는 것은 옳고 그름의 문제가 아니다. 그러므로 '감정에는 도덕성이 없다'라고 한다. 너의 그 말과 행동이 나에게 어떠한 감정을 불러 일으켰다라고 말할 때 누구도 왜? 너의 마음속에 그런 감정을 느꼈느냐? 라고 말할 수 없다. 감정은 오롯이 내 속에서 일어나는 마음의 작용이기 때문이다. 인간은 몸과 맘, 정신과 육체로 구성되어 있기에 매 순간 감정이 일어나고 머무르고 사라진다. 실상 인간의 감정은 똑 같은 일을 보고 서로 다른 감정을 가질 수 있다. 그러나 보편적인 감정이라는 것은 인류공동의 자산이다. 희노애락애오욕喜怒哀樂愛惡慾은 우리 조상들이 인간의 감정을 표현하는 공통된 영역이었다. 감정은 육체적 현상이자 정념의 한 부분(Rene Decartes데카르트)이다. 정념은 '놀람', '사랑', '증오', '욕구', '기쁨', '슬픔'의 여섯 가지가 있다. 유교문화권에서는 인간의 감정을 희노애락과 칠정으로 표현하였다. 동서양의 감정의 공통점으로 '기쁨(행복)'. '슬픔', 공포(두려움)', '분노'의 네 가지를 들기도 한다(최현석, 2011). 이러한 공통점으로 인해 문제를 해결하고자 할 때 옳고 그름을 따지기보다. 감정의 공통점을 찾아 서로 느낌을 나누는 것이 더욱 효과적인 것이다.

나. 사전 만남 – 피·가해 학생과 학부모 만나기

학교 폭력(괴롭힘)의 피·가해자가 된다는 경험은 누구도 스스로 희망하지는 않는 것이다. 하지만 집단이 생활하는 곳에서 갈등은 일어나기 마련이고 원인을 제공한 사람과 그로 인해 피해를 입은 사람이 구분된다. 특히 학교가 안전한 배움터이어야 함에도 동료(친구)로부터의 지속적인 괴롭힘이 대상이 되는 것은 존재의 부정이자 감당하기 어려움 고통이다. 이를 경험한 학생과 부모를 만나는 일은 매우 어려운 작업이다. 특히 피해학생 뿐만 아니라 가해학생도 교육의 대상이자 다른 의미에서는 희생자일 수도 있다는 인식이 출발이어야 한다. 여기서 희생자라는 말의 의미는 고통을 주지 않았다는 뜻이 아니라 미성년자로서 그 동안의 양육 과정에서 비교육적 혹은 폭력적인 모델을 경험할 수 있었을 것이라는 환경적 측면을 포함한다. 또한 그 동안의 많은 잘못된 행동들의 출현에 대해 주요 양육자나 교육자가 적절하게 지도하지 못한 것도 포함된다.

학교폭력(괴롭힘)의 피해자 부모가 되는 일은 피가 거꾸로 솟아오르는 일이며 이성理性의 작용이 적절하게 통제 되지 않을 수도 있는 한계 상황을 포함한다. 가해자의 부모가 되는 일도 당황스럽고 혼란스럽기는 마찬가지다. 따라서 전문가는 이들의 마음을 인정하고 위로해 주는 것이 필요하다. 이들이 서로에게 고통을 주고받은 일로 교육에 참가 하게 되었을 때 옳고 그름을 따져 상과 벌을 주는 것이 아니라 그 마음에서 겪은 그들의 감정을 읽어주고 들어주고 표현할 수 있도록 도와주어야 한다. 그 것이 문제를 해결하는 출발점이 되기 때문이다.

학교폭력의 피해학생에게는 피해를 당한 그 일이 "네 잘못이 아니다"라고 격려한다. 누구도 맞아야 할 만큼 나쁜 행동을 한 사람은 없다. 비록 올바른 행동을 하지 않아서 제재를 받을 수는 있지만 그 것이 폭력이라는 행동으로 대가를 치르게 하여서는 안 된다. 친구들 혹은 교사라 할지라도 폭력이 교육의 수단이 될 수는 없다. 가해학생 역시 누구도 다른 사람에게 폭력을 통해 내 감정을 표현할 수 있는 권리가 없다는 사실을 확인해야 한다. 하지만 감정을 적절하게 조절하지 못하고 감정을 다루는데 미숙한 청소년들이 실수와 실패를 하였을 때 올바른 방법으로 그 것을 해결하고 극복하여 건강하게 성장할 수 있도록 인도하는 것이 교육이다. 그러므로 가해학생에게도 교육은 기회여야 한다. 특히 부모님들의 경우는 자녀들에 대해 가장 많이 알고 있다고 생각할 수 있지만 실상 자녀의 모습을 잘 아는 부모는 극히 드물다. 이는 학교에서의 생활과 가정에서의 생활환경이 극명하게 다르기 때문이다. 단체가 생활하는 학교에서는 날마다 어쩌면 매 순간 마다 학생들의 이익이 상반되고 부딪히는 경우가 발생한다. 대부분의 학생들은 통용 가능한 언어나 행동으로 자신의 욕구나 문제를 해결하지만 소수의 학생들은 학교나 사회가 용인할 수 있는 범위의 바깥 행동을 실행하여 문제를 야기한다. 이들에게 그 부모와 함께 문제의 원인을 정확히 진단하고 해결과정에 참가 할 수 있도록 초대하는 작업이 이 과정이다.

사전 만남에서 가장 중요한 것은 이들의 두려움과 걱정, 근심과 저항에 대한 이해이다. 더러는 분노와 증오가 엉켜 있고 슬픔과 애통함이 끓어 오르며 상실감과 무력감이 교차하는 속에서 너무 빨리 문제 해결의 장에 초대받은 것일 수도 있다. 특히 자신의 부모가 이 과정에 함께 초대받은 것에 대한 심한 갈등과 고통을 호소하는 학생도 있을 것이다. 부모 역시 가정 속에서 자녀와의 관계가 원만하지 못하고 갈등이 극심한데 학교에까지 호출되어 교육을 받아야 한다는 사실에 큰 분노를 표시할 수 있다. 이 마음들을 인정하고 수용한 다음 "그럼에도 불구하고 이 기회를 통해 귀 자녀를 돕고자 하니 함께 하여 주시기 바랍니다"는 진심어린 초대가 필요하다.

다. 동의서 받기

학교폭력(괴롭힘) 문제의 해결과정에 초대받는 일은 즐겁고 기분 좋은 작업이 아니다. 불편하고 고통스러운 작업에 스스로 참여하기로 결심하는 일이다. 이 일을 자녀교육에 대한 대화와 상담의 기회로 삼기를 결정하는 것이다. 그 동안 부족했던 자녀에 대한 이해와 성장을 돕기 위해 학교와 머리를 맞대고 협의하는 일임을 인식하도록 초대하는 것이다. 초대의 양식은 〈그림10〉과 같다.

라. 학교 측과 협력 관계 형성하기

학교는 모든 문제의 출발점이며 결승선이다. 학교폭력(괴롭힘)은 결국 학교에서 교실에서 이루어진다. 담임교사와 같은 반 친구들과 함께 문제를 해결해야 한다. 많은 경우 일부 학부모님들은 학교를 믿을 수 없으니 교육청이나 교육부 심지어는 청와대나 언론 등에서 문제 해결을 도와 줄 수 있을 것이라고

참석 동의서 (학생 · 학부모용)

〈공감과 성장을 통한 청소년인성교육〉 참석 동의서

학교는 가장 안전하고 즐거운 배움의 터전이어야 합니다. 학교폭력은 사전에 예방하는 것이 가장 좋습니다. 하지만 다양한 학생이 집단으로 생활하는 공간인 학교에는 크고 작은 갈등이 일어납니다. 예방이 가장 바람직하지만 일어난 갈등conflict을 학생 중심으로 교육적으로 해결하려는 노력이 필요합니다. 모든 학교폭력은 피해학생을 중심에 놓고 교육적으로 해결되어야 합니다. 더불어 가해학생들과 동료학생들도 교육의 대상인 우리의 자녀입니다. 학교폭력 예방과 대책을 위한 EFRG 프로그램은 공감과 용서, 회복 및 성장의 4수준으로 모두 30시간으로 구성(#별첨1,2)되어 있습니다. 아래 내용을 읽어 보신 후 참석 여부에 관한 동의를 표시하여 주시면 감사하겠습니다.

동의서 양식(학생 · 학부모용)

학생 이름 _____ (남 , 여)

_____ 학년 _____ 반 번호 _____ 동의 여부 (○ , ×)

보호자 이름 _____ (남 , 여)

1. 나는 〈공감과 성장을 통한 청소년 인성교육프로그램(EFRG)〉에 자발적으로 참여할 것을 동의합니다.
2. 나는 교육과정에서 작업한 모든 자료들이 개인정보 보호를 전제로 교육적으로 가공하여 활용되는 것(상담, 출판, 연수 자료 등)에 동의합니다.

20___ 년 ___ 월 ___ 일

_____ (초등 · 중 · 고) 학교장 귀하

〈그림 10〉 동의서 양식

생각한다. 하지만 이 경우 문제를 더 복잡하게 하거나 방어적으로 처리하게 하는 역할을 하도록 이끈다.

결국은 다시 학교로 내려가고 교실에서 담임교사가 당사자들과 함께 문제 해결을 관여하고 회복을 선언하여야 하는 것이다. 그 과정에서 외부의 압력이 일정치 이상 개입하게 되면 전학이나 퇴학 혹은 특별교육이나 출석 정지만 받아도 가해학생의 입장에서는 이미 벌을 받았으니 굳이 화해를 할 필요가 없다고 생각하여 정작 피해학생의 심리적 회복이 되지 않은 경우가 많다. 학교에 대한 신뢰가 무너지거나 매우 부족할 경우 외부전문가가 문제 해결에 개입하게 된다.

학생들의 문제들 중에는 학급에서 담임교사가 혹은 학교장이 교육하고 대처할 수 있는 수준의 문제가 있고 외부전문가의 보다 전문적 영역의 지도가 필요한 경우도 있다. 동네 병원이 복잡한 수술을 하지 못한다고 해서 병원의 존재감이 낮아지는 것은 아니다. 이는 법적인 근거를 가지고 해당 분야의 전문가들이 개입하여 함께 문제를 해결하는 것으로 현대사회의 분업화 혹은 협업의 한 형태이다. 이 때 외부전문가들은 학교공동체의 특성과 그들이 가지는 두려움(보안 문제)과 우려(오히려 상황을 악화시킬 수도 있다는)에 적절하게 대응하여야 한다. 즉, 교육과정을 친절하게 설명하고 전문가와 학교가 해당 학생과 학부모를 만나 어떤 작업을 하게 될 것이며 학교 측에서 도움을 주어야 할 요소(과정)는 무엇인지 정확하게 파악하고 교환하여야 한다. 담임교사가 외부인에게 자신의 교실과 컴퓨터를 내어 주는 것은 침실과 화장실을 빌려 주는 것만큼이나 어려운 결단을 하는 것임을 알아야 한다. 그러므로 사용 후 원상회복은 물론 원 주인이 불쾌하지 않도록 뒷정리를 하고 센스 있게 고마움을 표시하는 친절하지 필요하다. 이를 위해서 사전에 방문하여 래포rapport를 형성하는 일은 반드시 필요하다.

마. 오리엔테이션의 중요성

프로그램의 성공과 실패를 좌우하는 가장 큰 요소는 오리엔테이션 과정의 역할 정도이다. 오리엔테이션이 잘 되었다면 반 이상을 성공한 것이다. 하지만 오리엔테이션 과정에서 개인상담(피·가해 학생과 학부모) 및 집단(학급)의 적극적 참여에 대한 동기부여가 성공적이지 못하면 온전히 지도자의 개인기에 의해 과정을 이끌어가야 한다. 30시간이 넘는 작업을 주변의 적극적 협조 없이 끌고 가는 일은 중노동이다. 결과도 잘 될 것이라고 장담하기 어렵다.

오리엔테이션은 〈활동지 공감 1〉에서 확인할 수 있다. 그 내용은 아래와 같다.

학교는 청소년들에게 가장 안전하고 평화로우며 행복을 경험하는 배움의 공간이어야 합니다. 학교폭력은 인간에 대한 존엄성과 신뢰를 해칩니다. 학교는 사회의 축소판입니다. 다양한 학생들이 모여서 생활하는 공간이기에 여러 가지 모양의 갈등과 다툼이 일어나기 마련입니다. 문제는 이 갈등을 교육적이고 안전하며 평화롭게 해결하는 과정이 필요합니다.

〈공감과 성장을 통한 청소년 인성교육 프로그램(EFRG: 공감-용서-회복-성장)〉은 피해학생으로 하여금 가해학생과의 관계를 회복하고 성장할 수 있도록 이끌어 줍니다. 가해 학생 역시 자신의 잘못을 진심으로 뉘우치고 용서를 구하여 관계를 회복하게 합니다. 진정한 용서와 관계 회복은 학교폭력의 경험을 개인과 가정뿐만 아니라 학급과 학교까지 성장으로 이끌어 갑니다.

【본 모델의 가장 큰 특징은 지금까지의 학교폭력에 대한 대책들이 공감과 용서 혹은 회복 등의 특정한 영역에 주목하였다면 외상 후 성장의 개념까지를 포함하여 공감-용서-회복-성장의 통합적 접근을 추구하는 점입니다. 일반적으로 큰 고통은 외상후스트레장애PTSD까지 이르게 하지만 본 프로그램은 학교폭력의 경험을 **외상 후 성장**成長으로 이끌어 줍니다. 특히 양측 학부모의 참여를 통해 가정과 연계하고, 학급을 중심으로 초대하여 교실공동체 속에서 방관자가 방어자가 될 수 있는 문화를 만들 수 있도록 관련 당사자 모두에 대한 총체적 접근을 시도하였습니다. -생략 가능】

무엇보다 학교폭력의 근본적인 원인과 치료를 에니어그램 성장이론과

접목하여 각 성격유형에 따른 학교폭력 대처 및 처방을 제안하였습니다. 학교폭력이라는 상처가 개인과 가정, 학급과 학교 및 나아가 우리 사회를 성장하게 하는 경험으로 작동할 수 있도록 에너지를 변화시켜야 합니다. 본 프로그램은 모두 30시간으로 첫째 날과 마지막 날, 학급공동체가 함께 각 3시간씩 프로그램에 참여합니다. 둘째 날부터는 공감-용서-회복-성장 각각 6시간씩 전문가와 함께 우리가 경험한 여러 문제들을 교육적이고 성장지향적으로 풀어나갈 것입니다. 마음을 열고 우리 학생들이 상처를 보듬고 이를 성장의 기회로 활용될 수 있도록 협조를 부탁드립니다. 감사합니다.

위 내용을 개인상담 시에는 각각의 피·가해 학생과 학부모에게, 학급 시간에는 학급 전체를 대상으로 실시하여야 한다.

2. 학교폭력의 심리적 전개 과정

같은 반 동료 학생들에게 당한 폭력과 따돌림이 원인이 되어 외상후스트레스장애PTSD 판정을 받은 학생의 사례이다. A양이 지난 2년 동안이나 계속적인 따돌림과 폭력을 당해 마침내 정신병원에 입원하기까지 학교나 사회의 '학교폭력 방어장치'는 전혀 기능을 하지 못했다.

A양에 대한 폭력이 시작된 것은 2년 전으로 거슬러 올라간다. 같은 반 남학생인 B군이 수시로 "죽여 버리겠다"고 협박하며 시청각실 등에 가두어 놓고 때린 적이 있었다. 심지어는 컴퍼스나 압정 등으로 찔렀다. 이로 인해 A양은 점점 이상행동을 보였고 어머니는 집안에서도 온 방에 커튼을 쳐야 했으며 칼과 같은 요리 도구마저 모두 버려야 했다. 하지만 학교에 공식으로 문제 제기를 하면 딸을 문제 학생으로 취급할까 쉬쉬하였다. 하지만 가해학생이 "당신 딸을 조심하게 하라"는 문자까지 보내는 것에 참다못해 담임교사를 만났지만 "지도를 잘 하겠다"는 답만 들을 수 있었다. 이 문제가 정작 공론화 된 것은 B

군이 A양 외에도 다른 수많은 학생들을 괴롭혔고 B군에게 폭행을 당한 C군의 학부모가 학교에 알리게 되어 비로소 이 문제가 논의가 되었다. 하지만 학교 폭력대책자치위원회는 개최되지 않았고 담임교사는 "아이들과 가해학생 부모님들에게 사과를 받고 끝난 사건으로 알고 있다"며, 친구들에게도 "A양이 병원에 입원까지 하였으며 친구를 각별히 도와주라고 말했다"는 것이다. 남다른 폭력성향을 보이던 B군이 '과잉행동장애ADHD'로 수년간 병원치료를 받아 온 사실도 뒤늦게 알려졌다. B군의 부모는 자녀에게 불이익이 갈까봐 치료 중인 사실을 학교에 숨겼고, 이를 모르는 교사는 B군의 행동을 그저 '다혈질'로 치부했던 것이다. A양의 부모 등이 교장을 직접 찾아간 3일 뒤에야 학교 측은 대책을 약속했고 관심을 가지고 지켜보겠다고 약속했을 뿐 구체적인 대안은 없었다. 이 학교엔 공간 부족으로 상담실조차 없는 실정이다. 교감은 "담임 교사가 문제를 알았더라도 그냥 접어두는 경우가 많아 학교로서도 어쩔 수 없는 부분이 많다"라고 말했다. 하지만 학부모들은 "사건이 알려진 이상 학교폭력대책위원회를 소집해야 할 것"을 요구했다. 어른들이 잘못된 대응으로 일관한 사이 때린 학생도 맞은 학생도 모두 피해자가 되고 있었다. (2007. 7. 5. 경향신문)

위 기사는 학교 폭력의 전형적인 진행과정과 구조를 보여 준다. 피해자과 가해자, 그 부모들과 학교 측의 대응방식이 그 것이다. 담임교사와 교감, 교장, 동료 학생들과 학부모들의 반응도 익숙하다. 이에 대해 매스컴의 분석도 한결 같다. 〈어른들이 잘못된 대응으로 일관한 사이 때린 학생도 맞은 학생도 모두 피해자가 되고 있다〉는 지적이다. 그래서 매스컴은 왜 근본적인 원인과 처방에 대해서는 말하지 않는 것일까? 물론 특정 프로그램을 통해 학교 폭력에 대한 분석을 가끔 하기는 하지만 가장 근본적인 원인에 대한 진단과 처방이 빠져 있다는 점을 놓치고 있다. 학교폭력이 일어나면 피해자와 그 부모, 가해자와 그 부모 및 동료(친구)들과 학급공동체에는 여러 가지 모양의 역동이 펼쳐진다. 학급담임과 학교폭력 담당교사, 교감, 교장과 교육청, 언론과 지역사회에 이르기까지 파장은 복잡하고 숨겨진 나비효과는 다양하다.

가. 피해자의 심리

학교 폭력의 피해를 당한 당사자인 여학생 수미(가명)는 어떤 고통을 겪었을까? 그 고통을 겪으며 왜 부모나 교사에게 자신의 고통을 호소하지 않았던 것일까? 자신에게 향한 폭력이 일회성이길, 많은 학생들 중의 하나이므로 자신이 조금만 참으면 지나갈 것이라고 여겼을 것이다. 다음은 이러한 폭력을 당했을 때 부모나 교사에게 바로 알려야 한다는 것을 충분히 교육 받지 못했다. (지금은 교육의 빈도나 강도가 조금 강화되었다). 하지만 교육을 받았을지라도, 고통을 호소하여도 문제가 해결 될 것이라고 생각하지 못했다. 많은 경우 가해자에 대한 두려움과 공포는 주변의 부모나 교사가 이 문제를 해결하여 줄 수 없으며, 오히려 그들도 피해자가 될 수 있을 것이라는 생각으로 고통을 자신이 혼자 감당하고자 한다. 한편 주변 성인들에게 이 문제를 호소하여 해결되는 사례를 만나 본적이 없는 경험도 존재한다. 무엇보다 자신의 고통을 호소하였을 때 너에게도 무언가 문제가 있었으니 상대방이 공격을 한 것이라고 지적할 것을 두려워한다. 마치 성폭행의 피해자에게 "네 행실이나 복장에 문제가 있어 가해자가 너를 공격한 것"이라는 딱지를 붙이는 것과 같다. 또한 자신을 문제 학생으로 취급할 것이라는 걱정을 하게 된다. 무엇보다 학교 폭력의 피해자가 되었을 때 대처 요령 즉, 문제해결과정에 대해 제대로 배우지 못한 경우가 많다. 피해자의 경우 에니어그램의 건강상태를 적용하면 건강한 학생은 학교폭력이 다가오면 튕겨 내는 힘이 있다. 평균보다 건강상태가 낮을 때 폭력은 몸과 마음에 스며들어 일상을 파괴한다.

나. 피해자 부모의 심리

피해자의 부모는 자녀가 학교폭력 피해를 입었을 때 어떻게 반응할까? 옆 집 아이가 학교폭력을 당했을 때는 분노한다. 하지만 내 자녀가 당사자가 될 때는 가정은 공황恐惶상태가 되고 일상을 더 이상 유지할 수 없는 위기危機가 찾아온다. 무엇보다 자녀의 고통에 동참하여 공감하고 위로하기 보다는 원인을 알기 위해 추궁을 하는 경향이 많다. 왜? 하필이면 가해자가 다른 수많은 학생들 중에 너를 공격하였는지 묻는다. 네가 문제(공격의 원인)를 제공하지는 않았는지를 추궁하는 것이다. 네가 조금만 참으면 문제가 해결될 것이라고 문제 자체를 가볍게 취급하는 경향도 있다. 혹은 문제를 과잉하게 대응하여 모기를 보고 칼을 뽑는 우를 범하기도 한다. 하지만 이러한 고통을 겪은 것이 2년이나 되었는데 부모는 왜 몰랐을까? 자녀와의 대화 채널이 없었기 때문이다. 초기에 엄정하고 단호하게 대처하지 못했기 때문이다. 물론 상대방 가해 학생이 ADHD이기에 쉽지는 않지만 적어도 내 자녀는 확실하게 보호한다는 단호한 결심이 있어야 한다. 4학년 때 정확하고 단호한 대처가 있었다면 상황은 최악의 상태가 되지는 않는다. 문제를 지나치게 축소하거나 확대하는 것 모두가 문제지만 핵심은 자녀의 고통에 대한 공감이다. 피해 아동이 부모로부터 사실관계를 하소연할 수 있을 때 문제의 반은 해결된 것이다. 다른 곳에 찾아 가지 않고 그 부모에게 자신의 억울한 마음과 고통을 말할 수 있는 것이 문제 해결의 첫 단추가 된다. 피해자의 부모 역시 에니어그램의 건강상태를 적용하면 건강한 부모는 자녀가 학교폭력에 노출된 것을 통찰하고 그 미묘한 변화를 알아차린다. 자녀와 함께 문제에 대처하여 극한 상황에 가지 않도록 해결방안을 찾아간다.

다. 가해자의 심리

"얘기 하지 못할 거야! 내가 그렇게 겁을 줬는데, 설마 지 부모한테 말하겠어. 담탱이한테 일렀을까? 지가 나를 먼저 화나게 했잖아! 말했을지도 몰라! 어떡하지! 다시 안 때린다고 할까? 빼앗은 돈은 돌려주겠다고 할까? 우리 아빠가 알면 날 죽인다고 할 텐데……증거도 없는데 일단 끝까지 버텨야지! 어떻게 하겠어. 지가 전학을 갈 것도 아닌데……. 엄마가 해결해 주겠지. 아빠가 아시면 엄마도 같이 꾸중을 들을 텐데".

"선생님은 왜 나만 미워하는 거야! 짜증나게! 내일 또 시험이네! 이번 성적 나오면 엄마가 가만히 안 있을 텐데…….학교에 가야 하나? 수학은 친구들 앞에서 나를 쪽팔리게 꾸중했겠다. 어디 한번 걸려 봐! 내가 잘못한 게 뭐야!" 학교 폭력의 가해자는 미성숙한 부모로부터 안정애착을 형성하지 못한 경우가 많다. 대화를 통해 문제를 해결하는 것을 경험하지 못했고 부모의 미성숙과 유독有毒toxic함이 자녀에게 전이되어 그 것이 폭력으로 나타나는 경우가 많다

(Susan Forward수잔 포워드, 2015). 위 사례의 가해학생인 ADHD 학생은 초기 분노를 관리하고 표현하는 방법을 제대로 배우지 못하였고 치료 시기를 놓쳤다. 이 학생에게 공격성은 자신이 제어할 수 없는 상황에서 수시로 표출된다. 이를 부모와 교사가 초기에 적극적으로 대처하여야 함에도 통찰과 이해 부족으로 단순히 "욱하는 성질"로만 취급되었고 시간이 2년이나 흐르게 된 것이다.

일반적으로 가해학생들에게 필요한 것은 처벌과 심판이 아니라 잘못된 행동에 대한 정확한 이해와 피해 학생에 대한 용서빌기와 화해 과정이다. 그리고 이를 회복하는 과정이다. 피해 학생의 고통에 공감하고 다시는 같은 행동을 되풀이하지 않겠다는 결심이다. 잘못된 행동에 대한 정확한 사과와 용서빌기를 통해 자신이 끼친 피해로부터 벗어나야 한다. 이는 같은 분량 이상의 바람직하고 올바른 행동을 실천할 수 있는 기회를 제공함으로써 비로소 잘못된 행동은 교육의 기회가 된다. 에니어그램의 건강상태를 적용하면 건강한 학생은 가해자가 되지 않는다. 불건강한 학생이 피해학생에 대한 공감부족으로 폭력을 행사하고 이를 합리화하는 것이다.

라. 가해자 부모의 심리

자신의 자녀가 가해자가 되었을 때 부모는 당황스러워 한다. 내 자식이 피해자가 아니라 가해자란 사실을 받아들이는 것은 쉽지 않다. 유아기에 어린이집이나 유치원에서 맞고 오는 자녀에게 "차라리 때리고 오라며 책임은 내가 진다"고 하던 부모도 자신의 자녀가 피해자가 아니라 가해자라는 사실에 선뜻 동의하지 않는다. 학교나 교사가 잘못 알았을 것이고 오해가 있었을 것이라고 믿고 싶어 한다. 하지만 사실 관계가 들어 나고 가해의 양과 질이 심각할 때 잘못을 반성하고 용서를 빌도록 훈육하기 위해서는 부모 자신의 품성과 인격이 동반 되어야 한다. 대부분의 가해 학생은 부모의 애정 결핍과 잘못된 양육과 관련이 깊기 때문이다. 최근의 신고 위주와 학교폭력대책자치위원회 등의 개최는 부모를 더욱 결사적인 방어자로 역할하게 한다. 성숙하고 인격적인 부모의 자녀는 가해자의 자리에 좀처럼 서게 되는 경우가 드물기에 학교 폭력에 대한 해결방법과 교육에는 가해자의 교육과 함께 가해자 부모의 의무적인 교육 참여도 필수적이어야 한다.

위 사례의 ADHD 학생의 부모는 자녀가 산만하고 집중하지 못하며 눈을 맞추지도 못하고 때와 장소에 적절한 대화와 반응을 하지 못하며 대인관계에 문제가 있다는 것을 조금씩 눈치 채었고 마침내 병원에서 치료를 받기에 이르렀다. 하지만 학교생활에서 친구들에게 폭력을 행사하고 문제를 일으킴에도 자녀에게 불이익이 돌아올까 봐 이를 숨긴다. 모든 부모의 마음이 그러하겠지만 이를 인해 한 가정이 완벽하게 파괴되기에 이른 것이다. 이 가해자의 부모에게 어떠한 비난 혹은 교육이 필요할까? 에니어그램의 건강상태를 적용하면 건강한 부모는 자녀가 학교폭력의 가해자가 되지 않도록 평소 말과 행동, 가정교육을 통해 모범을 보여준다. 그럼에도 불구하고 자녀가 학교폭력의 가해자가 되었을 때 진심으로 부끄러워하며 자녀로 하여금 피해학생에게 용서와 회복의 과정을 통찰할 수 있도록 이끈다. 이 경우 가해학생과 그 가정도 성장한다. 문제는 평균 혹은 불건강한 가해자의 부모는 사건의 진상을 정확하게 파악하기도 전에 자녀를 역성들고 자녀에게 끌려간다. 평균적인 부모에게는 부부관계나 평소의 가정교육 등이 문제해결의 지렛대 역할을 하지만 상황에 이끌려 주도적으로 자녀를 올바른 길로 인도하거나 가정을 재구조화하여 성장으로까지 안내하는 것은 쉽지 않다. 하지만 불건강한 부모는 상황 자체를 모면하고 자녀의 피해를 최소화하는 것에 집중하여 장기적인 자녀교육을 외면한다. 부인하고 부정하며 상황을 왜곡하고 능동적으로 거짓을 창조하고 피해자의 고통에 정면으로 대응하여 상처를 깊게 한다. 불건강한 부모는 평소 가정교육 속에서도 대화와 공감, 사랑이 부족하였으며 학교폭력의 상황에서는 자녀에 대한 애정과 피해 학생에 대한 공감이 아니라 짜증과 역성으로 문제의 본질을 회피하고 뒤틀어서 최악의 결과를 향해 치닫는다. 모든 수단과 방법을 동원하여 상황을 모면하는데 집중하고 경제적인 여유가 있으며 변호사를 고용하는 등 사법적 영역으로 문제를 해결하고자 한다. 먼 훗날 자신의 자녀에게는 진실을 외면하고 피해자의 고통을 짓밟는 괴물의 씨앗을 심어준 것마저 인식하지 못하는 불행한 선택을 한다. 이 모든 과정은 훗날 사회적인 갈등의 씨앗으로 작용하게 될 수 있다.

마. 담임교사의 심리

교사는 자신의 학급에서 학교 폭력이 일어나는 것에 대해 당연히 그럴 수 있는 일이라는 생각보다는 운이 없거나 최소한의 상황으로 축소되기를 기대한다. 물론 성숙한 교사는 문제 상황이 일어나지 않도록 예방하며 통찰력을 발휘하여 초기에 적극 대응함으로써 심각한 폭력 상황에 이르도록 내버려 두지 않는다. 그러나 대부분의 교사들은 교대나 사범대 혹은 일반대학의 교직과정을 이수하면서 이러한 생활지도나 상담에 관해서 깊이 배울 시간이 없다. 중등의 경우 필수과목조차 아니거나 "학교폭력의 원인과 대처" 등의 직접적인 교과목은 거의 배우게 되는 경우가 드물다. 임용고사와 면접 등에서 학교 폭력에 대한 예비 교사의 생각과 대처 능력을 검증하기에는 어렵기만 하다. 이런 상황에서 교사가 되었다면 노력과 함께 최선을 다하기는 하지만 교묘하게 일어나는 학교 폭력이 눈에 보이지 않는다. 더욱이 ADHD 학생의 특성과 대처 방법은 발견하기도 대처하기도 어렵다. 나름대로 친구들에게 도움을 요청하거나 읍소하거나 강하게 경고(협박)하거나 신고하는 것을 선택하게 된다. 학교 폭력은 범죄이므로 신고를 한다. 이로써 이 일은 담임교사의 손을 떠나게 된다. 그(녀)도 학교 상처의 또 다른 피해자가 된다. 에니어그램의 건강상태를 적용하면 담임교사가 건강하다면 학생들 사이에서 일어나는 학교폭력을 첫째는 예방하고 두 번째는 초기에 발견하여 조치한다. 그 것이 비로소 어느 정도의 폭력이 되었다고 하여도 피해자와 그 부모에게 공감하고 가해자를 감동시켜 상황을 극단적으로 확대하지 않도록 교육적 개입과 지도를 베푼다. 하지만 평균 혹은 그 이하일 때 교사는 "왜 하필이면 내게, 우리 반에 이 일이 일어나는지 핑계 거리를 찾고 희생양을 만든다". 멘토에게 조언을 구하기보다는 상황을 모면하는 것에 집중하여 피해자의 고통을 공감하지 못한다. 양성과정에서 들어 본 적이 없고 임용고사를 준비하면서 만나 본 적이 없는 살아 있고 생생한 학교폭력이라는 소용돌이의 한 가운데를 헤쳐 나올 힘도 의지도 부족하다. 재수가 없거나 억울함만 가득차고 분노는 미움이 되어 자신의 학생들을 향한다. 교직생활의 초입에서 해결하지 못하는 학교폭력 상황에 노출되면 그 트라우마가 남은 평생에 영향을 끼친다. 피해의식은 거북이 등껍질처럼 단단해지고 성장의 길은 멀어진다.

바. 교감, 교장의 심리

〈상상하기〉 우리 학교에서 폭력이 일어났다면 교감은 어떤 생각을 할까? 교사와 학생들을 어떻게 도와줄 수 있을까? 얼마나 고통스러울까? 하고 걱정하는 분들이 많을 것이다. 하지만 더러는 이 일이 교장과 교육청에게 자신의 무능을 드러내는 것은 아닐지 염려하여 해당 학급의 담임교사에게 문제를 전가하고 화를 내기도 한다. 더욱이 이 일이 자신의 승진(교장)에 끼칠 영향을 생각하며 문제를 축소하고 조용히 무마하자고 강요하기도 한다. 그러나 모든 책임은 내가 질 것이니 걱정하지 말라고 해당 교사를 안심시키고 화가 난 학부모를 직접 만나며 문제의 중심으로 최단거리로 뛰어들기도 한다.

교장의 경우도 비슷하다. 하필이면 내가 교장일 때 이 일이 일어난거야. 도대체 교감과 생활부장 등은 불똥이 교장에게까지 튀게 하는 거야. 해당 교사가 무릎을 꿇고 학부모에게 무조건 잘못했다고 빌면 될까? 내가 직접 빌어야 하나? 교육청에는 뭐라고 변명하지? 가능하면 자치위원회(학교폭력대책자치위원회)까지는 가지 않아야 할텐데……라고 생각하는 교장도 있을 것이다. 드물게 모든 책임은 교장인 내가 집니다. 선생님들도 최선을 다 하셨다면 염려하지 마세요. 제가 학부모들을 만나 보겠습니다. 가해 학생이 반성을 하지 않고 오히려 협박에 가까운 언행을 하는 것은 용납되어서는 안 됩니다. 당당하게 대처하십시오. 이런 교장선생님도 있었으면 좋겠다. 학교에서 이른바 일정한 권력을 행사하는 학교관리자[2](교감, 교장)가 건강하다면 피·가해학생과 그 부모, 담임교사와 학교 모두를 보호하고 성장하도록 이끈다. 책임은 자신에게

---

2 관리자라는 표현은 학교를 행정기관으로 보는 행정 우선적 명칭처럼 보여 거부감을 보이는 교사가 많다. 학교행정가라는 표현은 2018년 한국행정학회에서 제안되었다. 논의가 필요하다. 현재로는 보통명사화 되어 있어 대체표현을 찾기 전에는 사용할 수밖에 없지만 필자는 학교행정가라고 부르는 것이 학교관리자보다는 낫다고 생각한다. 혹자는 학교경영자라는 개념을 제안하지만 기업 냄새가 나서 망설여진다. 행정은 관리를 포함하는 개념이기에 학교행정가가 무난하다.

돌리고 문제의 시작점과 과정을 정확하게 꿰뚫어 모든 상황에 능동적으로 대처한다. 의문점은 찾아서 공부하고 필요한 경우 관계자와 전문가의 도움을 받아 유기적으로 문제를 해결한다. 문제는 불건강한 관리자의 경우 해당교사를 질책하고 원망하며 책임을 면하기 위해 모든 정보를 가동한다. 과도한 사과를 요구하거나 위협하거나 임기응변적 대처로 상황을 악화시키는데 일조한다. 두 사람 중 한 사람이라도 건강하면 최악의 상황을 만나지 않지만 교장의 역할이 더 중요하다. 가장 나쁜 상황은 교장이 과거의 경험에 사로잡혀 잘못된 소신으로 문제를 예단하고 학부모와 대결하는 경우이다. 가만히 있는 경우보다 훨씬 해롭다.

사. 언론과 사회의 심리

〈상상 하기〉 또 학교 폭력인가? 이걸 몇 번째 꼭지에서 터뜨려야 하나? 몇 단으로 뽑아서 몇 면에 배치하나? 교육 담당 부서 누구야? 참 사회문화 부선가? 국회 교육위원회도 교육문화체육위원회로 바뀌는 마당에 언론사에 교육담당부서가 줄어들고 교육전문가가 없는 것은 시대의 흐름이지.

시청률 좀 올리려면 어떻게 써야 하나? 좀 더 자극적인 제목을 뽑아야지! "찌르고 죽인다"는 어떤가? 근데 왜 학교 폭력은 잊을 만하면 찾아오는 손님처럼 주기적으로 일어날까? 언론에서 학교 폭력의 예방과 방지를 위한 선진국의 사례나 성공 사례를 시리즈로 쓰면 어떨까? 그건 교육방송에서나 할 일이지. 원인과 대책을 말하면 시청률이 나오겠어. 국회나 사회의 폭력성, 영화나 드라마의 폭력성과 관계가 있다고 지적하면 가만히 있겠어? 교문 배경으로 친구들에게 인터뷰 따고, 투신 장면 찍고, 옥상 장면은 그래픽처리하고, 바닥은 살리고, 목격자 증언 엮어서 쉽게 가지.

나는 언론에서 이렇게 생각하였으리라고 믿지 않는다. 학교 폭력의 원인과 배경, 대책에 관해 근본적인 해결책을 제시하고 싶었지만 전문가가 부족하고 어디 계시는지 잘 모르겠고, 데스크의 호응도 부족하고 더 중요한 취재가 많기에 우선순위가 미루어진 것뿐이라고 나는 짐작한다. 학교폭력의 껍데기만 보지 말고 내면을 들여다보라. 학교에 사람이 살고 있다.

공감수준 사전 만남

피·가해학생(학부모) 만나기

1. 피해 학생과 학부모 되기

가. 학교폭력(괴롭힘) 피해학생 되기

누가 학교폭력(괴롭힘)의 피해자 곧 희생양이 되는가? 학교폭력의 피해학생
이 가지는 특성에 대한 논의는 오히려 선입견을 가지게 위험요소가 크다. 최
근의 연구경향인 학교폭력에서의 중첩성과 관련하여 특정한 행동 양식이 학
교폭력(괴롭힘)을 불러온다고 오해할 여지가 있어 조심스럽다. 하지만 이 역
시 하나의 이론으로 고려할 점이라고 본다.

   학교폭력(괴롭힘)에 적절한 대처를 하지 못하고 피해를 당하여 피해학생
이 될 경우 시간이 지나면서 분노와 공격성, 폭력 행동이 학습된다. 이 경우 나
중에 자신보다 약한 학생을 대상으로 또 다른 장면에서 가해학생이 될 수 있
는 가능성이 높다. 특히 학교폭력의 피해학생은 자기주장이 약하고 상대방에
게 무엇을 요구하거나 스스로를 방어할 수 있는 능력이 부족하여 쉽게 공격의
대상이 될 수 있다(이춘재·곽금주, 2000). 문제는 이로 인한 인지적 측면에서
의 부정적인 변화 경험이다. 즉, 학교폭력을 경험한 학생들은 패배의식, 열등
감, 자기 비하의 수준이 높고 자신이 피해를 당할 만하다고 생각하는 경향이
있다. 학교폭력의 피해학생은 폭력을 당한 후에 정서적, 인지적, 행동적 및 과
업적 문제에 직면하게 된다(강진령·유형근, 1999). 특히 피해학생의 경우에는
폭력 자체로 인한 고통뿐만 아니라 낙인으로 인한 수치심을 견디기 힘들다고
호소한다. 청소년들 사이에서는 한 번 이라도 피해학생으로 낙인 되면 그 기

억을 없애는 것이 쉽지 않으며 낙인은 곧 학교폭력의 피해를 더욱 더 견고하게 지속·확대하는 특성을 가지고 있다.

학교폭력의 피해자가 되는 것은 누구도 예외가 될 수 없다. 중요한 것은 학교폭력(괴롭힘)이 최초로 다가 왔을 때 어떤 방식으로 대처하는가? 하는 것이 핵심이다. 결국 최종적인 선택은 스스로 내리는 것이다. 학교폭력(괴롭힘)의 희생자 경험이 있는 이들이 '삶의 주체성을 회복하여 새로운 자리매김'을 할 수 있도록 하여야 할 것이다(이진숙, 2011: 146). 학교폭력(괴롭힘)의 과정에서 피해학생은 위축되고 분노하며 주변 환경을 불신하는 커다란 심리적 고통을 겪는다. 이들의 회복을 돕고 지지하기 위한 적절한 도움이 제공되지 않으면 상처는 내면화되고 남은 삶에 부정적 영향을 끼치기 마련이다. 이들의 회복을 돕기 위한 의무가 우리 사회 특히 학교에 있다는 점은 분명하다. 다행스러운 점은 적절한 치유와 회복을 통해 상처는 치료되고 오히려 성장을 할 수 있는 기회로 전환 할 수도 있다는 사실이다. EFRG 모델은 학교폭력(괴롭힘)의 경험을 성장으로 전환시키는 것이 목표이다.

나. 학교폭력(괴롭힘) 피해학생의 학부모 되기

살아가면서 경험하고 싶지 않은 가장 대표적인 사례는 내 자녀가 학교폭력(괴롭힘)의 피해자가 되는 것이다. 하지만 이 경우 누구도 예외는 없다. 다만 확률을 줄여주는 몇 가지 노력이 있을 뿐이다. 학교폭력의 대처 방법 역시 가장 좋은 접근은 부모와 함께 하는 예방 교육이다. 학교폭력이 다가 왔을 때 자신의 의사를 분명하게 표현하고 주변의 어른(교사나 부모)에게 도움을 청하는 것이다. 초기에 적절한 도움을 받을 수 있다면 학교폭력(괴롭힘)은 심각한 상황에 까지 다다르지는 않는다.

그럼에도 불구하고 내 자녀가 학교폭력의 피해자가 되었을 때 부모는 매우 당황스럽다. 분노가 일어나고 문제의 원인을 찾는 과정에서 가족들은 서로를 책망하고 원인을 당사자 혹은 배우자에게 귀인한다. 상대방 배우자의 잘못된 자녀 교육 방식이 오늘날 학교폭력(괴롭힘)의 원인을 제공하였다는 공격을 하게 되면 상황을 거의 최악으로 치닫는다. 그나마 두 부모가 상대방을 원망하기 보다는 자신의 부족함에 초점을 맞추고 개선할 점을 찾아가면 다소 희망이 있다.

자녀와 대화를 통해 문제의 시작과 전개 과정에 대해 비판하거나 판단하지 않고 우선 들어준다. 그 과정에서 무엇이 잘못된 원인을 제공하였는지 함께 협의한다. 원인을 찾았다면 그 것을 개선하기 위해 학교를 방문하고 담임교사와 학교폭력 담당 교사 및 교감, 교장을 만난다. 이 모든 과정에서 적절한 예의와 자기 통제가 중요하다. 간혹 자신의 자녀를 앞에 두고 담임교사에 대한 입에 담지 못한 비난과 저주를 퍼 붓는 부모님을 만나게 된다. 이 경우는 자녀에게 치명적 독을 마시게 하는 것이다. 자신의 부모로부터 비난과 저주의 대상이 된 담임교사 혹은 학교(교감, 교장)로부터 학생들은 무엇을 배울 수 있을까? 존경하는 마음은커녕 "내가 우리 부모님께 말씀 드려서 선생님 자를 수 있어요"라고 따지는 학생에게 교사는 무엇을 가르칠 수 있을까?

"학교폭력(괴롭힘)의 피해자 학부모 되기"는 세상에서 가장 힘든 극한 직업이자 역할이다. 이성이 작동하지 않고 일상이 무너진 속에서 통제할 수 없는 변수들이 매 순간 터져 나온다. 폭포로 질주하는 카누의 노를 젓는 일처럼 급박하고 긴장되는 상황들이 파노라마처럼 펼쳐진다. 정신을 바짝 차리지 않으면 학교폭력(괴롭힘)으로 인한 피해보다 더 크고 심각한 2차 피해 즉 가족 간의 신뢰 상실, 학교에 대한 불신, 자녀 교육에 대한 의욕과 방향 감각 실종 등을 불러 오게 된다.

다. 학교폭력(괴롭힘) 해결과정에 참여하기

학교폭력(괴롭힘) 해결과정에 참석하는 일의 시작은 자녀의 피해사실에 대한 인지로부터이다. 자녀의 얼굴과 신체에 폭력으로 인한 상처가 있거나 이상행동을 통해 눈치를 차리게 된다. 물론 둔감하고 평소 자녀와 대화가 거의 없는 상태라면 학교폭력(괴롭힘) 눈치 채기 혹은 알아차리기는 어렵다. 평균적인 부모라면 자녀의 이상행동을 통해 학교생활의 변화를 감지하고 추궁하거나 대화를 유도하여 학교폭력과 관련된 단서의 일부를 만날 수 있을 것이다. 이 단서가 부모에 의해서가 아니라 학교 측으로부터의 통보였다면 이미 이 가정은 평소 자녀와의 소통에 문제가 있다는 것을 반증한다.

피해학생이 왜 자신이 입은 피해에 대해 가장 가까운 부모와 상의하지 않을까? 답은 간단하다. "어차피 해결될 수도 없을 뿐만 아니라, 오히려 걱정만 끼쳐 드리게 될 것 같아서"라고 생각하기 때문이다. 이는 담임교사를 비롯한 학교 측에 대한 도움 요청 시에도 그러하다. "오히려 더 큰 피해를 입거나 나만 고자질 하는 찌질이가 될 것"이라는 낙인이 두렵기 때문에 피해학생들은 신고보다는 참고 감내하는 것을 선택한다. 요즘은 무조건 112에 전화신고를 하고 보는 유형의 학생들도 있다. 경찰에 연결이 되면 사건이 접수되고 사실관계에 대해 피해와 가해 학생 모두 조사를 받아야 하며 학교의 행정력이 동원된다는 사실을 예상하지는 못한다. "일이 이렇게 커질지는 몰랐어요"라고 말할 뿐 자신이 경험한 일이 경찰에 신고할 일인지 조차 구분하여 판단할 수 없는 경우도 많다.

일단 학교폭력(괴롭힘)의 피해자가 되면 학교폭력 전담기구에 의해 사안 조사가 이루어진다. 이 과정에서 부모님들의 참여가 이루어진다. 학교폭력 담당교사는 사안에 대해 보호자에게 설명하고 "학교폭력대책자치위원회"의 개최에 대한 안내를 하게 된다. 이 때 절차상의 하자 발생하면 모든 처리 과정이 무효화 된다는 것을 명심하여야 한다. 즉, 대책위원회 구성 관련하여 학부모 위원이 과반 수가 넘어야 한다는 것이다. 최근 학부모의 비율을 1/3이상으로 낮추는 입법이 추진되고 있다. 피·가해 학생과 부모에게 사안에 대해 설명하고 대책위원회 참석에 대해 안내하여야 한다.

이 과정 중에 양당사자들의 부모는 자녀들이 관련된 학교폭력(괴롭힘)의 실체를 만나고 설명 듣는다. 이로부터 대책위원회 참가와 프로그램 종료까지 학교 측 관계자뿐만 아니라 외부전문위원과도 만난다. 대책위원회의 처분이 내가 예상하는 것과 같거나 비슷하다면 좋겠지만 그렇지 않을 경우 재심청구와 행정소송 등 다양한 갈등 해결 방식이 동원된다.

라. 학교폭력(괴롭힘) 피·가해 중첩성 이해

학교폭력(괴롭힘)에서의 중첩성은 '피해경험과 가해경험을 중복하여 경험하고, 피해와 가해가 상호적인 영향을 미치며, 피해와 가해가 동일한 요인으로 설명되는 현상'으로 정의된다(이유나, 2015: 107). 학교 폭력의 과정에서 피해와 가해가 중첩되는 현상은 교사와 부모가 피해 사실을 인지하는 것과 가해사실을 구분하는 것을 더욱 어렵게 만들었다. 지금까지의 '전형적인 피해자'와 '전형적인 가해자' 모델이 의미가 없어진 것이다. 피해와 가해의 중첩성은 가해자와 피해자가 서로 구분되는 이질 집단이 아니라 동일 집단일 때 일어나기 쉽다. 학교폭력을 경험한 피해자가 이후에 가해행위를 하는 것에 대해서는 생활양식이론, 자기통제이론, 일반긴장이론, 중화이론 등을 말하지만 핵심은 같은 공간에 같은 일상생활을 하는데 따른 상호적인 영향과 발달궤적에 교차적으로 영향을 미친다는 점이다(이유나, 2015).

최근 학교폭력(괴롭힘)의 양상은 쌍방 폭력(괴롭힘) 책임과 함께 피·가해학생의 괴롭힘이 악순환 되고 이번 사안에서 가해를 하였던 학생이 과거 같은 학생으로부터 피해를 받았거나 다른 사안에서 피해학생인 경우가 많다. 피해가 학습되어 가해로 전환하는 것이다. 물론 가해학생이 위상이 바뀌어 피해학생이 되는 것도 자주 목격된다. 문제는 첫 번째 폭력(괴롭힘)에서 적절한 배움(교육)을 얻지 못한 것이 다음 번 학교폭력(괴롭힘) 사안의 당사자가 되어 상습적이 될 수 있다는 점이다. 특히 현재의 피해(가해) 경험은 나중의 가해(피해) 경험의 가능성을 높여 주는 요인이 될 수 있기에 피해와 가해에 대한 개입이 같이 이루어져야 한다(이유나, 2015: 108)는 의미 있는 지적이다.

2. 가해(관련)학생과 학부모 되기

가. 학교폭력(괴롭힘) 가해학생 되기

누가 학교폭력(괴롭힘) 활동의 가해학생이 되는가? 거창한 이론적 배경이 있어 설명이 가능한가? 일반적으로 학교폭력(괴롭힘) 가해 청소년들의 심리사회적 특성은 매우 충동적이고 타인에 대한 지배욕이 강하며 피해자에 대한 공감 능력이 낮고 가해자라는 죄책감을 전혀 느끼지 않으며 자신의 행동을 정당하게 받아들인다. 학교폭력에서 나타나는 충동성은 반사회적 행동에 영향을 주는 주요한 요소이며 자신과 타인에 대한 파괴적인 결과를 초래한다. 또한 공격성이 높은 청소년들은 자신을 표현하는 수단으로 공격적 행동을 자연스럽게 선택할 가능성이 높고 폭력을 통해 주위의 관심을 끌고 주위를 통제할 수 있다고 인식한다. 이들은 폭력을 행사함으로써 쾌감을 느끼고 전혀 죄책감을 느끼지 않아 폭력 행동이 습관화 하게 된다(법무부·교육부, 2008). 또한 학교폭력 가해학생들은 대체로 낮은 자기 효능감을 가지고 있으며 긍정적인 사회관계를 형성하지 못하고 스트레스에 적절하게 대처할 수 없다.

나. 학교폭력(괴롭힘) 가해학생의 학부모 되기

"학교폭력(괴롭힘) 가해자 학부모 되기"는 피해자 학부모 되기 못지않게 고통스럽고 힘든 작업이다. 그러나 내 자녀가 학교폭력(괴롭힘)의 가해자가 되었다는 것은 무엇을 의미하는가? 교실에서 친구들과 단순한 다툼을 벌였다는 것과 학교폭력의 가해자가 되어서 부모가 학교를 방문하여야 한다는 것은 전혀 다른 경험의 세계이다.

자녀는 부모의 거울이다. 대부분의 학교폭력 가해학생들은 폭력적인 환경에 노출되어 있는 경우가 많다. 즉, 부모의 잦은 다툼, 욕설과 폭력을 동반한 훈육 등은 폭력에 대한 둔감성을 키운다. 부모가 밤늦은 시간까지 격투기 프로그램을 시청하거나 폭력적인 게임에 심취할 경우 아동의 폭력성은 일상화된다.

학교폭력(괴롭힘)의 가해자 부모가 되어 학교로부터 방문을 요청받는 것은 고통스러운 일이다. 이 때 부모는 자신의 자녀에게 일의 전후를 설명 받고 판단을 하게 된다. 이 과정이 정상적인 대화의 과정이라면 자녀는 비교적 정직하게 부모에게 자신이 한 일의 잘잘못을 보고하고 해결점을 찾아갈 것이다. 그러나 부모가 권위적이고 억압적이며 폭력적이라면 자녀는 자신의 경험을 왜곡하여 전달한다. 즉, 자신이 잘못하거나 원인을 제공한 부분은 생략하거나 변형 시키는 방법으로 상황을 전달하고 부모는 잘못된 정보에 근거하여 학교를 방문하게 된다. 많은 경우 부모들이 "내 자녀는 내가 가장 잘 안다. 아이들이 거짓말 하겠느냐?""우리 아이는 그럴 아이가 아니다"라고 강변하지만 "처음부터 그런 아이는 없다" 그런 잘못된 행동을 하였을 뿐이다.

가해학생의 학부모 중에는 자녀의 편에서 과도하게 편중된 정보에 근거하여 학교 측을 비판하고 공격하는 경우가 있다. 많은 경우 자신의 나이를 잊어버리고 학교 측을 범죄의 피의자 다루듯 하려고 시도하는 부모도 엿보인다. 문제를 악화시키고 상황을 치료 불가능하게 하는 지름길에 들어선 것이다.

드물게 가해학생의 부모가 건강한 경우 자신의 자녀와 대화를 통해 문제의 본질을 파악한다. 그리고 잘못에 대해 사과와 용서를 빌 지점을 정확하게 찾아서 뉘우치고 용서를 구한다. 상대방에게 입힌 피해를 인정하고 복구하기 위해 노력하며 학교 측에 의해 주어지는 심의절차를 따른다. 이 경우에 가족관계는 건강하게 재구조화되고 가정은 성장의 문으로 들어선다. 그 동안 자녀에게 소홀하였거나 성취 지향적인 경쟁의식이 폭력적인 자녀의 모습으로 되돌아오게 되었다는 반성을 하고 인성교육을 우선하는 행복한 가정을 만들겠다는 결심으로 훈훈하게 마무리된다.

다. 학교폭력(괴롭힘) 해결과정에 참여하기

학교폭력(괴롭힘) 가해학생 부모가 되어 학교를 방문하는 것은 도살장으로 끌려오는 소만큼이나 불편한 경험이 된다. 그러나 모든 부모가 자녀교육에 성공적일 수는 없으며 나도 예외가 아닐 수 있다는 점을 인정해야 한다. 내 자녀가 친구들과의 갈등으로 인해 상대방에게 고통을 주었다면 부모로써 마땅히 사과하고 용서를 빌며 자녀 교육에 관해 다시 협의하는 것이 필요한 절차임을 받아 드리면 희망이 있다.

건강하지 않는 부모는 자신의 자녀에 대해 과신하고 맹신한다. 자신의 자녀교육 철학과 과정에 대해서 근거가 부족한 확신을 가지고 있다. 심지어 내 자녀가 다른 친구를 괴롭혔다면 "맞고 오는 것보다는 때리는 편이 낫다" 혹은 "무언가 맞을 짓을 했겠지"라며 자녀의 역성을 든다. 이 경우 가해학생은 부모의 화를 교묘하게 부추기며 자신의 잘못을 감추고 왜곡하여 거짓 정보를 제공한다. 거짓 정보에 근거하여 학교를 방문한 부모는 상대학생을 다그치거나 불리한 증거가 나오면 오히려 학교와 교사를 공격한다. 물론 상황에 맞는 적절한 예의는 생략된다.

일부 부모는 상대방 학생을 직접 만나서 진실을 듣겠다거나 부모와 연락하여 사적 해결을 시도한다. 이 과정에서 상대방의 감정을 자극하여 사태를 악화시킨다. 가장 위험한 것은 자기 자녀가 잘못을 한 것이 발견될 경우에도 생활기록부에 기록되지 않기 위해서 혹은 학교폭력(괴롭힘)의 가해자로 낙인되지 않기 위해 거짓말을 종용하는 경우이다. "때리지 않았거나 욕설을 한 적이 없다"고 버티라고 가르친다. 주변 친구들을 회유하거나 거짓 증언을 종용하기도 한다. 필요하면 변호사를 동원한다. 그 것이 자녀를 위한 사랑이라고 여긴다. 능력이라고 확신한다. 학교 측과는 대화할 의사가 없으니 법대로 하자고 한다.

만약 부모가 건강하다면 이번 경험을 통해 자녀를 올바르게 이끌고 대화하는 가정으로 거듭나게 될 것이다. 부모가 자녀를 얼마나 사랑하는지 알게 하며 가족 모두가 이 일을 해결하기 위해 역할을 분담한다. 비록 한 번은 실수로 학교폭력(괴롭힘)의 가해자 자리에 섰지만 두 번 다시 같은 실패는 되풀이하지 않기를 결심한다. 뿐만 아니라 유사한 상황에서 어려움에 처한 친구(피해학생)를 돕는 방어자의 역할을 기꺼이 감당함으로써 자신이 잘못한 지난 경험에 대해 보속한다. 이것을 가능하게 하는 것이 건강한 가해학생의 부모의 역할이다.

3. 사전만남 : 피·가해 학생과 학부모 만나기

가. 피해학생(학부모) 만나기

EFRG 프로그램 과정에서 학부모와 만나는 일은 첫 단추를 꿰는 일이다. 첫 단추를 잘 꿰지 못하면 프로그램의 성공은 장담할 수 없다. 프로그램 지도자와 학교가 유의해야 할 첫 번째 전제조건은 학부모님들은 이성적인 존재가 되기에는 너무 힘이 든 상황이라는 점이다. 이 때 대부분의 피해학생 부모는 억울함과 분노로 가득 차 있다. 자녀로부터 사안의 내용을 전해 듣기는 하였지만 실체적 진실이 구체적인 모습으로 정리 되어 있지 못하다. 학교로부터 방문을 호출(협의) 받으면 불편할 수밖에 없다. 학교가 내 자녀의 입장에서 사안을 바라보고 처리하고 있는지 온갖 신경이 곤두서 있다. 학교폭력(괴롭힘)의 피해 부모가 그 마음이 불편하고 분노로 가득 차 있을 수 있다는 것은 감정에 대한 그들의 권리이다.

일단 부모님들의 마음을 공감하여 주는 것이 중요하다. 사실 관계의 옳고 그름을 따질 것이 아니라 지금 현재 부모님들이 겪고 있는 감정의 불편함을 인정하여 드리는 것이다. 상담적 기법을 활용하여 학부모님들이 겪고 있는 현재의 혼란과 고통에 대해 공감하고 이 일을 어떤 방식으로 해결하게 될 것인지 과정에 대해 협의한다. 그 과정에 부모님들의 적극적인 참여가 필요함을 알리고 도움을 요청한다. 학교에서 할 수 있는 일의 목록을 보이며 기대하는 결과 값을 제시한다. 무엇보다 이번 경험을 통해 자녀가 성장할 수 있도록 학교와 부모님이 함께 도와주어야 한다는 것을 약속한다. 이른바 자녀를 위한 동맹관계를 형성하는 일이다. 첫 번째 만남에서 지도자는 학부모와 학생의 억울함과 속상한 마음을 충분히 공감하여 주고 에니어그램 검사를 통해 자신을 이해하고 변형하여 성장시킬 수 있도록 초대한다. 특히 EFRG 모델과 프로그램(별첨1,2)을 제공하고 적극적 참석에 대한 동의를 확보하여야 한다. 이 과정에 참석한 학부모들은 학교가 전문가들과 함께 자신의 자녀에게 도움이 되는 교육 프로그램을 제공하여 문제를 해결하고 성장으로 이끌어 줄 수 있다는 점에 안심을 하게 될 것이다.

나. 가해학생(학부모) 만나기

학교폭력(괴롭힘) 문제의 가해자 부모가 되어 학교를 방문하고 교육을 받게 되는 일은 고통스럽고 수치스럽까지 한 일이다. 내 아이에게도 문제가 있을 수 있다고 짐작되기는 하지만 내 자식도 지금까지 다양한 학교폭력의 피해를 겪어 왔지만 다 이해하고 넘어 왔는데 이제 가해자의 부모가 되어 학교를 방문하게 되다니 어처구니가 없는 일이다. 분화가 머리끝까지 치밀어 오른다. 학교는 도대체 누구 편인가? 자녀의 이야기를 듣다보면 내 아이가 일방적인 가해자가 아니라 쌍방이 가·피해를 한 사안으로 보이는데 가해자라고 일방적으로 규정하는 것 자체가 받아드리기 어렵다.

직장 생활도 만만하지 않는데 퇴근 후도 아니고 그 것도 일과 시간 중에 학교를 방문하라고 한다. 직장에는 무슨 핑계를 대고 학교를 방문한단 말인가? 도대체 우리 부부가 자녀교육을 잘못한 것이 무엇인가? 서로에 대한 원망과 질책이 거듭되면 부모는 학교를 방문하기 전에 이미 감정이 격앙되어 있다. 일이 이렇게 되도록 학교와 교사는 도대체 무엇을 하였는지 화가 나기도 한다. 학교에 보냈으면 학교에서 해결해야지 왜 생계에 바쁜 부모들까지 오라가라 하느냐? 는 말이다. 그 동안 내 자녀의 학교생활에 대해 별 말 없다고 사정이 이리 심각한 후에야 통보를 하는 것은 또 무슨 심사냐? 진작부터 초기부터 내 자녀가 문제가 있다면 알려 주었어야지 집에서도 지도를 하였을 텐데 이런 것도 학교의 직무유기 아닌가? 하는 말이 목구멍까지 치밀어 나오려고 한다.

이러한 마음 상태에 있는 부모님들을 만나 EFRG 프로그램에 대해 설명하고 동의를 구한다. 다양한 성격의 아이들이 모여서 집단으로 생활하는 학교에서는 여러 모양의 갈등이 일어나고 이 갈등을 해결하는 과정을 교육이라고 부른다. 귀 자녀를 포함한 청소년들은 미숙한 존재로서 갈등을 해결하는 방법이 서툴러 다툼에 이르게 되었고 학교는 전문가들과 함께 이 일의 해결과정에 부모님을 초대하였다고 양해를 구한다. EFRG 프로그램이 어떻게 구성되었으며 자녀에게 어떤 교육적 서비스가 제공되는지 알려 준다. 이를 통해 얻을 수 있는 기대효과를 설명하고 부모님들의 에니어그램 성격유형검사를 통해 그 동안 자녀교육에 있어 장점과 보완할 점을 컨설팅 해 주게 된다. 이 과정을 거치면 학부모는 전문가와 학교에 대한 신뢰를 확인하여 전적으로 성장 과정에 동참하게 된다.

다. 사전 만남이 성공의 열쇠

사전만남은 본 EFRG 프로그램의 시작 전에 실시되는 프로그램이다. 따라서 본 프로그램이 학급 전체를 대상으로 오후 3시간을 확보할 경우 첫 날 오전 각각 2시간씩 피해와 가해학생 학부모를 만난다. 학부모님들의 시간이 충분하

지 못할 때 지도자와 공동지도자는 피·가해 학생(부모님)들을 분리하여 만날
수 있다.

특히 학보모의 감정이 격앙되어 에니어그램 심리검사를 실시할 수 없는 상
황이라면 감정을 충분히 들어주고 공감하는 것만으로도 사전 만남을 대체할
수 있다. 이 경우 피·가해 학생들은 첫째 날 오후 학급 에니어그램 시간에 검사
를 실시하고 참여할 수 있다. 이 때 두 사람은 가장 먼 거리에 앉아 서로에게 영
향을 주지 않는 방향으로 프로그램을 진행하여야 한다.

4. 학교폭력 담당교사와 교감·교장의 역할

가. 학교폭력 담당교사

학교에서 가장 어려운 업무가 바로 학교폭력 담당교사이다. 이 어려운 업무를
담당하는 교사는 무엇보다 경험이 풍부하고 정신력이 강하며 수업 부담이 비
교적 적어야 한다. 그러나 현실은 정반대의 경우가 많다. 3D 업무로 취급되어
모두가 피하고 재수 없는 사람 혹은 마음이 제일 여린 교사 그 것도 아니면 당
해 연도에 전입하는 교사가 담당한다. 이러한 상황은 교육청에서도 일어난다.
신규(인턴) 장학사가 학교폭력을 담당하다가 후임자가 오면 바로 업무를 인
수인계한다. 전문성이 축적될 수 없다. 교육부 학교폭력 담당자가 얼마나 자
주 바뀌는지 살펴보아도 사정은 짐작된다. 모두가 알고 있지만 말하지 않는
시한폭탄이 학교폭력 업무 담당자이다. 이 분들은 민원에 시달리고 언제든 행
정적 처분 혹은 징계를 받을 수 있는 지뢰밭에서 생활한다고 해도 과언이 아
니다.

학교폭력 담당교사는 학교폭력 예방 교육을 실시할 뿐만 아니라 학교폭력
심의기구를 구성하고 학교폭력대책위원회에 사안을 보고하는 역할을 한다.
이를 위해서 무엇보다 관련법과 매뉴얼을 충분히 숙지해야 한다. 자신의 처리
과정과 결정이 학교폭력 관련학생들의 신상에 큰 영향을 끼칠 수 있기 때문이
다. 이들에게 필요한 덕목은 무엇인가? 예전 학교 교문을 지도하던 학생주임
의 모습으로는 안 된다. 친절하고 거기에 스마트하기 까지 해야 한다. 즉, 관련

법과 절차에 대해 잘 알고 있어야 한다. 사안을 조사하는 과정에서 학생들에게 친절하게 대해야 하는 것은 덤이다. 피·가해여부에 상관없이 담당교사가 정서적으로 학대를 하였다(소리를 질러서 무서운 느낌이 들었다)는 오해를 받아서는 안 된다. 더욱이 학생들을 혼자 남겨두고 교무실 혹은 교실을 다녀올 때는 방치하였다는 지적을 받을 수 있음을 알아야 한다. 사안을 조사하고 처리하는데 피해학생과 가해학생의 의견(진술)이 다르고 더욱이 학원을 가야 한다는 등 조사 과정에 협조적이지 않을 경우 주어진 시간에 사안을 처리하는 것이 무척 어렵다. 문제는 이들이 5,6학년 고학년 담임일 경우 자신의 학급은 자습을 시키고 사안을 조사해야 한다는 점이다. 그 반 학생들과 학부모는 가만히 이를 두고 보겠느냐?는 문제가 생긴다.

절차상의 문제가 없이 화가 머리끝까지 난 피해와 가해자 학부모들을 설득하여 학교폭력대책위원회를 소집하고 이 모든 과정을 교육청에 보고하며 기록을 유지해야 한다. 이러한 학교폭력 사안이 어쩌다 발생하는 것이 아니라 자주 일상적으로 발생하면 담당교사는 공항에 빠진다. 휴직을 고려하게 되고 학교를 옮길 날만 손꼽아 기다린다. 다음 학교에서도 죽어도 학교폭력 업무만은 맡지 않겠노라고 결심한다. 그럼에도 불구하고 학교폭력 담당교사를 경험과 행정력을 갖춘 교사로 하여금 담당하게 하는 것은 학교의 역량이자 의무이다.

안타까운 점은 교사 양성과정(교대나 사범대학)에서 학교폭력(괴롭힘)에 대해 집중적이고 구체적으로 배우는 시간이 절대적으로 부족하다는 점이다. 커리큘럼 전체에서 생활지도와 상담 관련 이수학점이 5% 정도에 불과하다. 임용고사 과정에서 면접시험 문제 형태로 좀 더 집중적으로 다루지 않는다면 여전히 관심의 대상이 되지 않는다. 노량진에서 공부하면서 학교폭력에 대한 대책을 구체적으로 만날 수 있으랴? 학교폭력을 3학점 이수하였다고 하더라도 교수자가 얼마나 절박하게 학생과 학부모, 교사들의 마음을 헤아리며 공부를 할 수 있으랴? 학교폭력(괴롭힘) 문제를 잘못 대처하면 교사로서의 자존감과 정체성은 물론 어렵게 합격한 신분마저 위태로워질 수 있으니 무겁고도 중요한 일, 학교폭력에 대처하기이다.

나. 학교폭력(괴롭힘) 과정에서의 교감의 역할

학교폭력(괴롭힘) 대처 과정에서 교감의 역할은 매우 중요하다. 일과 시간 중 대부분의 학부모 민원을 처리하는 직접적 창구가 될 수 있다. 학교폭력 담당 교사가 수업에 들어가 있거나 행정업무 처리에 바쁠 경우 1차적인 응급처치의 주체가 교감이 될 가능성이 많기 때문이다. 따라서 교감은 학교폭력 문제에 대해 누구보다 정확하게 잘 알아야 한다. 관련 규정을 숙지하고 학부모에 대해 초기 응대와 응급 처치를 함께 하는 주관자가 된다.

학교폭력 담당교사가 초임교사이거나 경험이 충분하지 못할 때 교감의 역할은 더욱 중요해 진다. 이 과정에서 해당 학생들에게 응급처치를 제공하며 기본적 안전을 확보하여 학부모에게 연락을 하는 것도 학교폭력 담당교사보다는 교감이 하는 것이 좋다. 학교폭력 담당교사의 연령이 학부모보다 어리면 학부모들이 함부로 응대할 위험이 있다. 무엇보다 담당교사는 피·가해학생의 어느 쪽도 편을 들어서는 안 되기에 초기 심의 과정에서 학부모와 논쟁을 하게 되면 편파적이라는 오해를 살 수 있다.

박순걸(2018) 교감은 "좋은 시절에 관리자 못해보고 좋은 시절에 교사 못해 보는 불쌍한 교감들"이라는 자조에 대해 정중하게 권유하였다. '지금이 교사하기 좋은 시절이라며 관리자를 당장 그만두고 교사로 다시 돌아가시어 열심히 수업을 하시면 됩니다'라고. 오히려 단위 학교의 관리자는 교육감이 하지 못하는 학교 혁신을 실제로 지원할 수 있는 최적의 자리에 있다. 교감은 교사였던 시간이, 내 몸의 기억이 더 멀어지기 전에 교사의 입장에서 교사들을 지원하고 실행해야 한다고 주장한다. 그가 교감으로 있는 학교에서는 거의 모든 학교의 행사를 교감이 진행한다. 무엇보다 관리자는 학생안전사고의 책임에서 벗어나겠다는 욕심을 버려야한다(155)고 강조한다. 교장 선생님이 잘못된 길을 가고 있다면 무조건 명에 따르는 것이 아니라 아낌없이 조언하여야 한다. 이 것이 법조항의 취지이다. 그가 하는 교감의 역할은 다음과 같다. 공적 조서 쓰기, 회의록 작성, 계획서와 보고서 쓰기, 단순보고 공문처리, 아침 맞이, 교통지도, 놀이시간 아이들 관찰, 수업, 학교 행사 시 교사와 같은 비중의 역할 분담 등이다. 무엇보다 교육청에 문의 전화는 교감이 직접 하여야 한다.

자율적이고 소신이 있는 교감이 많아지기 위해서는 현재 교장 승진에 필요한 평가 방식에서 50대 50인 교장과 교육청의 평가 비율을 교장 30%, 교육청 30%, 교사 40% 정도로 바꾸어야 한다는 그의 주장은 타당하다(256). 교감의 역할은 너무나 중요하다. 초·중등교육법 제20조 2항[1]을 충실하게 하는 것만으로도 학교를 바꿀 수 있다. 교감의 정체성을 세워야 한다. 교감이 관리자들을 대변하기보다 교사들의 삶을 대변해주고 수고로움을 나눌 수 있다면 얼마나 좋겠는가?(24). 교감선생님들의 헌신과 분발이 우리 교육을 바꿀 수 있다. 그가 제안하는 문제교감 식별법(170)은 교감의 역할이 무엇이어야 하는지 극명하게 보여준다. 급한 공문이 와도 수업시간에는 교실로 전화하지 않는 교감, 각종 교육청 대회나 학생 실적에 관심이 없는 교감, 기안도 하고 에듀파인 품위도 올리는 교감 이런 교감선생님들을 현장에서는 목마르게 기다리고 있다. 여기에 한 가지만 덧붙이고 싶다. 학교폭력 예방에 힘쓰며 문제 해결과정에 적극적으로 참여하여 상황을 공감하고 공유하는 교감 선생님 이런 교감선생님들을 더 많이 만나보고 싶다.

다. 교장 – 문제 해결의 키를 가진 또 다른 열쇠

교육청에서 학교폭력 사안을 처리하다 보면 이 사안은 폭발성이 커서 큰 이슈가 될 수도 있겠다는 감이 온다. 교장선생님께서 적극적으로 학부모들을 설득하고 해당 학생들을 교장실로 불러 상담하며 "내가 책임을 질 것이니 믿고 다시 한 번 기회를 달라"고 요구하는 학교는 최악의 상황을 맞이하지 않는다.

초기 대응에서부터 모든 책임은 담임교사 혹은 학교폭력 담당교사에게 미루는 교장은 학교폭력 사안처리 과정에서 학부모로부터 심한 불신을 받는다. 교장선생님과는 대화가 통하지 않는다고 평가 되면 작은 사안도 커질 수밖에 없다. 학교폭력 사안은 결국은 해당학교에서 교장의 관리와 지도로 해결될 수밖에 없다. 교장이 학교폭력대책위원회의 장이 되지는 않지만 모든 보고의 통

---

1 ② 교감은 교장을 보좌하여 교무를 관리하고 학생을 교육하며, 교장이 부득이한 사유로 직무를 수행할 수 없을 때에는 교장의 직무를 대행한다. 다만, 교감이 없는 학교에서는 교장이 미리 지명한 교사(수석교사를 포함한다)가 교장의 직무를 대행한다.

로는 교장이다. 그러므로 교장이 사안의 심각성을 인식하고 초기에 정확하게 대처해야 한다. 그러기 위해서는 교장도 학교폭력 대책 매뉴얼에 대해 정확하게 알아야 한다. 요즘은 학교폭력문제로 학교를 방문하는 학부모들도 국가법령정보센터(http://www.law.go.kr/main.html)를 방문하여 기본적인 법적 이해를 확보한 다음 학교를 방문한다. 학부모보다 학교폭력 대처 매뉴얼에 대해 잘 모르시는 교장선생님은 사안 처리 과정을 합리적이고 효과적으로 개입하기가 어렵다.

학교폭력 사안을 잘못 처리하면 명예로운 퇴직이 어려울 수도 있다. 학교폭력의 처리 과정에서 너무나 많은 상처를 받은 교장들이 명예퇴직 신청을 고민하는 것을 목격하고 있다. 학교장의 가장 큰 역할은 무엇보다 학교폭력 담당교사를 학교에서 가장 유능하고 친절한 그리고 멘탈이 강한 교사로 세우는 일이다. 그런 교사가 없다면 전체 구성원 중에서 가장 그 기준에 가까운 교사를 설득하는 것이 교장의 역량이다. 그래도 아무도 맡지 않겠다면 교장, 교감이 책임을 분담하여 줄 것이라고 설득해야 한다. 골키퍼가 약하면 공격과 수비가 아무리 좋아도 경기에서 승리하기 어렵다.

예전에는 '송장 다음으로 편한 것이 교장'이라고 하는 우스갯소리가 있었지만 지금은 교육청에서 야근을 하더라도 일선학교에 교장으로 가는 것이 부담스럽다는 말이 있다. 교장이 동네북이 되는 시절이다. 그럼에도 불구하고 교장의 역할은 중요하다. 책임지는 교장, 책임을 아래로 미루지 않는 교장, 학부모를 직접 만나 설득하고 필요하면 집 앞에 가서 기다릴 수도 있는 교장, 문제 발생 초기에 교장의 적극적이고 겸손한 개입은 훗날 열 땀의 바느질을 절약할 수 있다.

12과
피해(괴롭힘) 목록작성하기·피해감정표현하기

1. 피해(괴롭힘) 목록 작성하기

피해(괴롭힘) 목록 작성하기는 상처를 다시 생각나게 하는 측면이 있다. 다시 떠 올리고 싶지 않은 기억을 강요하여 군이 고통을 되새김질해야 하느냐는 항의를 받는다. 그러나 용서와 회복을 위한 전제조건은 자신에게 일어난 일을 정확하게 인식하는 것이다. 같은 실수와 잘못을 되풀이하지 않기 위해서 내게 무슨 일이 일어났는지 정확하게 인식하고 그 당시의 감정을 불러 와서 정면으로 만나야 한다. 그리고 한 발 물러서서 그 감정을 어루만지며 감정과 화해하고 수용한다. 이를 위해 감정을 표현하는 것이 그 과정이 된다.

가. 피해 인식하기

학교폭력(괴롭힘)의 과정에서 피해자는 무슨 일이 일어났는지 총체적인 혼란에 빠져 있다. 생각하고 싶지도 않은 고통스러운 기억이 되어 미움과 증오, 두려움과 수치심, 슬픔과 분노가 엉켜 마음을 혼란스럽고 고통스럽게 한다. 감정이 사실의 인식을 방해하고 지배한다.

무엇보다 먼저 자신이 당한 일에 대해 한 발 물러서서 객관화하고 그 것이 주는 부정적 감정의 늪에서 빠져 나올 필요가 있다. '학교 폭력(괴롭힘)의 피해자 되기'는 교통사고의 피해자 되기와 유사한 측면이 있다. 내가 조심해서 방어 운전을 하면 사고의 위험은 줄어 들 수 있지만 불가피하게 만나게 되는 사고가 대부분이다. 교통사고를 원하는 사람은 아무도 없다. 그러나 위험한

도로나 열악한 자연환경에서 교통사고의 가능성은 모든 운전자에게 열려 있다.

이 과정에서 피해자는 자책하고 자신의 실수와 실패에 대해 계속적으로 후회하며 자신을 폄하하고 원망한다. 자신을 바보스럽게 여기며 비난하는 것은 상황을 점점 악화시킨다. 그렇다고 "나는 아무 잘못도 없는데 일방적으로 억울한 일을 당했다" "상대방이 나쁜 사람이며 벌을 받아야 할 뿐 나는 아무런 대가도 치를 수 없다"라고 주장하는 것 역시 건강한 것은 아니다. 다만 내가 받은 피해가 어떤 형태의 것이며 어느 정도인지 정확하게 인식하는 것이 핵심이다.

일반적으로 모든 사람은 잘못을 한다. 인간이라는 존재는 실수하고 실패하기 마련이다. "어떤 분야의 최고 전문가는 그 분야에서 가장 많은 실패를 경험한 사람이다"라는 말이 있다. 실패 자체가 나쁜 것이 아니다. 운동선수가 훈련을 할 때도 끊임없이 실수하고 실패를 한다. 중요한 것은 어떤 부분을 교정하여야 내 실력이 향상될 것인지를 인식하는 점이다. 아무런 분석도 대처도 없이 실패하는 연습만 되풀이 하는 것이 도움이 못된다. 자신이 경험한 피해에 대해 정확하게 인식하는 것이 핵심이다.

나. 피해 목록 작성하기

피해를 인식하였다면 그 것의 목록을 적어 본다. 우선 생각나는 대로 개조식으로 점을 찍어서 적어본다. 마인드맵 식으로 적을 수도 있다. 가장 쉬운 방법은 떠 오르는 대로 내용을 적고 그 것들을 중요한 순서대로 정리하는 것이다. 같은 항목끼리 묶어서 정리할 수도 있다. 개조식 접근에서 잘 생각이 나지 않을 경우 마인드맵 식으로 정리를 할 수도 있다.

피해목록은 〈그림11〉과 같다. "나는 이렇게 아팠어요"는 학교괴롭힘 목록을 구체적으로 적어 보라고 제안한다. 내가 입은 피해 내용을 구체적으로 적어보는 것이 「피해 목록 작성하기」 즉 「학교 괴롭힘 목록」이다. 인간은 일반적으로 고통스러운 기억을 회피하거나 부인하고, 정보를 왜곡하여 기억하거나 다양한 이유를 들어 자기 합리화하는 등 방어기제를 사용한다. 이러한 방어기제의 사용이 과도하거나 불건강한 상황에서는 자신의 정체성마저 왜곡시킨다. 일어난 사실에 대해 정확하게 적어보는 연습은 상황을 해결하는 첫 번째 단추가 된다.

나에게 있었던 일을 적어보며 정리하는 것은 내 마음을 치료하는데 도움이 됩니다. 내가 피해를 당한 내용을 구체적으로 적어 봅시다.

-
-
-

내가 괴롭힘을 당했을 때 느낀 감정을 카드에서 골라 적어봅시다. (감정카드 활용)

나의 감정

[   ] , [   ] , [   ]

표정을 그려보세요

나에게 벌어진 일과 그 때 내가 느꼈던 감정을 말로 이야기해 봅시다.

〈그림11〉 나는 이렇게 아팠어요

다. 피해목록 작성으로부터 얻는 것

피해목록을 작성함으로써 피해학생 자신이 얻게 되는 것은 무엇인가? 글을 쓰는 행위는 변화의 마지막 단계이다. 말로서 용서를 구하고 이를 실천하기 위한 행동을 하였다고 하더라고 말은 휘발성이 강하다. "말은 물위에 쓴 글씨요, 실천은 바위에 새겨진 조각이다"라는 유럽 속담처럼 말이 가지는 한계가 있다. 그 것은 쉽게 잊힐 수 있고 기억에서 오래 머무르지 않는다. 당시 감정의 영향과 지배를 받는 경향이 있다. 시간이 흐른 뒤 내가 그런 결심과 행동을 하였다는 것이 잘 기억나지 않거나 기억의 양상이 왜곡될 수도 있다.

이에 피해목록 작성 작업을 통해 자신이 끼치거나 당하였던 피해를 내면으로부터 불러내어 글을 쓰는 행위를 통해 정리할 수 있다. "기록되기 전에는 아무 일도 진짜 일어난 것이 아니다"라는 버지니아 울프의 말처럼 개인이나 역사조차 기록되지 않으면 교훈을 얻거나 배움을 얻을 수 없다. 기록을 통해 인간은 자신에게 일어난 일들의 의미를 내면화 한다.

2. 피해감정 표현하기

가. 피해감정 찾기

학교괴롭힘에 대한 피해 목록을 작성하였으면 다음 단계는 괴롭힘을 당했을 그 당시의 느꼈던 감정을 마주하는 것이다. 피해학생이 피해 장면을 되새김질하여 생각하는 것은 상처를 덧나게 하거나 피해 당시의 고통을 다시 불러오는 행동처럼 보인다. 하지만 여기서는 피해감정을 구체적으로 적어보는데 초점을 맞추는 것이다. 그 당시 내가 느꼈던 감정들의 이름을 붙이고 구체적으로 적어보게 된다. 이 과정에서 감정카드를 활용할 수 있다. 학교폭력의 피해학생들은 언어로 표현하는 것이 힘이 들거나 지적으로 정확한 단어를 찾아서 표현할 수 없는 경우가 많다. 이 때 감정카드는 표현을 쉽게 할 수 있도록 도와주고 자신이 느낀 감정의 실체를 이름 붙여 만날 수 있도록 돕는다. 「피해감정 찾기」는 「학교괴롭힘 감정 목록」을 작성하는 것이다. 다음 〈그림11〉을 활용하여 작성할 수 있다.

나. 피해감정 마주하기

학교괴롭힘 상황에서 일어난 피해감정을 마주하는 것은 매우 고통스러운 작업이다. 특히 당시 내가 느낀 감정을 만나고 표현하는 것이 〈그림11〉이었다면 나에게 고통을 제공한 상대방의 마음을 짐작하는 작업이 〈그림12〉이다. 피해

학교괴롭힘 상황에서 상대방은 어떤 마음 이었을까?
※ 내가 괴롭힘 당했을 때 상대방 학생은 어떤 마음으로 괴롭혔을까? 마음속으로 느꼈던 생각들과
  감정들을 구체적으로 적어봅시다(감정카드 활용).

<그림12> 상대방 마음 짐작하기

학생이 왜 상대방의 마음까지 이해해야 하느냐? 라고 반문할 수 있겠지만 이
작업은 학교괴롭힘의 해결 과정에서 매우 중요하다. 「입장을 바꾸어서 생각
하기」이다. 내가 괴롭힘을 당하고 있을 때 상대방 학생은 어떤 마음으로 나를
괴롭혔을지에 대해 내 마음 속에 떠오르는 생각을 감정카드를 통해 집어내어
적어보는 것이다.

학교폭력(괴롭힘)은 진공상태에서 일어나지는 않는다. 상대적이다. 매 순
간 상대방의 공격에 대한 방어의 형태는 피해자 스스로 선택하고 그 것은 역
동적이다. 따라서 내가 어떤 선택을 하느냐에 따라 상대방의 공격의 형태(양
상)가 달라질 수 있다. 공격을 멈추게 하거나 상황을 종료할 수도 있다. 입장
바꾸어 생각하기 즉 역지사지易地思之는 상대방의 말과 행동의 문법frame을 이
해하는 것이다.

다. 피해감정 표현하기

피해감정을 찾아서 마주하였으면 그 감정을 표현하여야 한다. 즉, 피해감정

의 이름을 붙이고 위로 하는 작업을 하게 된다. 피해감정을 정확하게 찾는 것은 쉽지 않다. 다양한 감정들의 이름을 피해학생이 정확하게 구분할 수 없을 뿐만 아니라 지금까지 이들의 이름을 한 번도 불러 보지 못하였을 가능성이 크다. 하지만 이름을 정확하게 불러 줄 때 뒤를 돌아보고 눈을 마주칠 수 있다. 이 작업은 〈그림13〉에서 하게 된다. 먼저 학교괴롭힘을 당했을 때 내가 느낀 감정들을 찾아본다. 감정들의 양상을 얼굴 표정을 통해 그려본다. 얼굴 밑에 감정들의 이름을 적어본다. 가장 크게 느끼고 와 닿은 감정부터 순서대로 적

◈ 학교괴롭힘을 당했을 때 내가 느낀 감정의 이름은....

1. 내가 괴롭힘을 당했을 때 마음속으로 느꼈던 감정들의 얼굴   표정을 그려보고 중요한 순서대로 감정의 이름을 적어봅시다.

감정 : _____   _____   _____   _____

2. 피해감정의 이름을 부르며 자신을 위로합니다.(감정카드 활용)

•

•

•

•

〈그림13〉 피해감정 이름 붙이고 위로하기

어보면 더 좋다. 순서대로 그리지 못하였다면 발표할 때 우선순위를 정해서 발표하면 된다. 그런 다음 그 피해감정의 이름을 부르면 자신을 위로할 수 있다. 예를 들면

"정민아, 얼마나 무서웠니?(피해감정 - 무서움)" "이제 안 무서워해도 돼. 내가 네 옆에 있잖아"

"민수야, 얼마나 억울했니?(피해감정 -억울함)" "이제 억울한 마음을 선생님과 부모님께 다 말씀 드렸으니 너의 억울한 마음을 풀어 주실 거야"

감정은 입으로 발화되고 표현되는 순간 카타르시스(정화)가 일어나기 시작한다.

라. 피해감정 표현하기로부터 얻는 것

피해감정을 표현함으로써 얻는 것은 무엇인가? "민수야, 얼마나 억울했니?(피해감정 -억울함)"라는 말을 듣는 순간 민수는 자신의 억울함에 대해 위로 받는다. 자신도 정확하게 몰랐던 자신 안에 있었던 분노와 슬픔, 두려움과 증오의 밑바탕이 억울함이었다는 사실을 발견하고 듣는 순간 머리와 가슴을 짓누르던 바위가 툭하고 떨어져 나간다.

무엇보다 자신의 속마음을 솔직하게 표현하는 행동 자체가 카타르시스가 된다. 머릿속의 생각들이 입을 통해 발화할 때 자신의 귀를 통해 들리는 자신의 목소리에 힘을 얻게 된다. 자신감을 회복하게 된다. 자신이 두려워하던 두려움의 실체가 유령이 아니라 허수아비였음을 비닐 조각이었음을 깨닫는 순간 두려움은 더 이상 두려움이 될 수 없다.

만약 피해감정이 머릿속에만 머물러 있거나 일기장 등의 기록에만 머물러 있다면 그 것의 치료효과는 반감된다. 입으로 소리 내어 발화하는 것, 직접 말을 표현할 수 있는 것이 치료과정이다. 자신이 입은 피해에 대해 분명하게 인식하고 피해감정을 찾아 그 감정의 이름을 붙이고 진정성 있는 위로를 베풀어 준다면 학교폭력(괴롭힘)으로 인한 치료는 본질적인 성장의 첫 단추가 된다.

3. 성격유형과 학교괴롭힘

학교폭력(괴롭힘)을 성격유형의 관점에서 분석하여 보는 것은 인간의 본성과 성장에 대해 인식하고 성찰하는 과정이다. 성장이란 자신에 대한 끊임없는 자기관찰을 통해 자기 이해를 하고 자기 이해를 바탕으로 자신을 바람직한 방향을 변화하도록 하는 작업이다. 삶의 중요한 사건을 겪으며 그 일로부터 무엇을 배웠는지 통찰하는 것은 자기 성장을 위한 중요한 훈련이 된다.

성격유형에 따라 학교폭력의 피해와 가해에 대한 인식과 대처방안이 달라진다. 보호자와 교사의 경우에도 성격유형에 따라 학교폭력을 받아들이고 문제를 해결하는 관점과 접근방식이 다르다. 이 다름은 때로는 오해를 불러일으킨다. 특히 불건강한 학생과 학부모, 교사의 대처는 문제의 본질을 왜곡하여 꼬리가 몸통을 흔들게 되는 결과를 초래한다. 감정형 부모와 학생에게 사과 한마디면 되는데 머리형 부모와 교사가 혹시 나중에 문제가 될지 염려하여 버티면 상황을 극한을 향해 간다. 혹은 지나친 감정과잉(홍수)으로 인해 교육적 접근보다는 사법적인 해결로 갈 수 밖에 없는 비논리에 노출되기도 한다. 이러한 오해는 관계를 파괴하고 공동체를 황폐화한다. 이 모든 갈등의 첫 출발점에서 성격유형을 이해하고 적용하는 것은 매우 효과적이다.

가해목록 작성하기·가해감정 만나기

1. 가해자 되기

가. 누가 학교폭력의 가해자가 되는가?

학교폭력 가해청소년의 정의는 법령 제 2조 3항. "'가해학생'"이란 가해자 중에서 학교폭력을 행사하거나 그 행위에 가담한 학생을 말한다"라고 규정한다. 누가 학교폭력의 가해자가 되는가? 학자들의 견해도 다양하며 고정된 특정한 이론이 있다고 보기 어렵다. 학교폭력(괴롭힘) 가해 청소년들의 심리사회적 특성으로는 매우 충동적이고 타인에 대한 지배욕이 강하며 피해자에 대한 공감능력이 낮고 가해자라는 죄책감을 거의 느끼지 않으며 자신의 행동을 정당하다고 받아들이는 경향이 있다. 한편, 학교폭력 가해 학생들에게 충동성은 반사회적 행동에 영향을 주는 중요한 요소로서 자신과 타인에게 파괴적인 결과를 초래한다. 아울러 공격성이 높은 청소년들은 자신을 표현하는 수단으로 공격적 행동을 자연스럽게 선택할 가능성이 높으며, 폭력을 통해 주위의 관심을 끌고 주위를 통제할 수 있다고 인식하며 폭력을 행사함에 쾌감을 느끼고 전혀 죄책감을 느끼지 않아 폭력 행동이 습관화 되게 된다(법무부·교육인적자원부, 2008). 아울러 가해학생들은 낮은 자기효능감, 반사회성, 정서적 불안정, 분노, 사회기술 결여, 공격성 등의 특성을 가지고 있다(김하강, 2010).

학생들의 크고 작은 다툼을 이론적으로 설명하는 일이 가능한 것인가? 혹은 필요한 것인가? 학교폭력의 원인은 청소년기의 발달과정에서 나타나는 일반적인 특성과 더불어 개인, 가정, 학교, 사회 환경 등 여러 가지 원인이 복합적으로 작용한다(김하강, 2010: 8). 즉, 한가지의 원인만으로 발생하는 경우가 드물고 여러 가지 요인이 복합되어 있으며 그 정도나 양상이 다양해지고 예측할 수 없는 상황에서 돌발적으로 발생하고 있어 정확한 원인을 밝혀내기 힘들다(김진호, 2009, 김하강, 2010, 재인용: 9).

그러하다면 학교폭력 가해자의 특성이 있다는 말인지 없다는 말인지 혼란스럽다. 필자는 학교폭력 가해자는 "마음이 건강하지 않는 사람이 자신의 좌절된 욕망을 일반적으로 용인되기 어려운 언어·신체적, 심리·사회적으로 표출하는 행동"이라고 설명한다. 간단히 정의하자면 "마음이 건강하지 못한 상태에서 나오는 말과 행동"이다. 즉, 심리적인 건강상태가 불건강한 상태로 떨어지게 되면 건강하거나 평균적인 사람도 폭력행동을 하게 된다는 것이다.

일반적으로 건강한 사람이 한꺼번에 불건강한 상태로 떨어지는 경우는 드물다. 한 단계씩 일정 기간 머물다가 차례로 심리적 건강이 떨어진다고 볼 때 평균적인 사람들이 평균 이하에서 불건강한 상태로 떨어지는 것이라고 보는 것이 옳다. 학교폭력의 가해자가 되지 않기 위해서 혹은 예방을 위해서는 심리적인 건강상태를 유지하는 것만으로도 가능하다. 학교폭력의 예후는 심리적 건강상태가 떨어져 역기능이 나타나는 현상이다.

필자는 학교폭력을 연구하는 과정에서 "학교폭력은 공중보건의 문제이다"라고 주장한다. 그러므로 학교폭력문제 해결에 국가가 조기에 개입하여야 한다고 믿는다. 학교폭력과 관련하여 유전적 혹은 환경적 요인을 부정할 수 없다. 무엇보다 폭력적 환경에 오랜 기간, 자주 강한 강도強度로 노출된 청소년들의 경우 폭력적일 수밖에 없다. 이 환경이 지속되지 않도록 국가와 교육이 개입하여야 한다.

가장 좋은 처방이 예방이라면 유·초등학교부터 전문상담인력을 배치하여 작은 폭력이 일어났을 때 정확하고 친절하게 그러나 단호하게 대처 방안을 가르쳐야 한다. 어릴수록 좋다. 초등학교 교실뿐만 아니라 고등학교 졸업할 때까지 의무적으로 1년에 10시간 이상 학교폭력 예방 교육이 실시되어야 하고 이는 교육 과정에 포함되어야 할 것이다.

나. 왜 가해자가 되는가?

그(녀)는 왜 가해자가 되는가? 혹은 어떤 상황에서 인간은 폭력의 가해자가 되는가? 학교폭력의 원인에는 여러 가지 이론과 동기들이 있을 수 있지만 기본적으로는 자신의 욕망을 추구하는 과정에서 정상적이고 통용 가능한 수단인 언어와 행동을 사용하지 못하고 거친 언어, 욕설, 신체적인 폭력 행동이 실행될 경우 학교폭력이 된다. 학교 폭력을 가해 요인을 잠재적으로 가진 청소년이 학교폭력이 발현되는데 필요한 요소들이 집결하고 우연성이 작용하여 학교폭력이 일어나는가? 즉 돌발적이고 충동적이며 우연한 발생인가? 아니면 특정한 위험인자를 가진 학생이 주변의 자극에 임계점을 넘으면 반응하는 것인가? 사실 학교폭력을 판단하는 요소 중 지속성이라는 관점에서 볼 때는 우발적이고 충동적인 사건들을 학교폭력이라고 보기에는 어려운 바가 있다. 학생들 간의 갈등, 물리적 충동 혹은 다툼이라고 부르는 것이 옳을 것이다.

학교폭력을 판단할 수 있는 기본적인 요소는 「학교폭력예방법」 시행령 제19조 [시행 2017. 7. 26.] [대통령령 제28211호, 2017. 7. 26., 타법개정]

에 의하면 5가지이다. 즉, 학교폭력의 심각성, 지속성, 고의성, 가해학생의 반성정도, 가해학생 및 보호자와 피해학생 및 보호자간의 화해 정도이다. 부가적인 판단요소 두 가지는 가해학생의 선도가능성과 피해학생이 장애학생인지 여부이다. 따라서 일시적이고 우발적이며 충동적인 다툼을 학교폭력이라고 신고하는 것은 문제가 있어 보인다. 친구들 간의 일상적인 장난과 다툼, 갈등, 우발적 충돌에 대해서는 학교폭력대책자치위원회의 심의를 통한 학교폭력 문제로 정식으로 처리하는 것은 엄청난 행정의 낭비뿐만 아니라 화해와 회복을 원천적으로 차단하는 걸림돌이 될 수 있다. 이에 학교장 종결을 위한 전문적인 개입 곧 EFRG 프로그램을 통해 처리 되는 것이 바람직하다.

『태아 프로그래밍』이라는 말이 있다. 2차 세계 대전 중 노르웨이 해안이 독일에 의해 약 1년간 봉쇄되었을 때 그 해 엄마 뱃속에 있었던 태아들이 태어나 성인이 되었을 때 유난히 다른 연령에 비해 비만과 고혈압, 당뇨, 심장질환 등 성인병이 많더라는 것이다. 보건당국에서 정밀하게 조사한 결과 놀랍게도 그 해 태어난 사람들은 지방을 분해하는 RNA가 존재하지 않았다는 것이다. 2차

세계대전이 끝난 후 70년이 지났지만 그들은 여전히 태아 프로그래밍의 영향을 받고 살아가고 있었다(EBS 다큐프라임, 퍼펙트 베이비 1부. 2013. 06. 24. 방송).

엄마의 뱃속에서부터 불안하고 생명의 위협을 느낀 태아는 정서적인 불안 정감을 내장(보유)하고 태어난다. 학교폭력 예방은 어쩌면 어머니 뱃속에서부터 시작되어야 한다. 그보다 더 빠르게는 임신을 앞둔 모든 여성들이 폭력으로부터 위협받지 않도록 사회적인 안전과 복지망이 필요하다. 여성이 안전한 사회가 학교폭력 예방의 시작이다. 어찌 여성들뿐이겠는가? 우리 사회의 약자들이 모든 점에서 폭력으로부터 안전하고 방어 가능한 사회일 때 학교폭력은 뿌리를 내릴 수 없을 것이다. 지금처럼 온 사회가 폭력적이라면 학교의 하늘 위에서만 폭력이 없기를 바라는 것조차 욕심이 아닐까?

다. 가해자를 바라보는 시선들

학교폭력(괴롭힘) 문제에서 피해자를 보호하고 피해자 위주로 상황을 인식하고 판단하는 것은 중요한 출발지점이다. 그러나 학교폭력의 가해학생도 교육의 대상이라는 점을 잊어서는 안 된다. 이 학생들 역시 교육의 과정에 있는 미숙한 존재이며 아직 성인이 아니라는 점이 고려되어야 하다.

언론을 떠들썩하게 하는 학교폭력 사건이 이슈화되면 대부분의 경우 "가해자들에게 엄중한 처벌"을 내리는 것으로 귀결된다. 그 것이 가장 쉽고 빠르며 사회적인 분노의 총합을 모아서 배설하는 효과적인 방법이기 때문이다. 소년법을 폐지하라는 청와대 청원이 이루어지고, 용서와 기회 혹은 회복을 주장하는 이들에게는 "당신 자식이라도 그런 말이 나 오겠느냐?"며 집단적 히스테리를 보낸다.

한번이라도 학교폭력의 가해학생이 왜 그런 말과 행동, 폭력을 행하였는지 진지하게 질문하고 대답을 들어 보았는지 묻지 않을 수 없다. 실상 폭력 행동은 습관이자 문화이다. 온 사회가 폭력적인데 학교의 하늘 아래에서만 평화가 강물처럼 넘실거리는 천상의 정원이 되기를 바라는 것은 과하다고 아니할 수 없다.

학교폭력과 관련하여 최초의 가해자가 되었을 때 부모와 학교, 사회는 어떤 방식의 꾸지람과 훈육을 제공하였는지 살펴보아야 한다. 박성희(2005)는 「꾸중은 꾸중답게 칭찬은 칭찬답게」라는 책에서 꾸중을 다음과 같이 설명하였다. "꾸중은 꾸지람의 높임말로서 잘못된 말이나 행동에 대해 화를 내어 지적하는 것" 여기서 꾸중의 두 단계가 이미 실행되었다. 즉 '잘못된 말이나 행동을 발견하는 것'과 '화를 내어 지적하는 것'이 그 것이다. 그 다음의 단계는 '바람직한 행동의 대안을 제시'하고 '이를 실행하였을 경우 칭찬을 통해 몸에 베이도록 하는 것'이다. 이 것이 교육적 꾸중, 바람직한 훈육의 4단계 모습이다. 학교폭력(괴롭힘)에도 이와 같은 과정들이 적용되어야 한다. "무조건 잘못을 했으니 잘못한 것만큼 벌을 받아라"가 아니라 바람직한 행동의 대안을 제안하고 이를 극복하기 위해 내가 할 수 있는 일은 무엇인지, 부모와 학교가 도울 수 있는 일은 무엇인지 함께 찾아보아야 한다. 그리고 그 말과 행동이 수정되었을 때 칭찬을 통해 몸에 베이도록體得 인도하여야 할 것이다. 이 것을 교육이라 하고 이러한 일을 하는 곳이 학교이어야 한다.

2. 가해 목록 작성하기

학교폭력(괴롭힘)의 가해학생은 자신이 한 행동에 대해 후회하고 반성하며 이를 수정行動修正하여 더 나은 자신이 되기 위해 노력을 해야 마땅할 것이다. 하지만 자신의 행동을 변명하기 위한 온갖 이유와 핑계를 찾고 그 것을 강변하며 인정하지 않는 경우가 많다. 요즘은 작은 다툼조차 학교폭력으로 신고하고 대책위원회를 통해 해결하고자 하는 것이 흐름이다. 일단 학교폭력의 가해자로 낙인 되면 이른바 전과자(생활기록부 기록)가 되는 것이다. 자신의 잘못을 시인하는 순간 전과자가 될 수 있는 제도라면 너무나 많은 전과자를 양산하는 지금의 이 제도는 누구를 위한 것인지 묻지 않을 수 없다.

가. 가해 인식하기

학교폭력(괴롭힘) 문제 해결 과정은 먼저 학교폭력(괴롭힘) 사안에 대한 인지

認知 즉시 신고하는 것으로부터 시작한다. 사소한 폭력도 접수대장에 기록하고 접수사실을 신고자에게 통보해야 한다. 이를 보호자에게 알려야 한다. 학교폭력대책자치위원회가 결정을 내리기 전에는 가해와 피해학생을 단정 지어서는 안 된다. 그리고는 바로 사안조사가 진행된다.

사안조사 과정에서 가장 먼저 해야 하는 일은 피해자를 보호하는 일이다. 피해자를 보호하고 두 당사자를 분리하기 위해서는 누가 피해자인지 가해자인지 가려내는 작업이 중요하다. 두 당사자가 서로 피해자라고 주장하는 상황에서는 누구를 보호해야 하는지 혼란스러울 수 있다. 사실 확인 단계에서 관련 내용이 주변에 알려지지 않도록 주의하여야 한다. 특히 성폭력 사안에서는 개인정보의 보호가 중요하다.

대부분의 경우 학교폭력(괴롭힘)은 한 사람에 의한 일방적인 공격과 괴롭힘이라기보다는 쌍방의 공격이 존재하는 경우가 많다. 특히 가해자와 피해자가 중첩되어 있을 수 있으며 현재와 과거 사이에 복잡한 관계의 전환과 역동이 수면 아래 잠재 되어 있다. 그러므로 학교폭력(괴롭힘) 관련자들은 자신이 행한 행동에 대해 무슨 일이 일어났는지 정확하게 되새겨 보고 정리할 필요가 있다. 문제를 해결하기 위한 첫 번째 단계는 바로 "무엇이 문제인지 정확히 인식하는 것"이 출발점이다.

나. 가해 목록 작성하기

가해 혹은 관련학생들 모두는 자신이 참여한 학교폭력(괴롭힘) 행동에서 일어난 일들을 정확하게 기억하고 인지하여 이를 적어보아야 한다. 우선 생각나는 대로 개조식으로 점을 찍고 하나씩 적어본다. 마인드맵처럼 주제어를 적고 가지를 그려서 떠오른 단어를 적는 방식도 좋다. 머리에 떠오르는 대로 적어보고 그 것을 유목화 하여 정리하고 우선순위를 매기는 방식으로 작성할 수 있다.

가해목록 작성하기는 〈그림14〉와 같다. 어떠한 생각으로 그러한 행동을 하게 되었는지 떠오르는 대로 적어보는 것이다. 가해목록이라고 하지 않은 것은 아직 가해자가 구분되지 않았을 경우와 가해라는 언어 자체가 주는 부정적 이미지로 인해 교육적 해결을 위한 작업을 방해하기 때문이다. 가능하면 가치중립적인 용어로 기술하는 것이 바람직하다. 지속적으로 자신의 잘못을 변명하고 책임을 전가하는 등 반성의 여지가 전혀 없는 학생을 상담할 경우 필요한 직면을 시도하고 단호하게 대처할 필요도 있다. 하지만 이들조차도 기록되는 상황에서 가해라는 용어를 쓰면 마음속에 있는 것을 끌어내어 교육으로 안내하는 것이 어려워진다.

이번 일은 어떠한 생각 때문에 그런 행동을 하였나요?
자신이 한 행동을 떠올려 구체적으로 적어봅시다.

*

*

*

*

그 일이 일어났을 당시 나는 어떤 마음이었나요? (감정카드 활용)

나의 감정

,   ,

표정을 그려보세요

〈그림14〉 내 행동과 감정 꺼내보기

다. 가해목록(행동목록) 작성으로부터 얻는 것

가해목록 혹은 행동목록 작성하기를 통해 관련학생들은 무엇을 경험하게 되는가? 피해목록 작성하기에서 언급하였듯이 글을 쓰는 행위는 자신을 돌아보고 자신이 한 행동에 대해 정확하게 대면하는 것이다. 이를 통해 다시 한 번 그 행동이 주는 의미를 되새김질 하며 자신에게도 원인이 있을 수 있다는 사실을 인정할 수 있는 계기가 된다.

많은 경우 행동목록을 작성하면서도 상대방의 행동에 주목하여 책임을 전가하려는 변명 목록을 만들고자 하는 유혹이 찾아온다. 지도자는 이를 책망하거나 유도하기보다 단순하게 자신이 한 행동에 대해 적어보도록 지도하면 좋다. 상대방의 목록은 상대방이 적을 것이니 너는 네가 한 행동에 대해서만 적어 보면 좋겠다고 지도한다.

3. 가해감정 표현하기

가. 가해감정 찾기(감정목록 만들기)

이 번 일과 관련하여 상대학생은 어떤 마음이 들었을까요?

※ 상대방이 속으로 나에게 대해 느꼈던 생각들과 감정들을 구체적으로 적어봅시다 (감정카드 활용).

   •

   •

〈그림15〉 상대방 마음 짐작하기

학교괴롭힘에 대한 행동 목록을 작성하였으면 다음 단계는 당시 내가 그 행동을 하면서 느꼈던 감정을 찾아보는 것이다. 가해감정이라고 말하는 순간 내담자는 멈칫 한다. 내가 기록한 이 기록이 나에게 불리한 증거로 사용될 수 있는 것은 아닐까? 하고 주저할 수 있다. 그리고 자신이 가해자인 것을 인정하는 서류가 될 것을 염려한다. 따라서 감정목록이라고 기록한다. 이 과정은 〈그림 14〉로 그 일이 일어났을 당시 나는 어떤 마음이었는지 적어보는 것이다. 나의 감정을 잘 구분하여 알 수 없을 때 보조도구로 감정카드를 활용할 수 있다.

나. 가해감정 마주하기 (상대방 마음 짐작하기)

가해감정을 마주한다는 말 자체가 주는 부정적 이미지로 인해 이러한 표현을 사용하지 않는다. 이 작업은 〈그림15〉 상대방 마음 짐작하기라는 명칭으로 실시한다. 이번 일과 관련하여 상대방 학생은 어떤 마음이 들었을까? 상대방이 속으로 나에 대해 느꼈을 것이라고 짐작되는 생각이나 감정들을 구체적으로 적어 보는 작업이다. 감정카드를 활용할 수 있다. 이 과정에서 중요한 것은 입장을 바꾸어 생각하기 즉 역지사지易地思之의 마음이다. 상대방의 말과 행동의 문법frame을 이해하는 것이다.

갈등葛藤의 사전적 의미는 "「1」칡과 등나무가 서로 얽히는 것과 같이, 개인이나 집단 사이에 목표나 이해관계가 달라 서로 적대시하거나 충돌함. 또는 그런 상태."를 말한다(국립국어원 표준국어대사전, 2018. 08. 17. 검색. http://stdweb2.korean.go.kr/search/List_dic.jsp). 갈등의 당사자가 되었을 때 자신의 억울한 마음을 변명하고 싶은 것은 인간의 생존본능이다. 그 마음은 마음대로 들어주고 인정하여 준다. 즉, 공감하여 주어야 한다. 여기에 더하여 상대방의 마음은 어떠한 마음이었을까? 라고 질문하는 것이다. 상대방의 마음을 공감하는 일은 상처를 치유하고 용서하기 위한 관문이기 때문이다.

학생들의 경우 상대방의 입장이나 마음을 잘 설명하지 못할 수 있다. 이 때 감정카드는 매우 유용한 도움이 된다. 감정카드에 있는 단어들 중 몇 개를 골라서 단어에 대해 설명하거나 문장을 만들어서 설명하게 한다.

다. 가해감정 표현하기 (감정 이름 붙이고 뉘우치기)

상대방의 마음을 짐작한 다음 그 감정들을 구체적으로 이름 붙여준다. 이번 일로 인해 상대방이 느낀 감정의 이름을 붙이고 그 일이 상대방에게 어떤 상처와 고통을 주었을지 기록한다. 그리고 상대방에게 끼친 상처(피해감정)의 이름을 부르며 뉘우치고 용서 빌기를 결심한다. 이 과정이 〈그림16〉이다.

이 과정에서도 감정카드 활용은 유용하다. 언어로 표현하는 것이 어려운 학생들을 위해 얼굴 표정 드려보고 감정의 이름을 적어보기를 제안할 수 있다. 감정에 정확한 이름을 붙이는 순간 마음속의 갈등과 격분이 눈 녹듯이 사라지기도 한다. 마치 유령이 정확하게 자신의 이름을 불리는 순간 연기처럼 사라지듯이 자신의 마음속에 고통을 주던 감정의 이름을 정확하게 부르는 것이 치유의 시작이다.

자신이 부른 감정의 이름을 마주하여 진심으로 반성하고 뉘우치기를 시도한다. 자신이 베푼 행동이 상대방에게 어떠한 고통을 주었는지 짐작하고 그 고통에 대해 반성한다. 그리고 사과 혹은 용서를 빌 수 있는 결심을 한다.

라. 가해감정 표현하기〈상대방 마음 짐작하기, 감정 이름 붙이고 뉘우치기〉를 통해 얻는 것

학교폭력(괴롭힘)은 '폭력의 과잉'이라기보다는 '공감의 부족'이다. 가해를 하는 학생에게는 피해자가 받는 고통에 대한 공감능력이 부족하다. 내가 이 행동을 하였을 때 상대방이 받게 될 고통과 슬픔, 분노에 대해 이해하고 짐작하기보다 나 자신의 분노와 슬픔, 두려움과 같은 욕망을 해결하는 것이 더 급하기 때문에 상대방을 배려할 여력이 없다. 마음의 건강이 평균이하부터 불건강한 상태로 떨어졌기 때문이다. 이를 확인하고 점검하기 위한 방법으로 글쓰기 즉 〈상대방의 마음 짐작하여 쓰기〉와 〈상대방이 느낀 감정의 이름을 부르며 후회하고 용서를 빌 것〉을 결심한다. 이를 통해 관련학생들은 문제 해결에 한 발자국 성큼 다가서게 된다.

이번 일로 인하여 상대방이 느낀 감정의 이름을 붙이고 뉘우치기(감정카드 활용)

1.8-1에서 적은 감정 중 상대방 학생이 가장 크게 느낀 감정이라고 생각되는 것을 3가지만 적어 봅시다.

감정 : _____   _____   _____

상대방에게 끼친 상처에 대해 피해감정의 이름을 부르며 뉘우치고 후회하며 용서 빌기를 결심해 봅시다(감정카드 활용)

•

•

〈그림16〉 감정 이름 붙이고 뉘우치기

3. 성격유형과 학교괴롭힘(피해학생과 관련학생 내용 동일함)

가. 성격유형과 이번 경험과의 관계 이해하기

학교괴롭힘에서 성격유형과의 관계를 살펴보는 것은 EFRG 모델이 가지는 근본적인 치유와 성장을 위한 선물이다. 우리는 학교폭력은 개인의 성격과 큰 관련이 있다고 본다. 개인의 성격유형에 따라 근본적인 욕망과 두려움이 다르다. 학교폭력의 가해자와 피해자가 다른 인식과 대처를 하게 된다. 머리, 가슴, 배(장)형이 각각 자신이 타고난 에너지를 따라 공격과 방어(대처)를 하게 되며 그 것은 역동적으로 작용한다. 나의 성격유형이 이번 경험과 어떤 관계가 있을까? 〈그림17〉 이번 경험과 나의 성격유형 이해하기는 나와 상대방의 성격유형이 이번 갈등과 어떤 관계가 있을지를 살펴보는 작업이다.

학교폭력(괴롭힘)을 성격유형의 관점에서 분석하여 보는 것은 인간의 본

---

1. 나와 나를 괴롭힌 친구의 성격 유형을 정리해 봅시다.

구분	나	친구
에니어그램 유형		
에니어그램 특징		

2. 성격 유형을 생각해 볼 때 나와 친구는 무엇 때문에 갈등이 생겼을까요?

-

-

3. 활동을 통해 나 자신과 상대방에 대해 새롭게 이해한 점은 무엇인가요?

• 나에 대해 이해한 점:

• 상대방에 대해 이해한 점:

〈그림17〉 이번 경험과 나의 성격유형 이해하기

성과 성장에 대해 인식하고 성찰하는 과정이다. 성장이란 자신에 대한 끊임없는 자기관찰을 통해 자기 이해를 하고 자기 이해를 바탕으로 자신을 바람직한 방향을 변화하도록 하는 작업이다. 삶의 중요한 사건을 겪으며 그 일로부터 무엇을 배웠는지 통찰하는 것은 자기 성장을 위한 중요한 훈련이 된다. 아래〈그림18〉은 공감의 척도(온도)가 얼마나 변하였는지를 보여준다.

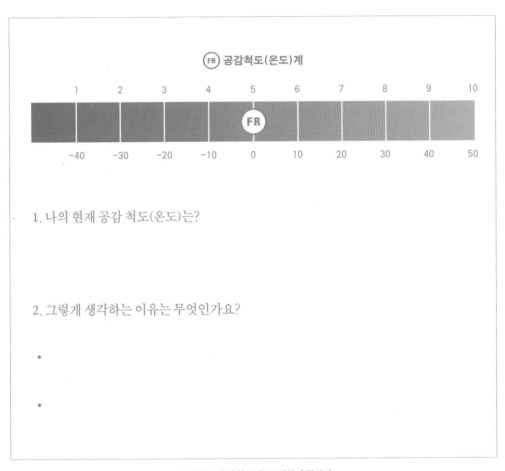

<그림18〉 공감척도(온도)변화 측정하기

4. 공감척도(온도)변화 측정하기

학교폭력은 공격성의 과잉 혹은 상대방에 대한 이해 부족 등 여러 가지 원인으로 설명하지만 핵심은 공감능력의 부족이다. 내가 특정한 행동을 하였을 때 상대방은 나에 행동으로부터 어떤 마음을 느끼게 될 것인가? 를 생각하면 답이 보인다. 공감척도는 아래와 같다. 〈그림18〉에서 공감척도 변화를 측정하게 된다. 우리는 공감 수준에서 관련학생 프로그램을 마무리하며 나의 현재 공감척도는 어디쯤 있으며 그렇게 생각하는 이유를 적는다.

공감척도계는 학생들이 활용하기 쉽도록 제작하여 사용한다. 공감척도를 공감온도라는 개념으로도 활용할 수 있다. 나의 마음이 현실 온도에 비교하여 얼마나 온도가 변했는지 표시하여 보는 것도 도움이 된다. 공감척도 작업은 프로그램 회기 각 수준별(공감-용서-회복-성장)로 시작할 때와 마칠 때 두 번 작업을 하여 비교하는 것이 기본 틀이다. 하지만 회기 마무리 지점에서 한 번에 측정할 수도 있다. 이때는 처음 시작할 때의 척도와 현재의 척도가 몇 칸이나 차이가 나는지 두 지점을 표시하여 보고 그 이유를 적어보면 된다. 위 〈그림18〉을 작성하면 된다.

※ 공감 척도는 가운데 5를 기준으로 부정적인 척도는 1~4, 긍정적인 척도는 6~10이다. 공감을 전혀 하지 못하고 있다면 0~1, 공감이 거의 안 되는 상태라면 2~3, 공감이 안 되는 편이라면 4정도이다. 공감이 조금 된다면 6~7, 공감이 많이 된다면 8, 공감이 아주 많이 된다면 9, 공감을 전적으로 하고 있다면 10이 될 수 있다. 공감 온도계는 사람의 체온을 중심으로 생각하면 좋다. 영하의 온도는 부정적인 온도이고 영상 50도는 공감이 완전히 되는 상태이다.

척도를 몇 칸 변화시킬 것인가? 혹은 온도를 얼마나 높이고 싶은지는 리더가 내담자의 이해력을 따라서 조절하여 질문할 수 있다.

교 사

義村 李東甲

반음이 높다는 지적을 받았을 때
나는 지적질이라 여겼습니다
들을 귀가 없었기 때문입니다.

음정과 박자가 맞지 않으면
좋은 소리도 소음으로만 남는 것을
성가대 들어 간지 반년이 지나서야 알았습니다.

라장조와 가단조에서
제자리 음표를 만날 때
그 차이를 조심스레 만져 봅니다

혼자서 내는 소리가 아무리 아름다워도
합창을 이룰 수는 없듯이
정이품송 나무로도 숲을 이룰 수는 없는 것을

내 몸이 아름다운 소리 내는
악기가 될 수도 있지만
고통을 주는 고문의 도구도 될 수 있음을

반음의 차이에도 깨어 있는
수 많은 바이올린 현 중의 한 가닥 되어
시대와 역사를 연주하는 연주가가 되고 싶었지만
고문의 도구가 되어 살아온 날들이 나를 부끄럽게 합니다

4장

용서(Forgiveness)수준의 학교폭력

14과 _____
용서수준의 학교폭력 양상 이해

1. 용서 수준의 주요 구성 요소

학교폭력(괴롭힘) 문제의 처리과정에서 가장 중요한 것은 가해자에 대한 처벌이 아니라 피해학생의 회복이다. 처벌은 근본적인 해결이 아니다. 이는 잘못한 행동에 대해 아무런 책임을 묻지 않겠다는 말이 아니다. 가해(관련)학생이 자신의 잘못을 되돌아 볼 수 있는 기회를 제공하여야 한다는 것이다. 이 기회를 통해 진심으로 뉘우치고 피해학생에게 용서를 구함으로써 피해학생은 트라우마에서 벗어날 수 있기 때문이다. 물론 가해(관련)학생도 자신의 잘못에 대한 책임을 피해자의 회복과 관련하여 책임을 지는 것이다. 적절한 책임을 지고 대가를 감당함으로써 자신의 잘못에 대한 짐을 일정 부분 내려놓을 수 있다.

용서 수준에서 피·가해학생은 먼저 자신의 현재 용서 척도를 측정하고 그 이유를 적어 본다. 용서에 필요한 준비가 얼마나 되어 있는지 자신에게 물어보는 것이다. 그리고는 공감수준에서 작업한 경험들을 바탕으로 자신에게 편지를 쓰게 된다. 자신뿐만 아니라 부모님과 관련학생들에게도 편지를 쓴다. 편지쓰기는 행동 변화를 결심하고 그 것의 실천을 스스로에게 약속하는 마지막 관문이다. 자신뿐만 아니라 가장 가까운 주변 인물인 가족과 담임교사 등에게 편지를 쓰는 과정은 그들과의 관계를 어떤 방식으로 이어갈 것인지에 대한 관계 재설정이다. 이를 통해 자신을 돌아보고 정화하는 경험을 하게 될 것이다.

가. 누구를 용서할 것인가?

용서의 시작은 누구를 용서할 것인가? 이다. 왜 용서해야 하는가? 무엇을 용서할 것인가? 어떤 방식으로 용서할 것인지 용서 목록을 알아차리는 일이다. 용서를 위해서는 먼저 용서의 동기motivation가 형성되어야 한다. 첫 번째는 누구를 용서할 것인지를 정확하게 알아야 한다. 제일 먼저 용서를 할 대상은 자기 자신이다. 가해자나 피해자가 아니라 그 당시 자신이 경험한 일을 돌이켜 보면 부끄럽고 수치스럽고 찌질하고 부족하기 이를 데 없었다고 해도 그것은 그 사람 자신의 모습이다. 먼저 그러한 자기 자신을 용서하지 않으면 다른 사람을 용서할 수 없다. 그래야만 마음의 평화를 얻고 미움에서 벗어나 다음 단계로 나갈 수 있다. 용서는 손해를 보는 것이 아니라 복수와 보복의 악순환 즉, 미움과 분노의 감옥에서 스스로 풀려나 평화를 얻는 것이다(Johann Cristoph Arnold요한 크리스토프 아놀드, 2015: 9).

자신을 용서할 준비가 되었다면 자신을 보듬고 자신에게 말을 건넨다. 여기서 용서란 잘못에 대한 용서를 넘어 새로운 관계 맺기 혹은 화해를 포함하는 의미로 볼 수 있다. 상대방에 대한 용서 역시 마찬가지다. 상대방의 잘못된 행동에 대한 용서의 의미도 있지만 관계 회복을 선언하는 것이 포함된다. 이를 바탕으로 다음 수준인 회복 수준에서는 관계가 재정립되고 성장을 위한 자기 변화를 시작할 수 있게 된다.

나. 용서 결심하기

용서할 마음이 생겨나면 용서 결심하기를 통해 실행으로 옮겨갈 수 있다. 용서 결심하기는 구체적이고 세밀해야 한다. 용서를 결심하는 일은 한 번의 마음먹기가 아니라 여러 번에 걸친 용서 마음 씨 뿌리기, 용서 마음 키우기를 거쳐야 한다. 맨 처음 용서 마음 먹기가 용서를 씨 뿌리기는 것이라면 용서 결심하기는 적어도 싹이 나고 잎이 보이며 줄기가 자라나온 상태이다. 눈에 보이고 가시적인 용서 선언이 임박한 것이다. 자신에 대한 용서 결심하기는 다음과 같이 접근할 수 있다. 자기 자신에 대한 정확한 용서는 잘못을 저지른 상대방에 대한 용서로 적절하게 전이 될 수 있다.

"괜찮아, 네 잘못이 아니야"
"얼마나 두렵고 무서웠니"
"이제 괜찮아. 내가 옆에서 함께 있어줄게"

　마음속의 소리가 입으로 발화되어 내 마음을 정리하고 이를 편지지에 적을 수 있을 때 용서는 한 단계씩 앞으로 나아간다. 심리적으로 내면화되어 치료적 효과를 발휘하게 된다. 피해자의 용서 결심하기와 가해자의 용서 결심하기는 모양이 다를 수 있지만 본질적으로는 하나이다. 용서 결심하기를 하지 않으면 공격의 화살은 내부를 향한다. 폭력행동이 타인을 공격하는 것이라면 우울증과 소화불량, 두통 등은 자신을 공격하는 것인 것이다. 에니어그램의 형식을 빌리면 스트레스 상황에서 머리형은 두통을 호소하고, 가슴형이 가슴이 답답하다고 하고, 배(장)형은 소화가 안 될 것이다. 그러나 용서를 결심하면 제일 먼저 육체적인 건강의 불균형이 균형을 찾아갈 것이다.

다. 용서 구하기

용서구하기는 일반적으로 가해자의 선택이다. 가해(관련)학생은 자신이 상대방 학생에게 베푼 잘못된 행동에 대해 용서를 구한다. 용서 구하기의 전제조건은 진심 어린 뉘우침이다. 자신의 잘못된 행동에 대해 후회하고 이를 되풀이 하지 않겠다고 결심하며 이를 피해(관련)학생에게 고백하는 것이다. 고백 자체로서 용서가 끝난 것이 아니다. 나는 내가 해야 할 도리를 다하였다라고 말할 수 없다.

　관련(가해) 학생이 생각하는 잘못된 행동 혹은 상처를 준 행동과 피해 학생이 받아들인 상처가 된 말과 행동은 거리가 있을 수 있다. 따라서 상대방이 희망하는 용서의 조건을 가능하면 충분히 이행하려는 노력이 필요하다. 자신이 생각하는 방식의 사과나 용서구하기가 오히려 상대방에게 2차 피해를 주거나 상처를 불러 올 수도 있다.

특히 가해(관련)학생들이 마음에 없는 혹은 성의 없는 형식적인 사과를 하고 그것으로 자신이 할 바를 다하였다고 생각할 때 상황은 악화될 수 있다. 서면사과 조항에 대해서는 학교폭력대책위원회로부터 서면사과를 요구받았지만 헌법상의 양심의 자유를 들어 사과를 하지 않고 버틸 경우 다른 처벌을 할 수가 없다. 특히 일부 가해학생들의 경우 서면사과 혹은 사과 나중에 재심 과정(재판 포함)에서 불리한 증거로 작용하게 될 것을 우려하여 어떠한 형태의 사과도 하지 않겠다는 태도를 취하기도 한다.

라. 용서 베풀기

용서 베풀기는 주로 피해학생의 몫이다. 상대방의 진정이 담긴 뉘우침과 진실한 마음의 사과가 다가오면 피해학생은 마음의 문을 열고 용서를 베풀게 된다. 용서 베풀기에는 특별한 형식은 필요하지 않지만 간혹 용서를 베풀었음에도 마음속에 분노와 증오가 여전히 웅크리고 있을 수 있다. 제대로 된 용서 베풀기가 아니라 형식적이고 표피적인 용서 베풀기를 하였기 때문이다.

용서는 절대 강요될 수 없다. 용서 구하기와 용서 베풀기는 인간의 마음과 결심으로는 다다를 수 없는 신의 영역이라는 지적이 있다. 그만큼 어렵다는 것이다. 용서 베풀기를 결심하고 용서한다고 말을 하고 나서도 한 동안 감정은 울렁거리고 슬픔과 분노, 억울함과 배신감 등에서 빠져 나오지 못할 수 있다.

용서 베풀기 과정에서 중요한 지점 하나는 피해학생과 그 부모의 용서 베풀기의 문법frame과 강도, 깊이가 다를 수 있다는 점이다. 학교폭력(괴롭힘)으로 큰 상처를 입은 가정의 경우 그 책임의 소재를 두고 아버지와 어머니가 갈등을 겪는다. 두 사람 중 한 사람이 더 많은 상처를 받고 자녀에게 더 많이 미안하고 죄스러운 마음을 가지게 되어 일상을 포기하고 문제 해결에 전념한다. 사실관계를 조사하고 관련 법령을 검색하며 증거를 모으고 가해자와 학교 측에 대한 처벌 수위를 고민한다. 지인들에게 도움을 요청하고 SNS 등을 통해 호소한다. 이 과정에서 한 배우자는 상대편 배우자에게 "당신은 왜 나처럼 분노하지 않느냐고 격분한다". 혹은 내가 자녀를 사랑하는 것을 증명하는 방법으로 더 많이 분노하고 증오하며 복수하는 것이라고 여길 수 있다. 이 과정에서 정작 자녀의 용서와 회복이 외면되거나 가볍게 다루어질 수 있다. 저학년 학생들일수록 그러하다. 부모가 대신 증오하고 복수를 해 주는 과정에서 용서 베풀기는 좀처럼 끼어들기 어렵다. 하지만 부모가 자녀의 용서를 대신하려는 것만큼이나 위험한 시도는 없다. 아이들이 바라는 용서의 눈높이에 맞추어 분노의 늪에서 빠져 나와야 한다. 부모의 분노는 그대로 자녀에게 전이轉移되어 자녀는 친구들과 교사, 학교와 사회에 대해 경멸과 증오를 키워갈 것이기 때문이다.

용서 베풀기가 성공적으로 이루어지지 못하면 자녀가 학교로 돌아 왔을 경우 심리적·감정적으로 관계가 회복되지 못한 채 일상으로 떠밀려 진다. 혼란은 휴지기를 가질 뿐 언제든지 다시 재점화 할 수 있는 불씨가 된다. 용서는 가장 실용적이며 실제적이고 오래 가는 복수가 된다. 용서는 '지금' '여기'와 미래를 제어할 수 있는 힘뿐만 아니라 과거에 일에 휘둘리지 않는 힘을 가지게 해 주기 때문이다(Marina Cantacuzino마리나 칸타쿠지노, 2018:41).

마. 용서 근육 만들기

용서는 어느 날 갑자기 깨달음을 통해 폭포처럼 주어지는 선물이라기보다는 자신의 고통스러운 과거와 화해함으로써 상처와 아픔을 끌어안고서라도 계속 살아감 힘을 잃지 않고 해결책을 찾아 앞으로 나아가는 과정이다(Marina Cantacuzino마리나 칸타쿠지노, 2018:272).

용서는 연습이다. 용서는 연습으로 형성된 근육이다. 용서를 하였음에도 불구하고 분노와 슬픔, 미움과 증오는 수시로 찾아온다. 하지만 어둠을 몰아내는 것은 더 큰 어둠이 아니다. 미움을 미움으로 갚으면 미움만 더욱 늘어날 뿐이다. 빛만이 어둠을 몰아낼 수 있다. 사랑만이 미움을 물리칠 수 있다(Johann Cristoph Arnold요한 크리스토프 아놀드, 2015:69).

복수를 선택하면 분노하는데 삶을 다 소진하게 된다. 분노 역시 만족을 원하고 그 것이 습관이 되기 때문이다. 인간의 감정은 습관에 익숙하다. 분노에 가득 찬 사람은 평소처럼 분노하는 것이 자기 자신에게 더 편안하다. 그래서 감정도 근육처럼 익숙해진다. 용서 근육은 우리를 분노와 미움의 감옥에서 벗어나 자신의 삶을 살아갈 수 있도록 인도한다. "원한은 스스로 독을 마시고 적이 죽기를 바라는 것과 같다"는 Nelson Rolihlahla Mandela넬슨 만델라의 말을 기억하라. 용서는 어쩌면 신과 인간만이 할 수 있는 지고한 가치다. Hannah Arendt한나 아렌트의 지적처럼 "용서를 통해 우리가 저지른 잘못의 결과에서 벗어나지 않으면 돌이킬 수 없는 과거에 갇혀 행동하는 능력마저 잃고 말게 된다. 마치 마법의 주문을 풀지 못하는 주술사처럼 자신이 저지른 잘못의 희생자가 되는 것"이다.

2. 용서의 나라

가. 용서하는 인간 (인간만이 용서한다)

Desmond Mpilo Tutu데스몬드 투투 대주교(남아프리카 공화국, 1984년 노벨평화상 수상)는 "용서가 없인 미래가 없다"라고 말한다. 용서는 인간만이 할 수 있는 가장 고귀한 가치이다. 인간이 동물과 구분되는 두 가지는 유머와 용서이다. 용서를 결심하는 일과 실천하는 일은 강둑에 앉아 수영을 머릿속으로 강을 건너는 것과 실제 물속에 뛰어 들어 강을 헤엄치는 것만큼이나 간격이 크다.

성폭력의 생존자와 가해자가 함께 써 내려간 기적의 대화라는 부제의 "South of Forgiveness" 한국어 판 제목 – 용서의 나라(2017)는 Thordis Elva 토르디스 엘바와 Tom Stranger톰 스트레인저 두 사람의 실제 이야기를 들려준다. 열여섯 살 때 파티에서 첫 사랑으로부터 성폭력을 당한 뒤 섭식장애, 알코올중독, 자해 등으로 고통 받던 토르디스가 가해자와 8년간 메일을 주고받으며 끊임없이 그 날의 일을 되새겨본다. 마침내 "용서만이 유일한 길이며 그가 용서를 받을 자격이 있든 없든 나는 평화를 누릴 자격이 있다"라는 결론을 내리고 가해자를 만나기를 결심한다. 지구 정반대편에서(아이슬란드와 오스트레일리아) 출발한 두 사람은 가운데 지점인 남아프리카 케이프타운에서 9주일 간 용서 여행을 함께 한다. 성폭행 이후 무려 16년 만에 결혼을 앞둔 토르디스의 제안에 톰이 응답한다. 두 사람의 용서 여행은 모든 사람의 상식에 벗어난다. 토르디스는 용서의 핵심을 "짐을 덜되 그 짐을 다른 사람에게 넘기지 않는 것이라고 본다. 그 짐이 원래 그 사람의 몫이었다 하더라도. 그 무거운 돌을 소유한 사람이 바뀐다고 해도 악순환이 계속 된다면 무슨 의미가 있을까?" 증오를 가지고 생활하는 사람은 무거운 맷돌을 지고 헤엄치는 사람과도 같다.

나. 복수는 미래에 던져진 폭탄

"모든 복수의 행동은 미래에 던져진 시한폭탄이다"(Alexander Ashly알렉산더 에슐리). 영화 "Death Sentence"를 보았다. 2007년 James Wan제임스 완 감독이 만든 미국영화로 Kevin Norwood Bacon케빈 베이컨 주연의 B급 영화이다. 진정으로 원하지 않았지만 누구에게나 일어날 수 있는 일이 일어났을 때 나는 어떤 선택을 할 것인가? 화목한 가정의 가장이자 보험회사의 유능한 간부인 케빈이 지역 갱단의 신고식(첫 번째 사람 살인)으로 장남 브렌든을 잃고 복수를 하는 내용이다. 일반적인 영화에서는 보통 아버지가 John Wick존 윅의 Keanu Reeves키아노 리브스나 Taken테이큰의 Liam Neeson리암 니슨으로 전직 특수부대 요원 등의 경력을 가졌다. 가해를 한 범죄 집단을 초토화 시키는 것으로 해피엔딩이 된다. 하지만 이 경우 살인은 살인으로, 더 큰 살인으로 값아 주지만 가족을 잃고 마침내 자신의 목숨도 잃게 된다. 누구를 위한 복수이며 무엇을 증명하기 위한 복수일까? 복수를 통해 얻은 것은 무엇이며 그 것을 교환할 만큼 가치 있는 것이었던가? 그렇다고 아무런 복수도 하지 않아야 하는가?

영화 "밀양密陽"(이창동 감독, 2007, 전도연, 송강호 주연)에서는 하나뿐인 아들을 살해한 범인을 용서하기로 교도소로 찾아간 어머니(신애)에게 살인자는 평화로운 얼굴로 행복에 가득 찬 표정으로 "자신의 죄를 하느님께 다 용서받았으니 자매님도 평화를 누리시라"고 권고한다. "내가 용서하지 않았는데 신이 왜 용서를 먼저 하느냐?"고 절규한다. 그 것은 참된 용서였을까? 피해자의 동의 없는 신의 용서는 가능한 것일까?

다. 용서하기 결심과 실천 사이

용서의 고결한 가치와 용기 있는 선택에 대해 많은 사람이 칭송한다. 하지만 당사자가 되면 누구도 그에게 용서를 강요할 수 없다는 것을 알아야 한다. 용서를 생각하는 일과 결심하는 일 사이에 많은 지뢰밭이 있고 과정이 있기 때문이다. 그 것이 실천되는 일은 기적이나 다름이 없다. 모든 용서는 기적이다.

아우슈비츠에서 생존한 두 위대한 유태인 작가 중 한 사람은 Logotherapy 로고테라피(의미요법)를 창시한 Viktor Frank빅터 프랭클, 다른 한 사람은 이탈리아의 작가인 Primo Michele Levi프리모 레비이다. Viktor Frank은 죽음의 수용소에서 1//20의 생존확률을 넘어서 3년이라는 세월을 꿋꿋이 견뎠고 92세의 나이로 삶을 마감했다. 그는 "자신의 삶에서 어떤 의미를 찾고자 하는 것이 인간의 원초적인 동력"이라고 보았다. 하지만 "이것은 인간인가?"라는 책의 뛰어난 작가인 레비는 67세에 투신자살로서 생을 마감했다. 나는 이 두 사람의 삶을 감히 비교하거나 평가할 수 없다는 것을 잘 알고 있다. 그럼에도 불구하고 프리모 레비가 한 말이 기억에 남는다. "나는 범죄자들을 한 사람도 용서하지 않았다. 지금도 앞으로도 그 누구도 용서할 생각이 없다"(Primo Levi, 2007:270). Friedrich Nietzsche니체는 "삶의 이유를 아는 사람은 거의 모든 방식의 삶을 견딜 수 있다"라고 말한다. 용서를 결심하는 일과 실천하는 일은 거리가 멀지만 아이들에게는 매우 가깝다. 어릴 때부터 크고 작은 잘못에 대해 정확하게 사과하고 용서를 구하고 용서를 베푸는 연습을 하는 것이 회복탄력성이 있는 건강한 삶의 근육이 된다. 용서는 끊임없는 연습의 산물이며 근육이다.

라. 용서는 인간을 신성神性,holyness으로 이끈다

"용서는 인간을 인간답게 만드는 유일한 길이다"라고 주장하려다가 필자는 "용서는 인간이 자신의 내부에 있는 신성(신성-holyness)의 문으로 들어가는 행동이다"라고 바꾸고자 한다. 인도와 네팔 지방의 인사인 나마스테는 "내 안의 신神, god이 당신 안에 계신 신神, god에게 절합니다"라는 뜻이다. 불가에서도 "성불成佛 하십시오"라고 인사한다. 모든 사람들의 마음속에 있는 부처님의 본성本性을 찾으라는 것이다. 영화 아바타에서 원주민인 나비 족이 서로에게 하는 인사는 "나는 당신을 봅니다 – I See You"이다. 이 표현은 제임스 카메룬 감독이 남아프리카를 여행할 때 원주민인 Kurffe족의 실제 인사말에서 인용했다고 한다. 이 우주에 단 한 사람 내가, 전 우주에 단 한 사람 당신을, 온 존재와 마음을 다하여 바라보는 것, 이것이 '나는 당신을 봅니다' 라는 뜻이다.

용서는 불안전한 인간이 신을 흉내 내는 행위이다. 주기도문은 신에게 비는 용서를 "우리에게 잘못한 이를 우리가 용서하듯이"해 주시기를 청한다. 인간이 신의 모습을 닮아 실천할 수 있는 것은 나에게 잘못한 이를 용서하는 것이다. 용서는 인간을 신성으로 이끄는 손길이자 관문이다. 누구나 용서할 수 있는 사람을 용서하는 것을 용서라고 말하지 않는다. 그래서 용서는 인간의 영역이 아니라 신의 영역이라고 말하는 것이다. "평화를 위해서라면 용기 있는 사람은 용서하기를 두려워하지 않는다"(Nelson Rolihlahla Mandela넬슨 만델라). 결국 용서는 평화를 위한 것이다. 평화를 가질 용기가 있는 사람은 용서를 선택할 수 있다. 용서는 선택의 문제이다. "실수는 인간이 하고 용서는 신이 한다" 그러나 신이 용서를 할 수 있도록 선택하는 것은 인간이다. "약한 사람은 절대로 용서할 수 없다"(Mahatma Gandhi간디). 용서는 강자의 속성이기 때문이다.

용서라는 저울의 양 쪽 끝에 선 사람들은 성 범죄의 가해자이든 피해자이든 간에, 영혼 없는 괴물도 아니고 파손된 물품도 아니다. 그냥 사람이다(466). 구부러질지언정 부러지지 않은 영혼의 실례實例를 통해 나도 당신도 용서의 나라로 들어서기를.

15과 _____

가해학생: 진심으로 뉘우치기·용서 편지쓰기

1. 진심으로 뉘우치기의 과정

정의의 기본은 잘못을 저지를 사람이 책임을 지고 그에 합당한 처벌을 받는 것이다. 나쁜 행동을 했다면 그 결과는 반드시 책임져야 한다. 정의가 외부적이든 내부적이든 제대로 실현된다면 책임은 가해자가, 실현되지 않는다면 피해자가 질 것이다(타인의 비열한 행동은 얼마든지 용서할 수 있지만 당사자가 잘못을 인정하고 뉘우칠 때에만 효과가 있고 용서를 인정할 수 있다. 가해자가 자신의 잘못을 인정하면 그때까지 피해자가 가슴에 품고 살았던 회환과 죄의식을 가해자에게 지울 수 있다. 피해자 역시 자신을 용서해야 한다. 가해자에게 느껴서는 안 되는 공격충동을 느끼는 자신을 용서해야 한다(Gabrielle Rubin가브리엘 뤼벵, 2009). 그러므로 가해학생의 진심어린 뉘우치는 행위가 피해학생의 피해를 회복하는 첫 단추가 된다.

가. 자신의 잘못을 인정하기(머리)

자신의 잘못을 인정하는 행위는 용기 있는 사람만이 할 수 있다. 비겁한 사람은 자신의 잘못은 외면한 채 상대방에게 책임을 전가하고 상대방의 잘못에만 주목한다. 자신이 제공한 잘못된 말이나 행동, 태도는 어쩔 수 없었거나 상대방이 자극을 하였기 때문이라고 변명하다. 자신의 잘못된 행동의 결과에 대한 책임을 인정하지 않는 행동은 용서와 화해를 가로막는다. 이들의 행동은 무책임하다. 그 이유는 자신의 자아가 통합되어 있지 못하고 자율적이지 않기 때문이다. 통합된 건강한 자아를 발달시키지 못한 까닭에 건강한 자아를 발전시킬 심리적 자양분을 갖지 못하고 과도한 자기 방어에 빠지게 되는 것이다 (Edward L. Deci·Richard Flaste에드워드 L. 데시·리처드 플래스터, 2011). 이런 형태의 과도한 자기 방어의 극명한 형태는 "예루살렘의 아이히만"(Hannah Arendt한나 아렌트, 2006)에게서 목격할 수 있다. 그는 유대인의 학살을 열정적으로 실행에 옮기고도 양심의 가책이 없었다. 법과 제도에 따라 자신의 임무를 수행한 것뿐이며 자신은 명령받은 대로 "수백만 명의 남녀와 아이들을 상당한 열정과 가장 세심한 주의를 기울여 죽음으로 보내었다" Hannah Arendt한나 아렌트는 이를 "악의 평범성"이라고 부르며 성찰 없는 지식인의 위험을 경계하였다. 학생들의 경우 자신이 상대방에게 고통과 피해를 주었음에도 불구하고 그 것을 인정하지 않는 태도는 우리 사회의 잠재적 갈등 요인이 될 것이다.

자신의 잘못을 정확하게 인식하는 것이 필요하다. 그 인식은 인지적인 동의가 포함된다. 일반적으로 에니어그램의 머리형들은 논리를 따져서 자신의 잘못과 상대방의 잘못을 설명하고자 한다. 먼저 잘못한 부분에 대한 정확한 인정이 문제 해결의 출발점이 되어야 한다. 머리형은 가해학생은 이 것이 가능하다. 특히 상대방 학생이 머리형이라면 자신이 무엇을 잘못했는지 상대방이 정확하게 인정하면 해결의 열쇠를 가지게 된다.

나. 자신의 잘못을 아파하기(가슴)

가슴형들에게는 잘못을 인정하는 것만으로는 부족하다. 가해학생이 너무나 쉽게 혹은 빨리 자신의 잘못을 인정하더라도 사과만 하면 혼란에 빠질 수도 있다. 자신이 겪는 마음의 고통을 공감해 주어야 한다. 자신의 마음이 얼마나 슬픈지 아픈지 함께 이해하고 공감하는 것이 문제해결의 출발점이다.

이들에게 필요한 사과는 "얼마나 마음이 아프고 속이 상했는지" 물어 보는 것이다. 그 것을 인정하고 공감하는 것이다. 피해학생의 부모(가슴형)들도 그러하다. 상대방이 "미안하다"고 말 한마디만 하면 해결될 것인데 그 말을 하지 않는다는 것이다. 그래서 이 억울함을 해결하기 위해 끝까지 가겠다는 것이다.

한편, 가슴형들은 자신의 아픔에 빠져 정확한 사실관계의 인식과 직접적인 표현에 인색할 수 있다. "내가 마음이 많이 아프다"라고 표현하면 상대방이 다 이해할 것이라고 짐작할 수 있다. 그러나 상대방이 가슴형이 아닐 경우 "마음이 너무 아프다"식의 표현은 오히려 사과를 제대로 하지 않는 것이라는 오해를 불러 올 수도 있다.

그럼에도 불구하고 용서의 핵심은 상대방의 고통에 대한 공감이기에 가슴을 사용하는 것이 중요하다. 머리로 인식하고 직접적으로 고백하는 행위를 할 때 가슴이 함께 하여야 진정성이 된다. 진심어린 사과와 용서는 가슴이 함께 해야 하는 것이다.

다. 자신의 잘못을 고백하기(배)

진정한 사과는 머리(사고)와 가슴(감정), 장(행동)이 함께 해야 한다. 즉 잘못을 인지認知하고 마음 아파하며共感 입으로 발화하여行動 사과하기(용서빌기)를 하는 것이 중요하다. 어느 하나가 부족하여서는 안 된다. 상대방의 힘의 중심을 이해하지 못하면 용서는 방향을 잘못 선택하여 허공에 뿌려진 씨앗이 된다.

자신의 잘못을 인정하고 고백하는 행동은 용기가 필요하다. 연습이 필요하다. 용서는 근육이다. 용서는 일순간 일어나는 깨달음이 아니다. 자신의 잘못을 비는 용서를 고백하기 위해서는 맨 처음 엄청난 에너지가 필요하다. 자전거를 처음 배울 때처럼 최초의 출발이 중요하다. 그 다음에는 관성에 의해 방향을 설정하면 된다.

인간은 누구나 살아가면서 크고 작은 잘못을 저지른다. 작은 잘못은 사과하고 큰 잘못은 용서를 빌며 매우 중대한 잘못은 사죄를 빌어야 한다. 사과할 잘못에 용서를 빌거나 사죄하는 것은 비굴하고 사죄를 하여야 할 잘못을 '통석의 염惜'[1]http://www.ohmynews.com/NWS_Web/view/at_pg.aspx?cntn_

---

1 1990년 5월 노태우 대통령이 일본 국왕 아키히토를 방문하였을 때 식민통치와 관련하여 한 이야기. 유감이라는 정도의 말로 안타깝다는 정도의 표현

cd=A0000316529 통치는 일본의 사과에 한국인들이 분개하는 것이다. 잘못한 만큼 사과 혹은 용서, 사죄를 하여야 한다. 학교폭력으로 투신한 희생학생의 집에서 가해학생과 그 부모는 사과와 용서를 넘어 사죄를 하여야 한다. 사과와 용서, 사죄하기를 통칭하여 '용서 구하기'로 명명하고자 한다. 용서 구하기의 마지막 완성은 직접적인 대면 상황에서의 발화이다. 이 때 상대방이 진정성을 느낄 수 있도록 용서를 구하는 것이 관건이다. 그러기 위해서는 가해학생이 진심으로 뉘우치고 그 것이 태도와 말 빛에 함께 녹아 있어야 한다.

라. 사과가 용서로

"미안 해"는 사과가 아니다. 이는 유감regret의 표현일 뿐 완전한 사과가 아니다. 하지만 하며 변명을 붙이는 사과는 역효과를 부른다. 미안하다고 했을 때 구체적으로 무엇이 미안한지 표현해야 한다. 유감을 넘어서 자신의 책임을 인정한다는 표현 "내가 잘못했어"이 포함되어야 한다. 사과를 할 때는 앞으로 같은 문제가 발생하지 않도록 하겠다는 개선의 의지와 보상 의사를 표현해야 한다. 사과는 재발방지를 약속해야 한다. 마지막 단계가 용서를 청하는 것이다. 말 그대로 "나를 용서해주겠니?"라고 표현하는 것이다. 용서를 구하는 사람만이 진정한 용서를 얻을 수 있다(김호·정제승, 2011).

2. 용서 편지쓰기

가. 자신에게 쓰는 용서 편지

"자신을 사랑하지 않는 사람은 다른 사람도 사랑할 수 없다"라고 한다. 마찬가지로 "자신을 용서하지 못하는 사람도 다른 사람을 용서하기 어렵다". 용서란 자아와 자아의 문제이다. 불행했던 기억을 무의식 속으로 밀어 넣고는 진정으로 용서했다고 생각할 수 있다. 즉, 상처를 잊고 평화를 되찾았다고 믿는 것이다. 그러나 이 때부터 침묵하기 시작한 외상은 언젠가 가면을 쓰고 나타나 신경증이나 신체장애의 형태로 발현된다(Gabriele Rubin가브리엘 리벵, 2009:16). 실상 가해자(관련학생)가 피해자의 용서도 얻기 전에 자신을 미리 용서하고 그 마음이 자유로워졌다면 용서는 잔인한 권력 게임이 될 수도 있다. 여기서 용서란 진정어린 뉘우침 뒤에 일어나는 자신을 향한 용서를 뜻한다.

용서 하는 것은 손해 보는 것이 아니라 복수와 보복의 악순환, 미움과 분노의 감옥에서 풀려 평화를 얻는 것이다. 용서는 평화와 행복으로 가는 문이다. 낮고 좁아서 몸을 구부리지 않으면 들어갈 수 없다(John Cristoph Arnold요한 크리스토프 아놀드, 2015). 용서를 위해서는 자신을 낮추고 겸손하게 하는 특별한 구부림이 있어야 한다. 실상 삶 속에 어떤 특정한 사건이 일어난 것 자체가 인생에 10%를 차지한다면, 그 일에 내가 어떻게 반응하는지가 나머지 90%를 차지한다(재인용, 요한 크리스토프 아놀드, 2015:22). 가해학생이 자신을 용서하는

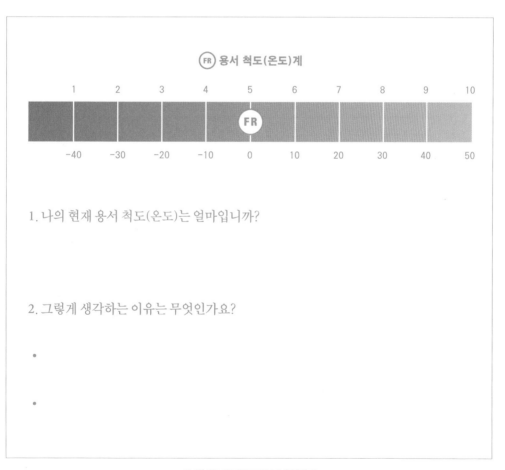

<그림19> 용서척도(온도)측정하기

행위는 피해학생의 회복을 돕고 자신 역시 이번 경험으로부터 성장하고자 하는 반응의 한 부분이다. 이를 위해 먼저 자신이 현재 위치하고 있는 용서감정 척도를 측정해 본다.

자신에게 용서 편지를 쓰기 전에 용서척도 측정하기 〈그림19〉를 통해 용서를 위한 자신의 감정척도에 어디쯤에 위치해 있는지 스스로 점검하여 본다. 그런 다음 자신에게 편지를 쓰게 된다(〈그림20〉 자신에게 편지쓰기). 이번 일을 겪으면서 든 자신의 느낌이나 감정들을 자유롭게 적어본다.

이제 친구에게 편지를 쓴 다음 자기 자신에게 편지를 써 봅니다.
자신에게 하고 싶은 말과 결심을 써 봅시다

_____

_____

_____

_____

〈그림20〉 자신에게 편지쓰기

나. 부모님께 쓰는 용서 편지

아동 및 청소년 시기는 자아정체감을 향하는 과정에 있다. 이 시기 아동이나 청소년들이 보이는 어려움은 배후에 부모와 관계가 관련된 경우가 많으며 이것은 치료의 성과에도 밀접한 영향을 끼친다(김유숙, 2008:22). 잘못은 자녀가 하였는데 왜 부모를 개입시키는가? 아동들은 미성년자이기에 그 부모에게 지도에 관한 책임이 있다. 또한 부모는 자기 자녀에게 일어난 일들에 대해 알 권리가 있다. 무엇보다 아동의 회복을 위해서 부모의 개입은 절대적으로 필요하다. 학교폭력(괴롭힘)의 경우 가해자 보호자인 부모에 대한 교육이 함께 부과된다(학교폭력예방법 제17조).

학교폭력(괴롭힘)의 가해자 학생이 그 부모에게 편지를 적는 것은 어떤 의미가 있을까? 내가 친구들에게 괴롭힘 행동을 하였다는 것을 아신 부모님은 어떤 마음이었을까요? 부모님께 편지를 써 봅시다. 이 활동을 통해 관련학생이 자기 부모님께 끼친 피해를 생각하고 용서를 비는 마음은 상담이론 중 내관內觀요법의 과정과 유사하다. 필자는 이를 법무부 소속 소년원학교에서 학생들을 대상으로 연간 10회 정도를 4박 5일간 실시하였다. 그 효과는 매우 강력했다. 3가지 주제를 집중적으로 묵상하게 되는데 내담자는 자신에게 가장 영향을 끼친 사람 한 분을 선택한다(대부분 어머니를 선택한다). 첫 번째 단계는 "내가 부모님께 받은 사랑", 그 다음이 "부모님께 끼친 걱정", 마지막 단계가 "부모님께 돌려 드려야 할 것"이다. 부모에게 편지쓰기를 통해 학생들은 짧지만 부모의 마음을 짐작하고 사랑을 생각하며 돌려 드려야 할 것들에 대해 묵상하게 될 것이다(과제로 제시함).

자기 부모님께 편지를 적어봅시다

※ 내가 친구들에게 괴롭힘 행동을 하였다는 것을 아신 부모님은 어떤 마음이었을까요? 부모님께 편지를 써 봅시다.

_____

_____

_____

_____

〈그림21〉 부모님께 편지쓰기

다. 상대방에게 쓰는 용서 편지

상대방에게 쓰는 용서 편지는 〈그림22〉에 제시하였다. 내가 친구에게 괴롭힘 행동을 하였을 때 상대방 학생의 마음은 어떠하였을까? 실상 학교괴롭힘의 과정에서 가장 결핍된 것이 상대방의 마음을 이해하기였다. 상황을 한 발 물러서서 재구성 하다보면 당시 상황에서는 보지 못하였던 것이 보이고 느끼지 못했던 감정들을 느끼게 된다. 그 마음을 상대방에게 전달하는 편지를 쓰는 것이다.

관련 학생에게 편지를 적어봅시다

※ 내가 친구에게 괴롭힘 행동을 하였을 때 상대방 학생의 마음은 어떠하였을까요? 편지를 써 봅시다.

_____

_____

_____

_____

〈그림22〉 상대방에게 편지쓰기

라. 친구들에게 쓰는 용서 편지

학교폭력(괴롭힘)은 가해학생과 피해학생 두 당사자 간의 문제만이 아니다. 학급이라는 집단에서 일어나고 역동을 형성한다. 따라서 친구들과의 관계를 회복하는 것 역시 매우 중요하다. 학급친구들에게 편지 쓰기라는 제목으로 〈그림23〉 친구들에게 편지쓰기에 제시하였다. 내용은 내가 괴롭힘 행동을 하였을 때 우리 반 친구들은 어떤 마음이었을까? 학급 친구들에게 편지를 써 봅시다. 청소년들에게 또래 관계는 매우 중요하다. 부모나 가족에 대한 의존도가 낮아지면서 또래집단에 대한 의존도가 높아지는 시기이다(김유숙, 2008: 36).

우리 반 친구들에게 편지를 적어봅시다

※ 내가 괴롭힘 행동을 하였을 때 우리 반 친구들은 어떤 마음이었을까요? 편지를 써 봅시다.

_____

_____

_____

_____

〈그림23〉 반 친구들에게 편지 쓰기

가해학생의 경우 한 학생에게 비난 받는 것은 견딜 수 있을 것이라고 생각할 수 있지만 모든 학급 구성원들을 대상으로 비난받는 것은 선택하지는 않는다. 따라서 너의 행동이 학급공동체에게 영향을 끼쳤으며 관계 역동을 회복하기 위해 학급 구성원들에게 편지를 쓰는 행동을 시도하도록 과제를 부여하는 것이다(과제로 제시할 수 있음).

마. 담임교사에게 쓰는 용서 편지

누구나 이 세상에 태어나 최소한 10여년은 진심 어린 한 사람이 필요하다. 아이들이 정신적 건강함을 잃었을 때 다양한 방법으로 도와달라는 신호를 보낸다. 그 다양한 신호를 읽어 내는 것, 그 것이 사랑이며 사랑하는 사람의 의무이다. 마음이 힘든 아이를 돌봐주는 단 한 명의 어른만 있으면 아이는 변한다. 사실 그 역할을 할 수 있는 0순위에 있는 사람이 바로 교사이다(권영애, 2016, 재인용).

담임교사는 가르치는 사람이라기보다는 아이들의 가장 큰 거울이 되어 주는 환경이다. 아이들에게 가장 큰 영향을 미치는 교실 환경이다. 가르침은 교과서 지식 이전에 아이의 삶 전체를 측은지심으로 바라보는 것이 먼저이다. 학교생활 전체가 아니어도 좋다. 인생의 어느 한 해 특정한 담임교사와의 만남은 아이의 삶을 송두리째 바꾸어 놓는다. 담임교사와의 관계는 그러하다.

학교폭력(괴롭힘) 학생이 회복을 위해서는 담임교사와의 관계를 회복하는 것이 필수적이다. 담임교사에 대한 불신을 소유한 채 남은 학교생활을 하는 것은 수업에 집중뿐만 아니라 학교생활 전반에 걸친 불편함의 원인이 된다. 전학을 간다고 해도 새로운 담임에 대한 불신도 예약되어 있다. 결국 학교와 담임교사에 대한 기본적 불신에서 출발하는 학생과 학부모는 학교로부터 긍정적 배움을 얻는 것에 어려움을 겪는다. 특히 부모로부터 자기 담임교사의 부정적 모습에 대해 집중적으로 비난과 폄훼의 평가를 들은 학생들의 경우 가치관의 혼란을 겪게 된다. 이 경우 학생들이 건강하지 않다면 대부분 부모의 의견에 동의를 하게 될 것이다. 이것이 죄책감으로부터 도피하고 자신을 합리화하는 쉬운 방법이기 때문이다. 많은 경우 부모가 끼어들어 교사와의 관계를 회복불능으로 만드는 것은 또 다른 슬픈 자화상이 된다. 〈그림24〉에서 내가 괴롭힘 행동을 하였을 경우 담임교사는 어떠한 마음이었을까? 편지를 써 보는 것은 관계 회복을 위한 손 내밀기로 매우 효율적이다.

우리 반 담임선생님께 편지를 적어봅시다
※ 내가 괴롭힘 행동을 하였을 때 담임선생님은 어떤 마음이었을까요? 편지를 써 봅시다.

〈그림24〉 담임 선생님께 편지 쓰기

3. 글쓰기의 치유 효과

글쓰기는 치유를 위한 탁월한 도구이다. 단 한 문장만으로도, 서툰 글 솜씨로도, 아무렇게나 끼적인 낙서로도 치유의 효과가 나타나기 때문이다. 내면의 상처를 회복하고 한층 더 성숙한 의식을 갖기 위해 글쓰기를 시도하는 것, 그것이 '치유하는 글쓰기'이다(박미라, 2008: 5). 글쓰기는 자신의 느낌과 생각을 솔직하게 표현하는 것이다(이만교, 2009). Madame Bovary보봐리 부인으로 유명한 프랑스 작가 Gustave Flaubert플로베르는 "한 가지 생각을 표현하는 데는 오직 한 가지 말밖에는 없다"라고 하였다. 자신의 감정을 정확하게 표현하기 위해서는 글쓰기가 필요하다. 치유하는 글은 자기 수용이다. 자기 수용을 통해 지나간 나의 잘못을 인정하고 그 모습은 내가 아니라고 말하며 애쓰고 고통 받았던 스스로를 위로해 주어야 한다(박미라, 2008: 176).

글을 쓰는 행위는 자신과 만나는 일이다. 자신에게 말을 거는 것이다. 자신과 직면 하는 일이다. 김상인(2000: 192)은 심리학용서사전에서 직면 confrontation을 "내담자가 인식하지 못하거나 인정하기를 거부하지만 은연중에 내포된 내담자의 생각이나 감정에 주의를 집중시키는 상담기법"이라도 말한다. 하지만 모든 사람에게 직면을 권장할 수는 없다. 직면하기는 자신의 부족함과 미숙함에 대한 지적을 감당할 수 있는 심리적 에너지가 있어야하기 때문이다. 여기에서 말하는 글쓰기는 깊이 있는 내적 자아와의 만남, 내면의 성찰을 지향하지만 자기 자신에게 물어보고 스스로 대답하는 일이라고 생각하면 좋겠다.

글을 쓸 때 우리는 누군가 대화하는 느낌을 받게 되는데 대화를 나누는 동안 고통을 홀로 짊어져야 한다는 외로움이 서서히 사라지고 안온해 지는 효과가 있다. 그런 점에서 글쓰기는 자신의 내면과 대화하는 일이다. 나의 마음 상태를 관찰하는 일이다. 편견을 조금 더 내려놓고 자신을 돌아보는 일이다(박미라, 2008). EFRG 모델에서의 글쓰기는 혼자서 쓰는 글쓰기를 넘어서 함께 쓰는 글쓰기가 포함되어 있다. 즉, 매 순간 주어진 실습 과제를 하면서 지도자와 대화를 하고 함께 완성해 가는 작업이다. 이 과정은 공감으로 환원되고 순환된다.

글쓰기는 완성된 문장으로도 의미가 있겠지만 학교폭력에 노출된 학생들에게 글쓰기는 그 자체가 하나의 고통 혹은 귀찮은 과제 일 수 있다. 유난히 글쓰기를 싫어하는 학생들도 있다. 이들에게는 글쓰기 대신 말로 표현하기를 하여도 좋다. 말로 하는 글쓰기는 대화이고 이 대화를 기록하는 것이 글쓰기이다. 말은 휘발성이 있어 발화되는 순간 사라진다. 자신이 표현한 숱한 생각과 감정들이 허공으로 흩어져 버리는 대화를 마음속에 붙들어 놓고 싶은 필요성 즉 목마름을 불어 일으키는 것이 지도자의 덕목이다. 흔히 "말을 물가까지 끌고 갈 수는 있지만 물을 먹일 수는 없다"라는 말로 최종적인 책임을 학생에게 돌릴 수 있다. 그러나 좋은 지도자는 "말이 목말라 갈증을 느끼도록 유도한다. 스스로 물가를 찾도록 안내 한다".글을 쓰고 싶은 마음이 들소 있도록 감정 카드의 내용을 적어 보는 것도 글쓰기이다. 몇 개의 감정카드가 연결되면 문장이 되고 이것이 글쓰기가 된다. 글쓰기는 자신을 위로하고 자신과 화해하며 자신을 성장으로 이끈다.

피해학생: 용서표현 수용하기·용서 베풀기

1. 용서표현 수용하기

나에게 잘못한 행한 상대방이 자신의 잘못을 인정하고 용서 구하기 즉 사과,
용서, 사죄를 해 왔을 때 그 것을 수용할 것인가에 대한 문제이다. 용서를 구하
는 것도 어렵지만 용서를 베푸는 것은 몇 배나 더 힘들다. 피해자가 겪는 고통
은 더 직접적이고 내면으로 스며들기 때문이다. 자신의 존재 자체에 대해 자
기 존중감이 사라지고 붕괴되는 과정을 겪으며 원인을 제공한 상대방에 대한
분노와 원망의 감정이 큰 에너지로 응축되기 때문이다. 상대방의 용서 구하기
가 빠른 시간에 직접적으로 시도 되었다면 용서 베풀기가 좀 더 쉬울 수 있다.
하지만 우여곡절을 겪고 다양한 굴절과정을 통해 정보와 감정이 왜곡되고 뒤
틀리면 용서 베풀기는 매우 어려운 작업이 된다.

학교폭력(괴롭힘)의 피해자가 되는 경험은 가장 예민한 시기에 친밀한 공
간에서 가장 우호적이어야 할 대상으로부터 폭력(괴롭힘)을 당하는 것이다.
청소년들의 성장에 치명적인 악영향을 끼칠 뿐만 아니라 때로는 자살생각에
이르게 할 수도 있다(김지현, 2017:3).

용서 베풀기는 학교폭력(괴롭힘) 피해 대처 방안의 한 부분이다. 피해학생
의 피해를 최소화하고 학교적응을 돕기 위한 방안이다. 피해학생들의 학교적
응은 일회적인 처방이 아니라 과정process이다. 이 과정은 일방적인 용서 결심
과 행위(용서 베풀기)의 결단을 넘어 선다. 학교폭력의 피해학생이 경험하는
낙인감烙印感을 극복하고 일상으로 돌아갈 수 있는 체계적인 과정으로 제공되

어야 한다(이진숙, 2011).

가. 용서 준비(용서 척도) 이해하기

준비되지 않은 용서는 없다. 상대방이 사과를 하였다고 하더라도 내가 "괜찮
아"하고 말했다 하더라고 실제로는 괜찮지가 않다. 용서에는 준비가 필요하
다. 마음의 준비가 필요하고 인지적 준비가 필요하다. 이 과정을 거친 다음 "괜
찮다"라는 말이 발화 되어야 한다. 자신이 마음이 용서를 위해 얼마나 준비되
었는지 보여주는 척도가 용서척도이다. 〈그림25〉에서에서 피해학생은 스스
로 용서척도에 지금 자신의 마음 상태를 표시한다. 용서 척도뿐만 아니라 용

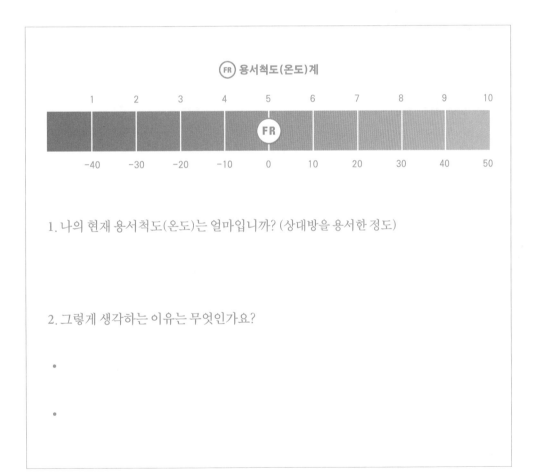

〈그림25〉 용서척도(온도) 측정하기

서에 대비한 마음의 온도를 측정하여 보는 것도 필요하다. 상대방을 용서하기에 지금 내 마음의 온도는 몇 도인가? 시베리아 벌판처럼 영하 30~40도 일수도 있고, 초겨울 날씨처럼 영하 5도 일수도 있다. 현재 나의 용서 척도 역시 숫자 5를 중심으로 평가할 때 마이너스(-) 방향으로 내려가 2, 3에 머무를 수도 있고, 무덤덤한 상태인 4~6 지점일 수도 있다. 그 척도와 온도에 대해 스스로 평가를 하는 것이 중요하다. 이것이 바로 용서 준비도를 보여 주기 때문이다. 다음〈그림25〉를을 참고 하기 바란다.

나. 피해학생이 기대하는 용서 표현

피해학생이 가해학생으로부터 기대하는 용서의 표현은 무엇일까? 사람마다 용서의 기준이 다르고 용서의 문법frame이 다르다. 기본적으로 용서에 담겨야 할 가장 큰 요소는 진정성이다. 이 진정성의 구성 요소로 박성희(2011, 이너북스)는 일치성, 통합성, 투명성, 성실성, 순수성, 현존재성, 진솔성, 신뢰성을 들었다. 학교폭력(괴롭힘) 과정에서 피해학생이 기대하는 진정어린 용서를 다음과 같이 바꾸어서 설명하고자 한다.

1) 일치성(congruence)

경험과 인식의 일치, 인식과 표현의 일치이다. 경험과 인식의 일치는 내부적 일치, 인식과 표현의 일치는 외부적 일치이다. 즉, 경험과 인식의 일치는 개인이 내면에서 느끼는 느낌과 이에 대한 지각의 일치를 뜻하고, 인식과 표현의 일치는 직한 내용과 이를 드러내는 의사소통의 일치를 뜻한다(박성희, 2011. pp. 22~23).

2) 투명성(transparency)

위 일시성 중 외부적 일치 즉, 인식과 표현의 일치가 투명성이다. 투명성은 속이 환하게 비치도록 분명하게 말하는 것이다. 즉, 거짓말하지 말라는 말이다 (박성희, 2011 : 26).

3) 순수성(genuineness)

상대를 목적으로 대하는 마음. 즉 철저하게 상대를 위하여 마음을 내는 것을 말한다(박성희, 2011: 30).

4) 진솔성(realness)

참되고 솔직하다는 뜻이다. '꾸밈', '가식', '왜곡', '과장', '가면' 없이 '있는 모습 그대로' 진솔하게 자신을 드러내는 것을 말한다(박성희, 2011: 33).

5) 통합성(integrity)

자신에게 일어나는 다양한 경험을 유기적으로 연결하는 일이다. 다양한 층위에서 일어나는 경험들에 질서와 방향을 부여함으로써 전체적으로 통일성과 일관성을 갖추게 하는 것이다(박성희, 2011: 36).

6) 성실성(sincerity)

정성스럽고 진실된 품성이다. 즉, 상대방이 우주 전체인 양 그에게 온갖 주의를 집중하고 그 사람의 말에 성실하게 귀를 기울이며 그의 세계로 온전히 파고드는 것을 말한다(박성희, 2011: pp. 38~40).

7) 현전재성(presence)

'현재'에 전체로 존재한다는 말이다. 즉, 과거나 미래가 아닌 지금 여기에서 자신이 감각하고 인식하고 느끼고 의식하고 접촉하는 등 자신에게 일어나는 온갖 현상을 거부하지 않은 채 전체로 느끼고 경험하면서 더불어 함께 하는 것을 말한다(박성희, 2011: pp. 43~44).

8) 신뢰성(trustworthiness)

믿고 의지할 수 있는 품성을 말한다. 신뢰성은 진정성의 조건이라기보다는 진정성의 목적 내지는 결과라고 보는 것이 정확하다(박성희, 2011: 46). 신뢰감이 바탕이 되어야 내밀한 부분에 대한 자기 탐색이 가능하고, 자기 탐색이 깊어 질 때 바람직한 변화와 성장이 이루어 질 수 있다(박성희, 2011: 46).

실상 피해학생이 기대하는 용서의 표현은 단순히 "미안해"라는 발화와 어깨를 툭치며 화해의 손짓을 내미는 것만으로도 용서가 이루어지기도 한다. 그러나 그 내면에는 위와 같은 심오한 마음의 작동 원리들이 기초되어 있다. 지도자는 이러한 진정성의 바탕위에서 용서 표현이 주고 받을 수 있도록 안내한다.

다. 용서 표현을 수용한다는 것의 의미

피해학생이 용서표현을 수용하는 과정에서도 편지쓰기는 유용하다. 즉, 자신에게 편지쓰기와 부모님과 상대방 학생에게 편지를 쓰는 과정을 통해 용서가 숙성되고 발효된다. 용서는 발효 과정이다. 불순물不純物이 들어가면 부패한다. 용서 과정에서 리더가 제안하는 좋은 프로그램은 효소와 같다. 진정한 용서라는 효소 액이 만들어 지기 위해서는 마음 속의 발효과정을 거쳐야 한다.

이 작업 과정을 통해 피해학생은 자신의 마음속에서 일어나는 다양한 감정들을 만나고, 내가 괴롭힘을 당한 것을 알았을 때 부모님의 심정은 어떠하였을지 짐작하여 본다. 그리고 상대방 학생은 나에게 왜 그런 형태의 괴롭힘을 하였으며 그 일에 대한 지금 나의 생각과 마음은 어떤지 만나본다.

2. 용서 베풀기

가. 용서 베풀기의 방법(상대방 학생이 쓴 편지 읽고 느낌 쓰기)

〈그림27〉상대방 학생이 쓴 편지 읽고 답하기는 상대방 학생이 피해학생에 쓴 편지를 읽고 느낌을 쓰는 작업이다. 이 작업은 직전 작업이 〈그림26〉용서징검다리의 작업과 차원이 다르다. 나에게 폭력(괴롭힘)행동을 한 행동이 자신의 행동에 대해 어떻게 생각하고 뉘우치며 반성하고 있는지, 그 결과 나에게 용서를 구하는 편지를 읽고 느낌을 쓰는 일이다. 용서수준에서 EFRG 프로그램은 먼저 가해학생과 용서 수준 전반을 작업하고 후반 작업에서 피해학생과

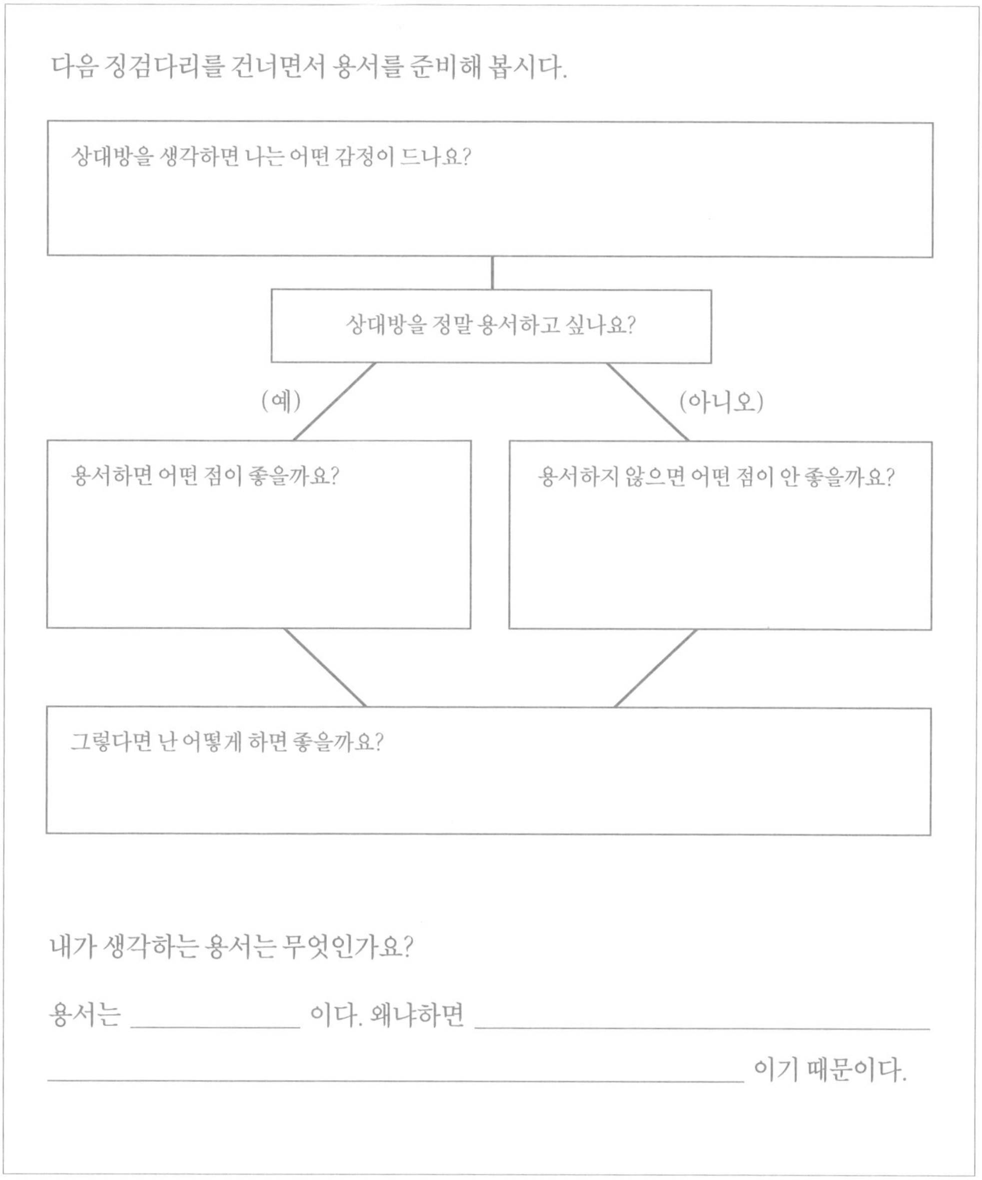

다음 징검다리를 건너면서 용서를 준비해 봅시다.

상대방을 생각하면 나는 어떤 감정이 드나요?

상대방을 정말 용서하고 싶나요?

(예)　　　　　　　　　　　　(아니오)

용서하면 어떤 점이 좋을까요?

용서하지 않으면 어떤 점이 안 좋을까요?

그렇다면 난 어떻게 하면 좋을까요?

내가 생각하는 용서는 무엇인가요?

용서는 _____ 이다. 왜냐하면 _____
_____ 이기 때문이다.

〈그림26〉 용서 징검다리

작업하게 된다. 이 과정은 용서 수준뿐만 아니라 프로그램 전체에서 가장 갈등의 전환점이 되는 작업이다. 이 과정이 성공적으로 수행되면 회복 수준에서 직접적 대면관계를 통해 용서구하기와 용서 베풀기를 할 수 있다. 만약 이 과정에서 피해학생이 가해학생이 쓴 용서 구하기(상대방에게 쓰는 편지)가 마음에 와 닿지 못한다면 용서 단계가 충분하게 진행 된 것이라고 볼 수 없다.〈그림27〉상대방 학생이 쓴 편지 읽고 답하기의 내용은 다음과 같다.

상대방 학생이 쓴 편지를 읽어 봅시다.

※ 상대방 학생이 나에게 쓴 편지를 읽고 내 느낌과 하고 싶은 말을 적어봅시다.

〈그림27〉상대방 학생이 쓴 편지 읽고 답하기

상대방 학생의 용서 구하기가 진심으로 마음에 와 닿는다면〈그림28〉용서 베풀기 편지쓰기를 작업한다. 물론 용서 구하기가 부족할 경우에도 같은 작업을 통해 자신이 느낀 점을 적어보고 제안한다.

이 작업은 다음 수준인 회복수준의 후반부 5~6교시에서 가해학생과 피해학생이 서로가 작업한 내용을 주고받는 자료로 활용된다. 용서 수준이 성공적으로 마무리 되었다면 용서척도변화를 측정한다.〈그림29〉에서 용서 수준의

상대방 학생의 용서 구하기가 진심으로 마음에 와 닿는다면

※ 상대방이 진심으로 잘못을 뉘우치고 용서를 구하는 것이라고 생각되면 용서 베풀기 편지를 써 주세요.

〈그림28〉 용서 베풀기 편지쓰기

처음 척도와 마무리 단계에서의 척도 변화를 측정하고 그 이유를 적어본다.

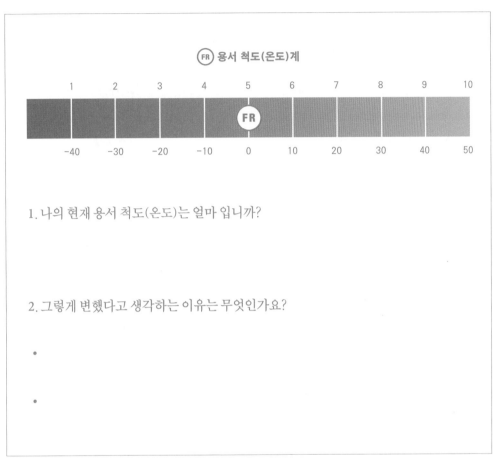

<그림29> 용서척도(온도)계

3. 용서할 수 있는 용기

가. 용서를 구하는 사람과 용서를 베푸는 사람

Paul Valent폴 바렌트(2011)는 "누구나 10초안에 살인자가 될 수 있다"는 책(원
제: In Two Minds)에서 40년 간 수천 건의 임상경험과 연구결과를 바탕으로
인간의 마음속에 감추어진 파괴적 상처가 얼마나 위험한지를 지적하였다.
"오랜 시간 마음속에 숨겨둔 비밀들로 인해 누군가는 10초안에 살인자가 될
수도, 자살을 시도할 수도 있으며 오히려 누군가는 새로운 인생을 시도할 수

도 있다"라고 주장하였다. 모든 인간 안에 존재하는 두 개의 마음 즉 Dr Jekyll and Mr Hyde 지킬과 하이드는 누구에게나 있는 일인가? 이로 인해 일어나는 모든 장애는 환자의 생물학적·심리학적·사회적 측면이 혼합되어 나타난다.

컬럼바인 고등학교 총기 난사 사건Columbine High School Massacre[1]의 두 주인공 중 한 사람인 Sue Klebold수 클리볼드는 사건 16년이 지난 뒤 "A Mother's Reckoning나는 가해자의 엄마입니다"를 펴내었다. 두 당사자인 Eric Harris에릭 해리스는 살해성향 반사회적인격장애, Dylan Klebold딜런 클리볼드는 자살 성향 우울증 환자로 보였다. 부모로서 수는 자녀의 나쁜 행동에 대해 얼 만큼의 책임과 올바른 양육에 대한 책무를 가지는 것일까?

Jean Paul Sartre사르트르는 "악은 현상이 아니다", "악의 원인을 안다고 해도 물리칠 수 없다"라고 했다. 자살로서 삶을 마감한 자신의 아들을 이해할 수 있는 부모는 없다. Gilbert Keith Chesterton체스터튼[2]은 "한 사람을 죽이는 것은 한 사람을 죽이는 것이다. 그러나 자기 자신을 죽이는 것은 모든 사람을 죽이는 것이다. 적어도 자기 입장에서는 온 세상을 없앤 것이기 때문이다"라고 지적하였다. 용서를 바라지 않는 사람을 용서할 수는 없다. 그러므로 뉘우치지 않는 사람에게 사형을 선고하는 것은 오히려 그가 원하는 것이기도 한다.

나. 가해자 가족 되기

Suzuki Nobumoto스즈키 노부모토(2014)에 의하면 영국에서 부모가 사법기관에 체포되는 아이가 해마다 1년에 15만 명 이상에 달한다. 가족의 일원이 교도소

---

1   1999년 4월 20일 미국 콜로라도 주에 위치한 컬럼바인 고등학교에서 일어난 총기 난사 사건으로 학교 학생인 Eric Harris(에릭 해리스, 1981년 4월 9일생)와 Dylan Klebold(딜런 클리볼드, 1981년 9월 11일생)에 의해 일어났다. 당시 에릭과 딜런은 12명의 학생과 1명의 교사를 죽였으며 다른 23명의 사람들에게 큰 부상을 남겼다. https://ko.wikipedia.org/wiki/%EC%BB%AC%EB%9F%BC%EB%B0%94%EC%9D%B8_%EA%B3%A0%EB%93%B1%ED%95%99%EA%B5%90_%EC%B4%9D%EA%B8%B0_%EB%82%9C%EC%82%AC_%EC%82%AC%EA%B1%B4
2   길버트 키스 체스터턴(Gilbert Keith Chesterton, 1874년 5월 29일 – 1936년 6월 14일)은 20세기의 가장 영향력 있는 영국 작가. https://ko.wikipedia.org/wiki/G._K._%EC%B2%B4%EC%8A%A4%ED%84%B0%ED%84%B4

에 들어가면 22%가 이혼을 하고 45%는 인연을 끊는다. 학교폭력(괴롭힘)의 경우 가해(괴롭힘)을 한 아동의 가정은 어떤 과정을 거쳐서 안정화될까? 아니면 그 경험은 해당 가정에서 어떤 방식으로 내면화 되는가? 부모가 범죄를 저질러 경찰서에 붙잡혀 가거나 교도소에 가는 것 못지않게 자신의 자녀가 학교폭력(괴롭힘)의 가해자가 되어 낙인화烙印化 되는 것은 부모에게는 큰 충격이 아닐 수 없다. 예전에는 "때린 놈은 발 펴고 잘 수 없지만 맞은 놈은 발을 뻗고 잔다"고 하였지만 과연 그런가? 많은 부모들은 "병신 같이 맞고 오지 말고 차라리 때리고 오라"고 가르친다. "치료비는 다 내가 물어 주겠다"고 한다. 과연 이것이 의미하는 바는 무엇인가?

학교폭력(괴롭힘)의 가해자 가족에 대한 특별한 배려가 필요하다. 연수와 교육이 필요하다. 지금 당장은 자녀로부터 부모가 치료비를 물어 주고 변호사를 고용함으로써 문제를 해결해 줄 수 있지만 그 자녀가 성인이 되었을 경우 이를 어찌할 것인가? 학교폭력(괴롭힘) 상황에서 만약 부모가 자녀에게 거짓 증언을 권장하고 진실을 감추고 책임을 상대방에게 떠넘기는 것을 성공할 경우 문제는 심각해진다. 부모에 대한 신뢰와 가족관계가 뿌리째 흔들릴 수 있다. 지금 당장은 자녀를 보호한 것처럼 보인다.

사례를 살펴보면 자녀의 학교폭력 문제를 대법원까지 소송을 끌고 가서 대학진학에 아무런 영향을 미치지 못하도록 한 부모가 있다. 생활기록부에 기록되는 것을 막기 위해 초기부터 변호사를 선임하여 재심 청구 등으로 시간을 끌어 자녀를 서울대학교에 입학 시킨 부모가 있다.

가해자의 부모가 되는 방법은 여러 가지이다. 최악의 경우 불건강한 자녀와 불건강한 부모가 만나 사실을 왜곡하고 증언을 위조하여 책임을 상대방에게 전하고 법의 허점을 마음껏 활용하는 경우이다. 이 경우 해당 학생뿐만 아니라 사건의 전개 과정을 지켜 본 모든 학생들과 학부모 공동체에 커다란 상처를 남긴다. 돈이면 무엇이든 안 되는 것이 없고 부모를 잘 만나면 있던 죄도 없어지고 없던 잘못도 죄가 되는 "유전무죄 무전유죄"의 뼈가 시린 교훈을 학교에서 배우게 된다. 그리고 학교는 아무 일도 없었던 것처럼 일상으로 돌아가기를 강요한다. 학교마다 괴담이 여전히 살아 숨 쉬는 "학교야! 너는 어디로 가니?"

　가해자 가족을 바라보는 사회의 시각은 차갑다. 그러나 부모를 무조건 비판하기보다 부모가 처한 괴로움에 공감하면서 냉정하게 원인을 찾고 개선할 수 있는 방법을 강구해야 한다(Suzuki Nobumoto스즈키 노부모토, 2014: 155). 일부 가해자 부모는 아래와 같이 말한다.

　"우리 애는 그런 애가 아니다. 우리 애가 그런 짓을 했을 리가 없다. 만약 그렇다 하더라도 나쁜 친구의 꾐에 넘어간 것이지 우리 아이가 주도적으로 그런 것은 아닐 것이다. 우리 아니도 어쩌면 피해자다. 선생님은 우리 아이가 그런 행동을 하도록 왜 버려두었는가? 직무유기가 아닌가? 이게 다 학교가 우리 아이를 잘못 지도했기 때문이다. 나도 최선을 다했다. 나는 이미 포기한지 오래다. 어쩌란 말이냐? 나 먹고 살기도 바쁜데 이런 일로 학교에 오라 가라 하지 말라. 법대로 하라."

　이러한 부모를 그대로 내 버려둔 채 가해학생을 교육하여 집으로 보내면 상황은 되풀이 된다. 따라서 부모에 대한 교육과 연수가 병행되어야 진정한 변화가 일어난다. 가해학생 부모 교육이 좀 더 강력하게 의무화 되고 필요한 전문적인 교육(연수) 프로그램이 제공되어야 한다. EFRG 부모 교육 프로그램도 개발되어 공감-용서-회복-성장 각 수준별로 4시간 내외로 개발되어 보급하기를 기대한다.

17과 _____

용서의 정원으로

레바논의 수도 베이루트에는 '용서의 정원'이 있다. 이곳은 인도주의자이자 활동가, 심리치료사인 Alexandera Asseily알렉산드라 애슬리가 품은 이상이다. 애슬리는 "모든 복수의 행동은 미래에 던져진 시한폭탄이다"라고 말한다 (Lauren Thompson로런 톰프슨, 2018). 지금 이 순간도 여러 나라와 지역에서 이념과 종교, 혹은 개인적인 이유, '묻지마' 살인과 폭력이 일어나고 있다. 불특정 다수를 향한 폭력과 살인은 현대인에게 정의와 용서에 대해 묻는다. 이것이 학교에 들어오면 학교폭력이 된다.

학교폭력(괴롭힘)으로 인한 자살과 후유증이 내가 아닌, 우리 가정이 아닌 곳에서 일어났다면 그 것은 교훈이 될 수 있다. 하지만 내가, 우리 가족이 당사자일 때 상황은 달라진다. 우리 반에서 일어난 학교폭력(괴롭힘)의 삽화는 한 사람 뿐만 아니라 학급공동체의 운명에 결정적인 영향을 끼칠 수 있다. 폭력은 잔인하고 그 영향을 깊고 끔찍하다. "용서가 없으면 미래도 없다"는 Desmond Mpilo Tutu데스몬드 투투 주교의 말처럼 희생자와 그의 가족, 학급의 선택이 이 경험을 끔찍한 외상으로 남기든가(외상후스트레스장애post-traumatic stress disorder PTSD)혹은 외상후성장post-traumatic growth PTG이 될지 결정하게 된다.

1. 우아한 거짓말들

학교폭력(괴롭힘) 과정에서 가장 많이 만나게 되는 것이 거짓말들이다. 진실과 사실 못지않게 저마다 거짓말에 대한 필요성과 필요에 따른 기억의 왜곡이 생산된다. 시간이 흐를수록 거짓말은 정교해지고 살이 붙어서 튼튼해진다. 일어난 사실뿐만 아니라 당시의 감정에 대해서도 증폭되고 왜곡된다. 영화 "우아한 거짓말"을 통해 학교폭력의 또 다른 민낯을 만나보다. 영화의 줄거리는 아래와 같다.[1]

「마트에서 일하며 생계를 책임지고 있지만 언제나 주책맞을 정도로 쿨 하고 당당한 엄마 현숙. 남의 일엔 관심 없고, 가족 일에도 무덤덤한 시크한 성격의 언니 만지 그런 엄마와 언니에게 언제나 착하고 살갑던 막내 천지가 어느 날 갑자기 세상을 떠난다. 세 가족 중 가장 밝고 웃음 많던 막내의 갑작스런 죽음에 현숙과 만지는 당황하지만, 씩씩한 현숙은 만지와 함께 천지가 없는 삶에 익숙해지기 위해 애쓴다. 그러던 어느 날, 우연히 천지의 친구들을 만난 만지는 가족들이 몰랐던 숨겨진 다른 이야기, 그리고 그 중심에 천지와 가장 절친했던 화연이 있음을 알게 된다.」

영화「우아한 거짓말」은 2013년 이한 감독에 의해 제작되었고 2014. 03. 13. 개봉되었다. 완득이(2008)로 유명한 작가 김여령이 2009년 창비에서 펴낸 책을 원작으로 한 영화이다. 주연배우로는 김희애, 고아성, 김유성, 김향기, 유아인 등의 쟁쟁한 배우들이 출연한 영화이다. 영화는 흥행에는 그리 성공하지 않았지만 관객들의 평가도 좋은 편(8.3점)이었다. 이 영화를 통해 학교폭력의

---

1 http://www.maxmovie.com/Movie/M000085109

본질과 대처 과정에서 일어나는 가족들의 심리적 묘사가 영상 속에서 탁월하다. 이 소설을 중심을 살펴보자.

가. 어느 날 찾아 온 가족의 죽음

어느 날 갑자기 내 가족 중의 한 사람이 스스로 목숨을 끊었다. 그 원인이 학교폭력으로 밝혀진다. 가정에는 어떤 일들이 일어나는가? 일반적으로 학교폭력이 죽음의 원인이 되기까지에는 많은 과정이 있다. 작은 괴롭힘이 습관화되거나 큰 괴롭힘으로 발전하고, 지속적이고 감당할 수 없는 괴롭힘이 주기적으로 되풀이 된다. 주변에 도움을 청할 곳은 마땅하지 않고 도움을 청해도 문제가 해결되리라고 기대할 수 없을 때 자신을 괴롭히는 사람들을 향한 복수를 계획하게 된다. 고통에 대한 탄력적 대처와 심리적 에너지가 부족할 경우 최악의 선택을 하게 된다.

문제는 이 과정에서 왜 도움을 청하지 않았을까? 하는 의문이다. 희생자는 말이 없다. 그러나 심리적 부검을 거치면서 희생자의 흔적들은 웅변으로 절규한다. 매 순간 모퉁이마다 도와달라는 외침이 숨겨져 있었다. 문제는 이를 알아차리는 감수성이 부족했다는 것이다. 가장 가까운 가족도, 친구도, 담임교사도 그렇게까지 힘들어 하는 줄은 몰랐다는 것이다. 어느 날 갑자기 학교폭력으로 인한 가족의 죽음이 찾아오면 가정은 완벽하게 붕괴된다.

나. 용서는 가능한가?

내 가족을 죽음으로 몰고 간 가해자에 대해 용서가 가능한가? 일반적으로 학교폭력으로 인해 자녀가 큰 상처를 입었거나 작은 상처라고 할지라도 상대방이 뉘우치고 용서를 빌지 않는다면 부모는 엄중한 처벌을 요구한다. 특히 그 사과 혹은 용서는 당사자뿐만 아니라 그 부모에게까지 미친다. 부모도 철저하게 사과하고 용서를 빌어야 한다는 것이다. 작은 잘못이라면 사과를 하면 되고, 큰 잘못이라면 용서를 빌어야 하겠지만 내 가족이 죽음에 이르렀다면 이는 사과도 용서의 문제도 아닌 사죄의 영역이 된다.

진심 어린 뉘우침과 용서 빌기(구하기)가 있어도 피해자 부모는 용서 베풀기가 쉽지 않다. 학교폭력으로 인한 가해자는 평소 피해자와 가까운 거리에 있거나 가족들이 서로 알고 있는 경우도 많다. 무엇보다 학교라는 안전한 공간에서 일어난 일이라는 충격이 분노를 불러온다. 이 과정에서 학교는 무엇을 했으며 담임교사와 학교 관리자(교장·교감) 및 교육시스템 전반에 대한 원망과 불신이 응집된다. 자녀를 위해 할 수 있는 모든 것을 하고자 할 때 용서는 그 목록의 앞 자리에 있기 힘들다.

다. 희생자 부모 되기

학교폭력 희생자의 가족이 된다는 것은 세상에서 가장 고통스러운 연극의 주연배우가 되는 것이다. 문제는 이것이 연극이 아니라 실제 상황이라는 점이다. 모든 부모는 자기 자녀에 대해 잘 알고 있다고 믿는다. 누구보다 자신의 뱃속으로 낳은 아이를 나보다 더 잘 알고 있는 사람이 누구냐? 고 어머니는 반문한다. 하지만 정작 자녀가 가장 좋아하는 과목과 음식, 가수와 장래희망, 친구의 이름과 아끼는 물건을 모른다. 자녀의 겉만 알고 있을 뿐 속까지 알기는 어렵기 때문이다. 대화가 부족하기 때문이다. 자녀가 어렵고 힘든 문제를 부모와 상의하기보다 친구들과 상의하는 이유를 모른다.

자녀의 생활도 학교와 학원에 잘 다니는 정도를 넘어 무엇이 가장 큰 고민인지, 어떤 문제로 어려움을 겪고 있는지 경청하며 대화하는 가정은 많지 않다. 최소한의 대화가 생활 속에 있다면 최악의 선택을 스스로 하지는 않는다. 그런 상황 속에서 희생자의 부모가 되면 부모의 삶은 공황상태에 빠진다. 끝없는 회한과 후회가 밀려오고, 일상은 불가능해진다. 무엇이 잘못되었는지 추적해 간다. 아기를 처음 가졌던 그 순간부터 뱃속에서 아기가 놀던 그 여정들 속에서 잘못 생각하고 나쁘게 행동한 것은 없었는지, 핀셋으로 집어보고 뒤집어 본다. 어릴 때 병원에 데려간 일과 미끄럼틀에서 떨어진 일, 친구들과 싸워서 다쳐 온 일, 할아버지에게 꾸중을 듣던 일, 이 모든 일들 속에서 지푸라기라도 건지는 심정으로 원인을 찾아 간다.

2. 희생자 되기

가. 죽을 만큼 힘들 때

학교에 오는 것이 즐겁고 수업이 재미있고 선생님과 친구들에게 사랑받고 사랑하는 감정을 가질 수 있는 것은 선물이다. 학교는 가정과 달라서 먹고 싶을 때 먹고 화장실에 가고 싶을 때 갈 수 있지 못하다. 친구들과 선생님은 내가 원할 때 내 말을 들어주고 주목하여 주지 않는다. 친구들보다 더 글씨도 잘 쓰고 발표도 더 잘해야 사랑받는다는 것을 알지만 어느 것 하나 쉽지 않다. 내 마음대로 되는 것이 하나도 없다. 다른 친구들에 비해 예쁘지도 공부를 잘 하지도 못하다면 더욱 좌절감이 든다.

역설적이게도 최근에는 공부를 잘 하거나 예쁘거나 주목받는 학생 역시 따돌림과 학교폭력의 희생자가 되기도 한다. 집단의 시기와 질투는 광기가 되어 희생자를 선택하고 죽음에 이르기까지 밀어 붙인다. 저 연령 아동의 경우에도 질투와 시기는 무섭도록 힘이 있다. 거짓 증언과 따돌림은 미성숙한 아동에게 세상의 붕괴를 의미한다. 학교에 매일 가야하는데 가장 가까운 친구들이 나를 괴롭히고 때리고 따돌린다. 선생님과 부모님께 말씀드려도 해결되지 않는다. 오히려 참으라고 하고 내가 잘못했다고 한다. 나는 내가 무슨 잘못을 했는지 모른다. 이런 상황에서 매스컴을 통해 저명한 연예인 혹은 정치인들의 투신 뉴스를 듣는다. 나는 죽을 만큼 힘이 드는데 가족들은 그 것을 몰라준다. 어른들은 무시하면 된다고 하고 시간이 지나면 해결된다고 하지만 전학을 가도 학년이 바뀌어도 상처는 더욱 깊어져 간다. 죽을 만큼 힘이 들 때 아무도 옆에 없다.

나. 희생자가 하고자 하는 말

영국작가 Gilbert Keith Chesterton[2]은 "한 사람을 죽이는 것은 한 사람을 죽이

---

2 길버트 키스 체스터턴(Gilbert Keith Chesterton, 1874년 5월 29일 - 1936년 6월 14일)은 20세기의 가장 영향력 있는 영국 작가 중 1인. https://ko.wikipedia.org/wiki/G._K._%EC%B2%B4%EC%8A%A4%ED%84%B0%ED%84%B4

는 것이지만 자기 자신을 죽이는 것은 모든 사람을 죽이는 것이다"라고 지적하였다. 이는 "적어도 자기 입장에서는 온 세상을 없앤 것이기 때문이다"라고 지적하였다. 희생자는 자기 말에 귀를 기울여주도록 요구하는 방법으로 죽음을 선택한다. 죽음은 가장 강력한 언어이자 항의의 표시이다. 그가 죽음을 선택함으로써 하고 싶은 말은 무엇보다 "너무 힘이 든다"는 것을 알아 달라는 것이다. 자신을 인정해 달라는 피맺힌 절규이다. 하지만 드물게 도피의 방법으로 죽음을 선택하기도 한다. 이 상황에서 내가 할 수 있는 것은 아무 것도 없고 오직 죽음만이 상황을 더 이상 진전시키지 않는 방법이라고 여겨 죽음을 선택하기도 한다.

3. 희생자 가족 되기

가. 살아남은 자의 슬픔

학교폭력(괴롭힘) 희생자가 죽음을 선택하였을 때 살아남은 자들은 끔찍한 트라우마를 겪는다. 가족들의 슬픔과 친구들의 슬픔은 결이 다르다. 친구를 잃은 슬픔은 혼란스럽기는 해도 시간이 지나고 환경이 바뀌면 서서히 치유되어 간다. 그러나 얼마나 가깝고 서로를 의지했느냐에 따라 트라우마가 깊고 큰 경우도 있다. 하지만 대부분의 경우 가족에 비해서는 비교적 빠른 시간에 슬픔과 고통에서 벗어나게 된다.

문제는 희생자의 죽음에 대한 원인을 분석하고 심리적 부검을 통해 재발을 방지해야 함에도 불구하고 학교가 이를 쉬쉬하고 최소화하는데 있다. 죽음에 대한 예의도 아닐 뿐만 아니라 친구들의 슬픔과 성장에도 유독한 영향을 끼친다. 왜냐하면 저마다 자신의 방식으로 죽음을 이해하고 해석하여 수용하기 때문이다. 이 죽음에서 얻는 교훈과 가르침은 극히 작고 불행한 기억으로 축소되고 포장된다. 마치 겨울 이불을 진공청소기로 비닐 팩에 압축하여 보관하듯이 슬픔과 애도의 과정은 생략되고 공부에 방해가 되는 속히 잊어버리고 일상으로 돌아가라고 한다.

적절한 슬픔과 정당한 애도, 합리적인 분노와 고통에 대한 공감, 죄의식과 미안한 마음 표현하기, 후회하고 다시 결심하기, 좀 더 가까이에서 친절하게 말을 건내기, 말없이 곁에 있어주기, 함께 비를 맞아주기, 그저 눈을 바로 보고 마주 앉아 있기, 말 없이 손을 잡고 먼 곳을 함께 바라보기, 마주 앉아 밥먹기 등 마땅히 할 수 있는 일을 하지 못한 것에 대한 후회와 반성이 살아남은 사람들의 마음속에서 건강하게 재연되어야 한다. 그래야 제대로 떠나보낼 수 있다.

나. 희생자 가족으로 살아가기

희생자의 가족이 되는 것은 희생자가 되는 것보다 더 잔인하고 고통스러운 역할이다. 무엇보다 희생자에 대한 제대로 된 도움과 돌봄을 제공하지 못하였다는 자책으로 힘들다. 아울러 "자식(가족)을 잃고도 밥이 넘어가느냐?"는 식의 비아냥거림과 시선이 있는 것 같아 웃을 수도 울 수도 없다. 얼굴표정까지 관리해야 하는 일상이 지속되는 것에 대해 숨이 막힌다.

특히 희생자에 대한 슬픔과 가해자에 대한 증오의 온도차는 생존 가족들 사이를 갈라 놓는다. 필연적으로 더 깊이 상처받고 더 깊은 후회와 연민을 가진 가족은 다른 가족들에게 "왜 나만큼 슬퍼하거나 분노하지 않는가?"라는 힐문詰問(따지듯이 묻기)한다. 가해자에 대한 증오가 가족들에게 전이轉移되는 경우도 발생한다. 타인의 시각을 의식하면서 살아가야 하는 나날들에 대한 두려움과 분노도 깊다. 이는 가해자 가족이 되는 경우에도 정도의 차이가 있지만 그러하다. Elizabeth Kubler Ross엘리자베스 퀴블로 로스(2018)는 "죽음과 죽어 감"이라는 책에서 부정과 고립-분노-협상-우울-수용의 5단계를 죽음과 죽어감의 태도라고 지적하였다. 학교폭력으로 인한 가족의 죽음도 그 애도 과정은 유사한 지점도 있겠지만 결이 다르고 접근법도 다를 수밖에 없다. 먼저 1단계 부정과 고립이 찾아오고, 2단계 분노가 치민다. 3단계인 협상은 가해자의 용서 구하기가 맞물려 있어 가변적이다. 4단계의 우울은 다가올 상실에 대한 준비이므로 매우 유사하다. 5단계 수용은 용서와 회복이 충분히 주어졌을 때 가능하다.

다. 남은 삶은 가능한가?

희생자 가족들에게 남은 삶은 어떤 방식으로 펼쳐질 것인가? 아우슈비츠에서 1/20의 확률로 살아남은 유태인들도 전쟁 이후 각자 자신에게 주어진 삶을 살아간다. 9.11 테러[3]로 가족을 잃은 2,996명의 사람들도 6,000여명의 부상자들도 남은 삶을 살아간다. 성폭력 범죄의 희생자들도 사이코 패스에 의한 범죄 희생자들도, 교통사고 생존자들도, 산업 재해의 희생자들도 저마다의 삶을 살아간다.

증오로 인해 가족들이 자신들에게 주어진 다가올 삶을 미리 해치고, 가족 서로에게 서운함과 원망을 지닌 채 살아가는 것, 즉 가족이 해체의 위기에 이르는 것은 희생자에 대한 가장 잔인한 복수이자 되 갚아 주기이다. 희생자의 죽음이 더 이상 가치 없이 짓밟히지 않는 길은 그의 고통을 공감하되 자신을 용서하고 가정을 회복하며 성장으로 이끌어 가는 길을 선택하는 것이다. 학교 폭력 희생자를 위한 EFRG -공감-용서-회복-성장 모델이 필요한 이유이다. 학교폭력으로 인한 희생은 남은 가족들에게 공감-용서-회복-성장이라는 새로운 틀 안에서 치유되고 정화되며 성장으로 이끄는 기회가 되어야 한다.

4. 용서의 기술

가. 미워할 수 있는 권리

용서는 마법사의 주문이 아니다. 용서하자고 아무리 주문을 외워도 용서하는 마음이 일어나는 것은 아니다. 미워할 수 있는 기회와 권리를 빼앗으며 용서를 강요하는 것은 또 다른 폭력이다. 피해자에게 가해자의 짐을 지워서는 안된다. 피해자가 가해자의 짐을 지는 것은 가해자가 자신보다 더 우월하다는 환상을 갖기 때문이다(Gabriele Rubin가브리엘 위벵, 2009).

때로는 용서가 되지 않을 때, 도저히 용서할 수 없을 때 미워할 수 있는 권리

---

33 9·11 테러(9/11 attacks)는 약칭 9/11으로도 불리며, 2001년 9월 11일에 미국에서 발생했던 항공기 납치 동시다발 자살 테러이다. https://ko.wikipedia.org/wiki/9%C2%B711_%ED%8 5%8C%EB%9F%AC

가 자신에게 있음을 아는 것이다. 그러나 이 권리가 증오가 되어 자신을 해치는 것은 위험하다. 싫어할 권리, 가해자가 잘 되기를 바라지 않을 권리는 감정의 소산이다. 그가 잘못한 만큼 충분한 벌을 받아서 정의가 실현되기를 기대하는 것은 피해자의 권리이다. 그러나 이 과정에서 사실을 증언하는 것 이상으로 개입하는 것은 피해자 자신을 해치는 결과가 된다. 정보를 왜곡하고 증언을 굴절시키려는 시도는 자신을 가해자와 같은 부류로 만드는 행위이다. 미워할 수 있는 권리는 더 이상 가해자로부터 감정적으로 지배당하고 폭행당하지 않을 권리가 핵심이 되어야 한다. 그를 싫어해도 괜찮다는 것을 스스로 확인하는 행위이다.

나. 증오의 열매와 종착역

증오는 마치 내 입에 품은 먹물로 상대방의 얼굴에 침을 뱉으려는 것과 같다. 증오에는 엄청난 에너지가 소모되는데 일반적으로 미워하기가 감정의 촉발과 생성단계라면 증오는 토네이도와 태풍이다. 증오의 감정에 휩쓸리면 몸과 마음을 가눌 수 없게 되고 증오의 지배를 받게 될 가능성이 크다. 증오라는 맹견에 목줄을 메고 용서의 정원을 산책할 수는 없다.

증오의 종착역은 결코 평화로운 정원이 될 수 없다. 증오는 감정의 놀이터에 던져진 수류탄이다. 증오는 파괴적인 감정으로 증오에서 생산적 에너지를 추출하는 것은 우라늄에서 원자력 에너지를 추출하는 것 보다 힘이 든다. 그것을 통제할 정교한 전문적 기술이 없다면 그렇다.

증오는 다루기 힘든 커다란 항아리이자 유리병이다. 조심스럽게 들어서 옮길 수는 있지만 던져서 옮길 수는 없다. 증오를 다루는 기술이 없다면 증오를 관리하는 편을 선택하는 것이 좋다. 증오는 건드리면 커지는 불가사리 같지만 관심을 두지 않으면 산호처럼 붙박이 가구처럼 일상을 방해하지는 않는다. 증오의 종착역은 무관심으로 최소화하고 내버려두는 것이 좋다.

다. 용서의 정원으로 한 발 내 딛기

용서의 정원으로 들어가는 첫 번째 관문은 자기 자신을 용서하기 이다. 피해자는 자기 자신을 용서해야 한다. 즉, 가해자에게 느껴서는 안 되는 공격 충동을 느낀 자신을 용서해야 하는 것이다. 용서는 그런 감정이 정상이며 가해자에게 가끔 그런 거부감이 들어도 그에 대한 애정이 없어지는 것은 아님을 인정한 뒤에야 가능하다(Gabriele Rubin가브리엘 위벵, 2009: 21).

용서의 정원은 겉보기에는 아름다운 꽃으로 가득하지만 날마다 가꾸지 않으면 금방 잡초가 화단을 덮고 벌레가 꼬인다. 정원을 관리하는 손길이 필요하다. 비바람에도 견디고 태풍도 견디며 가뭄에도 견딜 수 있는 인내심이 필요한 것이 용서의 정원이다. 용서의 정원에는 사랑과 평화가 꽃 피고 꽃의 향기에 심신이 휴식을 얻는다.

마음에 정원 하나 없이 살아간다는 것은 얼마나 삭막한 일이겠는가? 마음에 사막을 두고 선인장 가시처럼 만나는 사람마다 찔러대는 삶도 선택할 수 있다. 그러나 내 마음에 정원을 하나 마련하고 힘이 들 때 고통스러울 때 찾아가서 휴식을 취하는 것도 나의 선택이다.

라. 용서의 나라에 들어가기

용서의 나라에 들어가 안식을 얻는 사람은 흔하지 않다. 자신을 성폭행한 가해자를 찾아 용서 여행을 떠난 Thordis Elva토르디스 엘바와 가해자 Tom Stranger톰 스트레인저(2017, 용서의 나라)를 보라. 연쇄살인마 유영철에게 온 가족을 잃고 용서를 선택한 고정원씨[4]를 보라. 그는 4대 독자 아들을 어머니와 아내와 함께 유영철에게 살해당했다. 유영철을 위해 '사형만은 시키지 말아 달라'며 탄원서를 내었으며 심지어 유영철의 두 자녀를 양아들로 삼고 싶다는 의사를 표했다. 유영철에게 매달 영치금을 보낸다고 한다. 그는 딸들에게 유언으로 "자신이 죽으면 인체기증을 하고, 화장하여 어머니, 아내, 아들이 있는 용미리에 묻어 달라'고 했다. 그는 용서의 정의를 "남을 용서한 만큼 내가 용서를 받는 것"이라고 하였다.

1991년 '여의도 차량 질주 사건'으로 손자를 잃은 할머니가 살인자를 옥

---

4 http://www.vop.co.kr/A00001041779.html

바라지에 구명운동을 하다가 양자로 삼기까지 한 일도 있었다. 한국 사례만 있는 것은 아니다. 2003년 1급 살해 혐의로 기소된 Gary Leon Ridgway리지웨이는 사형을 면하는 조건으로 그간의 살인을 고백하였는데 자그마치 49명을 살해한 것이었다. 피해자들은 그를 '악마, 짐승'이라고 불렀다. 그는 반성의 모습은커녕 차가운 표정으로 피해자들을 똑바로 바라보았다. 그러나 딸을 잃은 한 아버지 로버트가 "여기에 있는 모든 이들이 당신을 미워하고 있지요. 하지만 나는 아니에요. 나는 당신을 용서합니다. 그게 내가 하느님께 배운 것입니다" 살인자는 아버지의 이 한마디에 고개를 숙이고 눈물을 흘리기 시작하였다.

용서, 그 먼 길의 끝에서 살아남은 자와 떠나간 자들 사이에서 용서의 의미를 묻는다. 용서는 숭고한 종교적 행위가 아니다. 불같이 타오르는 분노로 삶의 시간들을 하얗게 소각시킨 뒤 잿더미가 된 삶으로 로부터 탈출하기 위해 어쩔 수 없이 가야하는 길인지 모른다(http://700km.tistory.com/402). 용서에 나라에 당신을 초대하는 것은 잔인한 초대처럼 보이지만 너무 늦기 전에 용서를 통해 성장하여 훌륭한 삶을 살아가는 것이 가장 좋은 복수이자 떠나간 이에 대한 의무이다.

벚꽃에 대한 예의

義村 李東甲

벚꽃이 저렇듯 손짓하며 흩날리는데
책상에 코를 박고 앉아 있으면
벚꽃에 대한 예의가 아니지!

이 바람, 저 비를 어쩌나…… 벚꽃 다 떨어지겠네!
벚꽃 아래 가족 사진 한 장 없이
가신 내 부모님!
갑자기 그리워지네……

문득, 나를 보니
벚꽃 아래,
가족 사진 한 장 없기는
마찬가지

벚꽃이 흩날리며 떨어지는 것이,
춤을 추자는 손짓인 줄 알았는데
돌아 가신 내 아버지 편지였네!
내 어머니 눈물이었네!

이럴 줄 알았더면
부모님 살아 생전에
벚꽃 아래에서
사진 한 장 찍어 둘 것을

5장

회복(Recovery)수준의
학교폭력

회복수준의 학교폭력 양상 이해

1. 회복 수준의 주요 구성 요소

가. 회복은 얼마나 가능한가?

어떤 경험도 그 자체로는 성공의 원인이 되거나 실패의 원인이 되지 않는다. 즉, 고통스러운 경험이 사람을 힘들게 하는 것이 아니라 힘들어 하는 사람이 자신의 경험에서 쓸 만한 고통의 기억을 재구성한다. 자신의 경험에서 의미를 부여하는 것은 오직 자기 자신이다. 의미는 상황이 결정하는 것이 아니라 상황에 이름을 붙이는 내가 결정하는 것이다(Alfred Adler아들러, 2014: 89). 즉, 학교폭력(괴롭힘)을 통해 상처를 경험한 사람도 그 경험을 통해 경험을 재해석하고 의미를 부여함으로써 회복되고 성장으로 나아 갈 수 있다. 경험을 통해 받은 충격-트라우마-으로 고통 받는 것이 아니라 경험 안에서 목적에 맞는 수단을 찾아낸다. 다시 말하면 경험에 의해 결정된 것이 아니라 경험에 부여한 의미에 따라 자신이 결정하는 것이다(Ichiro Kishimi·Fumitake Koga기시미 이치로·고가 후미타케, 2014)

따라서 학교폭력(괴롭힘)으로부터의 회복은 원상회복 뿐만 아니라 상처를 경험하게 되기 이전보다 경험의 해석에 따라 더 성숙한 상태로 성장할 수 있는 밑거름이 되기도 한다. 주어진 갈등을 성장과 배움의 기회로 삼고 드러난 갈등을 평화로 전환시킬 수 있다면 말이다(박숙영, 2014: 118). 회복은 가능할 뿐만 아니라 주어진 갈등을 성장과 배움의 기회로 삼는 것을 선택함으로써 오히려 기회로 삼을 수 있다. 좋은 회복, 건강한 회복을 실현하는 것이 중요하다.

나. 회복목록과 도움 목록 만들기

회복은 오로지 고통을 겪어낸 사람들이 스스로 느끼는 감정이다. 감정이라기보다는 상태라고 하는 것이 더 가까울 것이다. 회복은 곁에서 지켜본 사람이 줄 수 있는 평가나 선물이 아니다. 따라서 무엇을 회복의 증거로 삼을 것인지를 학교폭력(괴롭힘)의 피·가해자가 직접 목록을 만들어야 한다. 다음 단계는 이 목록을 실천하는데 도움이 되는 목록을 만드는 것이다. 회복목록을 만드는 것에 활용되는 질문은 이른바 문제해결식 단기상담기법에서 사용하는 기적질문이다. 기적질문은 문제 자체를 제거시키거나 감소시키지 않고 문제와 떨어져서 해결책을 상상하게 하는 것이다(정문자·정혜정·이선혜·전영주 공저, 2012: 339). 회복을 눈에 보이도록 안내하는 것은 매우 어렵다. 무엇을 회복이라고 규정할 수 있을지 모호하다. 이러한 상황에서 회복은 구체적으로 나타나는 생활장면의 변화된 모습이어야 한다. 즉, 만약 내게 기적이 일어나서 나를 괴롭히던 모든 문제가 해결되었다면 그 증거로 어떤 사건들이 일어날 수 있는가?에 대한 스스로의 질문과 답이다. 이를 생활 장면에서 만나도록 안내하는 것이 회복목록이다. 회복목록은 그렇게 복잡하거나 추상적이어서는 안 된다. 단순하고 구체적이며 실현가능한 목록이어야 한다.

다. 회복의 장애물들

회복은 한 순간의 결심으로 주어지는 상태가 아니다. 서서히 진행되고 근육처럼 몸과 마음에 스며들어 비슷한 상황에서 더 이상 예전의 고통이 되풀이 되지 않을 때 회복이 되었다고 말할 수 있다. 하지만 회복을 가로막는 장애물은 도처에 숨겨져 있을 수 있다. 장애물을 전혀 예상하지 못했을 때는 장애물로 인한 충격이나 손실이 크다. 그러나 장애물을 미리 예상하고 대비하는 가운데 맞이하면 그 충격은 한결 작아진다. 아울러 효과적인 대처도 가능하다. 회복을 가로막는 장애물의 목록을 미리 만들어 보고 이를 극복하는 방안까지 준비해보는 것은 효과적이다. 목록 만들기의 구체적인 실습방법은 〈그림30〉 회복장애물 목록 만들기와 같다.

이러한 장애물의 극복방안은 무엇일까요?

•

주변에 도움을 줄 수 있는 사람은 누구일까요?

•

〈그림30〉 회목장애물 목록 만들기

회복의 장애물은 출연하고야 만다. 장애물이 있으면 극복방안도 있다. 장애물 과 극복방안은 마치 한 쌍 과도 같다. 장애물을 예상할 수 있으면 극복방안도 연습할 수 있다. 장애물은 예상하고 극복방안은 연습하다. 용서도 회복도 근 육이다. 용서근육이 단련되듯이 회복근육도 단련되어야 한다.

라. 용서구하기와 용서 베풀기 실행하기

회복의 구체적인 증거, 가장 확실한 증표는 가해자와 피해자 즉, 관련학생들 이 서로에게 용서를 구하고 용서를 베푸는 일이다. 이는 기적이나 다름이 없 다. 용서를 구하는 마음도 용서를 베풀려는 마음도 합리적인 감정이 아니다. 깊은 공감과 진정한 용서가 뒷받침 된 뒤에야 일어나는 수준의 실천이다. 회 복단계의 후반에서 가해자와 피해자 사이에서 함께 작업하는 용서구하기와 용서 베풀기는 EFRG 모델의 가장 정점이자 빛나는 보석과도 같은 경험이다.

용서구하기와 용서 베풀기는 때로 그리 극적인 변화나 드라마틱한 화해로 일어날 수도 있지만 지극히 건조하며 메마르며 일상 속에서 툭 던져지는 밋밋 한 체험으로 다가올 수도 있다. 지도자는 양 극단 사이를 모두 견뎌내려는 평 상심을 가지고 이 과정을 통과하여야 한다. 너무 드라마틱한 변화는 오히려 성장을 한정하는 감정의 홍수가 될 수도 있다. 때로 너무 미미하여 제대로 된 감정의 교류가 일어났는지 의아함이 일어날 수도 있다. 그 건조함을 견뎌내는 것이 지도자의 덕목이다. 이 과정에서 꼭 필요한 요소들이 얼마나 정확하게 포함되었는지 즉, 베이스를 밟고 지나간 주자처럼 심판처럼 지켜보며 때로는 주루 코치처럼 격려할 것이다. 그러나 너무 흥분하거나 액션이 크면 본질을 훼손할 수 있음을 유의하여야 한다.

마. 학급에 돌아가서 함께 할 수 있는 일

회복된 두 당사자 즉, 관련학생들이 최종적으로 돌아갈 곳은 자신들의 학급이다. 따라서 학급으로 돌아갔을 때 관련학생들 사이에는 어떠한 상황들이 펼쳐질 수 있을지 예상하고 이를 연습하는 것이 필요하다. EFRG 프로그램은 학교폭력(괴롭힘)을 두 당사자 간의 문제로 한정하지 않고 모집단인 학급을 함께 변화에 동참시킴으로써 공동체가 사회적 관심으로 공감과 용서를 공유하여 진정한 회복을 실현하는 것을 지향한다. 따라서 이들이 학급에서 변화된 모습을 실천하는 것은 프로그램 과정의 효과와 직결된 것이라고 할 수 있다.

학급에 돌아가서 하고 싶은 일들을 먼저 각자가 적어 본다. 가해학생과 피해학생이 각자 하고 싶은 일들과 할 수 있는 일들이 있을 것이다. 아울러 두 당사자가 함께 하고 싶은 일들의 목록을 적어 본다. 이 목록을 협의하는 과정에서 관계는 회복의 토대 위에 굳건하게 자리 잡아 가고 있다. 두 당사자가 함께 교실에 들어오는 순간 학급의 남은 구성원들은 상상하게 된다. 과연 이들이 관계가 변화되었을까? EFRG 프로그램은 이들에게 어떤 영향을 끼쳤을까? 이 질문에 대한 답을 두 당사자는 학급에 돌아가서 함께 할 수 있는 일들을 통해 대답하는 것이다.

2. 회복의 계단

가. 회복의 증거들

학교폭력(괴롭힘)으로부터 회복이 되었다는 증거는 무엇인가? 그 구체적인 변화는 무엇보다 인간관계의 회복이다. 모든 생활 장면에서 일상으로의 회복이다. 일상적인 루틴routine으로의 복귀이다. 즉 일상적으로 하는 일들의 통상적인 순서와 방법을 되풀이하는 것이다. 그 전처럼 말하고 행동하는 것이다.

하지만 회복은 여기에서 한 걸음을 나아가야 한다. 좀 더 성장한 시각에서 바라보고 말하고 행동하는 것이다. 즉, 같은 갈등상황을 맞이할 때 예전과 같이 감정적으로 흥분하고 분노하고 슬퍼하며 반응하는 것이 아니라 한 박자 늦추어 생각하고 말하고 행동하여 변화된 모습을 보이는 것이다. 즉, 자신의 변화와 성장을 가로막는 장애물을 만났을 때 그 장애물로 인해 예전의 미성숙한 반응들을 되풀이하지 않고 그 것으로부터 상처받거나 공격하지 않는 새로운 대응을 선택하는 것이다. 이것을 일러 회복의 증거라고 부른다. 회복의 증거의 구체적인 모습은 모든 일상에서 일어나는 말과 행동과 태도의 변화를 포함한다. 자신이 싫어하는 말(별칭)을 들었을 때 흥분하거나 분노하여 욕설 혹은 폭력으로 대응하던 예전의 모습에서 마음속으로 하나부터 열까지 숫자를 헤아린 다음 "그런 말은 듣고 싶지 않다. 나에게 그런 식의 말(표현)은 하지 말아달라"고 요구하는 것이다.

나. 신체적(생물학적) · 심리적 · 사회적 회복

회복의 가장 직접적인 증거는 신체적 회복이다. 상처가 나거나 다친 신체가 물리적으로 원상회복하는 것을 말한다. 사안에 따라 신체적 회복의 속도가 다를 것이다. 밴드를 붙이는 정도의 단순한 사고로부터 기브스를 하여야 하는 큰 사고가 있을 수 있다. 때로는 신체적 원상회복이 물리적으로는 어려운 경우도 일어날 수 있다. 총체적으로 상처를 입은 부위가 통증을 멈추는 시점까지가 신체적인 회복이 이루어진 경우일 것이다.

심리적 회복은 신체적 고통과 병행하기도 하지만 더 빨리 일어나고 더 늦게 회복될 수 있다. 특히 신체적인 고통과 무관하게 더 자주 느끼거나 정도를 심하게 의식할 수 있다. 이러한 감정의 상처들은 정확한 공감과 용서수준을 거쳤다면 정화되고 순화되었을 것이다. 회복 수준에서는 자신에게서 일어나는 감정의 변화들을 지켜보고 이름을 붙여서 화해를 하는 것으로 관계를 회복하게 된다.

신체적, 심리적 회복 못지않게 중요한 것이 사회적 회복이다. In Two

Minds누구나 10초안에 살인자가 될 수 있다의 저자 Paul Valent폴 바렌트(2011)는 40여 년간의 상담과 실험들을 통해 인간의 내면에 감추어진 파괴적 상처와 회복에 대해 회복이란 생심사 즉 생물학적·심리학적·사회학적 회복이 함께 하여야 한다고 강조하였다. 그의 별명이 "미스터 생심사"인 것이 그 까닭이다. "사람 들이 겪는 트라우마의 핵심은 이 세 가지가 따로 존재하지 않고 오히려 시간 과 공간 물질이 하나의 에너지로 존재하는 블랙홀에 가깝다"라는 말에 주목 할 필요가 있다. 다시 말하면 회복은 신체적, 심리적, 사회적 회복이 각기 따로 존재한다기보다는 거의 동시에 이루어지는 것이라고 보인다. 하지만 각 각의 요소들이 순차적으로 일어나거나 결합하는 법칙은 다로 존재하지 않는다.

다. 관계의 회복

아들러는 "인간의 고민은 전부 인간관계에서 비롯된 고민이다"라고 단정적으 로 말한다(Ichiro Kishimi·Fumitake Koga키시미 이치로·고가 후미타케, 2014:82). 관 계를 회복하는 것이 시작이자 마침점이다. 우리가 겪는 학교 폭력의 근본원인 은 바로 관계의 단절과 그로 인한 공동체성의 상실이다. 즉 학교폭력(괴롭힘) 의 원인 역시 관계의 단절로 인해 일어나기에 관계를 회복하는 것이 학교폭력 의 치료이고 회복이다. 오늘날 학교교육이 학습과잉과 관계 맺기의 결핍이라 는 불균형으로 인해 아이들이 병들고 심각한 학교폭력과 왕따 등의 문제가 발 생하는 것이다(박숙영, 2014).

관계를 회복하기 위해서는 공동체 감각[1]이 확장되어야 한다. 아들러는 이 를 'Social interest' 즉 '사회적 관심'이라고 불렀다. 사회적 관심이란 자기에 대한 집착을 타인에 대한 관심으로 바꾸는 것을 말한다. 결국 인간관계의 카 드는 언제나 내가 쥐고 있다. 상대방이 나와 관계를 회복할 의사가 없다 하더 라도 문제는 내가 어떤 결심을 하느냐 하는 것이 더 중요하다(Ichiro Kishimi· Fumitake Koga, 2014, 193). 회복의 열쇠 역시 자신이 쥐고 있다. 인생의 의미

---

1 공동체 감각을 기르는데 필요한 요소는 '자기수용'과 '타자신뢰', '타자공헌'이다(기시미 이치 로·고가 후미타케, 2014).

는 결국 내가 나 자신에게 주는 것이다.

3. 회복적 사법·생활교육

가. 회복적 사법 이해

매스컴을 장식하는 커다란 사회적 범죄를 만나면 가장 많이 반응하는 것은 "응보적정의"에 근거한 엄중한 법적 처벌이다. 법이 부족하면 고쳐서라도 무겁게 처벌하라는 것이다. 그런 점에서 관계부처가 합동으로 발표한(2018. 08. 31)「학교 안팎 청소년 폭력 예방 보완 대책」에서 형사 미성년자의 연령을 하향조정(14세 미만→13세 미만)하여 형법·소년법의 개정을 연내(2018년) 추진하는 것은 맥을 같이하고 있다. 이는 세계적인 추세와도 일치하고 있다. 주요 국가별 형사 미성년자의 연령은 다음 〈표11〉 주요 국가별 미성년자 연령과 같다.

국가	미국	영국	호주	캐나다	프랑스	독일	일본	오스트리아	중국
형사 미성년자	7~14세*	10세 미만	10세 미만	12세 미만	13세 미만	14세 미만	14세 미만	14세 미만	16세 미만 (원칙)

〈표11〉 주요 국가별 미성년자 연령

그럼에도 불구하고 강력한 처벌이 범죄 자체를 줄인다는 연구 결과는 없는 실정이다. 특히 "청소년정책은 단기성과에 급급해서는 안 되고 30년 뒤를 보고 묘목을 심는 마음으로 하여야 한다". 그는 회복적 사법을 "'가능한 잘못을 바로잡고 치유하기 위해 특정한 가해행위에 이해관계가 있는 사람들을 최대한 관여시켜, 피해와 니즈needs, 그리고 의무를 함께 확인하고 다루는 과정'으로 정의하였다(천종호, 2018). 학교가 교육기관이라면 잘못을 저지른 학생들에게도 회복을 위한 기회를 제공하여야 하는 것이 필요하다.

근대의 사업 제도는 사실상 가해자의 처벌에만 집중되어 있다. 이는 피해자의 인권도, 가해자의 성찰도, 공동체의 관계 회복에도 관심이 부족하다. 하지만 회복적 정의는 가해자로 하여금 자신의 행동이 끼친 영향에 대해 성찰하고 그 결과를 자발적으로 책임지도록 요구한다. 즉, 피해자의 회복을 위해 필요한 것을 함께 고민하고 최대한 원상 복귀를 위해 정신적, 물질적, 관계적 행동을 이행하게 하는 것을 기본으로 한다(김훈태, 2017: 317). 이러한 회복적 사법, 회복적 정의의 개념이 학교폭력(괴롭힘)에 적용되어야 한다.

나. 회복적 생활교육의 이해(김훈태, 2017, 교실 갈등, 대화로 풀다 참조)

회복적 사법이 학교와 교실에 적용된 형태가 회복적 생활교육이다. 김훈태가 제안한 회복적 생활교육의 핵심목표와 기본적 접근방식은 다음과 같다.

1) 회복적 생활교육의 핵심목표(김훈태, 2017: 320)

가) 피해 사실을 바로 이해하고 피해를 입은 쪽과 입힌 쪽 모두가 공감하게 하기

나) 피해를 입은 쪽과 입힌 쪽 모두의 욕구를 듣고 응답하기

다) 공동으로 문제 해결 과정을 계획하고 진행하면서 얻은 개인적 성찰을 통해 책임감과 의무감 키우기

라) 피해를 입힌 사람들을 공동체에 쓸모 있고 가치 있는 구성원으로 다시 받아 주기

마) 서로 돌보고 배려하는 분위기를 조성하여 공동체를 더욱 건강하게 세우기

바) 발생한 피해를 해결하는 방향으로 시스템 정비하기

2) 회복적 생활교육의 기본적 접근방식

가) 잘못된 행동의 원인을 파악할 것

나) 피해자의 요구를 다룰 것

다) 피해를 바로잡기 위해 노력할 것

라) 미래에 긍정적인 변화가 일어나도록 노력할 것

마) 치유가 되도록 할 것

바) 공동으로 참여하는 문제 처리 과정을 따를 것

회복적 생활교육과 회복적 학급운영 등에 관한 자세한 안내는 정진(2016)

의 "회복적 생활교육 학급운영 가이드북"과 박숙영(2014)의 "공동체가 새
로워지는 회복적 생활교육을 만나다"를 참고하기 바란다. 외국서적으로는
Lorraine Stutzman로레인 슈츠만, Judy H. Mullet쥬디 H. 뮬렛(2011) "학교현장을 위
한 회복적 학생생활교육"을 참고하기 바란다.

19과 _____

회복목록만들기·회복목록 교환하기

1. 회복목록이란 무엇인가?

가. 피해자가 기대하는 회복

회복이 어려운 이유는 피해학생이 생각하는 회복과 가해학생이 생각하는 회복 사이의 간격이 있기 때문이다. 무엇보다 회복이 생물학적·심리학적·사회적 회복이 함께 이루어져야 한다는 점을 간과하기 때문이다(Paul Valent폴 바렌트, 2014). 생물학적 회복이란 말 그대로 눈에 보이는 회복을 말한다. 신체적·물리적 상처가 아물고 고통이 지속되지 않는 상태이다. 문제는 눈에 보이지 않는 심리적 회복이다. 심리적 회복은 눈에 보이지 않기에 어디까지가 회복이 되었다라고 단정하기가 어렵다. 또한 피해자의 입장에서 어떤 날은 괜찮았다가 또 다른 날을 울컥 마음속에서 분노가 치밀어 오를 수도 있다. 그 시간이 얼마나 지속될지는 알지 못한다. 그래서 용서도 회복도 근육이라고 부르는 것이다. 사회적 회복은 관계의 회복이다. 친구관계의 회복이며 학급에서 학교 안에서 더 이상 무시당하지 않고 예전 괴롭힘의 영향으로 인해 불이익을 받지 않는 것을 말한다. 이러한 회복의 과정은 순차적으로 일어나는 것이 아니라 거의 동시에 복합적으로 전개된다. 어느 것이 앞서거나 다른 곳에 영향을 준다는 구체적인 역학 관계dynamics에 대한 증명이 어렵다. 하지만 생물학적·심리학적·사회적 회복이 사람에 따라 회복이 빠른 영역이 있으며 그 것이 다른 두 영역을 견인하여 복합적인 회복으로 균형 있게 이끌어 간다고 할 수 있다. 회복의 무게 중심은 피해자의 회복에 있다. 피해자는 여전히 생물학적, 심리적, 사회적으로 회복되지 않아 고통을 받고 있는데 가해자는 행복하게 지내고 있으며 그 모습을 피해자가 지켜보아야 하는 것은 또 다른 2차 가해가 될 수 있다.

나. 가해자가 기대하는 회복

가해자가 바라는 회복은 일반적으로 상황이 해결되고 종료되는 것이다. 가장 우선적으로 바라는 것은 문제 상황이 종료되어 더 이상 피해학생과 학급 공동체 등에서 자신을 학교폭력(괴롭힘) 당사자로 낙인烙印하지 않는 것이다. 가해학생의 입장에서는 피해학생의 생물학적 피해가 회복되는 것을 확인하는 과정까지가 문제해결의 과정이라고 한정하여 짐작하기 쉽다. 피해학생이 심리적으로 겪었을 고통과 슬픔, 분노에 대해서 공감을 제대로 하지 못하고 피상적인 사과에 그치게 되면 정확한 용서수준을 통과하지 못한다. 사회적 회복과정 역시 친구들과의 관계가 피해자의 입장이 아닌 자신의 입장에서 회복되었다라고 가정할 수 있다.

피해학생과 가해학생이 회복에 대한 간격을 좁히고 마침내 서로가 "이 정도면 되었다" 혹은 "이번 경험을 통해 나는 성장하였고 배움을 얻었다"라고 생각할 수 있는 구체적인 생활의 변화를 확인하는 과정이 회복목록의 실현이다. 그래서 회복목록을 만들어 실천하고 비교하여야 한다.

2. 회복목록 만드는 방법

회복목록은 피·가해 학생이 각각 자신이 생각하는 회복의 모습을 적는 것이다. 이러한 상황이 생활 장면에서 일어나면 "나는 회복이 되었다"고 생각할 수 있다. 이것은 흔히 기적질문의 형식으로 주어질 수 있다. 기적질문이란 문제 해결식 단기 집중상담에서 주로 사용하는 기법으로 "만약 당신이 현재 당면한 모든 문제가 해결되었다고 가정한다면 그 증거로 어떠한 일들이 생활 장기적이 일어나 모든 문제가 해결되었습니다!

학교에서 어떤 일들이 일어나면 문제가 모두 해결되었다는 것이 믿겨질까요?

예시를 참고하여 적어봅시다.

> 〈예시〉
>
> • 등교시간이나 하교시간에 인사한다.
> • 쉬는 시간에 친구들과 보드게임을 한다.
> • 교과시간에 같이 이동하거나 옆자리에 앉는다.

앗! 진짜인가?	

	정말이었군!

문제가 해결된 나의 마음은 _____

_____ 하다.(감정카드)

〈그림31〉 회복목록 만들기

목록의 일들이 일어나기 위해서 내가 할 수 있는 일들을 적어봅시다.

〈예시〉

• 반에서 친구를 만나면 먼저 인사한다.

• 준비물을 가져 오지 않았을 경우에 빌려준다.

• 쉬는 시간에 보드게임을 같이 하자고 말해본다.

•

•

〈그림32〉 회복도움활동 목록만들기

면[1]에서 일어나야 한다고 보느냐?"라는 질문이다. 기적질문은 〈그림31〉과 같다. 또한 이러한 일들이 일어났을 때 내 마음은 어떨 것인가? 를 설명하는 것이다. 자신의 감정변화에 대해 잘 설명할 수 없을 때 감정카드를 통해 설명하는 것도 도움이 될 수 있다.

자신이 생각하는 생활양식의 변화가 일어나도록 회복목록을 작성하였다면 다음 단계는 회복도움 활동 목록 만들기이다. 문제를 해결하기 위해 내가할 수 있는 일의 목록을 직접 만들어 보고 주변에서 도와주기를 바라는 일들을 적어보는 활동으로 〈그림32〉와 같다. 회복은 단순히 마음이 변화하였다고 생각하는 것으로 완성되지는 않는다. 구체적으로 생활 속에서 나와 친구들, 가족들의 상호작용 속에서 나타나는 변화가 구체적 증거이어야 한다.

---

1 생활 장면이란 일상적인 생활을 말하는 것으로 아들러의 '생활양식'의 변화가 실천되는 곳이다. 즉, 그 사람이 '세계'를 바라보는 방식, '자신'을 바라보는 방식, '의미부여방식'(Ichiro Kishimi·Fumitake Koga, 기시미 이치로·고가 후미타케 2014: 58)이 실현되는 공간을 말한다.

3. 회복실천 목록 함께 만들기

회복을 실천하고 실현하기 위한 목록은 함께 만들어야 한다. 피해학생이 생각하는 회복목록과 가해학생이 생각하는 회복목록은 거리가 있을 수 있다. 때로는 너무 먼 거리에 놓여 있을 수도 있다. 가해자의 역할을 더 많이 한 학생조차도 자신이 받은 피해에 집중하여 상대방이 겪는 고통을 외면한 채 자신의 피해를 회복시켜 달라고 강요할 수 있다. 그래서 피해와 가행 학생들이 각각 자신이 생각하는 회복목록을 제시한 뒤 함께 모여 회복목록을 만들 필요가 있는 것이다. 회복실천목록은 먼저 내가 생각하는 회복실천목록을 적는다. 이 단계에서 지도자는 관련학생들 즉, 피해학생과 가해학생을 만나게 한다. 따라서 협의하여 목록을 만들 수 있다. 〈그림33〉 같은 곳을 향하여 회복하기(공통작업)와 같다.

내가 생각하는 회복 실천 목록을 적어봅시다.

·

내가 쓴 목록을 친구와 비교하여 봅시다

·

〈그림33〉 같은 곳을 향하여 회복하기(공통작업)

회복실천목록을 함께 만드는 과정은 EFRG 과정에서 처음으로 관련학생들이 조우遭遇하는 상황이다. 이 때 두 당사자는 서로가 함께 하는 작업에 대해 사전 동의를 거쳐야 한다. 관련학생들이 함께 회복실천목록을 만드는 작업에 참여하겠다는 동의 자체가 회복과정의 긍정적 신호임에 분명하다. 하지만 용서와 회복이 일순간에 일어나는 감정의 표출상태가 아니기 위해서는 자신과 상대방, 그들을 둘러싸고 있는 학급과 세계가 눈으로 확인할 수 있는 실천목록을 함께 만들고 이를 교환하여 인지적으로 확인하는 과정이 필요 하다.

4. 회복도움활동목록 만들고 교환하기

회복도움활동목록 교환하기는 회복실천을 돕는 도움활동 목록을 만드는 것이다. 실천목록에서 한 걸음 더 들어가 실천을 돕는 도움활동목록을 말한다. 이는 관련학생들이 함께 협업하여 완성한 활동지 회복도움활동 목록〈활동지 회복 5-2〉를 완성하여 교환하는 작업이다. 이 작업은 처음부터 함께 토론하여 협업하는 작업으로 당사자 중 한 사람이 큰 종이(4절지 혹은 이젤 패드의 A3 용지)에 적어서 게시할 수도 있고 주어진 활동지를 사용할 수도 있다. 칼라 펜과 큰 종이를 활용하여 협업을 하는 경우에는 좀 더 많은 대화와 상호 교류가 이루어질 수 있다는 장점이 있지만 관련학생들의 관계가 협동 작업을 수용할 만큼 친밀하지 않다고 여겨질 때 무리하게 강요해서는 안 될 것이다.

각자가 자신이 생각하는 회복실천 도움을 위한 실천항목을 적어보고 이를 다시 협의하여 공통의 실천도움목록으로 완성한다. 이 과정〈그림34〉 회복실천목록만들기(공통)는〈그림32〉와 중복되는 것처럼 보이지만 실천목록과 실천도움목록의 차이를 구분할 필요가 있다. 실천목록에서 한 걸음 더 구체적으

함께 협의하여 만든 실천 목록을 적어봅시다(공통작업)

•

함께 실천하기 위해 도움이 필요한 일들이 있으면 적어봅시다.(서로에게 부탁하는 내용이나, 선생님, 학급 친구들에게 도움을 요청할 수도 있습니다.)

•

〈그림34〉 회복실천목록 만들기(공통)

로 실천을 담보하기 위한 2차 도움 과정이 도움활동목록 함께 만들기라고 할
수 있다.

5. 회복은 자기 자신을 바꾸는 일

회복은 상대방을 변화시키는 것이 아니다. 자기 자신이 변하는 일이다. 타인
을 변화시키는 일이 아니라 자신의 생각을 바꾸는 일이다. 자신이 더 이상 타
인으로부터 영향을 받아서 생활의 제약을 받지 않고 자기 자신이 되는 일이
다. 타인이 변화하여 나를 안정시키고 평화롭게 하며 행복한 환경을 만들어
줄 수 없다. 변화는 자신부터 시작되어야 한다. 타인의 변화는 타인의 몫이다.
그런 점에서 회복은 "이것이 누구의 과제인가?"라는 점을 분명하게 하여야 한
다. 타인의 변화는 타인의 과제이다. 오직 자신의 변화만이 자신의 과제이다.
타인의 변화는 각자 그 자신의 변화로 보아야 한다. 즉, 자신과 타인의 과제를
분리하여야 한다. 자신을 바꿀 수 있는 사람은 자신 밖에 없다(Ichiro Kishimi ·
Fumitake Koga기시미 이치로 · 고가 후미타케, 2014).

그럼에도 불구하고 회복은 관련 당사자들의 일방에서만 일어난다면 온전
한 회복이라고 부를 수 없다. 여기서 말하는 자기 자신을 바꾸는 일이란 당사
자들이 각자를 변화시키고 바꾸는 일을 말한다. 자신의 변화가 선행되어야 타
인의 변화를 이끌어 낼 수 있다. 설령 타인의 변화를 이끌어 내지 못한다 하더
라도 자신은 이 변화를 통해 성장한다. 그런 점에서 회복은 자기 자신을 변화
시키는 것이다. 스티븐 코비는 작은 변화를 원하면 하는 행동을 바꾸고 큰 변
화를 원하면 보는 관점을 바꾸라고 권유하였다.

6. 선택은 자신의 일

우리 자신을 결정하는 것은 우리 스스로이다. 환경이나 교육, 소질 같은 것이
아니다. 우리가 겪는 어떤 경험도 그 자체만으로 성공이나 실패의 원인이 될
수 없다. 우리는 우리가 겪는 경험에 의해 결정되는 것이 아니라, 그 경험에 어

떤 의미를 부여함으로써 우리 자신을 결정한다. 만약 어떤 경험에 의해 사람들이 똑같은 영향을 받는다고 가정하면, 그리고 그 이외의 삶은 우리 인간이 선택할 수 없다면 그 순간부터 우리를 지금과는 다른 삶으로 이끌어 주는 교육이나 육아, 치료는 애당초 불가능하다(Ichiro Kishimi기시미 이치로, 2015).

Adler아들러는 "트라우마는 없다"라고 단정적으로 말한다. 학교폭력(괴롭힘)의 경험을 어떤 방식으로 해석하고 생활 장면에 적용할 것인지를 선택하는 것은 오로지 자신의 몫이다. 아우슈비츠의 경험을 통해 의미요법logotherapy을 만든 Victor Frankl빅터 프랭클 박사, 시베리아의 혹독한 유형 생활을 문학의 정수精髓로 녹여낸 러시아의 대문호 Fyodor Mikhailovich Dostoevskii토스토예프스키 등 고통의 경험을 성장을 위한 자양분으로 활용한 사례는 헤아릴 수 없이 차고 넘친다.

용서 구하기와 용서 베풀기

1. 용서하는 유일한 동물 : 인간

인간은 용서하는 동물이다Homo dimitteus[1]. 용서를 할 수 있는 유일한 동물이다. 초원에서 배부른 사자가 그 옆을 지나가는 영양을 사냥하지 않은 것을 자비라고 부르지는 않는다. 야생의 상태에서 꼬리를 내리고 상대방을 피하는 행위를 용서 받았다라고 인정하지는 않는다. 용서는 인간이 스스로 선택하고 결단하는 인격적 선택이다.

그럼에도 불구하고 "용서는 인간이 할 수 있는 영역이 아니다"(Dan Allender댄 알렉산더, 2014)라고 말한다. 영화 밀양의 모티브가 된 이청준(2013)의 소설 '벌레 이야기'는 용서에 대해 다음과 묻는다.

하지만 나보다 누가 먼저 용서합니까?

내가 그를 아직 용서하지 않았는데 어느 누가 나 먼저 그를 용서하느냔 말이에요.

그의 죄가 나밖에 누구에게서 먼저 용서될 수가 있어요?

그럴 권리는 주님에게도 있을 수가 없어요.

그런데 주님께선 내게서 그걸 빼앗아가 버리신 거예요.

나는 주님에게 그를 용서할 기회마저 빼앗기고 만 거란 말이에요.

---

1 필자의 의견으로 규정된 용어가 없음

내가 어떻게 다시 그를 용서합니까?

인간이 동의하지 않는 신의 용서는 가능한가? 영화에서 아들을 유괴범에게 살해당한 신애(전도연 역)는 종교에 귀의하여 살인범(박도섭, 조재진役)을 용서하기로 결심하고 만난 순간 그가 너무나 태연하고 평화롭게 나는 이미 하느님께 용서를 받았으니 자매님도 평화를 누리라고 권유하는 말에 오열한다. 자신보다 먼저 범인을 용서한 신을 용서할 수 없게 된 것이다. 물론 그 용서가 신에게서 온 것인지는 분명하지 않다.

용서를 하는 사람의 특성은 무엇인가? 무엇이 인간에게 용서를 가능하게 하는가? 용서는 왜 필요하며 용서를 통해 얻는 것과 잃는 것은 무엇인가? 용서에 관한 고금의 명언들은 다음과 같다. 용서는 결국 상대방이 아니라 자기 자신을 위한 것이다.

> 교육의 최고의 성과는 관용이다(Helen Adams Keller헬렌 켈러)
>
> 약한 자는 결코 용서할 수 없다. 용서하는 마음은 강한 자만이 가질 수 있는 특성이다(Mohandas Karamchand Gandhi마하트마 간디)
>
> 복수할 때 인간은 그 원수와 같은 수준이 된다. 그러나 용서할 때 그는 원수보다 위에 서 있다(Francis Bacon베이컨)
>
> 용서하는 것이 용서받는 것보다 낫다. 우리는 끊임없이 용서해야 한다. 그럼으로써 우리 자신도 누군가로부터, 또는 신으로부터 용서 받을 수가 있는 것이다(Bertrand Arthur William Russell러셀)
>
> 용서하지 않는 사람은 자기가 지나가야 할 다리를 파괴하는 사람이다(George Herbert조지 허버트)

2. 용서 구하기

가. 용서 구하기의 의미

용서구하기는 용서 베풀기와 한 쌍이다. 일반적으로 용서 구하기는 피해를 끼친 학생이 피해를 입은 학생에게 실행하는 행위이다. 가해 혹은 피해를 끼친 학생이 자신의 잘못을 진심으로 뉘우치고 인정하며 이를 피해학생에게 말과 글(편지) 등의 구체적 행위를 통해 용서를 요청하는 과정을 용서 구하기라고 한다.

용서 구하기를 결심하는 것은 자신이 한 행동에 대한 반성 즉 뉘우침이 전제되어야 한다. 자신이 한 말 혹은 행동이 상대방에게 어떠한 피해를 끼쳤는지 인식하고 진심으로 고통스러워하는 것이다. 이 때 용서를 구하는 사람은 상대방이 받았을 생물학적·심리적·사회적 고통(손상)에 대해 공감하여야 한다. 이러한 공감이 피해를 당한 사람에게 전달되지 않으면 진심 어린 용서의 수용이 어렵다.

용서 구하기는 단순히 말과 행동을 넘어 상대방의 마음을 움직이는 과정이다. 용서 구하기는 커다란 도자기를 둘 사람이 마주 앉고 안방에서 사랑방으로 옮기는 과정과 같다. 두 당사자가 눈빛을 마주하고 호흡을 맞추어서 한 발 한 발 함께 띄어서 조심스럽게 옮겨 놓는 증오라는 커다란 항아리이다.

피해를 끼친 당사자가 진심어린 용서 구하기를 실행하였음에도 피해 당사자가 용서를 베풀지 않는 것은 용서를 구하는 사람의 정성이 부족하거나 진정성이 모자란 것이라고 단정할 수만은 없다. 진심 어린 뉘우침과 용서 구하기에도 불구하고 용서를 베푸는 입장에서 용서에 대한 준비가 충분히 되어 있지 못하다면 용서의 상호 교류가 이루어지지 않을 수 있다. 이 때 용서를 구하는 이는 더욱 더 진실한 마음으로 여러 번을 되풀이하여 용서를 구하는 것을 시도할 수 있으나 상대방이 용서를 구하기 위해 대면하는 것이 부담이 된다면 멈추어야 할 것이다.

나. 용서 구하기 방법

어떤 방식으로 용서를 구하면 용서를 하는 입장에서 용서 베풀기 용이할 것인가를 생각해 보아야 한다. 용서를 구하는 방법은 말 보다는 태도가 중요하다. 섣부른 혹은 설익은 용서 구하기는 오히려 상대방을 자극하여 상황을 악화시킬 수 있다. 따라서 용서구하기는 사전 연습이 필요하다. 피해를 끼친 학생은 구체적으로 어떤 피해를 끼쳤는지 무엇을 용서 빌어야 할지 상대방 학생에게 편지쓰기의 자료를 참고하여 다시 작성한다.〈그림35〉용서구하기와 용서 베풀기를 작업한다. 이 작업은 가·피해자가 함께 하는 작업이다.

용서 구하기 : 관련학생이 피해학생에게 (용서 1-2 편지 전달)

•

용서 베풀기 : 피해학생이 관련학생에게
- 용서 편지 전달 받고 용서를 구하는 표현을 들은 다음
- 용서 수용하기 결정하고
- 용서 베풀기를 실시합니다

•

〈그림35〉 용서구하기와 용서 베풀기

3. 용서 베풀기

가. 용서 베풀기의 의미

용서 베풀기의 어려움과 고귀함에 대해서 우리는 온 마음으로 지켜보고 주목하였다. 용서 베풀기야 말로 EFRG에서 가장 빛나는 정점 중의 정점에 서 있다. 이는 용서 구하기와 한 쌍이 되며 진정한 성장의 토대가 된다. 용서 베풀기를 성공적으로 수행하는 사람은 성장으로 성큼 나아간다. 용서 베풀기는 아무에게는 주어지는 축복이 아니다. 마음이 강건하고 영혼이 고결한 이에게 주어지는 선물이다. "교육의 최종적 성과는 관용"이라고 한 Helen Adams Keller헬렌 켈러의 말처럼 용서는 교육의 가치를 가장 빛나게 하는 행위이다.

하지만 용서 베풀기는 지식이나 교양의 문제가 아니다. 품위 있게 용서하고 싶어도 용서의 고귀한 영혼은 아무 곳에나 깃들지 않는다. 운전자의 작은

실수조차도 입에 담을 수 없는 욕설과 폭력적 행동으로 분노를 표시하는 재벌가에서 용서 베풀기의 덕목을 만나는 것을 쉽지 않을 것이다.

용서 베풀기는 용서 근육이 발달한 사람만이 내어 놓을 수 있는 동작이자 고급 기술이다. 용서를 가장 잘 베푸는 이는 어린 아이들이다. 아이들에게 짜증을 내거나 잘못을 한 부모가 자녀에게 용서를 비는 장면에서 아이들은 너무나 쉽게 "괜찮아"라고 용서한다. 물론 이런 용서의 근육은 부모라는 거울로부터 배운 것일 가능성이 크다. 용서 베풀기를 어릴 때부터 몸에 배인 사람은 자신이 잘못했을 때에도 잘못을 인정하고 용서를 구하는 것이 한결 쉬울 수 있다.

하지만 너무 쉽게 용서 베풀기를 남발하는 사람도 있다. 상대방이 진심으로 뉘우치지 않았음에도 혹은 용서를 구하는 행위가 제대로 된 모양을 갖추어서 실행되지 못했을 경우에도 설익은 용서를 미리 베풀 수 있다. 이 경우 용서 베풀기는 불건강한 것으로 자신의 불안과 두려움을 감추기 위해 실행하는 자기 방어의 한 부분일 수 있다. 사정이 이러할 때 용서 베풀기의 효용성은 반감되고 용서를 구하는 사람도 진정한 용서를 받은 후에 체험하는 자유로움과 성장을 경험하지 못한다. 용서를 통한 성장의 길에 용서 베풀기와 용서 구하기가 한 쌍이듯이 용서를 구하는 이와 용서를 베푸는 이의 진정성이 비슷한 수준일 때 용서를 통한 카타르시스와 성장이 크게 일어난다.

나. 용서 베풀기 방법

용서를 베푸는 방법은 언어적·비언어적 행위가 함께 한다. 먼저 상대방이 잘못한 일에 대해 구체적으로 인정하고 그 것에 대한 자신의 생각을 말하며 그 일에 대해 내가 용서를 할 것이라고 선언한다. 이러한 언어적 선언과 함께 비언어적 태도가 동반되게 되는데 눈빛과 태도, 말 빛과 제스처, 말의 빠르기와 높낮이, 억양 등 모든 면에서 용서가 일어난다.

용서를 베푸는 과정에서 피해를 당한 사람이나 피해를 끼친 사람 모두 상대방이 생각하는 언어의 양식frame에 주의하여야 한다. 즉, 자신의 입장에서는 의미 없는 가벼운 말이 상대방에게는 치명적인 불편함을 줄 수 있다. 한편, 상대방이 꼭 필요하다고 하다고 생각하는 단어 혹은 문장이 포함되느냐? 하는 것이 매우 중요하다.

다. 상대방의 핵심용어 의미 파악하기

공감을 위해서는 상대방이 말하는 의미를 정확하게 이해해야 한다. 이는 상대방이 사용하는 어휘의 참뜻을 밝히는 작업이다. 박성희(2009)는 상대방의 내면에서 진행되는 논리를 이해해야 한다고 강조한다. 즉 상대방의 상상과 환상, 생각을 포함하여 상대방이 사용하는 언어(핵심용어와 핵심단어)를 이해하지 못하면 공감에 이를 수 없다. 같은 단어도 다양한 의미로 받아들일 수 있다. 즉, '엄마'라는 단어마저도 포근하고 평안한 긍정적 의미의 말로 받아들일 수 있지만 드물게 '잔소리' '간섭' 등 부정적인 이미지로 받아들일 수 있다. 따라서 상대방이 사용하는 말의 정확한 의미를 알아듣지 못하면 오히려 갈등이 일어날 수도 있다(박성희 외, 2016).

4. 상대방의 언어 체계(frame)로 말하기

한 청년이 사고로 눈이 멀게 되어 가족들이 그를 맹인학교에 보내었다. 학교에 도착한 그는 교사 한 사람에게 학교를 구석구석 안내 받게 되었다. 안내를 맡은 교사는 청년의 손을 잡고 교무실을 나가면 말하였다.

"자, 이제 우리는 현관 밖에 있는 층계를 내려갈 것입니다. 층계는 모두 열 두 개입니다. 층계를 다 내려가면 왼쪽으로 돌아가 화단을 지날 것입니다. 화단을 지난 후에는 교정을 한 바퀴 돌겠습니다. 교정을 지나는 동안 교실에서 풍기는 냄새를 잘 기억해 두세요. 운동장에서 들려오는 젊고 싱싱한 함성에도 귀를 기울여 두세요. 자, 이제 저와 함께 가 봅시다. 혹시 미심쩍거나 무슨 일이 생기면 내 손이 항상 당신 팔 옆에 있으니 꼭 잡도록 하세요"(박성희, 2009: 33).
교사의 친절한 안내로 청년의 마음은 너무 편안해졌습니다. 친절한 안내에 감사하는 청년에게 교사는 대답하였습니다.

"정말 감사합니다. 선생님께서는 저같이 눈 먼 사람의 입장을 정말 잘 이해하고 계시는군요"

"이해하고 말고요. 저도 앞을 못 보는 사람이거든요"

용서 베풀기는 진정 어린 공감의 터전 위에서 이루어진다.

회복적 생활교육으로

1. 회복탄력성 이해하기

인구 3만 명에 불과한 하와이 카우아이 섬은 영화 '쥬라기 공원', '남태평양'의 촬영지로 환상적인 대자연을 자랑한다. 섬 주민은 대대로 지독한 가난과 질병에 시달리며 주민 대다수가 범죄자나 알코올 중독자 혹은 정신질환자였다. 청소년의 비행도 심각한 수준이었다. 1954년 미국의 소아과 의사, 정신과 의사, 사회복지사, 심리학자 등의 연구자들은 1955년 한 해 동안 이 섬에서 태어난 신생아들을 연구대상으로 종단연구를 실시하였다. 그 결과 〈카우 아이 아이들〉이라는 보고서가 1971년과 1977년 책으로 발간되었다. 연구 분석을 주도적으로 담당하던 심리학자 에미 워너는 전체 연구 대상 중 가장 열악한 환경에서 자란 201명을 추려 내어 '고위험군'의 성장과정을 분석하였다. 이들의 대부분은 사회부적응자, 비행청소년이 되었지만 1/3에 달하는 72명은 별다른 문제를 일으키지 않았다. 이들의 공통점은 삶의 어떠한 역경에도 굴하지 않는 강인한 힘의 원동력이 되는 속성을 가지고 있었고 이를 '회복탄력성'이라고 불렀다(김주환, 2011).

회복탄력성의 핵심적인 요소는 인간관계이다. 아이의 입장에서 무조건적으로 이해하고 받아주는 어른이 적어도 그 아이의 인생 중에 한명은 있었다는 것이다. 아이가 세상에 단 한 사람이라도 자신을 사랑하고 믿어주면 이 험한 세상을 헤쳐 나아갈 힘을 얻는다. 용서를 구하고 용서를 베풀 수 있는 사람은 회복탄력성이 있는 사람이다.

톨스토이는 "사람은 결국 사랑을 먹고 산다"라고 말했듯이 카우아이 섬의 연구 결과도 사랑을 먹고 자란 아이는 험한 세상을 헤쳐 나가고 이겨낼 힘을 얻는 다는 것이다. "사람마다 역경을 극복하는 능력이 있는데 그 것이 회복탄력성이다. 어린 시절 부모나 가족으로부터 헌신적인 사랑과 신뢰를 받고 자란 사람은 회복탄력성이 높다. 하지만 어른이 된 후에도 스스로 노력과 훈련에 의하여 회복탄력성이 얼마든지 높아질 수 있다"라고 후속 연구는 밝혔다. 회복탄력성은 체계적인 훈련을 통해서 얼마든지 길러질 수 있다(김주환, 2011: 56). EFRG 프로그램에서 추구하는 회복은 회복탄력성을 길러주는 것이다.

2. 회복적 정의와 회복적 생활교육

가. 회복적 정의 이해하기

정의란 무엇인가? 공정성으로서의 정의는 '배분적 정의'로 사회적 재화의 공정한 분배에 집중한다. 또 다른 정의의 개념은 '응보적 정의'로서 '눈에는 눈, 귀에는 귀'라는 문구로 표현되는 형법적 정의이다. 하지만 정의는 생활의 모든 영역에서 일방적으로 적용되기 보다는 배려의 형태로 보완된다. 정의로운 판단을 하였을 때도 여전히 윤리적인 작업이 많이 남기 때문이다. 이를 Nel Noddings넬 나딩스는 "정의가 떠나는 곳에서 배려가 뒤처리한다"라고 표현하였다(Katz·Noddings·Strike카츠·나딩스·스트라이커, 2007).

"정의의 문제는 현재의 분배 상태를 평가하는데 그치는 정태적인 것이 아니라 보다 나은 개선방안을 제시하는 동태적인 것이다". 사법영역에서는 '정의로운 판단'이라고 하기 어려운 '소년보호처분재판'이라는 제도가 있다. 회복적 정의론에 의하면 범죄는 관계의 파괴행위임으로 회복되어야 할 것은 '관계'이다. 관계 회복이야말로 정의론의 핵심이다. 회복되어야 할 관계 중 가장 우선적인 것은 범죄의 직접 당사자인 피해자와의 관계이다. 피해자와의 관계 회복을 위해 피해자의 정신심리적 회복 즉 트라우마의 치유가 필요하다(천종호, 2018).

회복적 생활교육은 회복적 정의 혹은 회복적 사법의 모델을 학교장면으로 들여온 것이다. 회복적 정의를 먼저 이해할 필요가 있다. 회복적 사법이란 '가능한 잘못을 바로잡고 치유하기 위해서 특정한 가해 행위에 이해관계가 있는 사람들을 최대한 관여시켜, 피해와 니즈needs, 그리고 의무를 함께 확인하고 다루는 과정'이라고 정의한다(천종호, 2018: 162). 소년법에서 회복적 사업 이념을 반영하는 제도로는 '화해권고제도'가 있다. 화해권고제도에 의한 피해자들의 만족도가 매우 높다.

회복적 정의는 피해의 회복, 자발적 책임의 회복, 관계의 회복, 공동체의 회복, 정의의 회복이 목적이다. 회복적 정의는 응보적 정의와 구별되는 정의의 새로운 패러다임이다. 응보적 정의는 누가 어떤 법을 위반하였으며 어떤 처벌을 할 것인가?에 집중하지만 회복적 정의에서는 어떤 피해가 발생하였으며 누가 책임을 져야 하는가? 피해자의 요구는 무엇인가? 에 집중한다. 즉 응보적 정의가 가해자에게 합당한 처벌을 하는 것에 초점을 맞출 때 피해를 회복하기 위한 피해자의 요구와 가해자의 자발적인 책임, 공동체의 참여를 요구하는 것이다(박숙영, 2014).

나. 회복적 생활교육이란?

회복적 생활교육이란 회복적 사법 모델을 학교로 들여온 것이다. 학교폭력 문제가 발생하였을 때 기존의 해결방법인 학교폭력대책자치위원회나 선도위원회 등을 통한 응보적 처벌이 아니라 새로운 해결방법으로 회복적 생활교육의 패러다임으로 바꾸어야 한다는 목소리가 높아지고 있다(김훈태, 2017: 318).

회복적 생활교육에서는 학교폭력의 근본원인으로 관계의 단절과 공동체성의 상실을 지적한다. 학교가 교육기관으로서의 역할을 회복하기 위해서는 먼저 학교 공간을 안전하게 만들어야 하고, 안전한 공간을 만들기 위해서는 훼손된 관계성을 회복하여야 한다.

회복적 생활교육에서는 '생활지도'라는 말 대신에 '생활교육'으로 관점을 전환하여야 한다고 주장한다. 즉, 훈육과 통제 중심의 생활지도가 아닌 잘못된 행동에 대한 것뿐만 아니라 학생들의 전반적인 생활에 교육적인 접근을 하여야 한다는 관점이다. 생활교육은 수업과도 분리되어 있지 않다. 수업도 생활교육의 중요한 영역이다. 학교공동체가 연결과 공감을 증진시키기 위해서는 통제의 관점이 '생활지도'에서 벗어나는 것이 필요하다. 기존의 생활지도가 권위를 전제로 한 처벌과 통제중심이었다면 회복적 생활교육은 공감과 연결을 통한 공동체성을 강조한다(박숙영, 2014).

3. 회복적 생활교육의 핵심 개념들 이해하기

가. 공동체를 변화시키기

James Gilligan제임스 길리건은 폭력을 예방할 수 있는 가장 효과적인 수단이 '민주적이고 평등한 사회구조'라고 강조하였다. 폭력이라는 전염병을 없애는 열쇠는 사회 시스템의 변화이다. 집단 안에서 맡은 역할과 상관없이 모두가 동등하게 존중하는 민주적이고 평등한 사회관계로 바꾸는 것이 폭력을 예방하는 효과적인 수단이다(James Gilligan제임스 길리건, 2012: 183).

학교폭력은 개인적인 접근이라기보다는 학급공동체를 또래 압력을 통해 평화로운 구조로 만들어가는 작업이다. 교사 중심의 생활교육에서 학급공동체의 문화로 전환해 가는 평화적 압력 형성과정이 바로 회복적 생활교육인 것이다(정진, 2016: 25). 교사가 회복적 생활교육 방식으로 학급의 변화를 모색한다면 가장 먼저 해야 할 일은 학급공동체의 하부구조를 평화적으로 형성하려는 노력이 필요하다. 자세한 내용은 정진(2016) 선생의 회복적생활교육 가이드북을 참고하기 바란다. 평화적 하부구조 형성을 위한 과정으로 신뢰서클 모임과 평화감수성 훈련 등이 있다. 학교폭력(괴롭힘)이 일어나고 성장하는 학급이라는 공간을 배제한 채 관련학생들만 변화시킨다면 근본적인 변화가 일어날 수가 없다. EFRG 모델에서도 학급은 매우 중요한 위치를 차지한다. 공감수준의 시작과 성장수준의 마지막 작업이 학급공동체를 참여시켜 변화에 동참하게 하는 것이다.

나. 회복적 생활교육의 가치(정진, 2016: 31)

1) 회복적 생활교육은 어디서든 발생되는 갈등과 문제를 평화적으로 변화해 가는 과정이다.
2) 회복적 생활교육은 상호존중과 자발적 책임의 문화를 만들어가는 과정이다.
3) 회복적 생활교육은 학교와 가정, 지역 공동체의 신뢰를 회복하고 증진하는 과정이다.

다. 회복적 생활교육의 핵심목표(정진, 2016: 32)

1) 피해 사실을 이해하고 피해를 입은 쪽과 입힌 쪽 모두가 공감하게 하기
2) 피해를 입은 쪽과 입힌 쪽 모두의 필요를 듣고 응답하기
3) 공동으로 문제해결과정을 계획하고 진행하면서 얻은 개인적 성찰을 통해 책임감과 의무감 키우기
4) 피해를 입힌 사람들(피해를 입은 사람들)을 공동체에서 쓸모 있고 가치 있는 구성원들로 다시 받아주기
5) 서로 돌보고 배려하는 분위기를 조성하여 공동체를 보다 건강하게 세우기
6) 발생한 피해를 해결하는 방향으로 시스템을 정비하기

라. 회복적 생활교육의 기본적 접근방식(정진, 2016: 33)

1) 잘못된 행동의 원인을 파악할 것
2) 피해자의 요구를 다룰 것
3) 피해를 바로잡기 위해 노력할 것
4) 미래에 긍정적인 변화가 일어나도록 노력할 것
5) 치유가 되도록 할 것
6) 공동으로 참여하는 문제 처리 과정을 따를 것

마. 회복적 생활교육 실천의 3요소(정진, 2016: 34)

1) 교사의 회복적 가치와 훈육체계

교사의 생활교육 패러다임이 분명하지 않으면 회복적 생활교육은 또 다른 통제 수단으로 전락하거나 공동체의 성장과는 거리가 먼, 교실의 분위기를 좋게 만드는 정도의 감성적 프로그램으로 작용하게 될 것이다.

2) 회복적 실천과 훈련

회복적 생활교육을 실천하는 세 가지 접근 방법은 일상성, 지속성, 반복성이다. 평화로운 공동체 형성을 위한 일상에서의 개입(일상성), 회복적 학급공동체를 위한 단계적 지속적인 노력(지속성), 학급의 회복적 문화형성을 위한 반복적 학급(반복성)의 세 가지 접근 방법이 있다.

3) 회복적 실천으로 인한 사회적 행동

회복적 생활교육을 실천하는 학급을 만들기 위해서는 학생 각자가 저마다 교실 안에서 자기감을 가지고 성숙한 자신의 역할을 실천하는 것이 중요하다. 교실에서 배우는 역할이 사회적 행동의 내재적 에너지가 된다. 그러므로 교실은 사회적 관계를 배우는 현장이 동시에 공동체와 상호작용하는 학습의 공간이다.

4. 회복적 교실에서 회복적 학교로(정진, 2016 참고)

가. 회복적 학교란?

회복적 학교는 회복적 정의의 핵심가치와 원칙들이 교육공동체 전반의 맥락이 되어 생활교육이 이루어지는 학교이다. 즉, 회복적 생활교육의 가치와 문화가 구성원들 간의 배려와 상호존중이라는 삶의 방식으로 실천되는 학교를 말한다. 회복적 학교에는 회복적 생활교육의 3가지 존재 가치인 존중, 책임, 관계의 요소가 학교공동체의 구체적인 삶의 가치로 공유되고 생활의 방식으로 세워진 학교이다(정진, 2016).

나. 회복적 학교의 특성(정진, 2016: 40)

1) 회복적 생활교육을 기초로 한 학급운영

2) 회복적 생활교육의 가치를 담은 관계 형성

3) 학급 내의 배려와 존중을 가능하게 하는 교실 환경 마련

4) 회복적 방식으로 운영되는 통합적 학교 시스템

5) 갈등해결교육의 체계적인 진행

6) 학생들의 내적성장시간표를 고려한 맞춤형 생활교육

7) 창의적인 갈등해결과 평화를 위한 커리큘럼

다. 회복적 학교 프로그램 운영의 기본적인 틀(정진, 2016: 40~41)

1) 학급의 정기적인 신뢰서클 진행과 회복적 상담과정

2) 학생들의 평화감수성 훈련과 갈등해결교육, 또래 조정 훈련

3) 고위험군 학생들을 위한 개별화 작업과 공동체 연계 프로그램

4) 평화로운 학급 공동체의 하부구조 형성을 위한 다양한 커리큘럼

5) 공동체의 갈등을 다루는 문제해결 서클과 회복적 대화모임 실시

6) 학교폭력 예방과 개입을 위한 학교공동체 회복위원회 구성과 운영

7) 가정과의 회복적 생활교육 연계를 위한 학부모 연수, 생활교육 연결 시스템

8) 지역사회와 공동으로 진행하는 안전한 공간과 회복적 마을 만들기

천국

義村 李東甲

다음 세상에 태어날 때는
네가 아버지 되고
내가 아들이 되었으면 좋겠다.

너의 마음을 헤아리지 못한 것
네 눈물과 분노를 씻어 주지 못한 죄
네게 소리 지르고 손 찌검 한 그 행동들
효도로 값아 보속할 수 있도록

아버지, 저는 천국 안 갈래요.
예수님, 부처님, 공자님 같은 분이 가시는 그 곳
재미 없잖아요 지루하잖아요
저는 그런 천국 안 갈 래요

애비가 죽어 천국에 갔을 때
거기에 네가 없다면
그 곳이 어느 곳이던 나도 안 갈란다.
너와 함께 갈란다.

죽어서 가는 천국보다
살아서 함께 있는 이 시간
가정이라는 천국에서
가족은 이미 천국을 누리는 것

죽은 뒤의 천국이 웬 말이냐?
오늘 하루 너와 나 천국처럼 살자구나

6장

성장(Growth)수준의
학교폭력

22과 _____
성장수준의 학교폭력 양상 이해

1. 성장 수준의 주요 구성 요소

학교폭력(괴롭힘)의 경험을 성장의 기회를 삼을 수 있다 말은 때로는 불편함을 줄 수도 있다. 처음부터 존재하지 말았어야 할 일은 어떤 경우에도 유익함으로 열매를 맺기는 어렵다고 강하게 주장할 수 있다. 특별히 학교폭력(괴롭힘)의 직·간접적 희생자들과 관련자들은 그 후유증이 이루 말로 표현할 수조차 없는데 이를 '성장의 경험'으로 삼고 배움을 얻으라는 말 자체가 폭력적으로 와 닿을 수 있다.

하지만 인간의 모든 경험은 경험 그 자체가 아니라 그 경험을 해석하는 자신에 의해 고통과 퇴보를 가져다주기도 하지만 성장을 위한 밑거름이 될 수도 있다. 실패를 통해 성장하고 성숙할 수 있기 때문이다. 자신을 변화시킬 수 있는 사람은 자기 자신 밖에 없다. 이 경험을 하는 주체가 바로 세상에서 하나 밖에 없는 자기 자신이기 때문이다. 자신 만이 자기를 변화시킬 수 있고 행복하게도 불행하게도 만들 수 있다(Alfred W. Adler아들러, 2014).

성장 단계에서는 이번 경험에 대한 나의 대처방법을 되새겨 보며 나를 성찰할 수 있다. 이는 에니어그램의 지혜안에서 나에게 필요한 보완재인 양 족 날개를 활용하는 방법과 건강한 나와 불건강한 나를 보여주는 화살을 활용하는 것으로부터 성장에 대한 모멘텀을 만드는 것이다.

EFRG 프로그램을 통해 내가 구체적으로 배운 것이 무엇인지 만나 볼 수 있다. 공감과 용서, 회복과 성장 각 수준에서 내가 보고 느끼고 배운 것을 정리하여 본다. 담임교사와의 만남은 관련 당사자들이 학급에 복귀하기 전 각자가 배우고 느낀 점들을 정리하고 공유한다. 이 과정은 담임교사와 함께 학급으로 돌아가서 생활할 수 있는 공감대를 형성하도록 돕는다. 담임교사는 관련학생들이 참석해온 EFRG 프로그램에서 배우고 느낀 점을 수용해주고 격려해줌으로써 학급공동체에 복귀를 돕는(연착륙) 역할을 하게 된다.

학급공동체가 함께 참여하는 마지막 3시간은 학급의 변화를 만들어 가는데 중요한 역할을 하게 된다. 학교괴롭힘의 과정에서 각자가 수행한 역할에 대해 주목하고 이를 시뮬레이션으로 만나보는 역할극은 그 힘이 강력하다. 학생들은 저 마다 가해자와 피해자, 동조자와 방관자 및 방어자로 나뉘는데 초점은 방관자를 방어자로 전환하는데 있다. 지난 번 학교괴롭힘 장면에서 방어자의 역할을 한 친구는 누구이며, 어떤 이유로 그러한 선택을 하였는지 만나보고 역할극을 통해 적극적인 방어자의 역할을 연습하여 본다. 그 결과를 바탕으로 학급헌장 만들기로 대미를 완성한다.

학급헌장에서는 학급구성원들이 가장 가치 있게 여기는 소중한 가치들을 전문에 싣고 학교폭력(괴롭힘) 없는 학급을 만들기 위한 구체적인 실천 방안들을 본조 항목에 넣도록 토론한다. 이 과정들을 통해 학급은 민주적 공동체로 성장할 뿐만 아니라 학급의 문화 자체가 성장하여 성숙으로 이끈다. 학교폭력(괴롭힘)이라는 경험은 당사자들뿐만 아니라 학급 공동체 자체를 성장시킴으로써 우리 사회가 성장하는 밑거름이 되는 것이다.

가. 외상후성장外傷後-成長, post-traumatic growth, PTG이란 무엇인가?

외상후스트레스 장애外傷後-障碍, post-traumatic stress disorder, PTSD는 신체적인 손상과 생명의 위협을 받은 사고에서 심적 외상을 받은 뒤에 나타나는 질환이다.[1] PTSD, 충격 후 스트레스 장애, 외상성 스트레스 장애, 외상 후 증후군, 외상 후 스트레스 증후군, 트라우마라고도 한다.

---

1 https://ko.wikipedia.org/wiki/%EC%99%B8%EC%83%81_%ED%9B%84_%EC%8A%A4%ED%8A%B8%EB%A0%88%EC%8A%A4_%EC%9E%A5%EC%95%A0

외상후성장이란外傷後-成長, post-traumatic growth, PTG 공인된 학술 용어나 의학 용어가 아니다. 필자가 조작적으로 정의한 용어이다. 필자는 외상후성장을 "특정한 사건-학교폭력(괴롭힘)-으로 인한 신체적 손상과 심리적 외상 경험을 자신의 성장成長을 위해 활용하려는 노력"이라고 정의하였다.

외상후 성장은"모든 경험은 경험 그 자체보다는 그 것이 주는 의미를 어떻게 해석하여 자신의 생활을 변화시키고 성장시키는 에너지로 활용하는가?" 에 달려 있다고 본다. 인간이 살아가면서 한 번도 병을 앓지 않고 죽음에 이르지는 않는다. 모든 인간은 생활장면에서 크고 작은 질병을 경험하게 된다. 질병은 예방이 가장 중요하지만 예방이 실패하였을 경우 초기 대처가 중요하다. 큰 병으로 키울 수도 있지만, 적절한 대처로 초기에 작은 치료를 통해 질병이 해결될 수 있다. 특히 질병을 경험한 개인은 건강관리의 중요성을 깨닫고 식단을 조절하며 적절한 운동을 통해 질병을 앓기 전보다 더욱 더 건강한 몸과 마음을 유지할 수도 있게 된다. 이 경우 작은 질병이 더 큰 병을 예방하고 신체적 건강을 유지하는 좋은 계기가 되었다고 할 수 있다. 외상후성장 역시 학생들이 경험하는 학교폭력(괴롭힘)을 배움의 기회로 삼아 성장할 수 있도록 하는 발달적·교육적 접근이라고 할 수 있다.

나. 이번 경험에 대한 나의 대처와 배움

모든 경험은 배움을 남긴다. 경험으로부터 배움은 긍정적인 배움과 부정적인 배움이 있을 수 있다. 관련 당사자들을 원망하며 자신을 변명하고 핑계를 마련하기에 급급한 사람은 부정적인 경험을 쌓은 사람이다. 경험 속에서 자신이 한 말과 행동을 되새겨 보고 자신이 잘못한 부분과 상대방이 잘못한 부분에 대해 통찰하되 원망보다는 바람직한 대처 방안을 찾아보는 것은 긍정적인 경험으로 승화시킨 것이다.

〈그림37〉EFRG 프로그램을 통한 나의 성장은 이번 경험을 통한 앞으로의 나의 대처방법과 이를 성격유형과 관련하여 배운 점을 만나게 된다. 같은 사안에 대해 나와 그(녀)는 어떻게 다르며 어떤 방식으로 상처받고 상처를 주게 되는지 성격유형의 관점에서 만나보게 된다. 성격유형의 과점에서 나는 어떤

경험을 하였으며 바람직한 대처 방안은 무엇이었을지 만나봄으로써 성장의 계기를 마련할 수 있게 된다.

1. 이번 경험이 나에게 주었던 배움을 인식하기

  •

2. 이번 경험을 나의 성장(배움)으로 활용해 봅시다

  •

〈그림36〉 EFRG 프로그램을 통한 나의 성장

다. 내 안의 보물들 활용하기(날개와 화살 활용하기)

'날개'는 자신의 성격 유형의 양 옆에 있는 두 가지 유형을 말한다. '화살'은 자신의 유형이 뻗어나간 두 개의 선이 가리키는 유형을 말한다. 같은 유형이라 할지라도 어느 날개를 더 많이 사용하고, 화살이 어떤 방향으로 뻗어나가느냐 즉, 영향을 받느냐에 따라 서로 다른 성격으로 보이게 된다. 예를 들면 낭만적인 4유형이 관찰을 좋아하는 5유형 날개를 더 많이 사용하면 내성적이 되지만, 성취를 원하는 3유형을 더 많이 사용하면 외향적이 된다. 우리는 날개와 화살을 활용하여 의도적으로 특정한 성향이나 능력을 강화할 수 있다. 이를 통해 경험의 폭을 넓히고 자신이 처한 상황에 대해 보다 적절하게 대처할 수 있는 것이다(Elezabeth Wagele엘리자베스 와겔리, 2013 : 18). 내 안의 잠재적인 보물인 날개와 화살의 활용 방법은 이 책에서 다루기에는 적절하지 않다. 부록의 추가 활동지에서 제안하였으며 자세한 내용은 지도자 연수에서 다루기로 한다.

내 안의 보물인 날개와 화살을 활용하는 것은 성장을 위한 놀라운 선물이다. 날개는 나의 잠재력이다. 나의 유형을 이해하고 양쪽 날개의 숨은 나의 잠

재력을 찾아 활용 방안을 적어보는 것이다. 이 때 내담자의 경우 에니어그램
에 대한 이해가 부족하기에 지도자가 코칭을 통해 안내하게 된다. 지도자는
지금까지 내담자가 공감-용서-회복-성장의 가정에서 보여준 여러 과제들의
진행을 참고하여 성격유형에 따른 날개와 화살의 개발을 코칭한다.

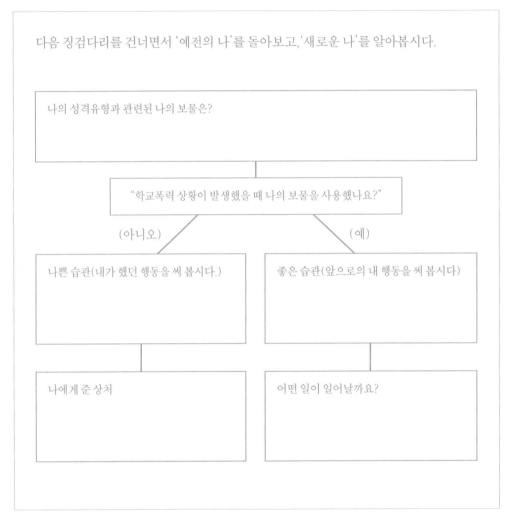

<그림37> 예전의 나 & 지금의 나

라. 나의 성장 척도 측정하기

성장수준에서 측정하는 나의 성장척도는 성장수준 그 자체뿐만 아니라

EFRG 전 과정에 대한 변화도 포함한다고 볼 수 있다. 외상후성장은 "모든 경험은 경험 그 자체보다는 그 것이 주는 의미를 어떻게 해석하느냐에 달려 있다"는 아들러의 주장에 응답하는 과정이다.

운동선수들이 힘겨운 훈련 과정을 견뎌내고 경기에 임하는 것처럼 성장에는 고통이 동반된다. 도종환의 시 "흔들리며 피는 꽃"처럼 "이 세상 그 어떤 빛나는 꽃들도 다 젖으며 피었나니 젖지 않고 가는 삶이 어디 있으랴!". 인간은 고통을 통해 자신을 성찰하며 성장하는 존재이다. 나의 성장 척도는 각 수준마다 측정되지만 성장수준의 마지막 성장척도는 특별한 의미가 있다. EFRG의 전 과정을 통해 성장한 것을 총체적으로 표현하는 것이다. 특히 각 공감-용

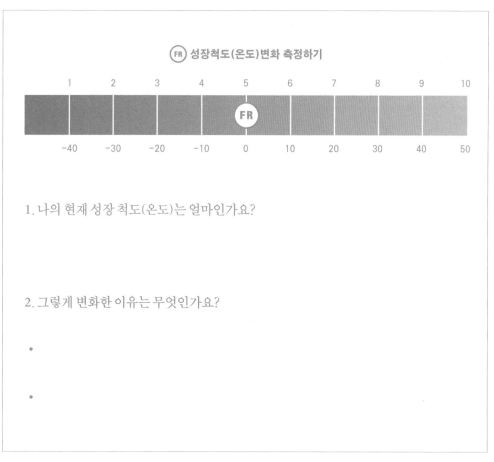

〈그림38〉 상장척도(온도) 변화 측정하기

서-회복-성장의 각 수준마다 자신이 배우고 느낀 점을 정리하면서 다시 한번 자신의 성장을 확인하게 된다. 성장척도(온도) 변화 측정은 〈그림38〉과 같다. 현재 나의 성장 척도는 어디쯤이며 그렇게 변한 이유는 무엇인가? 그 것을 찾아서 적을 수 있을 때 그 만큼 성장한다.

마. 학교 괴롭힘 과정에서의 나의 역할 돌아보기

학교괴롭힘의 과정에서 나의 역할을 돌아보는 것은 모든 이에게 고통스러운 작업이 될 가능성이 많다. 경험의 기억은 정확하지 않고 왜곡되거나 변형되기 쉽다. 각자의 기억이 다를 수 있고 사안의 실체적 진실이 여전히 감추어져 있을 수 있다. 특히 자신이 잘못의 원인을 제공한 이른바 가해학생은 솔직한 자기반성이 선행되지 않을 경우 "변명 대찬치"로 귀결될 수도 있다. 이 경우 피해학생은 2차 피해를 당하게 된다. 따라서 학교폭력(괴롭힘)의 사실관계에 초점을 두기 보다는 자신의 역할이 가해자와 피해자, 협력자와 방어자, 방관자의 사이에서 어디에 위치하였는지를 정확하게 인지하고 인정하는 작업이 중요하다.

피해학생의 경우 자신이 피해를 받았다는 고통의 기억이 선명할 수 있지만 쌍방의 경우 피해와 가해가 혼재한다. 이 경우 자신이 가해한 내용은 기억이 희미해지고 피해만 부각할 수 있다. 조건문 사과(내가 잘못한 것도 있다. 그러나~)와 물귀신 작전으로 문제를 긁어서 부스럼을 만드는 일이 될 가능성도 있다.

이 과정에서 가장 중요한 것은 학교폭력(괴롭힘)이 일어났을 때 당시 내가 서 있던 곳에 대한 양심적 성찰의 힘이다. 자신이 피해자라 하더라도 가해의 요소가 있었다면 함께 찾아보는 것이 건강한 성찰자의 힘이다. 특히 협력자나 방관자의 경우 피해학생이 겪었을 고통에 주목하여 내가 한 일과 하지 않은 일에 대해 구분하며 당시 나의 감정을 정확하게 인지하고 표현하여야 한다. 특히 이 과정에서 방어자의 역할을 감당한 학생은 누구이며 왜 그런 선택을 하였을지 스스로 짐작하여 보고 당사자의 이야기를 들어 보는 것이 핵심이다. 이 경험을 통해 나도 다음번에는 방어자가 될 것이라고 결심하는 것이 이 과정의 최종 목표점이자 미덕이 된다.

바. 성격유형 역할극(방관자를 방어자로)

핀란드의 학교폭력예방프로그램 키바 코울루Kiva Koulu는 왕따나 괴롭힘을 당하는 학생들의 주변에 있는 방관자들에게 주목하였다. 즉, 동료학생들의 행동의 변화(방관자가 방어자로 변함)가 남을 괴롭힘으로 해서 얻을 수 있는 이익을 감소시켜주는 역할을 하게 되고 결과적으로 남을 괴롭히고자 하는 동기를 약화시켜주는 기능을 한다고 지적하였다. 키바는 괴롭힘이나 피해의 개별적인 사례에 초점을 맞추기 보다는 공동체의 안녕을 위한 공동책임을 강조하며 학교는 모든 학생에게 안전한 곳이라는 확신을 심어주는 것이 중요하다. 따라서 Kiva 프로그램에서는 방관자들에게 초점을 맞추고 있다. 즉 방관자들은 단순한 방관이 아니라 왕따나 학교폭력을 더 조장하고 유지시키는 기능을 한다고 보았기 때문이다(김병찬, 2012).

성격유형 역할극은 방어자의 역할을 한 사람은 어떤 동기에서 방어자의 역할을 하였는지 주목한다. 이 과정을 에니어그램의 힘의 중심으로 설명할 수 있다. 즉, 머리, 가슴, 장(배) 중심의 센터를 활용할 경우 학교폭력(괴롭힘)에 대한 이해의 지평을 새롭게 넓혀 인식할 수 있다.

사. 학급헌장 만들기

학급헌장 만들기는 EFRG 프로그램의 결승점에서 만나는 가장 아름다운 면류관이 된다. 국가에는 최고법인 헌법이 있고 국제사회에는 국제연합헌장, 어린이 헌장 등이 있듯이 학급의 최고법 즉 학급규칙으로서 학교폭력(괴롭힘) 예방과 대처를 위한 학급헌장을 만드는 작업이다.

이 작업은 성격유형 역할극 작업을 끝낸 다음 우리 학급이 바람직한 방향으로 가기 위해서 지난번과 같은 학교폭력(괴롭힘)이 되풀이 된다면 우리는 어떻게 대처할 것인지를 함께 고민하는 작업이다. (먼저 각자 집에서 사전에 준비하여 온 혹은 현장에서) 내가 바라는 우리 학급을 모둠별로 토론하고 최종적으로 학급회의 형태로 학급헌장 전문과 본조 조항을 결정하여 잘 보이는 게시판에 게시하게 된다. 이는 학급의 나침반이자 지도가 될 것이다.

2. 성장의 방에 들어서기

가. EFRG 프로그램을 통한 나의 성장

이상적인 학급에 대한 바람은 학년이 올라갈수록 멀어진다. 체념과 적응 속에서 현실과 타협할 무렵 학교폭력(괴롭힘)의 과정이 선명하게 예방되고 해결되는 체험을 한다는 것은 큰 축복이다. 놀라운 경험이다. 학교폭력(괴롭힘)의

EFRG 프로그램을 통해 배운 점을 적어봅시다

• 공감수준 -

• 용서수준 -

• 회복수준 -

• 성장수준 -

전체적인 나의 변화와 성장은 무엇인지 적어봅시다

•

•

•

〈그림39〉 EFRG 프로그램을 통해 배운 점

과정이 성장이 될 수 있다는 말은 놀라운 소식이 아닐 수 없다. 학교폭력(괴롭힘)의 과정에서 나를 성장하게 하려면 무엇보다 폭력에 대한 정확한 이해와 자신을 돌아 볼 수 있는 힘이 있어야 한다. 자아정체성과 자기 결정력, 회복탄력성이 있어야 한다. 문제에 맞닥뜨렸을 때 이를 극복하려는 용기와 힘이 필요하다. 학생들이 가정교육을 통해 이를 습득하고 학교폭력(괴롭힘)에 대응하는 것은 '보기 드문 현상"으로 기대하기 어렵다.

결국 이러한 상황을 교육적으로 해결하려는 노력이 EFRG 곧, 공감-용서-회복-성장의 프로그램이다. 학교폭력(괴롭힘)의 경험을 외상후 성장으로 이끄는 EFRG 프로그램은 학생 한 사람, 한 사람 뿐만 아니라 가정을 변화시키고 성장시킨다. 부모와 대화를 통해 건강한 가족으로 재구조화하고 학급을 새롭게 태어나게 할 수 있다. 학급의 문화를 바꾸고 학교를 바꾸는 EFRG 프로그램이 모든 교사들과 학부모, 학생들에게 익숙해 질 때 학교는 문제해결력과 공감이 넘치는 공간이 될 수 있을 것이다. EFRG 프로그램을 통해 내가 어떤 성장을 하였는지 확인할 수 있다.

나. EFRG 프로그램을 통해 배운 점

EFRG 프로그램의 각 수준별로 내가 배우고 느낀 점이 있다. 전체적인 나의 변화와 성장에 대한 인식을 적어 본다. 〈그림40〉EFRG 프로그램을 통해 배운 점이다. 이 작업은 학교폭력(괴롭힘)의 관련학생들이 자기 스스로 내가 무엇을 경험하였고 무엇을 배웠는지 성찰하고 확인하는 과정이다. 지도자는 각 수준별로 내담자가 배운 점들을 표현할 수 있도록 인도하고 함께 공감한다.

23과 _____

방관자를 방어자로 만들기

1. 개인의 변화를 학급의 변화로

학교괴롭힘의 관련학생들이 EFRG 프로그램을 통해 긍정적인 변화를 하였다. 하지만 그들이 결국 돌아와서 생활 할 공간은 학급이다. 따라서 학급공동체로 돌아가서 본인이 무엇을 하고 싶은지, 담임교사에게 바라는 것은 무엇인지 함께 상담하는 기회가 필요하다. 학급으로 돌아가기 직전 담임교사와 함께 하는 작업이 〈그림 40〉 "학급공동체로 돌아가서 할 일이"다. 이 작업은 27차시 담임교사와 함께 하는 작업이다.

학교폭력(괴롭힘)의 과정에서 담임교사의 개입과 입장은 난처하다. 제3자도 될 수도 없지만 가해자와 피해자 혹은 두 당사자들 사이에 어느 한 쪽 편에 말에 귀를 기울인다는 오해를 받을 수 있다. 담임교사가 훈계로서 종료할 수 없는 사안을 외부 전문가에 의해 EFRG 프로그램을 이수하고 교실로 돌아오게 된다. 이 과정에서 담임교사는 학생들의 변화에 대해 정보가 한정되어 있다. 이들을 어떻게 교실에서 다시 맞이하면 좋을지 고민이 된다.

학급에 복귀하기 직전 지금까지 교육과정에서 일어난 일들 즉, "EFRG 프로그램을 통해 배운 점"을 나눈다. 아울러 "학급공동체에 돌아가서 하고 싶은 일과 담임교사에게 바라는 것"을 상담한다. 이 작업이 "학급공동체에 돌아가서 할 일"이다. 담임교사의 중요성과 의미에 대해서는 26차시에서 자세히 다루기로 한다.

학급공동체로 돌아가서 할 일은 무엇인가요?

•

담임선생님에게 바라는 점은 무엇인가요?

•

<그림40> 학급공동체로 돌아가서 할 일

2. 학급 구성원들과 함께 돌아보기

EFRG 프로그램을 이수하고 학급으로 돌아오는 관련학생들을 학급 공동체는
어떤 방식으로 맞이할 것인가? EFRG 프로그램의 미덕이 여기에 있다. 본 프
로그램은 학교괴롭힘의 과정에서 관련학생들 뿐만 아니라 학급공동체도 함
께 성장할 수 있으며 이를 실천하여야 한다고 주장한다. 즉, 학급공동체는 프
로그램 시작 단계의 3시간의 작업을 통해 서로가 다르다는 것을 체험하였다.
프로그램을 마무리하는 과정에서 학급은 지난 번 일어란 경험에 대해 저마다
의 관점에서 사건을 재구성할 수 있다. 그리고 그 당시에 내가 느낌 감정과 나
의 행동을 돌아본다. 이 작업이 <그림41> 이번 경험 과정 돌아보기 이다. 이 과
정에서 나는 어떤 역할을 하였는지 돌아본다. 피해학생과 가해학생은 누구였
으며 가해학생의 편에서 동조학생은 누구였는지 만나 본다. 무엇보다 방어자
는 누구였으며 방관자는 누구였는지 적어 본다. 자신의 역할은 무엇이었는지,
왜 그렇게 생각하는지 이유를 적어본다.

　괴롭힘의 과정을 돌아보는 것은 즐거운 일이 아니다. 하지만 학급공동체는
지난 번 사안과 관련해서 일어난 사안을 정확하게 정면으로 바라보고 이를 되
풀이하지 않기 위해 역할극을 통해 다소 완화된 재연을 하게 된다. 그 과정을

이번 경험에 대한 나의 기억을 떠올려 친구들과 나눠봅시다.

누가 , 언제, 어디에서, 무엇을, 어떻게, 왜?

학교 폭력에는 5가지 역할이 있습니다.

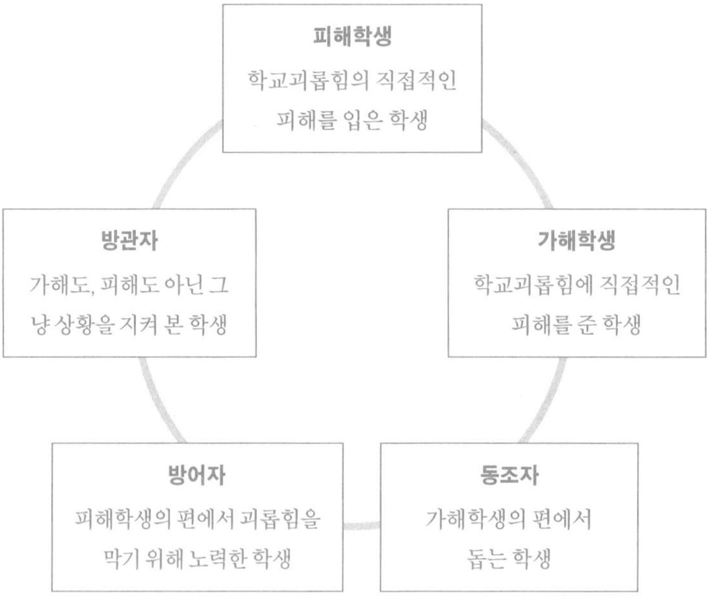

피해학생
학교괴롭힘의 직접적인
피해를 입은 학생

방관자
가해도, 피해도 아닌 그
냥 상황을 지켜 본 학생

가해학생
학교괴롭힘에 직접적인
피해를 준 학생

방어자
피해학생의 편에서 괴롭힘을
막기 위해 노력한 학생

동조자
가해학생의 편에서
돕는 학생

나는 어떤 역할이었나요?

_____

그때 나의 생각과 느낌은 어떠했나요?

_____

_____

〈그림41〉 이번 경험과정 돌아보기

통해 새로운 해결 방안을 찾을 수 있다. 이 과정은 지난 번 일어난 학교괴롭힘이 관련 두 당사자끼리만 알고 있는 것이 아니라 목격자가 존재하고 이를 학급공동체가 함께 해결하고자 하는 의지를 가지고 참여할 때 효과가 있다. 둘만의 공간에서 발생한 괴롭힘의 경우 사안을 재구성하기가 어려운 측면이 있다. 이때는 빈 의자 기법 등의 역할극도 가능하다. "빈 의자 기법"을 활용한 역할극은 송재홍 등(2016)이 제안한 "빈 의자 기법"을 활용한 역할극을 참고할 수 있지만 다소 필자가 수정하였다(2016, pp. 282~283). 빈 의자 기법을 활용한 역할극을 간략하게 설명하면 다음과 같다.

• 빈 의자 두 개를 마주 놓는다
• 가해(관련)학생과 피해 학생이 두 의자에 마주 앉아 있다고 상상하면서, 먼저 가해학생이 피해학생에게 행한 괴롭힘을 재연한다.
• 가해학생이 피해학생의 자리에 앉아 피해학생의 입장에서 느낀 자신이 생각을 표현하다.
• 피해학생 역시 자신의 생각과 느낌을 표현한다.

이 과정은 학급의 모든 학생들이 괴롭힘 과정을 돌아보는 것을 역할극을 통해 재연한 것이라고 할 수 있다. 이 때 가해학생과 피해학생의 트라우마가 작동하여 재연이 어려울 수 있다. 좀 더 단순하고 간단한 감정 표현 위주로 입장을 표현하는 것에 초점을 맞춘다. 학교괴롭힘의 과정에서 나의 역할은 무엇이었는지를 통찰하는 것이 핵심이다. 피해자 혹은 가해자, 동조자와 방관자 혹은 방어자 중 나의 역할은 무엇이었는지 만나 보는 것이 필요하다. 이 작업이 〈그림42〉 이번 경험과정 돌아보기이다.

3. 학교폭력이 일어났을 때

학교폭력을 해결하는 가장 효과적인 접근법의 하나로 역할극이다. 핀란드의 학교폭력 예방 프로그램인 Kiva Koulu키바 코울루에서도 핵심적으로 소개하고 있다(김병찬, 2013: 14). 즉 교사들이 학생들을 지도하면서 동료학생들끼리의 괴롭힘에 대한 역할극을 해 보게 함으로써 학생들의 생각과 관점을 보다 적극적으로 변화시키는데 도움이 된다는 것이다. 문재현 등(2013)은 핀란드의 Kiva Koulu키바 코울루 프로그램의 핵심내용으로 "모든 학생이 역할극에서 왕따 역할을 체험하여 보고 이를 통해 학생들이 피해 학생의 고통에 공감하며 따돌림을 받는 친구들을 어떻게 도울 수 있을지에 대해 체계적이고 구체적인 행동지침을 배운다"라고 소개하였다. 아울러 "교육부의 어울림 프로그램에서는 이러한 Kiva Koulu키바 코울루의 장점을 수용하지 못하여 아쉽다"는 점을 지적하였다.

가. 피해자

학교괴롭힘의 직접적인 피해를 입은 학생이다. 이 역할은 당사자가 직접 하겠다고 자원하는 경우가 아니라면 조금이라도 강요해서는 안 된다. 특히 그 당시의 피해상황에 대해 자세한 설명을 요구하는 것도 부담이 될 수 있다. 희망하는 학생이 없을 경우 뒤집어 놓은 역할카드를 선택한 학생이 담당하게 된다.

나. 가해자

학교괴롭힘의 직접적인 피해를 끼친 학생이다. 이 역할 역시 당사자가 자원하지 않을 경우 강요하여서는 안 된다. 당시의 가해 상황이나 심정에 대해서도 설명을 요구하여서는 안 된다. 희망하는 학생이 없는 경우 담임교사가 역할을 감당하는 것이 가장 바람직하다. 담임교사가 희망하지 않을 경우 역할카드를 선택하는 학생이 담당하게 된다. 중요한 역은 역할의 자세함이 아니라 상황 자체에 대한 '되돌아보기'이다.

다. 동조자

동조자는 학교괴롭힘의 과정에서 가해학생의 편에서 돕는 역할을 한 학생이다. 이 학생은 본인은 그러한 의사가 없었다고 강변할 수 있지만 피해당사자와 학급공동체는 누가 가해학생의 편에서 피해학생에게 고통을 주었는지 느낄 수 있다. 동조자 역시 가해학생 못지않은 비난과 질책을 많이 받는 역할을 하게 된다. 학급공동체는 본인이 인정하지 않는 경우에 동조자를 규정하거나 낙인烙印하는 형태의 강압적 분위기를 형성해서는 안 된다.

라. 방어자

방어자는 학교괴롭힘의 가장 과정에서 가장 빛나는 보석 같은 역할을 담당한 학생이다. 피해학생의 편에서 괴롭힘을 막기 위해 노력한 학생이다. 그의 용기와 참여로 인해 피해학생이 최악의 절망을 경험하지 않도록 도운 구원자이기도 하다. 이러한 방어자가 한 사람이 아니라 여러 사람일 때 가해자와 그 동조자는 위축되고 두려움을 갖게 된다. EFRG 모델에서 주목하는 바는 방어자는 어떠한 동기에서 피해자의 편에 서게 되었는지 말하게 하여 다른 사람들의 공감을 끌어내는 것이다. 이를 통해 나도 방어자가 되어야 하겠다고 결심하게 하는 것이다.

마. 방관자

학교괴롭힘의 과정에서 방관자는 가해도 피해도 아닌 그냥 상황을 지켜본 학생이다. 많은 경우 이 학생들의 비율은 학급의 2/3 가량이 된다. 방관자의 역할을 선택하는 이유는 다양하지만 핵심은 피해학생의 고통에 대한 공감보다 가해학생에 대한 두려움이 더 크기 때문이다. 결국 공감능력을 키우면 방관자가 방어자가 될 수 있다.

2. 성격유형 역할극

성격유형 역할극은 일반역할극보다는 다른 측면이 있다. 역할극의 내용 자체보다는 성격유형의 관점에서 각자의 역할을 이해하고자 하는 점이다.

가. 각 자의 역할 나누기

먼저 각자의 역할을 나누어야 한다. 바람직한 방법은 피해학생과 가해학생의 심정을 가장 잘 알 수 있는 사람이 그 역할을 하겠다고 자원하는 경우이다. 이 경우는 피해학생과 가해학생 본인이 될 수 있다. 지도자는 EFRG 전 과정에서 공감-용서-회복-성장이 효과적으로 이루어져 이를 감당할 수 있겠다고 판단하면 자원을 허락한다. 자원자가 없을 경우 지도자는 목에 걸 수 있는 역할카드를 피해학생, 가해학생 등 역할별로 코팅하여 학생들이 선택할 수 있도록 한다. 이 과정에서도 특정 역할을 아무도 희망하지 않을 경우에는 뒤집어 놓은 역할카드를 임의로 선택하게 한다.

나. 역할 재연하기

성격유형 학교괴롭힘 역할극에서의 역할 재연은 피해학생과 가해학생이 머리, 가슴, 장 형 중 어떤 유형인지 공유하고 그 유형이 학교폭력과 관련하여 어떠한 영향을 끼쳤는지 접목하는 것이 핵심이다. 이 수준으로 역할극이 진행되기에 학급의 역동이 성장하지 못하였다면 일반적인 역할극 재연을 하여도 좋다. 역할극의 재연은 1단계 "지난번에 일어난 일을 단순하게 재연하기"와 2단계 "성격유형을 활용한 바람직한 역할극 만들기"로 진행된다.

다. 지도자의 슈퍼비전

EFRG 지도자는 성격유형 학교괴롭힘 역할극 재연 과정에서 슈퍼바이저의 역할을 하게 된다. 지도자는 관련학생들이 지금까지 공감-용서-회복-성장 과정에서 작업한 내용을 바탕으로 1단계 "일반적인 역할극 재연하기"를 지켜본 뒤 2단계 "성격유형을 활용한 바람직한 역할극 만들기"를 시연할 때 적절한 슈퍼비전을 제공한다.

이 과정이야말로 지도자의 진정성과 역량이 가장 집중적으로 나타나는 영역이다. 역할극이 너무 엄숙해서도 바람직하지 않지만 지나치게 희화화 되어 피해학생의 고통을 웃음거리로 만들어서는 위험하다. 특히 방어자의 역할을 선택한 학생의 목소리를 전체에게 들려주어 공감을 확대재생산하고 연습하려는 시도를 하는 것이 중요하다.

라. 역할극을 통해서 배우는 것들

역할극은 모든 책상을 가장자리로 밀어 놓고 가운데에 무대를 만들어 시연을 하게 된다. 역할극을 통해 학생들은 지난 번 일어난 학교괴롭힘이 우리 모두의 문제이며 나도 그 당사자가 될 수 있다는 사실을 인지하고 공유한다. 역할극의 과정에서 저 마다 자신이 한 역할과 다른 이들의 역할을 마음의 거울에 비춰보면서 피해학생의 고통에 공감하고 함께 학교괴롭힘이 없는 평화로운 학급 만들기를 이끌어 갈 것을 결심하게 한다.

3. 방관자에서 방어자로 역할 연습하기

가. 방관자에서 방어자로 역할 전환하기

역할극의 과정에서 방어자가 한 역할은 많은 사람들을 부끄럽게 한다. 그 용기를 부러워하게 된다. 하지만 방어자 역시 두려움 속에서 자신도 모르는 사이 그 역할을 하게 되는 경우가 대부분이다. 대부분의 방관자들이 머뭇거리며 갈등하는 사이에 누군가 방어자의 역할로 뛰어들게 되는 것이다. 이 용기는 본능적이고 순간적인 것이지만 연습에 의해 근육이 될 수 있다.

나. 역할 전환 실습하기

지도자는 역할극의 과정에서 다수의 방관자들에게 방어자의 역할을 연습할 것을 제안한다. 필요한 순간 학급 공동체 모두가 방어자가 되어 함께 연습할 수도 있다.

"그만 해""멈 춰""때리지 마""하지 마" 등을 함께 소리치며 연습한다. 학급 구성원 모두가 방어자가 되고자 노력할 때 학교폭력(괴롭힘)은 설 자리가 없어진다. 방관자를 방어자로 전환시키는 것, 이것이 학교폭력(괴롭힘)의 가장 근본적인 해결책이다. 방관자가 방어자가 되기 위해서는 모든 학생들을 대상으로 공감근육을 키우는 공감교육이 필요하다.

날개의 개발[1]

1. 날개의 기본 개념 이해하기

날개는 나의 양쪽 옆에 있는 유형이다. 화살은 나의 유형과 선으로 연결된 두 가지 유형이다. 나의 성격은 날개와 화살의 영향을 받는다. 변화와 성장을 위해서는 날개와 화살 유형의 긍정적 특성은 받아들이고 부정적 특성을 건강하게 바꾸려고 노력하여야 한다. 에니어그램의 궁극적인 목적은 아홉 유형의 건강한 측면을 모두 자신의 것으로 받아들여 지속적인 성장과 발전을 통해 변화되는 것이다(Renee Baron·Elizabeth Wagele레니 바론·엘리자베스 와겔리, 1995: 11).

날개는 관점이 다른 에니어그램 각 유형의 양 옆에 위치한 유형으로 서로 인접한 이웃이다. 우리는 양쪽 날개의 영향을 모두 받는데 일반적으로 한쪽 날개의 영향력이 다른 쪽 날개보다 우세하다. 이와 같은 까닭으로 많은 사람들이 자신의 유형 뿐만 아니라 날개 중 하나와 동일시 하는 경향이 있다. 다시 말하면 자신을 "1날개를 가진 2유형" 혹은 "개혁자의 날개를 쓰는 조력자" "2w1" "포인트 1 날개를 가진 2유형"이라고 표현한다. 어떤 사람들은 양쪽 날개 모두와 동일시하기도 하는데 이 경우를 양 날개를 모두 가졌다라고 표현한다.

날개를 통해 배울 수 있는 중요한 점은 첫째, 같은 유형의 사람이라도 날개

---

[1] Don Richard Riso·Russ Hudson돈 리차드 리소·러스 허드슨(2016), 에니어그램의 지혜를 중심으로 Suzan Rhodes수잔 로즈,(2009), 긍정에니어그램, Elizabeth Wagele·Ingrid Stabb 엘리자베스 와겔리·잉그리드 스탭(2011), 에니어그램 경력 코칭을 참고하여 편집함.

가 다를 경우 어떤 면에서는 서로가 아주 확연히 구분된다. 비록 핵심적 동기는 같을 수 있지만 그 동기를 표현하는 방식이 다르다. 즉, 에너지가 함축하는 의미가 다르다. 둘째는 에니어그램 원 둘레를 시계방향으로 포인트 1에서 시작하여 포인트 9까지 돌게 될 때 만나게 되는 아홉 가지 도전의 특성에 날개가 어떤 영향을 미치는지 알 수 있다. 셋째는 에니어그램을 좀 더 역동적인 관점에서 바라볼 수 있다. 즉 각 유형의 한쪽 면을 큰 변형 여정의 한 단계로서 바라보는 것이다(Suzan Rhodes수잔 로즈, 2009).

이 장에서는 각 유형의 유명 인물과 어린 시절의 패턴, 발달 단계가 평균일 때와 건강할 때의 모습을 설명함으로써 건강한 방향으로 개발을 제안하기로 한다(Don Richard Riso·Russ Hudson, 2016). 이들을 부르는 별칭은 에니어그램의 주요 대가大家,master마다 다를 수 있다. 에니어그램에 대한 해석과 접근이 다양하기 때문이다. 영어를 해석하는 과정에서 옮긴이에 따른 차이도 있을 수 있다. 여기에서는 굳이 통일하기 보다는 전체적인 의미 위주로 이해를 하기 바란다. 각 유형별 날개에 대한 이해는 1w9는 9번 날개를 가진 1유형, 1w2는 2번 날개를 가진 1유형을 의미한다.

2. 유형별 날개 안내

가. 1유형: 완벽가, 개혁자(이성적이고 이상적인 유형)

이들은 원칙적이고 목표가 분명하며 자신을 잘 통제하고 완벽주의의 기질이 있다. 이들의 기본적인 두려움은 나쁘고, 결점이 있고 약하고 부패하게 되는 것이며 기본적인 욕구는 선하고 올바르며 균형적이고자 하는 것이다. 이들의 슈퍼에고의 메시지는 "네가 옳은 일을 하다면 너는 좋은 사람이고 괜찮다"이다. 어린 시절 이들은 "나는 나 자신을 보호하는 인물이며 도덕적인 안내자가 된다. 나는 나 스스로를 관리하기 때문에 다른 사람이 나를 통제할 필요가 없다"라고 스스로에게 기대한다. 대표적인 인물은 간디, Margaret Hilda Thatcher마가렛 대처 영국 총리, 프랑스의 국민영웅 Jeanne d'Arc잔 다르크 등이다.

1) 1w9 : 이상주의자

이들은 평균적일 때 이상주의적이고 자신이 믿는 개혁을 이루기 위해 타협하지 않는다. 이들은 다른 사람들에게 자신의 정당함을 설득하기 보다는 자신의 이상을 설명한다. 이들이 건강할 때는 통찰력이 있고 현명하며 정중하다. 학구적이고 차분하며 감정을 쉽게 드러내지 않지만 관대하고 친절하고 사려 깊다. 이들은 상황을 개선시키기를 원하지만 부드럽게 접근한다. 대표적인 인물은 미국 부통령 Albert Arnold "Al" Gore, Jr앨 고어, Henry David Thoreau헨리 데이빗 소로, Avram Noam Chomsky노엄 촘스키 등이다.

2) 1w2 : 사회운동가

이들은 평균적인 상황에서 아주 활동적이여 자신의 이상이과 자신이 추구하는 개혁을 위해 공격적인 성향을 띨 수도 있다. 이들은 자신이 세상을 개선시키고 있다고 느끼기만 하면 이타주의적인 사람이 될 수도 있다. 이들은 비판적이고 흥분을 잘하며 좌절을 당했늘 때 자신의 불만을 큰 소리로 말할 수 있다. 건강할 때 이들은 높은 이상과 원칙, 다른 사람에 대한 동정과 사랑이 있다. 이들은 열정적이며 다른 사람과 관계 맺는 것을 좋아하고 '정치적인 관계' 속에서 주고 받는 것을 즐긴다. 대표적인 인물로는 Hillary Diane Rodham Clinton힐러리 클린턴, 교황 Karol Józef요한 바오로 2세, 가수 Céline Dion셀린 디온 등이 있다.

나. 2유형 : 사람들을 잘 돌보고 그들과 교류하기를 즐기는 유형 (돕는 사람)

이들은 감정을 잘 드러내고, 사람들을 즐겁게 해주며, 관대하고 소유욕이 강하다. 이들의 기본적인 두려움은 아무도 자신을 사랑하지 않고 원하지 않는 것이며, 기본적인 욕구는 사랑받고 있다고 느끼는 것이다. 이들의 슈퍼에고의 메시지는 "네가 다른 사람들에게 사랑받고 사람들과 가까이 지내면 너는 괜찮다"이다. 어린 시절 이들은 "자신의 욕구보다 다른 사람의 욕구를 먼저 생각하고, 얻기 위해서는 주어야 하며, 사랑은 자신에게 주어진 것이 아니기에 사랑받기 위해서는 열심히 노력해야 한다"는 세 가지 믿음을 가지고 있다. 대표적인 인물은 Albert Schweitzer슈바이처와 Madre Teresa마더 데레사 등이다.

1) 2w1유형 : 사회복지가, 봉사자(사람들을 잘 돌보고 그들과 교류하기를 즐기는 유형)

이들은 평균적인 상태일 때 자신이 '이기적'인 태도와 감정을 없애야 한다는 부담감을 늘 가지고 있다. 즉, 다른 사람의 복지에 대해 책임이 자신에게 있다고 느끼며 자신에게 너그럽지 못하고 의무감을 많이 느낀다. 이들은 앞에 나서기 보다는 뒤에서 일하는 것을 좋아하면서도 다른 사람의 삶에 중요한 사람이 되기를 원한다. 건강할 때 이들은 따뜻함과 진지한 목적의식이 결합되어 선함과 이타적인 봉사를 추구한다. 1유형의 도덕관념과 2유형의 동정심이 결합되어 인간의 고통을 덜어주고자 하는 강한 욕망을 느낀다. 착한 사마리아인처럼 남들이 꺼리는, 생색도 나지 않는 일을 기꺼이 떠 맡는다. 대표적인 인물은 Desmend Tutu데즈먼드 투투 주교와 Florence Nightingale나이팅게일 등이다.

2) 2w3유형 : 사회적 네트워크 조성가, 안주인

이들은 평균적일 때 야망을 가졌지만 친절하고 유머가 있는 사람이 된다. 다른 사람에게 받아들여지고자 하는 3번 유형의 욕구와 친밀한 관계에 대한 2번 유형의 욕망이 결합되어 인간관계를 중시하고 지나치게 친절하며 자신의 감정을 과장될 수도 있다. 건강할 때 이들은 활달하고 개인적인 연결을 맺으며 다른 사람들을 기분 좋게 해 줌으로써 사랑을 얻으려고 한다. 이들은 사교적이며 말이 많으며 매력적이고 적응을 잘한다. 대표적인 인물은 성악가 Luciano Pavarotti파바로티 등이 있다.

다. 3유형 : 성취하는 사람(성공적이며 실용적인 유형)

이들은 적응을 잘 하고, 뛰어나며, 자신의 이미지에 관심이 많다. 이들의 기본적인 두려움은 가치가 없는 것이며, 기본적인 욕구는 자시이 가치 있는 존재이며, 그렇게 여겨지고 있다고 느끼는 것이다. 이들의 슈퍼 에고는 "다른 사람이 너의 가치를 인정한다면 너는 괜찮다".어린 시절 이들은 자신을 가치 있게 여기지 않는다. 어떤 일을 잘했을 때만 자신을 가치있게 여긴다. 이들은 성취를 통해서 자신의 가치를 인정받는 것을 배운다. 대표적인 인물로는 존경받는 여성 지도자이자 사회자 Oprah Winfery오프라 윈프리, 영화배우이자 캘리포니아 주지사 Anold Schwarzenegger아놀드 슈와츠네거 등이 있다.

1) 3w2유형 – 매력적인 사람, 성취자

이들은 평균적일 때 자신의 가치는 다른 사람들에게 매력적으로 보이는 능력에서 온다고 느끼며 그 것을 방해하는 성격을 억압하려고 노력한다. 이들은 사람들이 자신을 좋아하기를 원하며 어떻게 하면 사람들에게 '효과적인' 인상을 심어줄 수 있는지를 알고 그것에 몰두하는 경향이 있다. 건강할 때 이들은 사랑받기를 원하고 사람들과 가까워지려는 욕구는 있지만 개인적인 생활의 만족보다는 공적인 생활과 사회에서의 인정을 더 중시하는 경향이 있다. 대표적인 인물로는 가수 Elvis Presley엘비스 플레슬리, 미국 대통령 Bill Cliton빌 클린턴 등이 있다.

2) 3w4유형 – 전문직 종사자, 전문가

평균적일 때 이들은 야망과 자기 의심이 뒤섞여 있다. 이 것이 이들에게 큰 스트레스를 준다. 이들은 거만함과 자기 비하가 함께 있어 스스로도 그 것에 당황해한다. 자신의 모든 가치를 자신이 관련된 모든 프로젝트에 투자한다. 건강할 때 이들은 자기 일에서 자존심을 찾을 수 있다고 느끼며 사생활보다는 일에서의 성공을 중시한다. 이들은 일을 통해서 뛰어난 성취와 인정을 받고 싶어하며 자기 일에 많은 에너지를 쏟는다. 대표적인 인물로는 영화배우 Tom Cruise톰 크루즈와 가수 Madonna마돈나 등이 있다.

라. 4유형 : 심해다이버, 개인주의자(민감하며 안으로 움츠려드는 유형)

이들은 표현력이 풍부하고 극적이며 자기 내면의 세계에 빠져 있고 변덕스럽다. 이들의 기본적인 두려움은 개인적인 중요성이 없어지는 것이다. 정체성을 가지지 않는 것이다. 이들의 기본적인 욕구는 자기자신과 자신의 중요성을 찾는 것이며, 내면의 경험으로부터 정체성을 만드는 것이다. 이들의 슈퍼 에고 메시지는 "네가 스스로에게 진실하다면 너는 괜찮다"이다. 이들은 어린 시절 자신이 부모와 다르다고 느낀다. 이들은 자신이 병원에서 바뀌었거나 입양되었다는 상상을 한다. 또 이들은 부모와 충분히 교류하지 못했다고 느낀다. 대표적인 인물로는 작가 Albert Camus알베르트 까뮈, 영화 배우 Johnny Depp조니 뎁 등이다.

1) 4w3유형 : 귀족

이들은 평균적일 때 자의식이 강하며 자신의 가치와 관련된 문제를 많이 의식한다. 이들은 자신과 자신의 일에 대해 인정받기를 원하며 자신을 표현하는 것과 관련된 일에 많은 노력을 기울인다. 이들은 실질적이지만 사치스러운 경향이 있어서 고급스럽고 세련된 문화를 좋아한다. 이들은 경쟁심이 강하고 다른 사람을 무시하는 경향이 있다. 건강할 때 이들은 창조성과 야망, 자기를 성장시키려는 목표를 달성하고자 하는 욕구가 크다. 사교적이고 더 성공적이며 남보다 더 두드러져 보이기를 원한다. 대표적인 인물은 영화배우 Vivien Leigh비비안 리와 전 미대통령 영부인 Jacqueline Kennedy Onassis재클린 케네디 오나시스 등이 있다.

2) 4w5유형 : 예술가

이들은 평균적일 때 아주 창조적이어서 자신의 감정과 내향성에 독창성을 결합한다. 이들은 지위나 사람들에게 받아들여지는 것에 덜 관심을 가지고 자기 표현이 독특하고 개인적이다. 이들은 다른 사람에게 보이기 위해서가 아니라 자신을 위해서가 아니라 자신을 위해서 창조성을 발휘한다. 이들은 관습과 권위에 도전하며 자기 표현을 위해 필요하다면 규칙을 무시한다. 대표적인 인물로는 영화배우 James Byron Dean제임스 딘과 노벨상을 수상한 가수 Bob Dylan 밥 딜런 등이 있다.

마. 5유형 : 문제해결자, 탐구자(이지적인 유형)

이들은 지각력이 있고 창의적이며 혼자 있기를 좋아하고 마음을 잘 드러내지 않는다. 이들의 기본적인 두려움은 쓸모 없고 무능한 사람으로 여겨지는 것이다. 기본적인 욕구는 유능한 사람이 되는 것이다. 이들의 슈퍼 에고 메세지는 "네가 뭔가를 완전히 알게 되면 너는 괜찮다"이다. 이들은 어린 시절 가족 안에서 안정감을 느끼지 못했다고 말한다. 이들은 혼자가 긴 시간을 보내는 일이 많고 다른 아이들과 어울려 놀기 보다는 책 속에 파묻히거나, 악기를 연주하거나, 컴퓨터를 갖고 놀거나, 곤충이나 식물을 수집하는 것을 좋아하는 수줍음이 많은 아이이다. 과학자 Albert Einstein알버트 아인슈타인, Stephen Hawking스티븐 호킹 박사가 유명한 인물들이다.

1) 5w4유형 : 인습타파주의자

평균적일 때 이들은 자신의 지성에 많이 의존하면서도 격렬한 감정에 휩싸이기 쉬워서 다른 사람들과 함께 일을 하는데 어려움을 많이 겪는다. 이들은 독립적이며 자신에게 부과되는 구조에 저항한다. 그래서 이들은 자신의 세계 안에서 길을 잃기 쉽다. 건강할 때 이들은 호기심과 뛰어난 지각력으로 독특하고 개인적인 자신만의 비전을 표현하려는 욕구를 갖는다. 이들은 6번 날개를 가진 5번 보다 더 감정적이고 내향적이며 창조적이다. 이들은 실질적이라기 보다는 열정과 홀로 있고자 하는 성격이 합쳐져서 창조적이고 외로운 사람이 된다. 대표적인 인물로는 영화감독 Tim Burton팀 버튼, 소설가 Stephen Edwin King스티븐 킹, Vincent Willem van Gogh빈센트 반 고흐 등이 있다.

2) 5w6유형 : 사상가

이들은 평균적인 상황에서 가장 순수하고 지적인 사람들이다. 이들은 이론, 과학 기술, 세세한 정보들을 수집하는데 관심이 많다. 또한 그 문제들을 구성하고 있는 요소들을 분석하여 어떻게 작용하고 있는지 살펴보기를 좋아하고 자신의 감정을 잘 자제하며 드러내지 않는다. 논쟁을 좋아하고 자신의 관심을 고수하려는 경향이 있어서 자신에게 동의하지 않는 사람에게 공격적으로 강하게 반응하기도 한다. 건강할 때 이들은 조직적이고 세밀하게 관찰하는 능력이 있다. 이들은 다양한 사실로부터 의미 있는 결론을 이끌어 내고 그 결론을 바탕으로 많은 것을 예측한다. 이들은 혁신적인 아이디어를 사업에 적용시키는 능력이 있어서 많은 수익을 내기도 한다. 과학자 Charles Robert Darwin찰스 다윈과 MS 창업자 William Henry Gates III빌 게이츠가 유명한 인물이다.

바. 6유형 : 청지기, 충실한 사람(충실하고 안전을 추구하는 사람)

이들은 책임감이 크고 의심과 불안이 많으며 모든 사람들에게 자신을 맞추려고 노력한다. 이들의 기본적인 두려움은 타인의 지원과 안내를 받지 못하는 것과 자기 혼자서 생존하지 못하는 것이다. 기본적인 욕구는 안전과 지원을 찾는 것이다. 이들의 슈퍼 에고 메세지는 "다른 사람이 요구하는 일을 한다면 너는 좋고 괜찮다"이다. 이들의 어린 시절은 기본적인 두려움이 지원이나 안내를 받지 못하는 것과 자신의 힘으로 생존할 수 없다는 것에 크게 집착한다. 유명인물로는 Sigmund Freud지그문트 프로이드와 영화배우 Duskin Hoffman더스킨 호프만이 있다.

1) 6w5유형 : 섬기는 사람, 문제해결자

이들은 평균적일 때 대부분 혼자 있는 것을 좋아하며 의심을 하면서도 체제나 신념으로부터 승인을 얻는다. 이들은 세상을 위험한 곳으로 여기며 스스로를 반항적이고 권위에 반대하는 사람으로 여기지만 끊임없이 권위주의적인 요소가 많은 체제와 단체 그리고 신념에 끌린다. 건강할 때 이들은 다양한 전문분야에 뛰어난 능력을 발휘한다. 이들은 집중력이 있지만 관심사는 제한적이다. 정치적인 명분이나 지역 사회 봉사가 이들의 관심 영역이며 소외된 사람들을 대변하고 그들을 위해 싸우는 일들을 감당한다. 대표적인 인물은 영화 배우 Mel Gibson멜 깁슨과 정치인 Robert Francis Kennedy로버트 케네디, Malcolm X말콤 X 등이 있다.

2) 6w7유형 : 재치 있는 사람, 친구

이들은 평균적일 때 사람들이 자신을 좋아하고 받아들여 주기를 열망한다. 하지만 자기 자신이나 자신의 문제에 대해서 말하기를 주저하는 편이다. 이들은 사교적이지만 불안해하는 경향이 있고 중요한 결정을 내리기 전에 자신이 좋아하는 사람으로부터 승인과 조언을 얻으려는 경향이 있다. 이들이 불안을 느낄 때는 스포츠나 쇼핑 혹은 여행 등으로 관심을 돌리려고 한다. 건강할 때 이들은 다른 유형보다 덜 심각하고 가족과 친구의 안전과 행복을 위해 자신을 희생할 수 있다. 또한 사람들과 즐기는 것을 좋아하고 사람과의 관계를 중요시한다. 이들은 에너지와 유머 그리고 경험에 대한 열정을 가지고 있다. 대표적인 인물로는 영화배우 Tom Hanks톰 행크스와 Princess Diana다이애나 전 왕세자비를 들 수 있다.

사. 7유형 : 열정적인 사람(늘 분주하고 재미를 추구하는 유형)

이들은 즉흥적이고 변덕스러우며 욕심이 많고 다소 산만하다. 이들의 기본적인 두려움은 고통받는 것이며 기본적인 욕구는 행복하고 만족스러운 것이다. 슈퍼 에고의 메시지는 "네가 즐거우며 원하는 것을 얻는다면 너는 괜찮다"이다. 이들은 어린 시절 주 양육자(대개 어머니)로부터 분리되었다는 무의식적 감정을 경험한다. 감정적인 수준에서 이들은 스스로를 충족시켜야 한다고 무의식적으로 결정한다. 이들은 흥미를 발견할 수 있는 경험, 아이디어, 사람들, 그 밖의 장난감으로 관심이 옮겨진다. 대표적인 인물로는 Wolfgang Amadeus Mozart모차르트와 애플 창업자 Steve Paul Jobs스티브 잡스 등이 있다.

1) 7w6유형 : 코미디언, 엔터테이너

평균적인 건강상태일 때 이들은 말이 빠르고 새로운 아이디어를 말하고 재치 있고 사람들과 잘 교류한다. 이들은 생산적이지만 산만하여 집중을 잘 못하는 경우가 있다. 이들의 넘치는 에너지는 주변에까지 영향을 미친다. 건강할 때 이들은 이들은 호기심이 많고 창조적이며 유머감각이 뛰어나다. 이들은 긍정적이고 낙관적이며 두뇌 회전도 빠르고 협동심이 있으며 조직적으로 일을 할 줄 안다. 이들은 다양한 영역에 관심을 가지고 다른 사람들과 잘 교류하는 사람들이다. 대표적인 인물로는 영화감독 Steven Spielberg스티븐 스필버그와 미국 건국의 아버지 Benjamin Franklin벤자민 프랭클린을 들 수 있다.

2) 7w8유형 : 모험가, 현실주의자

이들은 평균적인 건강상태일 때 많은 방향으로 자신의 에너지를 쓰기에 동시에 여러 가지 일을 할 수 있으며 여러 가지 직업을 가지는 경우도 있다. 이들은 때로 공격적이며 자신이 원하는 것을 이루기 위한 의지력도 보인다. 이들은 재산과 경험을 축적하려는 욕구가 강하기 때문에 다른 유형보다 일 중독자가 될 가능성이 많다. 건강할 때 이들은 진정으로 세상을 즐기며 넓은 의미에서 '물질주의적'이다. 이들은 추진력이 넘치고 일을 빨리 처리하기에 물질적인 면에서 성공을 이루고 높은 지위에 오르는 사람들이 많다. 미 대통령 John F. Kennedy존 F. 케네디 대통령, 르네상스를 대표하는 화가이자 조각가, 건축가 등 Leonardo di ser Piero da Vinci레오나르도 다빈치 등이 대표적인 인물이다.

아. 8유형 : 마스터, 도전하는 사람(힘이 있으며 남을 지배하는 유형)

이들은 자신감과 결단력이 넘치고 고집스럽고 사람들과 맞서기를 좋아한다. 이들의 기본적인 두려움은 남에게 해를 입거나 통제나 침해를 당하는 것이고 기본적인 욕구는 자신을 보호하는 것과 자기 삶을 스스로 결정하는 것이다. 이들의 슈퍼에고 메시지는 "네가 강하고 상황을 통제할 수 있으면 너는 좋고 괜찮다"이다. 어린 시절 이들은 빨리 어른이 되고 싶어한다. 이들은 빨리 성장하여 생존의 문제를 해결하는 것을 최우선적으로 생각한다. 이들은 스스로를 강하게 만들어야 하겠다고 결심한다. 대표적인 인물로는 인권운동가 Martin Luther King, Jr마르틴 루터 킹 목사와 영화배우 Sean Justin Penn숀 팬 등이 있다.

1) 8w7유형 - 실질적 실력자, 독립적인 사람

이들은 평균적인 건강상태에서 모험심이 많고 대부분 '원대한 계획'을 가지고 있다. 다른 사람들이 자신의 일에 협력할 수 있도록 자신이 하는 일을 과장하여 이야기 하고 무리한 약속을 하기도 한다. 이들은 사교적이며 진취적이고 실질적이다. 이들이 건강할 때는 두뇌회전이 빠르고 실질적이며 실용적인 것을 추구한다. 이들은 카리스마가 있고 다른 사람들을 자신의 비전에 동참할 수 있도록 끌어들이는 능력이 있다. 이들은 행동중심적이고 세상에 영향을 끼치기를 원한다. 대표적인 인물로는 미 대통령 Donald John Trump도널드 트럼프와 노벨 평화상을 수상한 전 소련 공산당 서기장 Михаи́л Серге́евич Горба чёв미하일 고르바초프 등이 있다.

2) 8w9유형 : 강자, 곰

평균적인 건강상태에서 이들은 상황에 따라 자신의 다른 모습을 보여주는 경향이 있다. 즉, 집에서는 애정이 넘치는 사람이지만 직장에서는 단호하고 공격적인 사람일 수 있다. 이들은 친절하고 호의적이지만 드러나지 않게 사람들을 평가하고 전략적이며 조심성이 많다. 이들은 분노가 일면 갑자기 폭발해서 크게 화를 내지만 곧 잊어버린다. 대표적인 인물로는 영화배우 John Wayne존웨인과 인도 수상 Indira Priyadarśinī Gāndhī인디라 간디 등이 있다.

자. 9유형 : 스토리텔러, 평화주의자(느긋하게 남들 앞에 나서지 않는 유형)

이들은 수용적이고 자조적이며 남에게 쉽게 동의하고 위안을 준다. 이들의 기본적인 두려움은 잃어버리는 것, 분리, 소멸 되는 것이다. 기본적인 욕구는 내면의 안정감과 평화를 유지하는 것이다. 슈퍼에고의 메시지는 "네 주변의 모든 사람이 좋고 괜찮다면 너도 좋고 괜찮다"이다. 어릴 때 이들은 행복한 유년시절을 보냈다고 이야기한다. 하지만 어려운 환경 속에서 보낸 9유형들은 주변에서 일어나는 위협적인 사건들로부터 자신을 분리시키고 가족간의 갈등을 중재하는 역할을 취함으로써 자신을 분리하여 대처한다. 대표적인 인물로는 미 대통령 Abraham Lincoln아브라함 링컨과 영화배우 Audrey Hepburn오드리햅번 등이 있다.

1) 9w8유형 - 중재하는 사람, 산과 같은 사람

이들은 평균 상태일 때 사람들과 함께 하는 시간을 즐긴다. 이들은 너무 편안함을 추구하기에 자신의 목표를 달성하는데 어려울 수 있다. 이들은 고집이 세고 방어적이어서 다른 사람들의 말을 듣지 않으려는 경향이 있다. 건강할 때 이들은 인내심이 크고 사람들을 편안하게 해 준다. 강하면서도 부드럽고 사람들이나 세상 일에 쉽게 관계를 맺고 갈등을 중재한다. 이들은 사교적이어서 사람들과 일하는 것을 좋아한다. 이들은 남을 돕는 직업이나 사업 등에 탁월한 능력을 발휘한다. 대표적인 인물로는 Ronald Wilson Reagan로널드 레이건 전 대통령과 비틀즈의 멤버였던 Ringo Starr링고 스타 등을 들 수 있다.

2) 9w1유형 : 예언자, 몽상가

이들이 평균상태의 건강을 유지할 때 내면의 세상을 정돈하는 것처럼 외부에서도 질서를 원한다. 이들은 불필요한 활동을 지나치게 많이 하는 경향이 있다. 이들은 에너지가 많을 수 있지만 지나치게 소극적인 태도로 인해 장기적인 목표를 이루기 어렵다. 이들은 내향적이고 분노를 억압하는 경향이 있다. 건강할 때 이들은 상상력이 풍부하고 창조적이어서 다양한 사상이나 관점으로 이상적인 세상을 향한 비전을 만들어 내는 능력이 있다. 이들은 친절하고 사람들을 편안하게 하면서도 목표의식이 분명하고 이상이 높다. 대표적인 인물로는 심리학자 Carl Gustav Jung칼 융과 영화감독 George Walton Lucas, Jr조지 루카스와 디즈니랜드를 만든 Walt Disney월트 디즈니 등이 있다.

화살(장점)의 개발[1]

1. 화살의 기본 개념 이해하기

에니어그램의 아홉 가지 관점 포인트(화살)는 원주 상에서 서로 연결되어 있다. 원의 가운데를 다양한 방향으로 가로지르는 직선으로 연결되어 있다. 이를 연결 포인트라고 하기도 하는데 그냥 화살이라고 부르기로 한다. 이 연결 포인트 즉, 화살은 삶의 문제와 만났을 때 추가적인 역할을 하는 지지자원 backup resources이다. 화살의 방향은 통합(안정)과 분열(불안정 혹은 스트레스) 방향으로 나뉜다. 통합방향으로 이동하는 것을 안정 포인트라고 부르고 분열 방향으로 이동하는 것을 불안정 포인트라고 부른다.

일반적인 에니어그램 이론에서는 안정 포인트로 갈 수 있도록 안내하는 것을 성장방향으로 화살을 개발하는 것으로 이해하기도 한다. Susan Rhodes수잔 로즈는 지금까지 대부분의 에니어그램 전문가들이 지적한 안정과 불안정방향의 화살을 양쪽 모두를 쉽게 연결하는 사람들도 있다는 점에 주목하였다. 그녀는 한 쪽 포인트가 다른 포인트보다 더 유리한 측면이 있다는 것을 모르는 사람들도 많기에 아직 화살표의 방향에 대한 평가가 이르다고 말한다. 그녀의 에니어그램을 긍정에니어그램이라고 부르는 이유이기도 하다. 그녀는 안정포인트보다 불안정포인트(스트레스)로 접근하는 것이 더 편하며 두 포인트

---

1 Susan Rhodes(2009), **긍정 에니어그램**, 마을 살림, 진실수·김환영·박순임 옮김. 편집.

간의 차이는 오르막 길을 오르는 것과 내리막 길을 내려가는 것의 차이와 같다고 표현한다.

필자는 Susan Rhodes(2009)의 이른바 긍정 에니어그램에 관점에 주목하였다. 따라서 화살(장점) 개발하기 장에서는 통합과 스트레스 방향이라는 돈 리차드 리소·러스 허드슨의 견해를 따르지 않고 수잔 로즈의 긍정에니어그램을 활용하여 양쪽 화살을 모두 활용하는 것으로 한다. 각 유형마다 가.는 안정방향, 통합방향이다. 나.는 분열방향, 스트레스 방향 혹은 불안정방향이다. 스트레스 방안이라고 하지만 이를 뒤집으면 역설적으로 그 방향의 장점을 활용할 수 있기에 해당 유형의 장점을 끌어오는 것으로 본다. 화살 개발하기는 장점 개발하기로 이해하면 되겠다.

2. 유형별 화살 안내

가. 1유형 화살(장점) 개발하기

1) 포인트 7과의 연결

1유형은 포인트 7과 연결함으로써 긴장을 풀고 마음을 편하게 가질 수 있는 능력을 얻게 된다. 이들은 더 즐거워지고, 더 자유로워지며, 혁신적인 생각을 하게 된다. 삶의 모든 측면에서 너무 규칙에 얽매이거나 엄격했던 모습이 완화될 수 있다. 너무 과하면 익숙지 않은 자유로움으로 인해 정신을 차릴 수 없게 될 수도 있다.

2) 포인트 4와의 연결

1유형이 포인트 4와 연결되면 내면 특히 내면의 느낌에 대한 인식능력이 강화된다. 이는 자신들의 인간성과 독창성을 알 수 있도록 돕는다. 이를 통해 삶 전반에 걸친 흑백논리의 한계를 넘어설 수 있다. 또한 자신이 예술적이고 문학적인 재능에 접근할 수 있으며 내적인 삶을 풍요롭게 만들어 갈 수 있다.

1유형이 확고하게 땅에 뿌리를 내리고 있으면서 자신을 개방시킬 수 있을 때 원칙적인 자세를 유지하면서도 포인트 7의 유연함과 영감, 그리고 포인트

4의 상상력과 깊은 영혼의 충만을 경험할 수 있다.

나. 2유형 화살(장점) 개발하기

1) 포인트 4와 연결

포인트 4와의 연결은 변하기 쉬운 감성의 근원을 더 깊은 감정과 동기로 경험할 수 있다. 자신이 만들어 낸 이니지 너머의 진정한 자신의 모습에 대한 명확한 감각을 갖게 된다. 사람들과의 관계에서 이루어지는 역동성을 더 깊이 이해가호 자신의 깊은 내면에서 비롯된 자기 성찰적 입장에서 다른 사람과 교류할 수 있는 능력을 갖게 된다.

2) 포인트 8과의 연결

2유형이 8유형으로 가면, 더 이상의 감정 조작을 통해 자시에게 필요한 것을 구할 필요가 없이 직접적이고 단정적으로 자신을 스스로 밝히는 법을 배우게 된다. 포인트 8의 에너지는 감정을 굳건히 하고 자신감을 강화하며 개인적인 명예심을 갖도록 돕는 잠재력이 있다.

즉, 포인트 4로부터 자신의 가장 깊은 내면의 자아의식과 접촉할 수 있는 능력을 얻고, 포인트 8로부터는 개인적인 반응을 줄이고 현실에 기반한 자세를 가질 수 있는 능력을 얻게 된다.

다. 3유형 화살(장점) 개발하기

1) 포인트 4와 연결

3유형은 외향적이며 언제나 행동할 준비가 되어 있다. 이들은 어떠한 상황에서든 주도적인 입장을 취하려고 한다. 이들이 포인트 6과의 연결을 통해 속도를 좀 늦추고 신중해 짐으로써 지혜롭지 못한 행동이나 서두르는 경향을 피할 수 있다. 또한 자신의 행동이 다른 사람에게 미치는 영향을 고려하기 시작한다. 이들은 너무 일 중심이기에 계획을 세울 때 다른 사람들의 필요를 고려하지 않는 경향이 있기 때문이다.

2) 포인트 9와의 연결

3유형은 매우 활발한 에너지를 지니고 있기에 속도를 늦추는데 어려움을 겪는다. 포인트 9는 이들로 하여금 긴장을 풀고, 휴식을 취하며 일상의 걱정을 덜어 내도록 한다. 이들의 도전과제는 포인트 9의 한결같은 에너지에 균형 있게 접근하는 법을 배우는 것이다. 따라서 돌진하듯이 일에 매달리지 않고 맥없이 포기하지 않으며 휴식을 취할 수 있다.

즉, 포인트 6으로 이동하면 서비스 지향적인 역할을 담당하게 된다. 포인트 9로 이동할 겨우 잠시 길을 멈추고 자신을 돌아볼 수 있는 여유를 갖기 시작한다. 삶에 참여하는 자신의 목적이 이기기 위함이 아니라 삶의 즐거움을 경험하는 것이라는 것을 깨닫는다.

라. 4유형 화살(장점) 개발하기

1) 포인트 1과 연결

4유형의 에너지는 격렬하고 극적이며 강한 잠재력을 지니고 있다. 이를 포인트 1과의 연결을 통해 4유형의 들뜬 에너지를 단련시키는 기회를 만든다. 세련된 표현에 필요한 통제 능력을 개발하게 된다. 그 결과 핵심적이고 정제되어 있으면서도 주관적인 만족감을 채워주는 작업 방식을 체득할 수 있다.

2) 포인트 2와 연결

4유형이 2유형으로 가면, 좀 더 다정하고 인정많은 눈으로 삶을 바라보는 시작을 제공받게 된다. 다른 사람들과 공통점을 찾아 가까운 관계를 맺을 수 있도록 도와준다. 이들은 2유형의 온화하고 친절하며 동정심이 넘치는 관점을 끌어 올 필요가 있다.

즉, 포인트 1로부터 자신의 감정을 점검하고 통제하는 능력을 키워갈 수 있도록 도움을 받을 수 있으며 포인트 2로부터는 가슴을 열고 다른 사람들에게 다가갈 수 있는 능력을 얻을 수 있다. 4유형은 이 두 가지 자원으로부터 외로움과 고립이라는 덫에서 빠져나올 수 있는 힘을 얻을 수 있다.

마. 5유형 화살(장점) 개발하기

1) 포인트 8과 연결

5유형은 가장 내향적인 유형이다. 이들이 포인트 8과 연결되면 자신이 딛고 일어설 기반이 될 수 있는 일종의 강력한 에너지에 접근하게 된다. 8유형의 에너지가 내향화되고 집중화 되면서 마치 강하게 압축된 잠재적 에너지를 창출한다. 하지만 이들의 에너지가 너무 내향적인 관계로 주로 창의적이고 지적인 통찰력을 통해 간접적인 방식으로 나타난다.

2) 포인트 7과의 연결

7유형은 상상력이 풍부하고 어린아이와 같은 에너지를 가지고 있다. 이들이 7유형으로 가면, 일을 놀이로 전환할 수 있다. 평소에 과묵하던 5유형이 세상에서 가장 멋진 놀이 친구로 변신한다. 행복한 모습으로 자동차를 조립하고 마술을 보여 준다. 한 번 좋아하는 게임은 몇 날 며칠을 몰두하기도 한다.

즉, 5유형은 에니어그램 상의 위쪽 포인트들(7유형과 8유형)으로 연결된다. 이는 5유형이 자신의 내면과 외부의 삶 사이에 균형을 이루는데 도움을 주는 방식을 찾는 것이다. 4유형이 1-2-4 조합을 활용하여 규율, 공감, 창조성에 다가 간다면, 5유형은 5-7-8의 조합을 통해 지성, 쾌활함, 힘에 접근할 수 있다.

바. 6유형 화살(장점) 개발하기

1) 포인트 9와 연결

6유형은 인지적인 면과 정서적인 면 모두 걱정과 우려가 많다. 6유형이 포인트 9와 연결되면 삶이 비록 위험해 보이고 예측 불가능해 보이더라도 거기엔 항상 휴식을 취할 수 있는 내면의 안식처가 있다는 것을 상기시켜 준다. 즉, 과거의 습관이나 미래에 대한 걱정에 휩싸이는 대신 더욱 현재에 집중하고 지금 이 순간의 에너지를 느끼고 받아 드리게 된다.

2) 포인트 3과 연결

6유형이 3유형으로 가면, 6유형의 걱정에 3유형의 열망이 더해지면서 미처 생각해 보지도 않은 상태에서 너무 빨리 행동하도록 떠 밀릴 수 있다. 6유형은 자신을 자극하는 동기를 알고 분위기에 휩쓸려 분별력과 내면의 평정을 잃지 않는 것이 중요하다. 6유형이 포인트 3으로 이동하면 이들은 서비스 윤리와 최선을 다하려는 의지로 인해 높은 성과를 낼 수 있다.

즉, 포인트 9로부터 자신이 딛고 있는 대지와 내면의 고요함과의 유대감을 느낄 수 있고, 포인트 3으로부터는 외부세계에서의 개인적 성취와 발전을 위한 기회를 획득한다. 이 둘의 연결된 에너지는 두려움을 물리치고 의심을 확신으로 변형시킬 수 있는 자원이 된다.

7. 7유형 화살(장점) 개발하기

1) 포인트 5와 연결

7유형은 인생 전반기(40대 이전)에 전반적으로 에너지가 높고 행동지향적이다. 포인트 5와의 연결되면 행동의 속도를 늦출 수 있다. 포인트 5의 에너지는 7유형에게 적절한 브레이크 역할을 제공한다. 7유형이 속도를 늦추는 것은 매우 어렵다. 포인트 5의 에너지는 7유형이 좀 더 안정적이고 덜 활동적이며, 좀 더 성숙한 사람으로 변화하는데 도움을 준다.

2) 포인트 1과 연결

2유형이 1유형으로 가면, 훨씬 섬세해지고, 규율을 따르는 태도를 갖추고 결심한 일을 끝까지 해낼 수 있는 능력을 얻게 된다. 포인트 1의 에너지를 끌어 쓰면 적어도 일시적으로는 단정하고 진지한 자세를 취한다. 또한 도덕적인 신념이 깊어져 자신의 이상을 위해 싸울 수 있다는 결심을 하게 된다.

즉, 포인트 5로부터 속도를 줄이고 이성적인 결정을 내릴 수 있는 능력을 얻고, 포인트 1로부터는 탁월성, 섬세한 시각, 아이디어를 행동으로 전환할 수 있는 능력을 개발할 수 있도록 돕는다.

아. 8유형 화살(장점) 개발하기

1) 포인트 2와 연결

천성적인 리더인 8유형은 포인트 2와 연결을 통해 그들의 연약한 감정을 경험함으로써 사른 사람들에 대해 더 많이 공감할 수 있게 된다. 그 결과 본능이 아닌 가슴에서 우러나오는 지도력을 발휘할 수 있다. 즉, 세상을 대규모로 변화시킬 수 있는 현실적인 프로젝트에 2유형의 인도주의적 에너지를 쏟아 부을 수 있다. 통합방향이다.

2) 포인트 5와의 연결

신체적 활동이 많은 8유형이 포인트 5와의 연결을 통해 자신의 내면을 바라보고 침묵하며 마음을 가다듬을 수 있는 능력을 얻을 수 있다. 이들은 감정적으로 상처를 받거나 또는 그 것으로부터 좀처럼 헤어 나오지 못할 때 특히 감정을 자제하여 중립적인 상태로 유지할 필요가 있다. 이들이 5번 화살을 잘 활용하면 진정한 지도자에게 어울리는 정신적인 명료성, 초연함, 공평성과 같은 자질을 얻을 수 있다.

　즉, 포인트 5가 삶을 좀 더 냉정하고 신중하게 바라보는데 도움을 준다면, 포인트 2는 자신의 진심 어린 마음을 발견하도록 도와준다.

자. 9유형 화살(장점) 개발하기

1) 포인트 3와 연결

9유형은 대체로 시작한 일을 끝까지 해 내는데 어려움을 겪는다. 그들이 게을러서가 아니라 발동이 서서히 걸리고 산만해지기 쉬운 성향 때문이다. 이들이 3유형과 연결되면 집중력이 생기고, 체계적이고 목적 지향적인 사람이 된다. 이들이 효과적으로 일하기 위해서는 자신의 활동을 체계화하고 그 밖의 활동 시간을 상기시킬 수 있는 구체적인 계획을 마련할 필요가 있다.

2) 포인트 6과의 연결

9유형이 바라보는 포인트 6의 에너지는 초조하고 불안정해 보일 수 있다. 바로 이 초조함이 둔감한 9유형에게는 도움이 될 수 있다. 이들은 평소 머뭇거리는 경향이 있는데 이는 일상적인 상태에 오래 머물고 싶어하기 때문이다. 포인트 6의 에너지는 9유형에게 어떤 반응을 일으킬 수 있는 자극을 주게 된다.

즉, 포인트 3으로부터 앞으로 나갈 수 있는 동기와 능력을 얻고, 포인트 6으로부터는 자기 성찰을 하지 않으려는 자신을 극복하는 데 필요한 날카로운 인지능력을 획득할 수 있다.

26과 _____

학급헌장 만들기

1. 학급 헌장이란 무엇인가?

가. 학급헌장의 가치

헌법[1]은 "국가의 기본 법 체계로서 국민의 인권과 국가의 정치 조직 구성 및 정치 작용의 원칙을 세우는 것으로 시민과 국가의 관계를 규정하거나 형성하는 최고의 규범"이다. 대한민국 헌법은 전문과 본문 130개조, 부칙 6개조로 구성되어 있다. 현재의 헌법은 1987년 개정되어 87년 헌법이라고 불린다(위키피디아, 2018. 9. 16일).

헌장으로 가장 많이 알려져 있는 것으로는 유엔헌장 또는 국제연합헌장 Charter of the United Nations and Statute of the International Court of Justice (UN, ICJ)으로 국제기구인 유엔의 조약을 말한다. 2014년 1월 기준으로 유엔 가입국으로는 193개국이다. 우리나라는 다자조약으로 국제연합헌장 및 국제사법재판소규정을 제정하여 공포하였다(발효일. 1991년 9월 18일).

일반적으로 우리가 많이 알고 있는 내용으로는 어린이 헌장이 있다. 어린이 헌장은 한국동화작가협의회에서 제정, 1957년 5월 5일 보건사회부에서 선포한 헌장이다. 어린이를 위해 국가와 사회가 해야 할 일을 항목으로 남겨 놓은 것으로, 법적 효력은 없다. 1988년 한 차례 개정되었다. 1988년 재개정된 전문과 본문은 다음과 같다(https://ko.wikipedia.org/wiki/%EC%96%B4%EB

---

[1] https://ko.wikipedia.org/wiki/%ED%97%8C%EB%B2%95

%A6%B0%EC%9D%B4_%ED%97%8C%EC%9E%A5).

대한민국 어린이헌장은 어린이날의 참뜻을 바탕으로 하여 모든 어린이가 차별 없이 인간으로서의 존엄성을 지니고 나라의 앞날을 이어나갈 새 사람으로 존중되며 아름답고 씩씩하게 자라도록 함을 길잡이로 삼는다.

1. 어린이는 건전하게 태어나 따뜻한 가정에서 사랑 속에 자라야 한다.
2. 어린이는 고른 영양을 취하고, 질병의 예방과 치료를 받으며, 맑고 깨끗한 환경에서 살아야 한다.
3. 어린이는 좋은 교육시설에서 개인의 능력과 소질에 따라 교육을 받아야 한다.
4. 어린이는 빛나는 우리 문화를 이어받아, 새롭게 창조하고 널리 펴나가는 힘을 길러야 한다.
5. 어린이는 즐겁고 유익한 놀이와 오락을 위한 시설과 공간을 제공받아야 한다.
6. 어린이는 예의와 질서를 지키며, 한겨레로서 서로 돕고, 스스로를 이기며 책임을 다하는 민주 시민으로 자라야 한다.
7. 어린이는 자연과 예술을 사랑하고 과학을 탐구하는 마음과 태도를 길러야 한다.
8. 어린이는 해로운 사회 환경과 위험으로부터 먼저 보호되어야 한다.
9. 어린이는 학대를 받거나 버림을 당해서는 안 되고, 나쁜 일과 힘겨운 노동에 이용되지 말아야 한다.
10. 몸이나 마음에 장애를 가진 어린이는 필요한 교육과 치료를 받아야 하고, 빗나간 어린이는 선도되어야 한다.
11. 어린이는 우리의 내일이며 소망이다. 나라의 앞날을 짊어질 한국인으로, 인류의 평화에 이바지 할 수 있는 세계인으로 자라야 한다.

필자는 모든 학급마다 가정마다 이러한 헌장이 있어야 한다고 믿는다.

Stephen Richards Covey스티븐 코비(2002)는 성공하는 가족들에게는 가족헌장이 있으며 가정을 성공으로 이끄는 7가지 습관으로 ① 주도적이 되라, ② 목표를 확립하고 행동하라, ③ 소중한 것부터 먼저 하라, ④ 상호이익을 추구하라, ⑤ 경청한 다음에 이해시켜라, ⑥ 시너지를 활용하라, ⑦ 끊임없이 쇄신하라 라고 권유하였다. 성공하는 학급도 이와 비슷하다. 필자가 제안하는 성공하는 학급의 7가지 습관은 다음과 같다.

① 공감하라, ② 모두 참여하고 함께 결정하라, ③ 중요한 것들의 순서를 정하라, ④ 이익이 충돌하면 협상(학급회의)하라, ⑤ 상대방의 이야기를 경청하라(토크 스틱을 활용한 회의), ⑥ 다름을 인정하라, ⑦ 어떤 폭력도 적극적으로 거부하라.

학급헌장은 학급의 헌법이다. 학교에는 교칙이 있고 학급에는 학급규칙이 있을 수 있다. 학급규칙은 학급 생활과 관련한 최고의 규범이어야 한다. 흔히 학급의 규칙은 담임교사가 그때 그 때 사안에 따라 정하는 경우가 많다. 이 경우 공정성 시비가 일어나기 쉽고 정해진 결정을 수용하기가 어려운 학생들도 있게 된다. 담임의 입장에서 아무리 공정한 솔로몬의 판결을 내린다 하더라도 두 당사자를 모두 만족시키기는 거의 불가능하다. 그러나 학급 모두가 참여하여 학급의 규칙을 정하고 이를 학급헌장이라고 이름 붙여서 모두가 잘 볼 수 있는 곳에 게시하고 이를 근거로 판결을 함께 내리면 이를 수용하지 않을 명분은 없게 된다. 학급의 헌장은 행복한 학급을 위한 최고의 선물이 된다.

나. 학급헌장에 담겨야 할 내용들

학급헌장에는 학생들의 생활과 관련된 내용들이 담겨야 한다. 최근 많은 혁신학교들은 이른바 "다모임"이라는 공동체 협의를 갖는다. 이 곳에서 학교의 중요한 규칙들을 결정하고 개정하며 학생 자치를 이끌어가는 핵심적인 기구로 작용한다.

전교 어린이회에서도 다모임을 통해 학교생활에 필요한 다양한 규칙들을 정하기도 한다. 이영근(2018) 교사는 어린이들이 만들어가는 '어린이자치회의'가 민주주의를 경험하고 학교를 생기 있게 만드는 중요한 기구가 될 수 있음을 실천을 통해 소개하고 있다(어린이들이 만들어가는 학교 민주주의, 초등자치, 에듀니티 참조). 학급헌장에는 어떠한 내용이 담겨야 하는가? 학급헌장과 학급규칙에는 어떠한 차이가 있는가?

다. 학급규칙의 의미

학급규칙은 학생들에게 민주주의를 체험하게 하는 경험이 되어야 한다. 학급규칙의 못자리는 학급 회의이다. 학급회의는 학급의 최고 의사결정기구로 모든 구성원들이 참여하는 토론의 장이자 민주주의의 광장(아고라)이다. 학급의 모든 문제를 다룰 수 있어야 한다. 학급규칙에서 다룰 수 있는 대표적인 내용들은 다음과 같다.

1) 모둠을 정하는 방법,
2) 짝을 정하는 방법,
3) 청소 당번을 정하는 방법,
4) 급식 시간에 밥을 먹는 순서,
5) 장애를 지닌 학생들을 돌보는 방법,
6) 수업 시간 발표 지명 순서 정하기,
7) 상점과 벌점 체계의 필요성과 수용 여부 등

학급규칙은 학생들의 학교 생활 장면 전반에 직·간접적인 영향을 끼친다. 하지만 이를 학급규칙이라고만 할 때 법적인 제약制弱처럼 보인다. 학급 규칙이 생활지도를 넘어 인성교육의 형태로 확대된 것을 학급헌장이라고 부를 수 있다. 학급헌장은 학급공동체가 학교생활전반에 걸쳐 만들어갈 학급문화를 만들어 가는 작업이다.

2. 학급헌장 만들기 실제

가. 전문 만들기

대한민국헌법과 어린이 헌장 등에서도 전문과 본장으로 구성된다. 헌법의 경우 "대한민국 헌법 전문大韓民國憲法前文은 대한민국 헌법의 조문 앞에 있는 공포문公布文이다. 헌법 제정의 역사적 과정, 목적, 헌법 제정권자, 헌법의 지도 이념이나 원리 등을 규정하고 있다. 전문은 본문과 마찬가지로 법규범으로서의 가치를 가진다고 보는 것이 통설이다(위키피디아, 2018. 09. 16. 검색).[2]

학급헌장의 경우에도 전문은 헌장을 만드는 취지와 목적, 공동체의 정체성 등을 포함할 수 있다. 학급헌장을 함께 만드는 작업은 학급의 민주주의를 한층 성숙하게 체험하게 하는 경험이 될 수 있다. 특히 학급공동체가 함께 학급헌장을 만들고 학급헌장의 내용에 학교폭력 예방과 대처에 대한 조항을 제안하고 의결하는 일은 그 자체로서 교육적인 행위이다.

나. 개인별 작업

학급헌장을 만드는 작업은 학급문화 형성의 분수령이다. 이를 위해 사전에 예고되고 준비하는 것이 필요하다. 학생들 모두가 저마다 생각하는 학급헌장의 전문과 본조에 필요한 조항을 몇 가지씩 적어오게 한다. 이 과정에서 부모님과 상의하는 것은 가정의 민주적 분위기와 회의 문화에도 긍정적인 영향을 끼칠 수 있다. 모든 가정이 해마다 새해 첫날 가족헌장을 만드는 것을 스티븐 코비는 성공하는 가족들의 문화로 권유한다. 이 작업은 〈그림42〉 우리가 바라는 학급은? 으로 배부한다.

---

2 https://ko.wikipedia.org/w/index.php?search=%ED%97%8C%EB%B2%95+%EC%A0%84%EB%AC%B8+%EC%9D%B4%EC%9C%A0&title=%ED%8A%B9%EC%88%98:%EA%B2%80%EC%83%89&profile=default&fulltext=1&searchToken=95w460zbl5cxch53pml017lh7

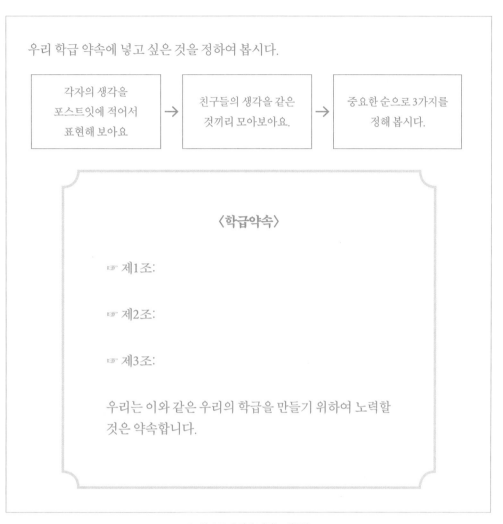

우리 학급 약속에 넣고 싶은 것을 정하여 봅시다.

| 각자의 생각을 포스트잇에 적어서 표현해 보아요 | → | 친구들의 생각을 같은 것끼리 모아보아요. | → | 중요한 순으로 3가지를 정해 봅시다. |

〈학급약속〉

☞ 제1조:

☞ 제2조:

☞ 제3조:

우리는 이와 같은 우리의 학급을 만들기 위하여 노력할 것은 약속합니다.

〈그림 42〉 우리가 바라는 학급은

다. 모둠별 작업

모둠별 작업은 각자 자신이 만들어 온 헌법 전문과 본 조항들을 EFRG 프로그램 안에서 모둠별로 토론하는 과정이다. 〈그림42〉를 중심으로 개인이 미리 집에서 작성한 자료를 모둠별 토론을 통해 전문과 본문을 만든다. 〈그림43〉 학급헌장 만들기(공동작업)를 참고하면 된다. 이젤 패드를 사용하여 완성하는 과정은 학급전체 공동작업이 된다.

모둠별 작업을 통해 모든 학생은 자신이 생각하는 학급헌장의 전문과 본

❖ 학급헌장 (이젤 패드에 양식을 만들어 붙이기)

전문 : 우리 학급은 ~

• 제1조 :

• 제2조 :

• 제3조 :

• 제4조 :

• 제5조 :

• 제6조 :

• 제7조 :

〈그림43〉 학급헌장 만들기(공동작업)

조 항목에 대해 발표하고 가장 많이 언급된 내용을 모둠의 의견으로 제출하
게 된다.

라. 학급 전체 공동 작업

학급전체 공동작업은 EFRG 모델의 또 다른 하이라이트가 된다. 모둠별 작업
을 통해 어느 정도 정리된 내용들을 이젤 패드에 붙이게 하여 공통적으로 나
온 의견이 학급헌장이 되는 것이다. 실상 이 작업은 때로는 정밀하게 이루어
져야 하고 토론이 요구될 수 있다. 이 경우 추후 새로운 시간을 약속하는 것도
가능하다. 본 프로그램에서는 학급 전체가 참여하여 학교폭력 예방과 대처를

포함한 학급헌장을 만들어서 공유하는 것 자체에 의미를 두는 것이다.

3. 학급헌장 활용하기

가. 교실 전면 게시판에 붙이기

완성된 학급 헌장은 학급의 전면 혹은 후면에서 가장 잘 보이는 곳에 게시한다. 학급공동체가 함께 마음과 지혜를 모은 약속인 학급헌장이 교실에서 가장 잘 보이는 곳에 게시되어 날마다 학생들과 함께 공존하는 체험은 중요한 의미가 있다.

일주일에 한 번 정도 혹은 학급 회의를 할 때 학급헌장을 함께 외우는 행사를 할 수도 있다. 학급헌장은 고정된 것이 아니라 필요에 따라 얼마든지 보완되고 수정될 수 있다. 이 경우 헌법 수정을 위한 절차처럼 엄격한 동의절차와 개정 절차에 대해 사전에 논의되어야 한다. 하지만 학생들이 매달 혹은 분기별로 학급헌장을 개정하는 작업에 참여하는 것도 교육적 의미가 크다고 할 수 있다.

나. 학급헌장 업그레이드 하기

학급헌장의 내용은 너무 자주 바뀌는 것도 바람직하지 않다. 하지만 학급헌장을 운영하다보면 학기초에 중요하고 주목받는 문제가 학급이 안정되면서 중요도에서 밀려나고 새로운 현안들이 출현할 수 있다. 지금 학급에서 가장 중요한 문제들의 우선 순위에 따라 본조의 항목들이 개정되는 것은 바람직하다.

하지만 헌법의 전문은 어지간하면 수정되지 않도록 처음부터 완성도가 있었으면 좋겠다. 하지만 청소년들의 특성상 완성도를 높이는 것이 한계가 있어 1학기보다는 2학기가 시작되면서 방학 중 과제로 학급헌장 개정에 대한 공부를 한 이후 2학기에 개정을 하는 것도 좋은 접근이라 할 수 있다.

다. 학급헌장이 가정헌장으로, 학교헌장으로

학급헌장은 다시 가정헌장으로, 학급헌장으로 직장마다 회사에서 사용하는 직장헌장으로 적용될 수 있다. 정책을 함께 공부하는 교육부 동료는 마음을 다잡기 위해 공무원 헌장을 가끔씩 읽어본다고 한다. 공무원헌장[3]의 내용은 간단하다.

우리는 자랑스러운 대한민국의 공무원이다.

우리는 헌법이 지향하는 가치를 실현하며 국가에 헌신하고 국민에게 봉사한다.

우리는 국민의 안녕과 행복을 추구하고 조국의 평화 통일과 지속 가능한 발전에 기여한다.

이에 굳은 각오와 다짐으로 다음을 실천한다.

하나. 공익을 우선시하며 투명하고 공정하게 맡은 바 책임을 다한다.

하나. 창의성과 전문성을 바탕으로 업무를 적극적으로 수행한다.

하나. 우리 사회의 다양성을 존중하고 국민과 함께 하는 민주 행정을 구현한다.

하나. 청렴을 생활화하고 규범과 건전한 상식에 따라 행동한다.

이러한 헌장들은 2014년 서울시만 인권헌장처럼 지방자치단체에서 제정하기도 한다. 광주광역시교육청에는 행정서비스헌장제도[4]가 있다. 국가기관에도 산림청에는 "숲은 생명이 쉼 쉬는 삶의 터전이다"라고 시작하는 산림헌장[5]이 있는데 내용이 매우 아름다워서 읽는 것 만으로도 위로가 된다. 그 밖에도 국내 주요 인권헌장 제정사례를 살펴보면 서울시민 권리선언(2011. 10), 광주인권헌장(2012. 5) 등이 있다.

---

3 [시행 2016. 1. 1.] [대통령훈령 제352호, 2015. 12. 31., 전부개정]
4 http://www.gen.go.kr/sub/page.php?page_code=introduce_05_01_01
5 http://forest.go.kr/newkfsweb/html/HtmlPage.do?pg=/intro/intro_0202.
   html&mn=KFS_05_02_02

낫을 가는 시간

義村 李東甲

낫을 가는 시간은
낭비가 아니다

시간이 부족해요
네 노력이 부족한 것은 아니고

글쎄, 시간이 없다니까요
해야 할 일이 너무 많아 눈 코 뜰 새 없이 바빠요

모두가 제 손길을 기다리고 있죠
잠시를 가만히 있을 수가 없어요

그대, 꼭 해야 할 일은 무엇이며
먼저 해야 할 일은 무엇인가?

하지 말아야 할 일은 무엇이며
줄여할 할 만남은 무엇인가?

바쁠수록 멈추어
발걸음을 다시 한 번 보시게

운동화 끈을 풀어 놓은 채
머리를 산발한 채

무작정 바삐 뛰지만 말고
낫을 갈면서 생각해 보시게

7장

나의 감정 이해하고
타인감정 수용하기

담임교사 만나기

1. 담임교사는 누구인가?

가. 담임교사 이해하기

담임교사는 부모와 같다. 한국적 상황에서 담임교사는 무한책임을 진다. 대부분의 교실에서 담임교사는 매년 바뀐다. 자신의 학급 아이들을 속속들이 알기도 쉽지 않다. 이름 외우는데 한 달 걸리고, 아이들과 부모님들 개별 상담을 한 번 하면 한 학기가 지나간다. 요즘은 가정환경 난에 부모의 직업도 학력도 쓸 수 없으니 학생의 문화적 환경이나 배경을 짐작하는 것도 쉽지 않다. 그럼에도 불구하고 학생의 인성교육과 성적, 교우관계까지 책임을 져야 하는 것이 담임이다. 한국 교실에서 담임교사란 누구인가? 학교폭력과 관련하여 담임교사의 역할과 한계, 전망을 살펴 보자.

흔히 " 우리 반 아이들"이라는 표현을 "내 새끼들"이라고 하던 시절이 있었다. 요즘은 언어 폭력으로 신고 받을 지도 모른다. 지금도 담임교사는 자신의 학급 학생들이 사고로 경찰서에 가면 제일 먼저 뛰어가고 병원에 입원해도 응급실로 달려간다. 부모로부터 "왜 당신 학급에서 배우는 내 딸이 동생을 때리느냐? 학교에서 도대체 무엇을 가르치느냐?"는 항의를 주말 저녁에 받기도 한다.

나. 담임교사 되기

담임교사는 기피업무다. 할 수만 있다면 담임을 하고 싶지 않다. 특히 생활지도에 어려움을 주는 유명한 학생과 학부모가 있는 학년은 학교 전체가 그 학년을 기피한다. 사정이 이러하니 얼떨결에 전입 온 교사의 학년(학급)으로 배정된다.

일반적으로 담임은 학기가 시작되기 전 학급 분류를 한 뒤 무기명으로 봉투를 뽑는 방법으로 선정한다. 간혹 학급에 특별한 돌봄이 필요한 학생이 있다면 이 학생을 누가 담임을 맡을 것인지 사전에 협의하여 그 학급을 선정한 나머지 학급에 대해 선정하기도 한다. 그러나 비극은 대부분 이 교실에서 일어나는 경우가 많다. 상상의 범위를 뛰어넘는 학생과 부모의 갑질에 소송까지 당하는 자원자를 만난다.

담임교사가 아닌 전담교사 등은 어떤 방식으로 배치되는가? 먼저 교장·교감을 제외한 모든 교사들은 담임을 맡게 될 개연성이 있다. 일반적으로 학교 행정의 중요한 연결고리인 교무부장과 연구부장, 체육부장 등은 전담과목(체육, 미술, 과학 등)을 담당할 경우가 많다. 일부 원로교사나 학급운영을 도저히 맡을 수 없는 정도의 교사도 담임에서 제외된다. 기피학년에는 신규교사와 상대적으로 젊은 교사 혹은 힘이 없는 교사들이 배치된다. 요즘은 1학년도 기피학년이 되어 신규교사 급의 젊은 교사가 저학년을 담임하는 경우도 자주 목격된다. 배려가 부족한 학년 배치이다.

다. 담임교사는 어떤 과정을 거쳐서 되는가

최근 교사들의 교사 선발을 위한 임용시험을 임용고시任用考試라고 부른다. 중등학교에서는 과목마다 편차가 있지만 평균 10대 1의 경쟁률을 뚫어야 교사가 된다. 특정 과목은 전국에서 몇 명 선발하지 않거나 아예 선발 인원이 배정되지 못한 해도 있다. 사정이 이러하므로 몇 년씩 노량진에서 고시공부 하듯이 임용고사를 준비한다. 재수, 3수는 기본이고 6년 7년 만에 임용시험에 합격하였다는 교사를 만나는 것도 그리 어렵지 않다. 초등학교의 임용경쟁률은 중등학교에 비해서는 좀 약하지만 교육대학에 입학하는 성적의 분포를 보면 상위 5% 내외 학생들 즉, 거의 all 1등급 혹은 2등급이 여러 개면 입학 자체가 어렵다. 교대신이라고 불릴만큼 만능이 되어야 한다. 10개 과목을 고루 잘 배우고 익혀야 한다. 이들에게 1.1 대 1의 경쟁률도 결코 가볍지 않다.

문제는 커리큘럼 중 생활지도와 학교폭력 등에 대해서 배울 수 있는 시간이 5%도 부족하다는 것이다. 교육대학 학생들은 적어도 3학년이면 임용고사 준비에 돌입해야 한다. 물론 입학 하면서부터 임용고사를 염두에 두고 대학생활을 설계하는 빠른 적응자들도 있다. 4학년 때는 수백 시간의 인터넷 강의와 문제 풀이를 한다. 학생회 동아리 활동은 사치가 된지 오래다. 야학과 농활도 이제는 전설에나 나올 법한 이야기이다.

문제는 이들이 공부를 못해 본 경험이 거의 없다는 것이다. 따돌림이나 학교폭력의 피·가해자로서의 심각한 경험도 거의 없는 모범생들이었다는 점이다. 공부 못하는 학생들의 심정을 잘 모른다. 지각이나 규칙을 어기는 이른바 문제행동을 거의 해 본적이 없는 소외 모범생들이었다. 이들의 부모도 거의 중산층이다. 임용고사에 합격하면 축하선물로 자동차(더러는 외제차)까지 받는 다고 한다. 이들에게 가난하고 결손 되었으며 다문화 환경에 처한 학생들의 심정과 처지가 얼마나 가슴에 와 닿을 수 있을까?

라. 얼떨결에 담임이 된 교사들

학생들에게 지난 10년 동안 부동의 희망직업 1위는 '교사'이다(http://www.hani.co.kr/arti/society/schooling/824948.html, 2018.08.30. 검색). 교육부와 한국직업능력개발원의 '2017년 초중등 진로교육현황조사"결과이다. 심지어 교사 가구의 평균 자산이 4.5억으로 '연금 덕분에 노후 안정'이 보장된 직업이라고 한다http://news.heraldcorp.com/view.php?ud=20180828000398). 그럼에도 불구하고 많은 교사들은 교직을 평생직업으로 여기기 보다는 연금을 받을 수 있을 때까지 버티는 것이 목표가 되었다는 이야기를 듣는다. 무엇보다 학생들의 생활지도가 어렵다는 것이다.

의사가 되기 위해서는 의과대학을 졸업한 뒤에도 인턴과 레지턴트 과정을 거쳐야 한다. 요즘은 일반대학교를 졸업하고 또 의학전문대학원을 졸업해야 한다. 의사가 되었다고 해서 바로 수술실에서 매스를 잡고 수술할 수는 없다. 오랫동안 지켜보고 연습하고 조금씩 어려운 수술을 주관하게 되는 것이다. 이른바 도제교육 시스템이다. 교사도 전문직으로 마땅히 그러하여야 함에도 발령이 나면 첫 날 교사용 지도서라는 수술 칼을 들고 교실이라는 수술실에 떠밀려 진다.

누구도 도와줄 수 없는 그 공간에서 25~30명 학생들의 호기심과 기대가 혼합된 시선에 노출된다. 작은 실수하나 웃음거리가 될까봐 말도 함부로 할 수 없을 때 소위 문제행동으로 교실의 평화를 깨뜨리는 태클이 들어온다. "학기초에 잡아야 해", "크리스마스 때까지 잇몸을 보이지 마라" 학교에서 오랫동안 내려오는 선배들의 조언에 만만하게 보이지 않기 위해 발버둥 칠 수록 늪 속에 빠져든다.

담임교사의 역할과 어려움, 온갖 문제 행동에 대처하고 숨겨진 의도를 짐작하여 방어하는 훈련을 누구도 알려 주지 않았다. 40~50분의 수업시간이 그렇게 길 수 없다. 얼떨결에 담임에 되었는데 그 중에 몇몇이 싸움이 일어난다. 끊임없이 고자질하고 학부모는 항의 전화를 하며 교감 선생님은 공문을 재촉한다. 이쯤 되면 내가 이 짓을 계속 해야 하는지, 교사가 내 천직인지? 고민하게 된다. 정년 퇴직은 고사하고 연금을 받을 수 있는 시간까지 버틸 수 있을지 고민한다.

2. 담임교사의 덕목에 관하여

가. 학급 운영

담임교사에게 가장 중요한 덕목을 학급운영을 잘 하는 것이다. 아이들은 교사를 닮아간다. 학기 초 한 달만 지나면 질서가 구축된 학급과 여전히 통제 불능의 학급의 모습들이 급식소와 체육시간, 체험학습의 현장에서 극명하게 비교된다. 학급운영이란 무엇인가? 한번도 경영이라는 것을 해 본 일이 없는 신규교사에게 학급운영은 또 얼마나 어려운 일인가? 학급운영은 기업 경영과는 또 다르다.

다수의 학생들이 다양한 갈등을 겪으며 매일을 좁은 공간에서 부딪히며 생활한다. 누군가 교통정리를 하고 질서를 유지하는 역할을 하지 않으면 교실은 난장亂場이 되고 정글jungle이 된다. 학급을 잘 운영하는 것은 담임교사로서의 가장 큰 덕목이 된다. 학급을 잘 운영하기 위해 필요한 요소들은 무엇인가?

김현수(2016)는 아이들을 긍정적으로 변화시킨 교사들은 교실 민주주의를 실천한다고 보고한다. 즉 아이들에게 참여하고 소통할 수 있는 기회를 주고 자신의 의견을 소중하게 느끼게 하는 것이 바로 아이들을 치유하는 교실 민주주의라고 부른다.

나. 관계 맺기

무엇보다 학급운영의 요체는 관계 맺기이다. 담임교사로서 아이들과 관계 맺기가 핵심이다. 어떤 관계를 맺을 것인가? 마르틴 부버는 관계에는 두 종류가 있는데 하나는 '나와 그 것it'과의 관계이고 다른 하나는 '나와 너'와의 관계라고 불렀다. 나와 너의 관계는 생명의 관계이며 살아 있는 관계이다. 서로에 대한 존중과 경외를 바탕으로 한다. 인간의 존엄을 전제로 상대방을 전 우주적인 존재로 받아 드리는 것이다.

모든 아이는 소중하고 가치 있으며 꽃으로도 때려서는 안 되는 존중받아야 할 인격의 주체이다. 가르침과 훈육의 대상이라기보다는 수평적 관계 속에서 배움의 동반자이자 학급의 공동 주인이다. 이들과 어떤 관계를 맺는가 하는 것이 학급운영의 핵심이다.

교실에서는 수업이 이루어지도 또래와 사제관계가 형성되어 다양한 배움과 경험이 일어난다. 또래 관계, 사제관계, 수업에 의해 아이들은 치료될 수 있다고 보았다. 이는 "교육이 곧 치료이다"라는 말과 닿아있다(김현수, 2016: 285)

선생님의 선생님이라고 불리는 Tony Humphreys토니 험프리스(2009)는 교사-학생과의 관계를 다음 여섯 단계로 나누어서 설명하였다.

1) 관계 부재 : 교실에서 선생님은 학생들을 전적으로 무시하거나 거들떠 보지도 않는 단계입니다.
2) 감정이 없는 관계 : 교사는 학생에게 어떤 따뜻한 태도도 취하지 않으며 친

밀감도 보여주려 하지 않는 단계입니다.

3) 자기중심적 관계 : 교사와 학생의 자기중심적 관계는 조건부의 관계로 학생은 교사의 인정과 격려를 받는 대신 대가를 치러야 합니다.

4) 지나친 개입 관계 : 조건적인 관계이지만 자기중심적 관계와 정반대 관계입니다. 자부심이 낮은 교사에게 인정과 승인에 대한 필요성은 곧 학생들에 대한 지나친 개입을 불러 옵니다.

5) 공생 관계 : 학생 개개인의 개성이 허용되지 않고, 학급의 각 구성원이 같은 행동을 보여야만 하는 매우 우려되는 관계입니다.

6) 공감 관계 : 무조건적이며, 교사는 학생의 가치를 인정하고 학생 고유의 개성과 존재를 격려하며 차별하지 않고 관심을 보입니다.

교사 학생과의 관계는 공감을 바탕으로 서로를 존중하고 신뢰하는 관계가 핵심이다.

다. 문제학생 지도하기

모든 문제행동은 옳다. 왜냐하면 그 것은 아이들의 마음 속의 부적응을 밖으로 표출하는 과정이기 때문이다(Tony Humphreys토니 험프리스, 2009). 학생들이 학교에서 문제행동을 하는 것은 당연하다. 병원에 환자들이 있는 것이 당연한 것처럼 학교에서 미성숙한 학생들이 교육이라는 과정에서 실수하고 실패하면서 배운다. 이 과정에서 문제를 일으키기도 하고 갈등을 잘 해결하지 못하고 고민한다. 일반적으로 문제 행동에 대처하는 교사와 부모의 반응을 크게 3가지이다. 즉, "보통의 부모(교사)는 규칙에 초점을 맞추고, 나쁜 부모(교사)는 규칙을 어긴 벌에 집착하고, 좋은 부모(교사)는 문제 행동으로부터 인간에 대한 희망을 본다"(Todd Whitaker토드 휘태커). 나는 어느 쪽인가? Kenneth Shore케네스 쇼어(2011)는 "화내지 않고 말썽꾸러기에 대하기"라는 책에서 학생들의 말썽이 어떤 동기로 시작되고 이에 대한 지혜로운 대처는 무엇인지에 대해 낮은 목소리로 힘 있게 안내한다. 학생들의 문제행동에는 숨은 동기가 있다. 문제행동에 대처하는 정답이 있는 것은 아니지만 지혜로운 방법은 매번 존재하다. 문제는 이 것을 찾아서 선택하는 것이다.

라. 학생 상담하기

모든 인간은 독립된 인격체이며 학생들은 모두 개인으로 먼저 존재한다. 학급 구성원이 되거나 같은 학년과 동창이 되는 것은 다음의 문제이다. 학생들은 서로 다른 존재이다. 따라서 같은 상황에서도 서로 다른 느낌과 행동을 할수 있다. 저마다 개성을 가진 다양한 인격체들이 공동생활을 하다보면 필연적으로 갈등이 발생하고 이를 해결하기 위한 문제해결 과정이 필요하다. 이러한 문제해결과정을 생활지도 혹은 상담이라고 부를 수 있다. 학생들에게는 다양한 원인으로 상담이 필요하다. 상담은 문제행동의 결과처리라기보다는 예방적, 발달적, 교육적으로 이루어져야 한다.

교사는 주기적으로 학급 학생들을 상담할 필요가 있다. 교사의 관찰에 의해 문제행동의 빈도가 많고 정도도 심한 학생은 긴급하게 상담을 하여야 한다. 학생들에게 상담이 필요한 시점을 꾸준한 관찰과 관심으로 발견하고 통찰할 수 있어야 큰 사고를 예방할 수 있다.

마. 학부모 만나기

최근 많은 교사들이 어려워하는 것이 학부모와 만나는 일이다. 대부분의 학부모들은 학교와 교육을 신뢰하고 예의바르게 대한다. 하지만 일부 학부모들은 말과 행동, 태도에 거침이 없고 예의도 심하게 부족할 수 있다. 자녀 교육에 대해 편향된 확신을 가지고 있고 교사의 실력을 판단하고 저울질 하는 것을 즐겨한다.

자녀가 전하는 일부 정보를 과대평가하고 확산하며 전달하기도 한다. 자녀 앞에서 담임교사와 학교, 우리 교육의 문제점에 대해 정제되지 못한 언어를 사용하여 비판한다. 학교에 찾아오거나 SNS 등에 거친 글과 부정확한 정보를 쏟아 놓는다. 교사 흉보기와 비판하기가 취미생활에 경지에까지 이른 경우도 있다.

이런 학부모도 내가 가르치는 학생의 부모일 경우 존중하여야 한다. 그 부모의 교육관과 언어 습관 등을 인정해야 한다. 아이들의 변화와 교육을 위해서는 부모와 협조하여야 하기 때문이다.

학교폭력의 상황에서 많은 문제는 학생들의 문제라기보다 부모의 문제인 경우가 많다. 이 경우 부모 상담이 깊이 있게 이루어지지 않으면 되돌이표가 된다. 학생의 변화가 비록 일어났다 하더라도 부모에 의해 성장하지 못하는 경우도 많다. 부모와 가족에 대한 상담이 함께 필요한 경우를 대비하여야 한다.

바. 학교관리자와의 관계

교장 선생님과 관계를 잘 못 맺으면 간접적으로 당할 수 있는 불이익은 아래와 같다. 먼저 중요한 공문을 안내하지 않기, 상을 줄 수 있을 때 추천하지 않기, 마지막은 사고가 났을 때 적극적으로 보호해 주지 않기(소극적, 냉소적으로 안타까워하는 척만 하기)가 그것이다. 하지만 학교행정가인 교장, 교감과의 관계를 개선하는 일은 선택의 영역이다. 중요한 것은 이 선택은 우리 반 아이들에게 가장 많은 영향을 끼칠 것이라는 점을 기억해야 한다.

한 사람의 교사가 교감, 교장이 되기까지에는 책 한 권 분량의 스토리가 있다. 교감, 교장을 무시하거나 폄하해서는 안 된다. 그들의 지혜와 경험을 빌려오고 활용할 수 있어야 한다. 무엇보다 어려움을 당 했을 때 함께 풀어갈 수 있는 동반자, 지지자가 되도록 변화시켜야 한다. 필자가 2000년 충주에서 6학년 담임을 할 때 우리 반 학생이 졸업여행으로 "정동진 해돋이"를 가고자 했다. 교감선생님께 허락을 얻었는데 평소 매주 금요일마다 금주회金酒會를 하는 등 관계를 돈독하게 맺지 않았으며 불가능했을 것이다.

3. 학교폭력 학생과 만나기

학교폭력이 우리 교실에서 일어났으며 피·가해 학생이 모두 내가 가르치는 학생이라면 교사의 심정은 어떠할 것인가?

가. 피해학생과 만나기

내가 가르치는 학급에서 학교폭력(괴롭힘)의 피해를 받았는데 담임교사인 내가 모르고 있었다는 것은 충격적이다. 무엇이라고 위로해야 할지 모른다. 무엇보다 먼저 신체적 안녕을 살펴야 한다. 상처 부위를 살피고 폭력의 지속성과 동기 등에 대해 파악을 하여야 한다. 무엇보다 그가 겪었을 고통에 대해 공감해 주어야 한다. 폭력의 부당함에 대해 논의하고 이 문제를 해결하기 위한 해결책을 함께 찾아 보아야 한다.

피해학생의 부모에게 통보하고 피해정도를 살펴 어떤 형태의 교육프로그램, 상담 지원이 필요할 것인지 학생과 협의한다. 빠른 시간 내에 피해학생이 정상적인 커디션 속에서 원만한 학교생활을 할 수 있도록 심리적·사회적 지원도 아끼지 않아야 한다.

나. 가해학생과 만나기

학교폭력의 가해학생도 내가 가르치는 학생이며 교육의 대상이라는 전제가 출발점이다. 물론 폭력(괴롭힘) 자체는 무섭고 싫어해야 할 일임이 분명하기에 예방이 최선의 해결책이기는 하지만 이미 일어난 폭력(괴롭힘)에 대해서는 교육적으로 해결하여야 한다.

가해학생이 자신의 잘못을 뉘우치고 반성하며 다시는 같은 잘못을 되풀이하지 않겠다고 결심하여 이를 피해학생에게 고백하고 용서를 받도록 안내한다. 그리고 이 경험이 해당 학생에게 성장의 기회로 전환될 수 있도록 유도하여야 한다.

4. 담임 : 학급의 선장 되기

가. 담임교사의 중요성

하버드 대학 교육학 대학원 조세핀 킴 교수는 아이를 진심으로 돌봐주는 '단 한 명의 어른one caring adult'만 있으면 그 아이는 변한다. 교육시스템의 문제, 학부모의 부정적 시선에도 불구하고 마음이 힘든 아이를 돌봐 주는 단 한 명의 어른만 있으며 그 아이는 변한다. 사실 그 역할을 할 수 있는 0순위의 사람이 바로 교사이다. 교사는 가르치는 사람이라기 보다는 아이들의 가장 큰 거울이며 환경 그 자체이다. 교사는 아이들에게 가장 큰 영향을 미치는 교실 환경이다. 교사에게서 나오는 존중으로 아이는 존중을 배우고, 교사에게서 시작된 배려로 아이는 배려를 배울 것이다(권영애, 2016).

어쩌면 초등학교에서 고등학교까지 학교를 다니는 12년 동안 담임교사를 잘 만나면 아이는 최악의 상황에 빠지지는 않는다. 구해낼 수 있다. 그 아이만의 단 한사람이 되겠다고 결심한 담임교사를 만난다면.

나. 존경받는 담임, 경멸받는 담임

평범한 담임교사가 되기도 어려운 데 존경받는 담임교사까지 욕심을 내고 싶지 않다고들 한다. 실상 교사가 직업이 되어 근무조건이 좋은 직종이라고 주장하는 젊은 교사를 만났다고 해도 그 것을 나무랄 수는 없다.

하지만 교사라는 직업의 특성을 좀 더 신중하게 만나고 자기 정체성을 가질 필요는 크다. 학교에 한 명의 훌륭한 교사가 있는 것은 그리 표가 나지 않지만 한 명의 문제교사가 있으면 학교경영은 어려워지고 학교 전체가 때로는 교육전체가 싸잡아서 매도 된다. 경멸받는다. 적어도 교사가 되어 경멸의 대상까지는 되지 않아야 한다.

아이들로부터 공공연히 무시당하고 경멸당하는 교사들을 만나는 것도 어렵지 않다. 수업 중 교사가 뒤돌아 서 있는 순간 가운데 손가락 욕설을 하거나 복도를 지나가는 교사의 뒷통수를 향해 욕설과 비아냥을 쏟아 낼 때 교사도 학생도 불행하다.

다. 어떤 교사로 기억될 것인가?

"교사는 정치가이자 예술가"라는 Paulo Freire 파울로 프레이리의 이야기가 아니더라도 교사는 교사 이상이어야 한다. 교사 스스로가 "끊임 없이 공부하는 교사가 가장 좋은 교사"라는 말을 기억해야 한다. 좋은 교사가 있으면 그를 중심으로 좋은 교육이 이루어진다. 나 스스로 좋은 교사가 되어야 한다. 이를 위해서는 배움의 열정이 필요하다. 사람만이 희망이다. 한 사람의 교사가 바뀌고 한 사람의 교장이 바뀌면 바로 거기에서부터 우리 교육에 대한 희망이 다시 싹이 틀 것이다(여태전, 2004).

지금 당장이 아니라 먼 훗날 세월이 지나면 내가 가르친 아이들은 나를 어떤 교사로 기억할 것인가? 나는 어떤 교사로 기억되기를 원하는가? 이 것이 중요하다. 이 물음을 날마다 교실에 들어서기 전에 물어야 할 것이다.

교육에 있어 진정한 변화는 교사가 더 이상 가르치려고 하지 않을 때 시작된다. 교육의 목적은 한 사람에게 자신과 세계의 관련성 속에서 자기 자신을 진정으로 그리고 자발적으로 정의하는 법을 보여 주는 것이다. 세계가 이미 가공해 놓은 정의나 그 개인이 멋대로 만들어 내는 정의를 부여하는 것이 아니다(Parker J. Pamer파커 파머, 2014, Thomas Merton토마스 머튼, 재인용).

28과 _____
나의 감정 이해하고 타인감정 수용하기

1. 감정이란 무엇인가?

Aldous Huxley올더스 헉슬리(2018)는 〈멋진 신세계〉에서 사랑을 포함하여 과도한 격한 감정이나 불편한 감정을 없애주는 세상을 그리고 있다. '소마soma'라는 묘약을 복용하면 즉시 기분이 좋아진다. 이러한 세상을 원하는가?

감정을 잘 느끼지 못하는 사람들도 있다. 유교사회에서는 감정을 잘 표현하지 않는 사람을 성숙한 사람으로 인정하곤 하였다. 하지만 "최악의 경우든 최고의 경우든 감정을 표현하고 느끼는 능력은 이성의 일부"라고 안토니아 다마지오는 말한다(Francois Lelord · Christophe Andre프랑수아 를로르 · 크리스토프 앙드레, 2008:21, 재이용).

가. 감정이란 무엇인가?[1]

감정은 몸과 마음에 작용하여 기질 혹은 정신 상태를 어지럽히는 독특한 운동, 맥박의 작은 동요로써 흥분 상태가 시작되고 끝이 난다. 일부 격렬한 운동을 할 때는 몸 전체에서 감정을 느낀다. 연인은 자신의 애인을 보면 감정을 느끼고, 겁이 많은 사람은 자신의 적수를 보면 감정을 느낀다. 즉, 감정은 (신체의) 생리학적, (정신의) 인지적, (행위의) 행동적 요소가 동반된 우리 몸 모든

---

[1] Francois Lelord · Christophe Andre프랑수아 를로르 · 크리스토프 앙드레(2008), 내 감정 사용법, 배영란 옮김, 위즈덤하우스에서 편집

기관의 갑작스러운 반응이다.

　감정은 하나의 '운동'이다. 즉, 본래의 정적인 상태에 대한 동적 변화를 일으킨다. 감정을 느끼면 심장박동이 빨라지거나 느려진다. 특히 생리학적 요소를 고려하여야 한다. 감정은 정신에도 작용하여 생각의 전환을 유도하는데 이를 '인지적 요소'라고 한다. 감정은 이성을 교란시키거나 반대로 이성을 지탱시켜주는 역할을 한다. 감정은 일어난 일에 대한 반응이다. 감정은 마음의 준비를 하도록 만들고 종종 행동하도록 부추긴다. 이를 감정의 '행동적 요소'라고 할 수 있다(Francois Lelord · Christophe Andre프랑수아 를로르 · 크리스토프 앙드레, 2008).

나. 감정을 느끼는 4가지 이유

1) 제1가설

감정은 유전적으로 대물림된 것이다. 이는 '진화심리학자'들이 견지하는 입장으로 우리가 느끼는 감정이 자연 속에서 생존과 번식에 도움이 되기 때문에 진화과정에서 선발된 것이며 유전적으로 대물림 된다고 본다. 이들은 감정은 생존에 도움이되고, 인간의 친척 뻘인 유인원에게도 감정이 있으며 아기도 감정을 느끼다는 것을 논거로 제시한다.

2) 제2가설

우리 몸이 느끼기 때문에 감정을 느낀다. 미국의 심리학자 William James윌리엄 제임스는 우리가 두렵기 때문에 혹은 슬프기 때문에 떨림을 느끼는 것이 아니라 반대로 떨리는 행위가 두려움을 느끼게 만들며 우는 행위가 슬픔을 안겨준다고 말한다. 다시 말하면 특정 사왕에서 완전한 감정적 경험을 갖기 전에 물리적 반응이 먼저 일어난다는 것이다. 'facial feedback'이 대표적인 사례이다. 의도적으로 다양한 감정의 얼굴표정을 흉내 내는 것이 심리적 반응을 일으키고 심지어 기분까지도 유발한다.

3) 제3가설

우리가 생각하기 때문에 감정을 느낀다. 고대 스토아학파 철학자 에픽테토스는 "일어난 일들이 인간에게 영향을 미치는 것이 아니라, 그 일들에 대해 갖고 있는 생각이 인간에게 영향을 미치는 것이다"라고 주장했다. '생각하기 때문에 감정을 느낀다'는 스스로를 이성적인 존재라고 믿는 사람들에게 안심이 되는 가설이다.

4) 제4가설

감정은 문화적으로 학습된 것이다. 우리는 자신이 응원하는 스포츠 팀이 이겼을 대 기쁨을 느끼고 원하는 결과를 얻지 못했을 때 분노를 느낀다. 이는 사회 특유의 상황에 적용된 이 2가지 감정의 역할을 우리가 학습했기 때문이다. 감정이란 무엇보다도 '사회적 역할'을 담당하는 것이며, 어떤 특정 형태의 사회에서 단지 성장하는 것 만으로도 이를 학습하게 된다고 주장한다. 인류학자 마가렛 미드는 "감정을 표현하거나 해석하기 이전에 먼저 그(녀)가 속한 사회가 어떤 곳인지 주목하여야 한다"고 말한다.

다. 기본감정이란 무엇인가?

Charles Robert Darwin찰스 다윈(1872)은 인간의 기본감정으로 기쁨, 놀라움, 슬픔, 두려움, 혐오, 분노를 꼽았다. 이는 때때로 다윈의 Big Six라고도 불린다. 이를 René Descartes데카르트가 말한 놀라움, 사랑, 증오, 욕망, 기쁨, 슬픔 등의 6가지 원초적 정념과 혼동하지 않아야 한다. 폴 에크만은 여기에 즐거움, 경멸감, 만족감, 당혹감, 흥분, 죄책감, 자존감, 충만감, 감각적 쾌락, 수치심을 더하여 16가지 감정을 제안하였다(Francois Lelord·Christophe Andre프랑수아 를로르·크리스토프 앙드레, 2008: 35). 기본감정으로 인정 받기 위한 조건은 무엇인가? 위 책의 저자들은 다음과 같이 제안하였다(36).

- 갑자기 시작 된다
- 지속력이 약하다

- 다른 감정과 구별 된다
- 아기에게서도 나타 난다
- 각각의 방식으로 몸에 자극을 준다
- 모든 사람에게서 보편적인 얼굴 표정이 나타난다
- 보편적인 상황에서 나타 난다
- 유인원에게서도 관찰 될 수 있다

  어떤 사람들은 감정을 다양하게 이해하고 표현하며 느끼고 전달한다. 하지만 어떤 사람들은 감정에 무디고 인식하지 못하며 공감하지 못하다. 학교폭력(괴롭힘)에서 감정을 중여하게 다루는 것은 폭력이 공감의 부족으로 인한 것이라는 견해에서 출발한다. 폭력은 상대방의 고통에 대한 이해의 부족이다. 따라서 공감력을 향상시킴으로서 폭력을 예방하고 감소시킬 수 있다. 이는 캐나다에서 시작한 "공감의 뿌리"에서 잘 보여주고 있다.

2. 감정은 습관이다(박용철, 2013)

가. 감정 습관의 힘

인간의 뇌는 익숙한 것을 선호한다. 뇌의 작동 원리 중 뇌는 나에게 이로운 것을 선택하는 것이 아니라, 그저 평소에 유지했던 익숙한 상태를 필사적으로 지키려고 한다. 이런 식으로 우리 뇌 안에 굳어진 익숙함 들이 바로 '습관'이다. 습관이 된 감정은 점점 더 강해진다. 실상 뇌는 유쾌하고 행복한 감정이라고 해서 더 좋아하지 않는다. 유쾌한 감정이건 불쾌한 감정이건 익숙한 감정을 선호한다. 불안하고 불쾌한 감정일지라도 그 것이 익숙하면 뇌는 그것을 느낄 때 안심한다.

  따라서 긍정적인 감정의 불씨가 나타났을 때 꺼지지 않도록 조심하며, 산소도 공급해 주고 땔감도 주면서 오래 유지하는 연습을 하여야 한다. 감정이 사라지지 않게 유지해 주는 산소와 땔감은 '관심'이다. 좋은 감정이 일어났을 때 한 번 한 번의 긍정적일 일이나 감정을 절대로 놓치지 말아야 한다. 그 불씨를 계속 키워나가야 한다. 그렇게 뇌가 긍정적인 감정에 점점 익숙해 지도록 하여야 한다.

나. 감정 습관의 작동 방식

스트레스를 받으면 뇌는 몸 구석구석에 펴져 있는 교감신경계를 흥분시켜 위기에 대비한다. 교감신경계는 우리 몸의 비상 체계이다. 즉, 교감신경이 흥분하면 몸이 위기 상황을 맞게 변화하는 것이다. 스트레스를 자주 받는 사람은 다음 번에도 쉽게 스트레스를 받는다. 격한 감정도 스트레스의 일종이다. 격한 감정을 보일 때 교감신경계는 흥분한다. 교감신경계는 감정의 종류보다 그 감정이 주는 자극의 정도에 더 예민하게 반응하다. 뇌가 자주 사용하는 속임수 중의 하나는 감정의 종류만 살짝 바꾸는 것이다. 불안한 사람의 불안이 사라지고 그 빈자리에 우울감정이 들어오는 경우이다.

교감신경계가 실질적으로 안정될 수 있는 방법들은 무엇인가? 먼저 경쟁에 관련된 상황에서 뇌는 경쟁과 싸움을 잘 구분하지 못한다. 특히 승부에 집착하며 몰입할 때는 뇌는 진짜 싸움과 경쟁, 스포츠를 구분하지 못한다. 둘째, 돌발 상황에서 뇌는 위기 신호를 울린다. 갑작스러운 상황을 위기 신호로 인식하기 때문이다. 교감신경을 안정시킬 수 있는 방법은 먼저 경쟁에 대한 집착에서 벗어나야 한다. 순위나 결과에 관계 없이 그 과정을 즐겨야 한다. 이겨야 하겠다는 욕심을 버리고 경쟁에서 이겼을 때 느껴지는 짜릿한 쾌감과 보상에서 조금 떨어져 덤덤해져야 한다. 다음은 하루하루를 예측가능하게 만들어야 한다. 마음을 안정시키고 기본적이 생활습관을 유지한다. 식사와 수면을 규칙적으로 하고 잠들기 전에 다음 날 할 일을 대충 계획하여 뇌가 미리 대처할 수 있도록 해 준다. 무엇보다 스트레스를 쌓지 않도록 작은 즐거움으로 스트레스를 풀어나가야 한다. 우리 뇌 안에서 기분을 조절하는 물질인 '신경전달물질' 중 '도파민'과 '세로토닌'은 즐거움의 맛을 내는 신경전달물질이다. 하지만 도파민이 과도하면 금단과 중독을 가져온다. 스트레스를 해소하는 올바른 습관이 필요하다. 즉, 걷기와 햇빛을 쬐는 것과 음식을 오래 씹는 것, 감사하는 마음 가지기와 자연과 함께 하는 것 등이 그 것이다. 올바른 스트레스

관리로 행복한 감정습관을 만들어 가야 한다.

다. 긍정의 감정 습관 만들기

긍정의 감정습관을 만드는 방법은 무엇인가? 감정을 인식하는 것도 능력인가? 한국사회에서 남자들이 자신의 감정을 표현하는 것을 부정적으로 여겼다. 하지만 뇌과학자들의 연구는 뇌에 섬엽insula이라는 부분이 뇌의 측면 양쪽에 있어서 몸에서 오는 감각들을 인식하는데 중요한 역할을 한다고 보고하였다(박용철, 2013: 209). 즉 섬엽이 발달한 사람일수록 자신의 몸 상태에 대해 정확하게 인식할 수 있다.

미세한 몸의 변화 뿐만 아니라 내 마음에서 일어나는 작은 감정들의 변화를 잘 읽는 것은 내 몸에서 일어나는 변화를 얼마나 잘 인식하는가와 통한다. 몸의 변화를 잘 인식한다는 것은 마음의 작은 감정도 잘 느낄 수 있다는 것을 뜻한다.

스쳐가는 감정들을 잘 알아차리고 좋건 나쁘건 하루 세 번 정도 내 감정이 어떠하였는지 생각해보면 도움이 된다. 매 시간마다 알람을 맞추어 놓고 그때마다 그 사이에 있었던 사소한 감정과 일들에 대해 돌아보면 더욱 효과적이다. 특히 걱정을 몰아서 하는 것이 좋다. 하루 중 고민하는 시간을 정해서 집중적으로 고민하고 걱정하면 남는 시간동안 감사와 즐거움, 작은 행복을 느낄 시간을 더욱 많이 확보할 수 있다.

3. 감정 구출하기[2] (족첸 폰롭 린뽀체, 2018), 감정 알아차리기와 수용하기

가. '알아차리며 거리두기mindful gap'

감정 '알아차리며 거리두기'는 자신과 감정 사이에 안전거리를 만드는 연습이다. 이를 통해 감정의 에너지와 소통할 심리적 공간을 만들어 주는 것이다.

---

2   린뽀체는 티벳 불교의 지도자를 뜻하는 말이다. 이 책의 저자 족첸 폰롭 린뽀체는 "티벳사자의 여행안내서" 저자로 유명하다. 1965년 인도 북부 시킴에서 태어났으며 달라이라마로부터 족첸 폰롭의 7대 환생으로 인정받고 제7대 폰롭으로 임명되었다.

알아차린다는 것은 주의를 기울인다는 것을 뜻한다. 이 알아차림이야말로 감정과 소통하고 마음을 지키는 열쇠가 된다. 알아차림을 마음챙김이라고도 표현한다. 주의를 집중한다는 것은 지금 이 순간 이 자리에서 내가 의식을 두고 있다는 것이다. 과거와 미래 사이에 신선하고 열린 공간의 감각, 자연스러움의 틈이 존재한다. 이 현재의 순간 내가 일어나고 사라지는 생각과 감정 그리고 자신을 둘러싼 세상의 색깔, 소리 그리고 냄새를 알아차리는 것이다.

마음챙김은 일종의 마음을 다잡는 방법이다. 내 마음의 문을 비집고 들어오려고 애쓰는 것들에 대해 주의를 기울이는 방법이다. 마음 문의 초인종을 누르거나 문을 두드리는 생각과 감정들에 주의를 기울인 채로 머문다. 이러한 생각들과 감정들에 기민하게 주의를 기울이고 있는 한, 누가 내 마음의 문을 열고 들어올 수가 있으며 얼마나 오래 머물 수 있는지 내가 결정한다.

알아차리며 거리두기의 출발점은 '느끼기'이다. 내 마음 속에 감정이 일어나는 것을 느끼고 그 것에 반응하지 않고 그저 주시하는 것이다. 감정을 느끼는데 시간을 내주면 모든 것이 저절로 느려진다. 주의를 내면으로 돌리면 숨 쉴 틈이 생긴다. 이 약간의 거리가 '감정이 곧 나 자신은 아니라는 것'을 보여준다.

알아차리며 거리두기의 다음 단계는 '붙들기'이다. 즉 감정의 중지 버튼을 눌러 현재의 순간에 나 자신을 머무르게 하는 것이다. 감정 에너지를 느끼는 것에 용기가 필요하듯이 붙들고 있는 것 역시 인내가 필요하다. 자신의 감정을 느끼고 붙들기를 한 다음 마지막 단계는 '바로 보기'이다. 느낌과 붙들고 있음을 통해 배운 것을 바탕으로 바라보는 행동을 하게 되면 나는 더 이상 감정에 휘둘리지 않는다.

나. '명확하게 바라보기clear seeing'

감정과 감정을 둘러 싼 주변 환경을 바로 보는 연습이다. 보다 큰 그림을 보려고 노력하는 것이다. 이 연습은 행동 속에 담겨 있는 습관적 패턴을 확인하는 데 도움이 된다. 바로 보되 명확하게 바라보아야 한다. 실상 "우리가 무엇을 보는가가 중요한 것이 아니라 무엇이 보이는가가 더 중요하다"(Henry David

Thoreau헨리 데이비드 소로우). 명확하게 바라보기는 강력한 감정이 일어나는 순간마다 '알아차리며 거리두기'라는 첫 번째 단계를 거듭 연습하여 얻는 자연스러운 결과물이다.

감정적으로 견디기 어려운 상황에서는 큰 그림을 놓치는 경우가 많다. 명확하게 바라보기는 하나의 사건이 일어날 때 일어남과 동시에 그 여파가 다른 사람이나 다른 것에 영향을 반드시 미친다는 것을 이해하는 것이다. 즉 자신의 내면세계와 외부세계와의 관계를 보다 명확하게 볼 수 있다면 내가 맞이하는 관계의 패턴들을 볼 수 있다. 명확하게 바라보기의 두 번째 단계는 '바로 앞에서 일어나는 감정들 바라보도록 노력하는 것'이다. 무슨 일이 진짜로 일어나고 있는지 제대로 살피기 위해서는 뒤로 물러가 거리를 두고 그림 전체를 보아야 한다. 이를 통해 내 자신의 감정의 프로파일을 만들고 연습한다. 나에게 숨기고 싶은 감정은 무엇이며 나의 감정을 자극하는 것과 감정 분출의 양상을 알아차리는 것도 중요하다. 이를 바탕으로 좀 더 여유롭게 느긋하게 자유롭게 내 자신에 물어본다. 내 감정은 어떤 패턴을 따르고 있는가?

다. '그리고 내려놓기letting go'

운동, 긴장의 이완, 근본적으로 깨어 있음을 통해 몸과 감정 에너지의 스트레스를 풀어 주는 연습이다. 고통스러운 감정들에게서 벗어나기를 원한다면 기꺼이 그 감정들과 이별하여야 한다. 그렇지 않으면 감정들의 날카로운 날과 강력한 에너지와 씨름하여야 한다. 내려놓기 위해서는 무엇을 내려놓아야 하는지 알아야 한다.

내려놓기는 나 자신에게 불안과 슬픔을 조장하는 감정들, 이러한 부정적인 감정들을 놓아주는 것이다. 다른 한편으로는 이러한 강렬한 감정들을 멈추거나 숨기거나 바꿔 보려고 애쓰는 습관적인 반응 양식을 내려놓는다는 뜻이다. 내려놓기는 나의 감정을 육체적으로 그리고 정신적으로 경험하는 방식을 면밀히 주시하는 것이다.

29과 _____
감정조절과 갈등해결

1. 감정 조절하기

가. 다양한 감정 표현의 중요성

학교에 함께 근무하는 원어민 교사가 매생이 국을 보고 물었다. 무슨 스프냐고? 매생이 국을 영어로 어떻게 표현할 수 있을까? 우리가 먹는 다양한 해조류들 즉, 김, 미역, 매생이, 청각, 톳, 우뭇가사리 등을 어떻게 표현할까? 영어로는 그냥 seaweed, marine algae, marine plants 이다. 왜 그들은 이렇게 맛있는 해조류를 먹지 않을까? 하고 물을 필요는 없다. 코다리 찜을 보고 다시 물었다? 이 것은 생선인가? 그리고 그 이름은 무엇인가? 네이버 사전[1]에 의하면 (음식) (한식) Braised Pollack(로마자표기: kodari jjim) 이다. 명태의 다양한 이름들을 아시는가? 명태의 영어이름은 pollack이다. 이는 대구류의 생선의 한 종류이다. 서양 사람들이 명태의 다양한 이름인 생태, 동태, 노가리, 코다리, 북어, 황태 등을 알리 없다. 무려 17가지의 이름을 가졌다고 한다.[2]

쇠고기의 종류와 이름들은 또 어떤가? 서양 사람들이 말하는 쇠고기는 beef와 어린 송아지인 calf 정도이지만 chuck(목과 어깻살), rib(갈비), loin(갈비에 가까운 허리고기), sirloin(엉치에 가까운 허리고기), shank & ㅜrisket(앞다리살 & 가슴살) 등이 있다. 하지만 우리 말 쇠고기의 명칭은 목심, 등심, 제비

---

1 https://endic.naver.com/search.nhn?sLn=kr&searchOption=all&query=%EC%BD%94%E
   B%8B%A4%EB%A6%AC
2 http://smartview.tistory.com/231

추기, 갈비, 안창상, 채끝, 두둔, 설도, 사태, 차돌박이 등 100여 가지가 된다고 한다. 이누이트(에스키모)[3] 인들은 눈을 부르는 단어가 수십 개에 이른다고 한다.

학생들에게 감정 단어를 말해 보라고 하면 몇 가지를 말할 수 있을까? 헐, 대박, 짱나, 존나 짱나 외에 울트라 캡숑 짱! 등이 있다. 감정에 정확한 이름을 붙일 때 그 감정이 치유적 효과를 발휘한다.

나. 인간의 다양한 감정들

Angels Ackerman & Beca Puglish안젤라 에커만 · 베카 푸글르시(2012)은 "인간의 75가지 감정 표현법"이라는 책에서 다양한 감정에 대해 그 감정이 보이는 몸짓, 손짓, 목소리, 행동, 몸가짐, 생체반응, 심리반응, 이런 상태가 장기간 지속할 때 나타나는 징후들, 앞으로 심화할지도 모르는 감정단계, 이런 상태가 억압 당할 때 나타나는 징후들에 관해 설명하였다.

갈등하다, 걱정하다, 격분하다, 경계하다, 무시하다, 놀라다, 고뇌하다, 고마워하다, 기대하다, 깜짝놀라다, 불안하다, 슬퍼하다 등 75가지의 감정을 만날 수 있다.

학생들은 학교폭력(괴롭힘)의 과정에서 다양한 감정의 변화들을 경험하게 되는데 이 때 일어난 감정이 억울함인지, 당황스러움이지, 혼란스러움인지, 창피함인지, 증오심인지 구분할 필요가 있다. 자신이 지금 경험하는 감정을 정확하게 알면 그 것에 대한 올바른 대처를 할 수 있기 때문이다.

다. 감정습관과 대인관계

인간은 자신에게 익숙한 사람을 찾는다. 사람을 만나 관계를 맺을 때도 각자의 대인관계 습관을 잘 변하지 않는다. 타인에게 상처를 주거나 받는 것도 습관이다. 나와의 관계 습관이 타인과의 관계 습관을 결정한다. 남에게 가혹한

---

3 이누이트들은 에스키모라는 이름에 비하의 뜻이 담겨있다고 생각하여 자신들을 에스키모라 고 부르지 말아달라고 하고 있다. https://ko.wikipedia.org/wiki/%EC%9D%B4%EB%88%84 %EC%9D%B4%ED%8A%B8

사람은 자신에게도 가혹하다. 남에게 친절한 사람은 자신에게도 친절하다. "친절은 친절로만 가치칠 수 있다"라고 하임기너트는 말한다. "금반지를 만드는데 해머는 적당한 도구가 아니다"라는 그의 말은 인간관계에 있어 섬세함이 필요할 때 어떤 방식으로 말하고 행동해야 하는지 가르쳐 준다.

그러므로 나와의 관계를 회복하여야 타인과의 대인관계도 회복될 수 있다. 자존감이 낮고 자기 스스로를 비난하는 사람은 상대를 비난하고 상대를 깎아내리려는 습관을 가지고 있는 경우가 많다. 나에 대한 감정이 타인을 향하는 것이다. 나와의 관계 습관이 타인에게 투사[4]된 것이다. 투사란 국립국어원의 표준국어대사전에 따르면 『심리』학적 용어로 "자신의 성격, 감정, 행동 따위를 스스로 납득할 수 없거나 만족할 수 없는 욕구를 가지고 있을 경우에 그것을 다른 것의 탓으로 돌림으로써 자신은 그렇지 아니하다고 생각하는 일. 또는 그런 방어 기제. 자신을 정당화하는 무의식적인 마음의 작용"을 이른다.

결국 사람은 자기 자신과 어떠한 관계를 맺느냐가 타인과의 관계를 좌우하게 된다. 이 것이 습관이 되고 전체 대인관계에 영향을 미치기 때문이다.

라. 부정적 감정습관 수정하기

부정적 감정습관을 가지 사람은 일반적인 상황에서도 부정적으로 반응하기 쉽다. 부정적인 감정을 수정하는 방법으로 자극과 감정의 연결 고리를 찾는 것이 중요하다. 상황에 대한 습과화 된 잘못된 생각이 잘못된 감정을 불러 오기 때문이다. 따라서 머리 속에 고착화된 생각습관을 점검할 필요가 있다.

감정을 유발하는 상황을 바꾸는 것도 한 방법이다. 특정한 상황이 나쁜 감정을 유발한다면 그러한 상황 자체를 만들지 않는 것이다. 즉, 술을 마시면 폭력적인 되는 사람은 술을 마시지 않는 상황을 만들어야 한다. 이를 회피요법이라고 부를 수 있다. 감정습관과 연결된 구체적인 상황을 조절하는 것도 한 방법이다. 스트레스를 받으면 폭식하는 사람은 TV 앞에 앉아서 폭식하는 대신 욕실에 물을 받아 놓고 목욕을 하는 것으로 상황을 조절함으로써 폭식을

---

4 http://stdweb2.korean.go.kr/search/List_dic.jsp

멈출 수 있다(박용철, 2013).

부정적인 감정이 일어났을 때 자신만의 감정스위치를 만들어 감정을 차단하는 것이 필요하다. 즉, 자신만의 주문을 외우거나 복식호흡으로 긴장을 풀거나 마음 속으로 하나부터 열까지 숫자 헤아리기, 신체적 이완 요법 등 다양한 방법을 사용할 수 있다.

2. 갈등 해결하기

가. 위기해결 능력(회복탄력성)

위기를 통해 어떤 사람은 더 강하고 성숙해지는 반면 어떤 사람은 완전히 무너져 버린다. 어떤 사람들은 심한 스트레스 상황에도 불구하고 심신이 건강한데, 어떤 사람들은 왜 무너져 버리는가? 그 답은 회복탄력성resilience이다. 회복의 첫 걸음은 자신의 경험을 입 밖에 내어 이야기 하는 것이다(Georg Peiper게오르그 피퍼, 2012).

"인간은 일어난 일 때문에가 아니라 그 일에 대한 생각 때문에 불안하다"(Epikouros에피쿠로스). 재난이나 불행을 극복하는 중요한 능력이 위기 능력crisis competence이다. 위기 능력은 "구체적인 위기 상황에서 올바른 태도로 반응하는 능력"(Rosmarie Welter-enderin, 재인용, Georg Peiper, 2012: 56)이다. 위기능력을 가지고 있으면 무기력감이 줄어들고 상황을 통제하고 있다는 느낌이 강해진다. 위기능력은 정신적으로 어려운 상황에 빠질 가능성을 대비하는 것이고 더 빨리 대처할 수 있는 길을 만들어 놓는 것이다.

미국의 심리학자 Daniel Kahneman대니엘 카너만은 오랜 시간 인간이 결정에 이르는 관계를 연구하여 "생각에 관한 생각"이라는 저서를 썼다. 그는 위험하고 위태로울 때, 또 감정이 중요한 역할을 할 때는 일단 속도를 늦추고 심호흡을 하라고 충고한다. 위기 상화에 처하면 위급하고 감정이 격해진다. 일단 속도를 늦추고 심호흡의 하라. 반사적으로 반응하지 말고 천천히 생각하며 상황을 분석하라(Georg Peiper, 2012).

나. 트라우마 상황이 닥쳤을 때(Georg Peiper게오르그 피퍼, 2012)

학교폭력(괴롭힘)도 일종의 트라우마를 남긴다. 우리는 Georg Peiper게오르그 피퍼의 견해를 통해 도움을 받을 수 있다. 그는 사람이 트라우마 상황에 빠졌을 때 거치게 되는 과정은 보통 3단계로 나누어 설명한다.

1) 1단계: 부정과 부인

사고나 폭행, 재난 등에서도 첫 번째 반응은 이러난 일들을 인정하지 않으려는 것이다. 부정하는 것이다. 일어난 상황을 부인하는 것이다. 이는 속히 정상적인 삶으로 돌아가고 싶은 희망과 연결되어 있다. 상황이 갑작스럽게 정상화되고 일어난 일들이 없었던 일처럼 돌아가기를 바란다. 상황을 거부하고 부인할수록 힘이 빠지고 저항력이 떨어진다.

2) 2단계: 절망과 우울

모든 위기 상황은 통제 상실의 느낌을 불러 온다. 자포자기해 스스로를 돌보지 않고 일상을 개선할 생각조차 하지 못하게 된다. 어두운 생각들이 지배되면서 종종 더 나쁜 생각을 하거나 문제 해결에 대한 희망을 잊어 버린다. 이 시간이 오래 지속될수록 절망과 우울에서 빠져 나오지 힘들어 진다.

3) 3단계: 수용 또는 좌절

3단계는 문제의 극복 가능성으로 나아갈 것인가? 정신적 고통으로 나아갈 것인가가 결정되는 단계이다. '극복'의 길로 가기 위해서는 자신이 처한 상황을 당분간 받아들이겠다는 스스로의 결정(내적결정)이 전제되어야 한다. 새로운 마음가짐을 가지게 되면 작은 영역에서나마 주도권을 발휘하면서 상황을 더 잘 적응할 수 있다. 이를 '근본적 수용radical acceptance'이라고 Marsha Linehan 마샤 린네한——변증법적 행동 치료 개발자——은 불렀다(재인용, Georg Peiper게오르그 피퍼, 2012). 근본적 수용은 현실, 즉 지금 여기의 어려운 상황을 받아들인다는 의미이다. 영향을 끼칠 수도, 바꿀 수도 없는 삶의 변화에 직면할 때, '근본적 수용'을 연습하여야 한다.

사고를 목격한 사람들의 경우 외상후스트레스 장애로 고생할 확률은 4%이다. 사고나 재난의 직접적인 피해자의 경우 트라우마가 생길 확률은 12%이다. 트라우마적 사건이 학교의 평범한 일상을 방해한다면 가능한 하루 빨리 학교를 정상화시켜야 한다.

나. 쏟아진 옷장을 정리하는 법

삶에서 만나는 예기치 않는 사고는 옷장이 쏟아진 것과 비슷하다. 서둘러 다시 옷장에 주섬주섬 주어 담고 문을 닫으면 상황은 정리되지 않는다. 오히려 일상의 고통이 증폭된다. 이 기회에 다시 한번 옷장을 정리하는 마음으로 나에게 일어난 일들을 돌아보고 분석하고 이를 성장의 기회로 전화시키는 것이 의미 있는 삶의 추구 방식이다. 삶의 의미는 주어지는 것이 아니라 찾아가고 만들어가는 것이다.

트라우마적 치료의 가장 기본 과제는 일어난 일을 이해하고 받아들이는 것이다. 이 것을 쏟아진 옷장이라고 표현하는 것은 매우 합당한 비유이다. 우선 말로라도 일어난 일들을 이야기함으로써 주도권을 되찾는 것이 필요하다. 말할 수 없는 것을 입 밖에 내어 말하면 그 것은 끔찍함을 잃는다. 트라우마적 사건을 정확하게 묘사하게 하는 것이 불필요하게 환자를 괴롭히는 것이 아니냐는 의의를 제기하는 사람들에게 효과는 정반대라고 증언한다. 당시 어떤 일이 있었는지 정확히 이해하고 싶다는 지도자의 말은 내담자로 하여금 인간으로서 소중하게 여겨진다는 느낌을 준다.

감정적으로 통제된 가운데 당시의 트라우마적 상황에 다시 직면하는 경험은 필요한 안정감을 준다. 이 것을 '감정의 매듭을 짓는다'라고 표현할 수 있다. 스트레스 장애 환자가 감정에 압도되는 느낌을 느낄 때마다 감정의 매듭을 지어 주어야 한다. 학교폭력(괴롭힘)의 과정에서 있었던 일들을 공감수준에서 지도자와 나누며 감정의 매듭을 짓는 연습을 하게 된다. 트라우마를 감정적으로 소화하면 더 이상 고통을 회피할 필요가 없어진다. 트라우마 뿐만 아니라 일상적인 문제의 어려움에 봉착했을 때도 어려움을 명명하고 적어보면 문제 해결에 도움이 된다.

다. 고통을 통해 배우기

인생에 있어서 어느 정도의 시련은 인간의 저항력과 적응력을 강화시키고 정신건강에 좋게 작용한다. 인생에서 겪는 일정한 분량의 부정적인 사건은 스트레스 수준을 낮추고 일상을 더 힘차게 살아가게 하고, 삶의 만족도를 높일 수 있다. 감당할만한 어느 정도의 부정적인 사건들은 우리의 저항력, 즉 회복탄력성을 강화시킨다.

위기에 얼마나 잘 반응할 수 있느냐? 하는 것을 결정하는 일은 간단하다. 살면서 그러한 위기가 올 수 있다는 가능성과 이에 대한 대비를 삶의 계획에서 포함시켰는지 여부가 그 것이다. 인생이라는 강을 건너며 수영을 전혀 배우지 않았거나 빠른 급류를 만날 가능성이 있다는 것을 예상하지 않으면 위험한 상황을 만났을 때 극복하기 어려울 수 있다(Georg Peiper게오르그 피퍼, 2012).

고통을 통해 삶을 배우는 것은 동서고금의 진리이다. 모든 일에는 끝이 있고 고통에도 끝이 있기 마련이다. 모든 일은 지나갈 것이다. 이 또한 지나가리라. 행복한 순간도 고통스러운 순간도 영원한 것은 존재하지 않는다. 긍정적인 결과를 예상하고 성공할 수 있는 작은 목표를 세워라. 이 것을 극복하다보면 더 큰 장애물도 극복할 수 있다. 일상에서의 작은 즐거움과 가치들을 누리라. 삶에서 자신의 주도권을 다시 확보하다. 나를 불행하게 할 수 있는 사람도 행복하게 할 수 있는 사람도 나 외에는 없다. 내가 선택하는 것이다.

마음챙김과 자기성장

1. 스트레스를 넘어서

가. 스트레스란 무엇인가?

스트레스는 다양한 수준에서 발생하며 다양한 근원에서 유래한다. 인간은 각자의 스트레스에 대응하는 각각의 각본이 있다. 한 사람이 지닌 각본의 양상은 유사하지만 시간의 흐름에 따라 끊임없이 변화해간다. 이 스트레스에 효과적으로 대응하기 위해서는 서로 다른 상황에서 어떻게 효과적으로 대처할 수 있을지 시스템적 관점에서 조망해야 한다. 스트레스는 '생리적', '심리적', '사회적' 수준을 포함하는 수준에서 작동한다. 이는 Paul Valent폴 바렌트(2011)가 말하는 트라우마 치유 방식과 같다. 그는 모든 장애는 환자의 생물학적·심리학적·사회적 측면이 혼합되어 나타나기에 치료 역시 생물학적·심리학적·사회적 측면에서 접근되어야 한다는 것이다. Hans Seyle한스 셀리에는 '스트레스'라는 용어를 처음으로 유행시켰는데 스트레스를 반응으로 규정하고, 스트레스 반응을 일으키는 자극이나 사건을 시술하기 위해 '스트레스 유발 자극'이라는 용어를 만들었다. 그는 스트레스를 '어떤 압력이나 요구에 대한 유기체(인간)의 불특정 반응'으로 규정했다(Jon Kabat-Zinn존 카밧진, 2017).

　Martin Seligman셀리그만 박사는 "어떤 문제가 스트레스가 될 것이냐 아니냐 하는 것은 당신이 그 문제를 어떻게 바라보고 어떻게 다루어 가느냐에 달려 있다"라고 말한다. 우리가 특정 환경과의 만남을 어떤 의미로 바라보고, 알아차리고, 어떻게 전체적으로 조망하는지에 따라서 그 상황이 스트레스가 될지 아닐지가 결정된다는 의미다. 사실 우리는 잠재적으로 스트레스를 유발하는 자극에 대해 생각보다 훨씬 많은 통제력을 지니고 있다. 즉 주위환경 중에는 우리가 어떻게 할 수 없는 잠재력 스트레스 유발 자극이 존재하지만 "그 자극과의 관계에서 자신을 보는 방식을 변화시킴으로써 관계의 경험을 변화시킬 수 있고, 그 것이 자신의 자원을 초과허거나 안녕을 해치는 정도를 바꿀 수 있다"(Jon Kabat-Zinn존 카밧진, 2017:52, 하권).

우리 삶에 있어서 적당한 스트레스는 필요하다. 또한 삶에는 긍정적 스트레스 혹은 행복한 스트레스도 있다. 예를 들면 결혼과 승진, 졸업, 뛰어난 성취 등과 같은 사건들이다. 좋은 스트레스가 고통을 유도하는지는 우리 자신의 선택에 달려 있다. 좋은 스트레스에 쉽게 적응한다면 즐거운 스트레스는 비교적 해가 없고 긍정적인 인생의 변화로 이끌 것이다. 우리가 경험하는 심리적 스트레스가 건강에 미치는 궁극적인 효과는 변화를 어떻게 지각하고, 한편으로 내적 균형과 응집성을 잘 유지하면서 끊임 없는 변화에 얼마나 잘 적응하느냐에 달려 있다. 스트레스의 순간에는 삶의 질을 획기적으로 변화시킬 수 있는 마음챙김이 필요하다. 스트레스가 다가올 때 그 것을 바라보는 연습이 필요하다(Jon Kabat-Zinn존 카밧진, 2017:52, 하권). "당신은 단지 지켜보는 것만으로도 많은 것을 관찰할 수 있다(Yogi Berra요기 베라, 재인용). 자신을 사랑하고 지켜 보라.

나. 학교괴롭힘 스트레스와 애도哀悼하기

한 인간이 부모를 떠나 공교육 기관인 학교에 다니면서 가장 가까운 관계인 친구들로부터 폭력(괴롭힘)을 경험하는 일은 존재 자체를 부정하게 하는 커다란 상처(트라우마)가 될 수 있다. 이 과정에서 가장 가까운 방패막이가 되어야 할 담임교사와 부모로부터 아무런 도움을 받을 수 없다는 절망감은 상상을 초월하는 상처가 된다.

자신이 겪는 고통에 대해 인정받고 위로받고 공감받기를 원한다. 다시는 그러한 일이 되풀이 되지 않을 것이라고 약속받고 잘못을 사과 받기를 원한다. 무엇보다 이 일이 해결되는 과정에 필요한 최소한의 애도哀悼(condolence

혹은 grief)기간이 필요하다. 집에서 키우는 반려견과 이별할 때도 애도 기간이 필요하거늘 하물며 한 인격체가 존재를 부정당하는 신체적·심리적·사회적 손상 앞에서 애도 기간 없이 상처가 아물 수 없다. 반려동물이 떠났을 때 적절한 애도기간을 갖지 않으면 우울증이 올 수 있다. 사랑하는 사람을 잃었을 때도 그러하다. 애도과정을 제대로 겪지 못하면 다양한 심리 반응들이 나타나는데 이는 수 십년이 지난 뒤 느닷없이 걷잡을 수 없는 격한 슬픔이나 심하면 신체적 질병이나 이상행동으로 나타날 수도 있다고 경고한다. 고등학교 교과서 고문古文 시간에 배웠던 조침문弔針文은 잃어버린 바늘을 슬퍼하는 내용이 아닌가?(주간경향, 1292호, 반려동물에 대한 애도를 허許 하라). 학교폭력(괴롭힘)으로 인한 상처는 상처의 크기만큼이나 애도 기간과 애도 역할役割이 필요하다. 이 것을 EFRG 모델의 각 수준에서 필요한 프로그램을 통해 제공하는 것이다.

다. 스트레스와 마음챙김

마음챙김이 선사하는 선물의 하나는 어떠한 스트레스 상황에 대해서도 우리가 대응할 수 있는 선택권이 있다는 것을 자각하게 해 준다는 것이다. 정신과 의사 Victor Frankle빅터 프랭클은 "자극과 반응 사이에는 공간이 있다. 그 공간에는 우리의 반응을 선택할 수 있는 우리의 힘이 있다. 우리의 반응에는 우리의 성장과 자유가 있다. 이 것을 가능하게 하는 것이 깨어있음, 자각awareness이다.

우리는 스트레스와 함께 살면서도 고통과 두려움을 줄이는 것이 가능하다. 스트레스의 원인을 언제나 통제하고 제거할 수는 없지만 그 것과 관계 맺는 방식에 변화를 줄 수 있기 때문이다(Bob Stahl·Elisha Goldstein밥 스탈·엘리샤 골든스타인, 2014). 우리 삶에서 스트레스는 언제나 극심하고 또한 잘 인식하지 못하는 사이에 널리 스며들기 때문에 그 실체를 정확하게 이해하고 스트레스와 관계하는 방식을 변화시킬 창의적이고 독창적인 방법을 찾아내야만 한다. 스트레스 해결은 간단한 문제가 아니다. 스트레스는 회피하거나 무감각해진다고 사라지지 않는다. 문제를 해결하는 유일한 방법은 문제에 직면하여 부딪혀

나가는 것이다. 문제나 스트레스에 대처하는 가장 중요한 점은 그 것을 어떻게 통제하고 받아 들이는가 하는 문제이다. 스트레스나 위협감이나 무력감을 느끼는 상황에서도 스스로 내부에서 일어나는 에너지를 효과적으로 사용함으로써 고요함, 명료함, 통찰력의 세계에 들어갈 수 있다(Jon Kabat-Zinn존 카밧진, 2017).

라. 마음 챙김이란 무엇인가?

마음챙김MBSR - Mindfullness-Based Stress Reduction은 동양의 불교에 바탕을 둔 명상법의 하나로 마음챙김 명상이라고 부르는 고도로 체계화된 수련법에 근본을 두고 있다. 마음챙김은 삶에 대한 새로운 유형의 주체성, 통제력 및 지혜를 개발하는 체계적 방법으로 주의집중 능력과 특정한 방식으로 주의를 집중하며 자연스럽게 생겨나는 알아차림, 통찰과 자비에 기초한다. MBSR이라는 자기계발, 자기발견, 학습 및 치유의 여정을 시작하는 사람은 자신의 건강을 스스로 통제할 수 있는 능력을 되찾고 내적평화를 얻기 위해 노력하게 된다(Jon Kabat-Zinn존 카밧진, 2017: 43).

2. 마음챙김 실행하기

가. 맥락을 바꾸라

동물원의 사자와 길 거리에서 마주치는 사자는 그 두려움이 다를 수 있다. 같은 사자이지만 어떤 맥락에서는 공포를 유발하지만 어떤 맥락에서는 그냥 호기심을 유발하는 존재가 된다. 맥락은 학습되는 것이다. 정서를 유발하는 자극도 대부분 학습되는 것이다. 생각과 몸을 하나로 통합해서 바라보면 맥락은 우리 건강에도 영향을 끼친다. 정신을 다른데로 돌리면 통증이 사라지기도 학고 정신이 통증을 의식하면 몸도 따라 반응한다. 수술을 받은 두 환자 집단을 관찰한 결과 창밖으로 아름답게 단풍이 든 나무들이 보이는 병실에 배정받은 환자들이 벽돌담만 보이는 환자보다 진통제도 덜 투여받고 퇴원도 빨라졌다고 보고했다. 맥락은 심지어 감각의 정확도에도 영향을 줄 수 있다. 맥락은 우리가 통제력을 행사할 수 있는 부분이라는 점이 중요하다. 맥락을 바꾸면 상황을 바꿀 수 있는 여지가 생긴다. 달리 손쓸 도리가 없어 보일 정도의 심각한 질병의 진행에서조차 환자 자신의 마음챙김으로 반응하느냐 혹은 마음놓침으로 반응하느냐에 따라 병세가 달라질 수 있다.

맥락을 바꾸어 중독에서 벗어나는 사례도 보고된다. 맥락을 바꾼 가장 유명한 예는 플라시보(위약) 효과이다. 가짜 약을 투여했는데도 환자가 회복되었다면 그 질병은 '심리적 문제'로 간주될 수 있다. 환자들이 찾아낸 대체요법 중 다수가 마음챙김의 강화를 치유의 핵심요소로 삼고 있다. 우리가 의식적으로 정신을 건강한 상태로 유도하는 법을 익히고 나면 몸도 당연히 따라갈 것이다. 마음챙김의 상태로 산다는 것은 투명한 집에 사는 것에 비유될 수 있다. 투명한 집에 살면 물건을 언제든지 찾아 사용할 수 있다. 이런 집에서는 거실에서도 지하실의 물건을 볼 수 있다. 즉 지금 당장 그 물건을 사용하지 않더라도 알고 있는 것이다. 우리는 늘 이렇게 준비된 정신상태를 지니고 있을 수 있다. 마음챙김을 항상 유지하면서 사는 것은 쉬운 일은 아니다. 걱정과 스트레스 때문이다. 하지만 몸에 밴 마음챙김은 일상 생활 속에서 자신의 선택의 폭을 넓혀주고 자유를 증가시킨다. 자신이 삶의 주인이 되게 한다(Ellen J. Langer엘렌 랭어, 2015).

나. 걷기 명상

필자는 2017년 10월 9일 한글날을 기해 맨사 모임에 가입하였다. 뒤늦은 나이에 가입한 맨사 모임은 '맨발사랑 모임'의 준말이다. 불국사에서 석굴암까지 왕복으로 맨발 등산을 하였다. 평소보다 1.5배의 시간이 걸렸지만 오히려 몸과 마음이 가벼워졌다. 사람들이 맨발로 걷고 산과 들을 다닐 때 아토피도 자폐증도 없어진다. 실제로 아프리카에는 자폐증도 아토피도 없다고 한다. 맨발 등산은 벗을 발을 통해 신체를 자극하여 건강을 회복하는 좋은 양생법이다. 집 가까이 오봉산을 아내와 가끔씩 맨발로 등산하곤 한다. 틈이 나면 학교 운동장이나 풀밭을 걷기도 한다. 물론 맨발 등산에도 주의할 점이 있다.

걷기 명상은 좀 더 간편하고 안전하다. 걸을 때 발을 들고, 나아가고, 내려

놓는 동장 하나하나의 움직임을 알아차리는 것이다. 하루 10여분 정도 방해 받지 않고 걸을 수 있는 조용한 장소를 선택하여 천천히 걸으며 온 몸의 감 각에 주의를 기울이며 걸어본다. 발꿈치에서 발가락에 이르는 발바닥이 땅 에 닿은 감각에 주의를 기울인다. 걸음을 걸으며 팔이 앞뒤로 움직이고 몸은 또 어떻게 움직이는지 살펴 본다. 걷는 도중 마음이 발이 아닌 다른 곳으로 달 아나면 얼른 이 것을 알아차리고 부드럽게 다시 발의 움직임으로 마음을 가져 온다.

주변의 빛이나 냄새, 맛, 소리, 감각들에 귀를 기울인다. 자신에게 떠오른 작은 생각과 감정도 알아차린다. 한 발 한 발 무게 중심을 옮기며 천천히 걸으 며 매 순간 발걸음을 자각하면서 알아차리며 걷는다. 마음챙김의 흐름이 끊기 않도록 마음챙김을 지니고 걷는다(Bob Stahl·Elisha Goldstein밥 스탈·엘리샤 골든 스타인, 2014). 등산과는 또 다른 건강법이다. 걷기만 잘해도 몸과 마음의 건강 을 함께 얻을 수 있다.

다. 호흡 명상

공동묘지가 가서 죽은 사람들의 원인을 물으면 다양할 것 같지만 한 가지 공 통점이 있다. 숨이 끊어져서 죽은 것이다. 호흡은 생명이다. 호흡은 생명의 시 작이자 마지막이며 모든 순간을 관통한다. 잠시라도 멈출 수 없는 호흡을 알 아차리는 것은 자신을 알아차리는 것이다. 호흡은 명상수련과 치유력에 매우 중요한 역할을 한다. 호흡은 일상생활에 대한 의식을 높이는 데도 매우 편리 하다.

호흡명상은 먼저 호흡에 집중하면서 무슨 일이 일어나는지 관찰하는 것이 다. 호흡이 이루어지는 것을 의식하면서 호흡의 흐름에 집중한다. 신체의 어 떤 부위를 관찰하던 호흡이 일어날 때마다 특정부위에서 동반하여 일어나는 모든 감각에 의식을 두는 것이다. 복부에 호흡을 집중하면 마음이 편안해진 다. 바다에서 수면 아래가 고요한 것처럼 복부로 숨을 쉬면 마음이 고요하게 가라 앉는다.

자신의 호흡에 규칙적으로 주의를 기울이며 호흡과 자신과의 관계가 크게 달라진다. 호흡에 마음챙김을 하면 저절로 심신이 편안해진다. 그러면 보다 안정되고 맑은 눈으로 자신의 생각과 느낌을 통찰할 수 있다. 이렇게 자신의 의식이 각성되면 스트레스 상황에서 반사적으로 압도되거나 균형이 깨어져 마음의 평정과 자신감을 상실하지는 않는다. 보다 효과적이고 적절한 반응으로 성숙하게 삶의 문제에 대처하게 된다. 이러한 호흡은 호흡에 집중하고 주의를 기울이는 간단한 훈련으로부터 시작할 수 있다. 나아가 호흡명상이 깊어지면 깊은 내적 평온과 집중된 알아차림에 머무는 능력도 키울 수 있다. 호흡은 단지 의식을 구현하고 구현된 의식으로 행동하는 능력을 기르는데 쓸모 있는 주의의 대상일 뿐이다(Jon Kabat-Zinn존 카밧진, 2017). 하루에 10분씩이라도 꾸준하게 바른 자세로 편안하게 등을 바로 앉은 자세로 호흡을 통해 알아차림 훈련을 하면 몸과 마음이 함께 평안을 찾고 성장한다.

3. 자기성장

"어떤 경험도 그 자체로 성공의 원인이 되거나 실패의 원인이 되지 않는다. 고통스러운 경험이 사람을 힘들게 하는 것이 아니라 힘들어 하는 사람이 자신의 경험에서 쓸만한 고통의 기억을 재구성하는 것이다. 현재 상황이 즐겁고 잘되고 있다면 기억하지 않았을 수도 있다. 이처럼 자신의 경험에 의미를 부여하는 것은 자기 자신이다. 의미는 상황이 결정하는 것이 아니라, 상황에 이름을 붙이는 내가 결정하는 것이다(Alfred Adler아들러, 2014: 89). 아들러는 "트라우마는 없다"라고 단정적으로 말한다.

학교폭력(괴롭힘)의 경험을 성장의 경험으로 전환시키는 것은 쉽지 않다. 하지만 불가능한 일도 더욱 아니다. 공감共感, empathy을 통해 당사자들이 겪은 상황과 마음을 이해하고 수용하며, 용서容恕, forgiveness를 통해 화해하고, 신체적·사회적·심리적 회복回復, recovery을 거치면 마침내 성장成長, growth의 문으로 들어 선다. 이 때의 성장은 그 일이 없었을 때보다 더 개인과 가정, 학급과 사회를 함께 성장시킨다.

벗겨지지 않는 도금

義村 李東甲

나는 본래 순금 반지 였어요
순도 99.99%의
어느 날 우연히
진흙 탕에 떨어져 오물이 묻은 채로 살아 왔지만

당시 상황에는 어쩔 수가 없었어요

나는 본래 녹슨 구리 반지 였어요
때 빼고 광을 내어
도금을 한 것인데
우연히 한 내 배려와 친절 때문에
사람들이 금반지로 오해 했을 뿐

본래 구리 반지 였음을
도금이 된 채
살아 왔던 지난 세월들을
고백 하는 제게

『벗겨지지 않는 도금은 진품이다』
라고 말 하시네요.

지은이 이동갑

- 학력: 한국교원대학교 교육정책전문대학원 졸업, 교육학박사. Ph. D.
- 현 충북교육청 마음건강증진센터 센터장(장학관)
- 전 청주교육지원청 학생특수교육지원센터 센터장(장학관)
- 한국상담학회 윤리위원, 기획위원, 학교상담분과 초등상담위원장 역임, 대전·충남상담학회 이사·사례발표위원장 등(역임), 슈퍼 바이저
- 새로운학교네트워크 충북 부대표, 포럼위원장, 충북교육발전소 정책위원장 등
- MBTI 중앙강사(전), 한국형 에니어그램전문강사, 국제에니어그램 강사(1급)
- 주요 저서(공동) : 학교폭력 상담2, 3, 자녀와 쿨 하게 상담하기(학지사), 열여섯 빛깔 아이들(어세스타) 등 다수
- 단독 : 생활지도와 교사성장(참교육원격연수원, 지식공학)
- 문의사항 : efrg2018@naver.com(이동갑)
- https://blog.naver.com/efrg2018(블로그)

학교에 사람이 있어요
작전명 E-F-R-G

초판 1쇄 발행 2018년 11월 20일
지은이 이동갑
펴낸이 송정현
기획 최종삼
디자인 서주성
펴낸곳 (주)애니클래스

주소 서울 금천구 가산디지털1로 19 대륭테크노타운 18차 1803호
등록 2015년 8월 31일 제2015-000072호
문의 070-4421-1070

값 18,000원
ISBN 979-11-89423-06-3

이 책은 "학교폭력은 공중보건의 문제다"라고 외친다. 학교폭력이라는 괴물이 학교를 삼키고 우리 사회를 질식시키기 전에 "학교에 사람이 살고 있다"고 외치는 소리에 귀를 기울여야 할 것이다. 이 책의 미덕은 정혜신 박사가 말하는 집밥과 같고, CPR(심폐소생술)처럼 학교폭력의 CPR(심폐소생술)이다. 누구나 쉽게 사용할 수 있도록 자세한 설명서와 실습지를 곁들여 차린 유기농 시골밥상과 같다. 모든 담임교사와 학부모, 학교폭력 담당 교사 뿐만 아니라 교육과 인간의 성장에 관심이 있는 사람이라면 꼭 곁에 두고 보아야 할 책이다.

충청북도 교육감 김병우

이 책에서 제안한 'EFRG: 학교폭력에 대한 새로운 패러다임'은 한 줄기 빛과 같은 희망을 던져준다. 학교폭력의 발생을 막는 것을 넘어 (초점을 두기보다) 학교폭력이라는 경험을 생산적이고 교육적으로 전환하여 성장의 기회로 활용하려는 발상의 전환은 학교폭력을 바라보는 새로운 패러다임이 되기에 충분하다. 이 새로운 패러다임은 학교폭력을 해결하는 일과 학교교육을 학교교육답게 회복하는 일 모두를 가능케 한다는 점에서 주목할 만하다.

청주교육대학교 교수 박성희

이 책은 한편의 인문학, 철학, 심리학 서적을 보는 느낌을 주는데, 다양한 저서와 자료를 인용하여 학교폭력의 본질에 대해 접근한다. 이 책은 딱딱한 이론에 머무르지 않는다. 다양한 자료와 경험을 근거로 현실의 제반 문제를 날카롭게 지적한다. 성격 유형에 근거하여 맞춤형 접근을 시도하고 있다. 저자는 실행을 통해 얻은 경험과 자료를 바탕으로 해법을 제시한다. 이 책이 공허하지 않게 느껴지는 이유이다. 학급담임을 맡고 있거나 생활지도를 맡고 있는 교사나 학폭을 우려하는 학부모가 읽으면 유용할 것이다. 이 책의 의도대로 공감-용서-회복-성장이 교실에 가득 하여 향기처럼 퍼져가는 그 날을 간절히 바란다

한국교원대 교육정책전문대학원 교수, 교육정책디자인연구소장 김성천

값 18,000원

03330

9 791189 423063

ISBN 979-11-89423-06-3

학교에
사람이 있어요

작전명
E-F-R-G

이동갑 지음

워크북

△ᑎᒪ CLASS

학교에 사람이 있어요

차마, 못하고

義村 李東甲

"난 선생님이 세상에서 제일 좋아요!" 덥석 안기는 아이에게,
"나도 세상에서 네가 제일 좋아"
차마 못하고, "나도 네가 너무 좋아"한다.

"선생님이 우리 아빠였으면 좋겠다!" 맑은 눈망울의 아이에게,
"나도 네가 내 아들이었으면 좋겠다"
차마, 못하고, "내가 널 좋아 하는 것 알지"한다.

"선생님 집에 놀러 가면 안되요!" 안달 난 아이에게,
"그래, 언제든지 놀러 와!"
차마, 못하고, "나중에----, 방학 때----"라고 한다.

"선생님, 사랑해요!!" 아이들은 가슴으로 말하고,
"나도 너희를 사랑해!" 나는 입술로 말한다.

언제부터였을까? 세상에서 가장 사랑해야 대상이
다른 무엇에 뒷전으로 밀려 버린 순간이,

이러고도 내가 아직 교사라니,
길을 가다가 "선생님"하는 호칭에 가슴이 철렁 내려 앉았다.
"선생님"이라는 호칭에 담긴
그 큰 사랑을 차마 못 사는 나는 슬프다!

하지만 그날은 곧 오겠지! 차마 못하지 못하여
마침내 자유롭게 부를 수 있는 날을 기다린다.

워크북 사용안내

학교폭력(괴롭힘) 대책의 새로운 패러다임인 EFRG(공감-용서-회복-성장) 모델의 성공적 실행을 위한 워크북의 사용법을 안내합니다. 워크북은 『공감과 성장을 통한 청소년인성교육 프로그램: EFRG 모델』의 실습지 모음입니다. 학교폭력 대책 EFRG 모델의 이론적 기반에 해당되는 책 『학교에 사람이 있어요』는 학교폭력이라는 경험을 생산적이고 교육적으로 전환하여 성장의 기회로 활용 할 수 있는지에 대한 고민입니다. 워크북은 공감-용서-회복-성장의 각 수준별 학교폭력의 양상을 차시별·회기별로 나누어 안내합니다. 기본적인 틀은

1) 과정이해: 해당 회기에 대해 설명합니다.
2) 일정표: 해당 회기가 위치한 수준과 상담 대상 및 차시에 활용될 활동 내역을 소개합니다.
3) 프로그램 구성: 해당 회기가 위치한 하위영역, 활동목표를 제안하고 준비물과 소요시간을 제시하였습니다.
4) 참고자료 : 해당 회기에서 익혀야 할 개념과 활동지 사용에 대한 보충설명입니다.
5) 읽기자료: 공감-용서-회복-성장의 각 수준별로 이론적 배경과 주요 저서들을 발췌 요약(편집)하여 읽기 자료로 제시하였습니다.

모든 회기의 전개는 '시작하기-활동하기-정리하기'의 단계로 진행됩니

다. 각 단계별로 소요되는 시간과 활동에 따른 활동지의 번호를 제시하였습니다. 프로그램 구성에 관한 보다 세부적인 시간 계획은 중요한 지점만 제시하였습니다. 너무 자세한 설명은 창의성과 상황에 따른 융통성의 발휘를 제한할 수 있습니다. 교육대상의 인원과 상황이 다르기에 전체적인 흐름만 제안하는 것으로 하였습니다.

이어서 활동지가 제시됩니다. 활동지는 교육대상자들의 숫자에 맞게 복사하여 사용합니다. 활동지의 활동은 매 시간 2개 내외를 제안하였습니다. 상황에 맞게 1개라도 제대로 활용하여 보다 깊이 있는 상담을 할 수도 있습니다. 평균적으로 2개 정도를 작업합니다. 가장 핵심적이고 필수적인 활동을 앞 순서에 배치하였습니다. 그러나 지도자가 회기를 진행하면서 필요하다고 생각하는 활동을 선정할 수 있습니다. 활동 자체 못지않게 작업 과정을 통해 자신을 찾아가고 성장하도록 안내하는 것이 중요합니다. 시간이 부족하면 수행하지 못한 활동은 과제로 제시할 수도 있습니다. 활동은 초등학교 고학년을 기준으로 설정하고 소개합니다.

공감-용서-회복-성장 각 수준의 척도(온도)계 역시 시작할 때는 가벼운 인사 정도를 교환하고 마칠 무렵 척도(온도) 변화를 측정할 수 있습니다. 지도자는 시간 조절을 위해 맨 앞에 배치된 실습지를 중심으로 우선 순위를 정해 진행할 수 있습니다. 자료는 급별로 편집하여 활용할 수 있습니다. 즉, 초등학교 저학년과 고학년, 중학생과 고등학생의 실정에 맞게 쉬운 용어를 사용하거나 편집하여 사용할 수 있습니다. 이를 위해 별도의 활동지 모음집을 한글 파일로 제공합니다. 수정 사용시에도 반드시 저작권을 명시하여 주시기 바랍니다.

실습지 목차 안내

※ 일정은 사정에 의해 조정이 가능함

구분	수준	대상	시간	번호	내용	비고
1 일 차 (4H) 오전		피·가해 학생/ 학부모 (사전)	1차시 (PE-1)	공감1	오리엔테이션	20
				공감2	참석 동의서 양식(학생·학부모용)	21
			2차시 (PE-2)	공감3	에니어그램 검사 소개	22
				공감4	에니어그램 검사 유형별 해석	23
				공감5	나의 성격유형은?	25
1 일 차 (3H) 오후		학급 전체 + 담임 교사	1차시 (E-1)	공감1-1	오리엔테이션(학생용)	33
				공감1-2	공감척도(온도) 측정하기	34
				공감1-3	참석 동의서 양식(학생·학부모용)	35
			2차시 (E-2)	공감2-1	에니어그램 검사 소개	36
				공감2-2	에니어그램 검사 유형별 해석	37
			3차시 (E-3)	공감3-1	나의 성격유형은?	39
	공감 수준 (9H) Empathy			공감3-2	이럴 때 어떻게 하나요?	40
				공감3-3	공감척도(온도)변화 측정하기	41
2 일 차 (6H)		피해 학생	4차시 (E-4)	공감4-1	공감척도(온도) 측정하기	50
				공감4-2	나는 이렇게 아팠어요	51
			5차시 (E-5)	공감5-1	상대방 마음 짐작하기	52
				공감5-2	피해감정 이름 붙이고 위로하기	53
			6차시 (E-6)	공감6-1	나의 성격유형과 이번 경험과의 관계 이해하기	54
				공감6-2	공감척도(온도)변화 측정하기	55
		가해 학생	7차시 (E-7)	공감7-1	공감척도(온도) 측정하기	64
				공감7-2	내 행동과 감정 꺼내보기	65
			8차시 (E-8)	공감8-1	상대방 마음 짐작하기	66
				공감8-2	감정 이름 붙이고 뉘우치기	67
			9차시 (E-9)	공감9-1	이번 경험과 나의 성격유형 이해	68
				공감9-2	공감척도(온도)변화 측정하기	69
3 일 차 (6H)	용서수준 (6H) Forgiveness	가해 (관련) 학생	10차시 (F-1)	용서1-1	용서척도(온도) 측정하기	76
				용서1-2	사과 징검다리	77
			11차시 (F-2)	용서2-1	상대방에게 편지쓰기	78
				용서2-2	자신에게 편지쓰기	79
			12차시 (F-3)	용서3-1	자기를 용서하기	80
				용서3-2	용서척도(온도)변화 측정하기	81

		피해 학생	13차시 (F-4)	용서4-1	용서척도(온도) 측정하기	89
				용서4-2	용서 징검다리	90
				용서4-3	자기 자신에게 편지쓰기	91
			14차시 (F-5)	용서5-1	상대방 학생에게 편지쓰기	92
				용서5-2	상대방 학생이 쓴 편지 읽고 답하기	93
			15차시 (F-6)	용서6-1	용서 베풀기 편지 쓰기	94
				용서6-2	용서척도(온도)변화 측정하기	95
4 일 차 (6H)	회복수준 Recovery	피해 학생 (2H)	16차시 (R-1)	회복1-1	회복척도(온도) 측정하기	102
				회복1-2	회복목록 만들기	103
			17차시 (R-2)	회복2-1	회복도움활동 목록 만들기	104
				회복2-2	회복장애물 목록 만들기	105
		가해학생 (2H)	18차시 (R-3)	회복3-1	회복척도(온도) 측정하기	111
				회복3-2	회복목록 만들기	112
			19차시 (R-4)	회복4-1	회복도움활동 목록 만들기	113
				회복4-2	회복장애물 목록 만들기	114
		함께 (2H)	20차시 (R-5)	회복5-1	같은 곳을 향하여 회복하기(공통작업)	121
				회복5-2	회복실천목록 만들기(공통)	122
			21차시 (R-6)	회복6-1	용서 구하기와 용서 베풀기(공통)	123
				회복6-2	회복척도(온도)변화 측정하기	124
5 일 차 (6H)	성장수준 (9H) Goowth	피·가해 학생	22차시 (G-1)	성장1-1	성장척도(온도) 측정하기	130
				성장1-2	예전의 나 & 지금의 나	131
			23차시	성장2-1	EFRG 프로그램을 통한 나의 성장	132
			24.5차시 (G-2.5)	성장2-2	성장척도(온도)변화 측정하기	133
			24.5차시 (G-2.5)	성장3-1	성장척도(온도) 측정하기	140
				성장3-2	예전의 나 & 지금의 나	141
			25차시 (G-4)	성장4-1	EFRG 프로그램을 통한 성장	142
			26차시 (G-5)	성장5-1	성장척도(온도)변화 측정하기	143
			별도자료	교사용	내 안의 보물(날개) 활용하기(참고용-교사연수)	144
					나의 성장(화살) 방향 이해하기(참고용-교사연수)	145
		담임	27차시 (G-6)	성장6-1	EFRG 프로그램을 통해 배운 점	152
				성장6-2	학급공동체로 돌아가서 할 일	153
6 일 차 (3H)		학급 전체 + 담임 교사	28차시 (G-7)	성장7-1	성장척도(온도) 측정하기	160
				성장7-2	이번 경험 과정 돌아보기	161
			29차시 (G-8)	성장8-1	역할극 : 방관자를 방어자로	162
			30차시 (G-9)	성장9-1	우리가 바라는 학급은	163
				성장9-2	학급 헌장 만들기(공동작업)	164
				성장9-3	성장척도(온도)변화 측정하기	165

준비과정

본 프로그램의 성공 여부는 전문가와 학교간의 사전 교감의 폭과 깊이에 달려 있다. 즉, 본 프로그램의 필요성과 효과, 전개과정 및 장애요인에 대해 사전에 점검되고 준비되어야 한다. 학교의 책임자인 교장·교감선생님의 이해는 매우 중요하다. 이 분들의 결심이 프로그램이 필요한 학급의 담임을 선정하고 설득하고 적극적인 태도로 임하도록 견인(인도)하기 때문이다.

학교에서 개별 담임교사가 EFRG 프로그램에 관심과 필요성을 주장한다고 가정한다. 그(녀)는 자신의 학급에 적용하고자 하는 건의는 할 수 있지만 실행은 불가능하다. 관리자(교장·교감)가 동의하지 않으면 학교에서는 그 어떤 프로그램도 수업의 일부로는 사용할 수 있지만 교육과정을 대신하여 투입되는 것이 거의 불가능하다. 물론 편법으로 가공하여 사용할 수는 있다.

학교의 관리자 뿐만 아니라 해당 학급 담임의 동의가 중요하다. 관리자에 의해 지명당하거나 억지로 하게 되면 EFRG 프로그램 대상자의 추천에서부터 관련학생(당사자) 부모의 교육 참여와 학급 프로그램의 운영에 소극적으로 참여하게 된다. 무엇보다 학급으로 복귀하기 직전 담임교사와의 시간(성장)에서 당사자들의 변화를 학급에 연착륙하도록 질적 변화로 안내할 수 없다. 보다 적극적이고 긍정적인 담임교사의 참여가 프로그램 성공을 위한 주요 변수가 된다.

사람이라는 변수가 가장 큰 영향을 끼치지만 교실 환경과 상담실 등의 물리적 환경을 준비하고 점검하는 것도 매우 중요하다. 즉, 피·가해 학생의 부모가 마주치지 않도록 동선을 설계하는 일과 피·가해 학생이 프로그램 전개 과정에서 대기하고 복귀하는 실행 공간이 안정적이고 편안해야 한다.

프로그램 수행을 위한 준비물(실습지와 필기도구, 칼라펜 등)의 사전 점검도 중요하다. 무엇보다 가장 중요한 준비는 사전 동의를 구하는 절차이다. 아동과 학부모가 스스로의 결정으로 참석하는 것을 동의하고 서면으로 동의서를 받아야 한다. 물론 교육에 참석하는 이는 스스로의 의사로 참석을 철회할 수 있는 권리가 있다. 이 경우 대체 프로그램 혹은 책무성을 이행하지 못하는 것에 대한 대안적 과정이 제안되어야 할 것이다(다른 프로그램 이수 등). 초기 신뢰 관계 형성 과정에서 동의를 확보하면 프로그램에 대한 참여 동기가 형성되어 긍정적 태도가 확보되어 적극적으로 참석할 것이다.

본 프로그램에서 지도자는 일반적으로 정·부(주강사와 보조강사), co-leader(공동지도자) 형태로 참석하여 프로그램을 이끈다. 지도자 중 주강사가 프로그램을 이끄는 동안 보조강사는 필요한 학습준비물을 공급하고 정리하는 등 학습 여건을 확보한다. 즉, 시간과 공간을 통제하는 것을 돕는다. 수업이 끝나면 두 지도자는 피드백 과정에서 간단한 평가회와 함께 개선점을 찾고 중요한 장면 혹은 인물에 대한 정보를 교환한다.

학교는 비교적 경직되고 폐쇄적이며 불친절한 공간이다. 건물의 모양부터가 그러한다. 학교를 들어가는 순간부터 배움터 지킴이에게 방문목적을 설명하고 신원을 기록한 다음 방문증을 발급받아 패용해야 한다. 이 시점부터 매순간 낯설고 불친절한 장면을 맞이 할 수도 있다는 것에 대해 마음의 준비를 하여야 한다.

강사는 수업 시작 한 시간 전에 도착한다는 생각으로 출발하여야 한다. 적어도 30분 전에 도착하여 당일 교육에 필요한 준비물들을 강사들이 서로 교차 점검하여야 한다. 10분 전에는 담당교사와 함께 교감, 교장 선생님께 대한 인사를 마치고 상담실 혹은 교실에 입실할 준비가 되어야 한다.

교실은 담임교사에게는 안방과도 같은 지극히 사적인 공간이다. 외부인에게 자신의 컴퓨터와 비밀번호, 아이들을 맡기는 것에 강심장을 가진 담임은 존재하지 않는다고 보아야 한다. 담임교사의 이 당황스럽고 난처한 사정을 헤아려 교실의 뒷 정리는 사용 전과 동일하게 되어야 한다. 간단한 고마움의 메모도 효과적이다. 만약의 사태를 대비하여 컴퓨터 화면보호기의 비밀번호를 메모하는 것을 잊지 말아야 한다. 무엇보다 아이들을 만날 때 머리부터 발끝까지 교육적이고 호감을 주되 부담스럽지 않는 복장을 하여야 한다는 형용 모순의 단계를 통과하여야 교실 문을 넘을 수 있다. 학생들을 교육하는 복장과 교사 혹은 학부모를 연수하는 복장은 달라야 한다. 화장과 눈빛, 손짓 하나까지 모두 평가의 대상이 된다. 너무 눈치를 보느라 교육준비에 부담이 되어서도 안 되지만 너무 자유로운 복장 혹은 부적절한 복장은 뒷말을 남기게 된다.

무엇보다 가장 중요한 준비는 마음의 준비 즉, 진정성이다. 아이들에 대한 사랑으로 갑옷을 입어야 한다. 평가하고 판단하려 하지 말고 비평하고 가르치려 하지 말고 오직 교육적으로 전문성으로 울림을 주고자 하는 겸손한 마음이 바탕이 되어야 한다. 특히 학교폭력의 피·가해자들은 모두 깊은 마음의 상처와 혼란스러움 속에 상처를 입고 있는 상태이다. 자극하지 말고 피·가해라는 말과 생각을 가능하면 완전히 털어 버려야 한다.

〈친구간의 다툼〉이 지도자가 마주한 과제의 핵심이다. 교육가능하고 상담가능한 〈친구들과의 갈등〉에 전문가가 개입한 것이다. 전문가는 피·가해자를 낙인하지도 구분 짓지도 판단하지도 않고 오로지 도움을 끼치려고 진정성 있게 안내하는 사람이다. 이들은 이미 길을 찾을 능력이 그들 안에 있다. 우리는 그것을 확인하기 위해 입구까지 이끌어 줄 뿐이다.

"말을 물가까지 끌고 갈 수는 있어도 물을 먹일 수는 없다"고들 한다. 우리가 하는 일은 "말이 목마르다는 것을 깨닫게 하는 것이다" 그러면 물가로 가서 물을 먹을 것이다. 지도자는 한 발 물러서서 이를 응원하는 역할을 할 뿐이다.

지도자의 준비의 핵심은 겸손한 마음과 성실한 태도이다. 전문적인 역량과 진정성 위에서 EFRG 프로그램이 함께 할 것이다. 친절한 태도와 단호한 결정으로 프로그램을 이끌어 가되 내담자의 몸과 마음의 건강을 우선해야 한다. 극적인 변화와 감동을 추구하기 보다는 일상 속에서 실천할 수 있는 작은 한 걸음에 집중한다.

1. 담임교사 면담

자신의 학급에서 일어난 학교괴롭힘 상황을 외부전문가에게 도움을 요청할 담임과 사전에 면담을 통해 공감대를 형성함. 해당 학생들에 대한 정보를 수집하되 선입견을 갖지 않고 상담을 위한 참고 자료로만 사용함. 프로그램 진행 중에도 주요한 사항을 공유하되 개인정보 보호 및 내담자 권리 보호에 유의함. 전반적인 프로그램의 진행 과정에 대해 사전에 설명함. 프로그램 종류 후 관련 보고서를 정리하여 학급 운영에 도움이 될 수 있도록 피드백 제공함. 첫 3시간과 27차시 관련학생들이 EFRG 프로그램을 마치고 교실로 복귀하기 전 담임교사와 본 프로그램을 통해 배우고 경험한 것 나누기, 학급에 돌아가서 하고 싶은 일에 대한 대화가 매우 중요함. 마지막 3시간은 담임이 참관함. 성격유형 역할극(방관자를 방어자로 바꾸기)과 학급헌장 만들기에 참석함. 성격유형 역할극에서 희망할 경우 특정한 역할을 감당하거나 학급헌장 만들기에도 의견을 낼 수 있지만 주도하는 것은 바람직하지 않음.

2. 학교폭력 담당교사 혹은 생활지도부장, 전문상담교사

해당 학급 선정과 프로그램 진행 전반에 걸쳐 행정적인 지원 및 학교와의 긴급한 연락을 가능하게 하는 채널 확보 필요. 이 역할은 학교폭력 담당교사 혹은 생활부장, 전문상담(교)사가 담당할 수 있음. 프로그램 운영 흐름에 대해 논의하고 필요한 지원을 요청함. 상담실 공간 확보와 각종 준비물 비치 등 운영 협의함.

3. 교감·교장 선생님

학교폭력의 가장 중요한 열쇠를 쥐고 있으며 실질적으로 프로그램 운영 결정권을 가지고 있음. 본 프로그램이 학생들과 학교 측에 도움이 될 수 있는 구체적인 자료를 제시함. 담당교사가 풀 수 없는 어려움을 해결하는 도움을 요청할 수 있음. 교사 연수 개최 약속 및 적극적 참여를 유도하여야 함. 전반적인 프로그램의 진행 과정에 대해 사전에 설명함. 교사 연수와 학부모 연수에 대해 설명하고 개최를 약속받음. 교장·교감의 적극적 참여가 긍정적인 도움을 줄 수 있음.

4. 교사·학부모 연수

EFRG 모델의 성공적 운영을 위해서 교장·교감 선생님을 포함한 교사 연수와 학부모 연수도 필수적임. 작은 학교에서는 교사와 학부모 연수를 동시에 하여도 좋겠지만 따로 하는 것을 권함. 연수 내용을 에니어그램 집단 워크숍으로 EFRG 프로그램에 대한 소개와 안내를 함. 프로그램의 결과를 자녀교육 및 학생지도에 활용할 수 있음.

사전 협의 단계에서 외부 인사의 학교방문에 대한 거부감과 보안, 비밀유지 및 학교 측에 교육활동에 지장을 주지 않겠다는 신뢰가 확보되어야 함. 학교 역시 같은 공간에서 일어나고 있는 EFRG 프로그램에 대해 우호적으로 대응하고 도움을 줄 수 있도록 협조하려는 노력이 필요함. 사전 협의시 지도자는 부록1의 EFRG 모델과 부록 2의 EFRG 프로그램 일정표를 담임교사를 비롯한 학교 측에 전달하고 설명한다. 아울러 실제 상담 장면에서 사전 만남 시간에 관련학생과 학부모께 상담의 진행과정에 대한 프로그램 안내를 하면서 부록2를 전달하고 설명한다.

공감수준 1일차 1~2교시(3~4교시)

1. 과정 이해

이 과정은 EFRG(공감-용서-회복-성장) 본 과정이 시작되기 전의 예비 과정 4시간이다. 피해학생과 그 부모와 함께 2시간, 다음은 가해학생과 부모를 대상으로 2시간이 소요된다. 첫째 날 오전에 프로그램을 실시한다. 이 과정은 본 프로그램에는 포함되지 않는 준비과정이다. 사전 과정인 이 과정이 끝나면 해당 학급을 대상으로 담임교사와 함께 하는 오리엔테이션 및 워크숍 3시간이 이루어진다. 그 때부터가 EFRG(공감-용서-회복-성장) 과정의 시작이 된다.

즉, 30시간의 EFRG 본 프로그램을 성공적으로 실시하기 위해서는 피·가해 학생과 그 학부모를 만나서 마음의 응어리를 풀어내고 프로그램에 참석하도록 공감대Rapport를 형성하는 과정이 필요하다. 이를 위해 무엇보다 먼저 해야 할 일은 학교폭력의 피해가 가져다 준 고통에 대해 진심으로 공감하며 아파하는 것이다. 피·가해학생과 그 부모가 외부전문가인 지도자에 대해 신뢰관계를 형성하는 것이 본 프로그램의 성공적 실행을 위한 전제 조건과도 같다. 피·가해학생의 부모를 동선을 분리하여 각각 2시간 실시한다.

프로그램은 먼저 오리엔테이션과 참가 동의서를 받는 것으로부터 시작한다. 참여자의 자발적인 참석 동의를 다시한번 확인하고 30시간의 프로그램 구성과 일정 등에 대해 안내한다. 교육대상자가 자신이 수행하는 교육의 청사진 road map을 안내 받는 것은 프로그램의 신뢰도를 높이고 마음을 열게 하여 방향을 설정하는데 매우 중요한 요소이다.

이 과정에서는 공감수준의 입구로 본 프로그램의 이론적·심리적 기반인 에니어그램 성격유형에 대해 안내한다. 즉, 에니어그램 성격유형에 따른 발달 단계(건강, 평균, 불건강)를 이해하고 이와 관련한 학교폭력이라는 경험이 상처를 넘어 성장으로 에너지를 전환시킬 수 있음을 소개한다. 본 프로그램에서는 모든 학교폭력은 다 다르며 개별적이라고 인식한다. 즉, 학교폭력의 가해 방식이 다르고 피해학생의 인식과 대처도 다르다. 특히 학부모와 교사의 학교 폭력에 대한 인식과 대처가 다름으로 인해 때로는 갈등이 깊어지고 상처는 되돌릴 수 없는 트라우마가 되어 남은 삶에 부정적 영향을 끼치게 되는 경우도 있다.

본 프로그램은 학교폭력이라기보다는 학교 괴롭힘(다툼)에 가까운 사안들을 다루는 것이 원칙이다. 다시 하면 학교폭력대책자치위원회에 회부하기에는 조금 가볍고, 학교장이 종결처리하기에는 조금 무거운 즉, 학교폭력예방법상 피·가해자를 위한 전문가의 개입이 필요한 사안을 주된 대상으로 삼는다(하지만 학교폭력의 예방 목적 혹은 조치의 하나로 특정 수준을 편집하여 투여할 수도 있다).

본 프로그램은 모두 30시간(준비수준 4시간 포함하면 34시간)시간으로 첫째 날과 마지막 날, 학급공동체가 함께 각 3시간씩 공동작업을 하게 된다. 이유는 학교폭력은 학급에서 일어나고 학급의 문화를 바꾸는 것이 중요하기 때문이다. 둘째 날부터는 공감-용서-회복-성장 각각 6시간씩 전문가와 함께 피·가해학생들이 경험한 여러 문제들을 교육적이고 성장지향적으로 풀어나가게 된다.

실상 학교폭력을 마주하는 당사자와 그 가족들의 삶은 말로 표현할 수 없을 만큼 혼란스럽고 상처는 깊을 수 있다. 성급한 위로와 충고 혹은 설교로 마음을 달래려는 시도는 도움이 되지 않는다. 그들은 "왜 나(우리 가정)에게 학교폭력이 일어났으며, 그 때 나는 왜 그런 방식으로 대응할 수밖에 없었는지" 후회한다. 이를 성급하게 되새겨 보는 것이 문제해결에 도움이 될 것인가? 에 대한 반론도 있다. 그러나 일어난 일을 있는 그대로 인정하고 상황을 정확하게 파악하여 정면으로 마주하는 것은 빠를수록 좋다. 다만 최소한의 신체적·

심리적·사회적 안정이 확보된 다음이어야 한다. 나에게 일어나 학교폭력[1]을 인정하지 않고 도피하거나 증오하면 할수록 점점 더 늪 속으로 빠져든다. 모든 감정에는 목적이 있다. 모든 일어난 일에도 의미가 있다. 우리 자신을 결정하는 것은 우리 스스로이다. 우리는 언제든 다른 삶을 살고자 선택할 수 있다 (Viktor Emil Frankl 빅터 프랭클). Alfred Adler 아들러는 우리가 마음에 상처를 입고 그 상처로 인해 고민과 고통을 겪게 되는 것이 아니라고 보았다. "트라우마는 없다"라고 잘라 말했다. 인생의 의미는 주어진 것이 아니라 스스로 결정하는 것이다. 우리가 겪는 어떤 경험도 그 자체만으로 성공이나 실패의 원인이 될 수 없다. 우리는 우리가 겪은 어떤 경험에 의해 결정되는 것이 아니라 그 경험에 어떤 의미를 부여함으로써 우리 자신을 결정하게 된다(Ichiro Kishimi 기시미 이치로, 2015).

2. 일정표

구분	수준	대상	시간	번호	내용	비고
1일차 (2H) 오전	공감 수준 Empathy	피·가해 학생/ 학부모 (사전)	1차시(PE-1)	공감1	오리엔테이션	· 개별상담 -피해(부모) : 2H -가해(부모) :2H(오전)/
				공감2	참석 동의서 양식(학생·학부모용)	
			2차시(PE-2)	공감3	에니어그램 소개	
				공감4	에니어그램 검사 유형별 해석	
				공감5	나의 성격유형은?	

---

1 학교폭력이 아니라 학교 괴롭힘(bullying)이 실제적으로 더 가까운 개념이지만 관련법과 관용적인 용어 사용에 따른 혼란을 예방하기 위해 학교폭력(괴롭힘)이라는 용어를 병행하여 사용한다.

3. 프로그램 구성

준비회기	공감 수준[준비과정 1~2H]: 피·가해학생(부모) 만나기			
하위영역	프로그램 소개와 신뢰 관계(Rapport) 형성			
활동목표	프로그램의 의미와 목적을 알고 피·가해 학생 및 부모와 신뢰관계를 형성한다.			
준비물	활동지, 참고자료, 필기구, 검사지(프로파일)	시간	2차시 (4차시)	
단계	활동내용	시간	준비물	
시작하기	1. 첫 만남(적절한 시간과 공간 확보), 인사	5		
	2. 프로그램 소개(오리엔테이션) (활동지 공감1) – 프로그램의 목적, 참여 시 유의사항 안내하기 – 동의서 받기(학생·학부모용)(활동지 공감 2)	10	공감 1, 공감 2	
활동하기	2. 에니어그램 검사 실시 (활동지 공감3) – 에니어그램 검사에 대해 소개하기 : PPT 자료 – 에니어그램 검사 실시(에니어그램 검사지, 답안지)	35	공감 3,4, 에니어그 램 검사지, 답안지	
	소계	50분		
	3. 에니어그램 검사 해석(활동지 공감4) – 에니어그램 검사에 대한 해석 – 나의 성격유형은? 프로파일 만들기(공감5) – 힘의 중심 이해하기/날개 이해하기/화살 이해하기 – 발달 단계 이해하기	30	에니어 그램 프로파일, 공감5	
정리하기	4. 나는 소중한 존재이다 – 성격유형에 따른 나 자신의 특성과 소중함을 이해하고 다른 사람과의 차이를 수용한다. 어떤 일(학교폭력경험)을 겪었음에도 불구하고 나는 사랑받을 가치가 있는 존재라는 점을 되새기며 자아존중감을 확립한다.	10		
	소계	40		

전체 시간[90분]– 각 2시간(오전 피해자 ⋯⋯ 가해자 순)

유의사항	– 프로그램 실시에 앞서 지도자는 피·가해학생과 그 부모의 심정(마음)을 공감하고 지지하여야 한다. – 피해학생과 그 부모에게 프로그램을 먼저 안내하고 가해학생과 그 부모를 나중에 안내한다(가해학생과 피해학생 및 그 부모의 동선을 분리한다). – 에니어그램 성격유형에 따른 차이점을 안내할 때 너무 전문적인 소개보다는 힘의 중심에 따른 폭력에 대한 인식과 대처의 차이 정도를 강조한다. – 본 프로그램은 학교폭력의 경험을 성장(成長-Growth)으로 이끌어 내는 것에 중점이 있다는 점을 강조한다.

4. 참고 자료

가. 용어 문제 : '학교폭력'과 '학교 괴롭힘bullying', '친구 간의 다툼'이라는 용어가 혼재되어 있다. EFRG 모델에서 다루는 것은 '학교폭력'이라기 보다는 정확히 '친구간의 다툼' 혹은 '학교 괴롭힘bullying'이다.

나. 본 프로그램에 참가하는 당사자들은 폭력이라는 단어에 매우 민감하고 상처를 받기 쉽다. 따라서 '학교 괴롭힘' 혹은 '이번 경험', '친구와의 다툼' 등 상황에 따라 지도자가 융통성 있게 활용한다.

다. 실습지에서도 '학교폭력'은 '학교 괴롭힘bullying'을 의미한다.

라. EFRG(공감-용서-회복-성장)는 기술이 아니라 마음의 성장과정이다. 프로그램을 통해 자신을 발견하고 이해하고 바람직한 방향으로 수정하여 성장growth하도록 이끄는 여정이다.

마. 첫 만남에서 가장 중요한 것은 적절한 시간에 사전에 도착하여 준비 상태를 점검하는 것이며 상담에 필요한 쾌적하고 안정된 공간을 확보하는 것이다. 본 프로그램이 시작되기 전 이미 담임교사와 학교폭력담당교사, 학교관리자(교감,교장)은 사전에 만나서 프로그램 진행에 관한 안내와 협의를 통해 신뢰관계를 형성하여야 한다. 이 때 관련학생과 보호자의 동선動線(대기 장소와 상담 장소)이 중복되어 의도하지 않은 상태에서 조우遭遇(우연히 만남)하지 않도록 유의해야 한다.

바. 프로그램 소개(활동지 공감 1[2]) : 프로그램의 의미와 목적, 필요성을 설명하여 참석 동기를 북돋운다. 본 프로그램이 학교폭력(괴롭힘)에 관련된 벌이 아니라 교육적 성장을 위한 기회임을 안내한다.

사. 동의서 받기(공감 2) : 동의서를 받는 과정은 모든 과정에 대한 충실한 참여와 서로에 대한 신뢰 확인이다. 강압적이거나 사무적인 느낌이 들지 않도록 안내한다. 학생과 학부모를 위한 동의서이다.

아. 에니어그램 검사 실시/해석(공감 3/4) : 본 프로그램의 이론적 배경인 에

---

2 활동지 공감1을 이하 공감1로 표시. 활동지라는 용어는 생략함.

니어그램 성격유형검사를 실시한다. 자신의 성격유형에 따라 학교폭력의 인식과 대처 방법이 다르다는 것을 인식할 수 있다. 개인의 성장과 자기변형을 위한 도구로 에니어그램 심리유형검사를 실시하고 이를 해석한다.

자. 나의 성격유형 프로파일 만들기(공감 5) : 에니어그램 성격유형검사를 마치면 자신의 프로파일을 직접 작성한다. 힘의 중심(머리,가슴,배)에 따른 차이와 날개, 화살, 발달단계에 대해 간략하게 안내한다.

5. 읽기 자료

A: 최현석(2011), 「인간의 모든 감정」을 중심으로 발췌 요약함

가. 인간은 이성적 존재인 동시에 감정적인 존재이다. 공감을 잘 하기 위해서는 인간의 감정에 대한 이해가 필요하다. 감정을 표현하는 영어 단어는 2,000개가 넘는다. 우리 말을 영어 정보를 이용하여 영한사전으로 번역하면 약 2,600여개의 단어가 있다. 〈현대 한국어의 어휘 빈도〉에 65,000개의 단어 중 감정 상태를 표현한 단어는 434개이다(최현석, 2011: 77).

나. "감정emotion은 육체적 현상이며 정념passion의 한 부분"이다(데카르트). 인간의 기본적인 정념 여섯 가지는 '놀람', '사랑', '증오', '욕구', '기쁨', '슬픔' 등이다(최현석, 2011. 재인용).

다. 에크만(미국 심리학자)은 얼굴표정을 기준으로 '공포', '분노', '행복', '혐오', '슬픔', '놀람' 등의 여섯 가지 감정을 기본감정이라고 주장하였다.

라. 유교문화권에서는 감정을 희노애락喜怒哀樂과 칠정七情으로 표현하는데 순자荀子에 의하면 "인간의 본성이 좋아함, 싫어함, 기쁨, 분노, 슬픔, 즐거움으로 발현된 것이 정情이라고 한다. 희노애락은 순자가 말하는 여섯 가지 정情의 일부이다.

마. 예기禮記 : 칠정七情은 '기쁨', '분노', '슬픔', '두려움', '사랑', '싫어함', '욕망'喜怒哀樂愛惡慾으로 배우지 않고도 가능한 마음의 작용을 말한다.

바. 공통점은 '기쁨(행복)', '슬픔', '공포(두려움)', '분노'의 네 가지이다. 이를 보편 감정이라고 한다.

사. 분노의 사전적 의미는 '분개하여 몹시 성을 냄. 또는 그렇게 내는 성'(표준어국어대사전, http://stdweb2.korean.go.kr/search/List_dic.jsp)이다. 대부분 사람들에 의해 고의적으로 유발된 불쾌하고 공정하지 못한 상태에서 경험하는 것이다.

B : Gary D. Makay·Don Dinkmeyer게리 D. 멕케이·톤 딩크마이어(2002), 김유광 옮김.「아들러의 감정수업」을 중심으로 발췌 요약함

가. 모든 감정에는 저마다 목적이 있고 우리는 그것을 선택할 수 있다. 감정을 얼마든지 주체적, 능동적으로 선택할 수 있다(5p). 목적 없는 감정은 존재하지 않는다. '아들러의 목적론'- 인간은 스스로 정한 목적을 달성하기 위해 이성과 감정, 신체 등의 모든 수단을 동원한다(26p).

나. 이미 겪은 사건이라도 그 것을 전혀 다르게 생각하기로 마음먹으면, 그에 대한 감정도 변하게 된다. 즉, 외부의 사건이나 상황 자체는 바꿀 수 없지만, 그에 대한 대응방법을 선택할 수 있다(24 p).

다. 똑같은 사건을 보고도 전혀 다른 감정을 느낀다면 결국 관점이 감정을 결정한다. 나의 감정은 관점을 변화시킴으로서 자유롭게 결정할 수 있다(29p). 감정은 통제 가능하다. 즉 감정은 판단에 따라 얼마든지 바꿀 수 있다. 내 감정의 주인은 바로 나이고 감정은 내가 직접 선택할 수 있다(35p). 내가 과거에 얽매이지 않는다면 트라우마는 없다. 재해석된다.

라. 감정 선택의 8가지 원칙은 ① 생활방식 탐구하기, ② 내 가정을 있는 그대로 받아들이기, ③ 과거에 얽매이지 않기, ④ 내가 무슨 생각을 하는지 깨닫기, ⑤ 감정의 목적 의식하기, ⑥ 부정적인 생각을 긍정적으로 바꾸기, ⑦ 언어 습관 바꾸기, ⑧ 감정을 바꾸는 구체적인 계획세우기 이다(73p).

마. 갈등의 근본적인 원인은 인생·사람·관계에 대한 인식방법의 차이, 상대방의 생각을 통제하고 판단하는 습관, 내 감정의 원인을 타인에게서 찾는 태도이다(278p).

오리엔테이션

　학교는 청소년들에게 가장 안전하고 평화로우며 행복을 경험하는 배움의 공간이어야 합니다. 학교폭력은 인간에 대한 존엄성과 신뢰를 해칩니다. 학교는 사회의 축소판입니다. 다양한 학생들이 모여서 생활하는 공간이기에 여러 가지 모양의 갈등과 다툼이 일어나기 마련입니다. 문제는 이 갈등을 교육적이고 안전하며 평화롭게 해결하는 과정이 필요합니다.

　공감과 성장을 통한 청소년 인성교육프로그램(EFRG) 모델은 피해학생으로 하여금 가해학생과의 관계를 회복하고 성장할 수 있도록 이끌어 줍니다. 가해 학생 역시 자신의 잘못을 진심으로 뉘우치고 용서를 구하여 관계를 회복하게 합니다. 진정한 용서와 관계 회복은 학교폭력의 경험을 개인과 가정뿐만 아니라 학급과 학교까지 성장으로 이끌어 갑니다.

　【공감과 성장을 통한 청소년 인성교육프로그램(EFRG:공감-용서-회복-성장)〉(약칭 공감과 성장 모델)의 가장 큰 특징은 지금까지의 학교폭력에 대한 대책들이 공감과 용서 혹은 회복 등의 특정한 영역에 주목하였다면 외상 후 성장의 개념까지를 포함하여 공감-용서-회복-성장의 통합적 접근을 추구하는 점입니다. 일반적으로 큰 고통은 외상후스트레장애(PTSD)까지 이르게 하지만 본 프로그램은 학교폭력의 경험을 외상 후 성장成長으로 이끌어 줍니다. 특히 양측 학부모의 참여를 통해 가정과 연계하고, 학급을 중심으로 초대하여 교실공동체 속에서 방관자가 방어자가 될 수 있는 문화를 만들 수 있도록 관련 당사자 모두에 대한 총체적 접근을 시도하였습니다. -생략 가능】

　무엇보다 학교폭력의 근본적인 원인과 치료를 에니어그램 성장이론과 접목하여 각 성격유형에 따른 학교폭력 대처 및 처방을 제안하였습니다. 학교폭력이라는 상처가 개인과 가정, 학급과 학교 및 나아가 우리 사회를 성장하게 하는 경험으로 작동할 수 있도록 에너지를 변화시켜야 합니다. 본 프로그램은 모두 30시간으로 첫째 날과 마지막 날, 학급공동체가 함께 각 3시간씩 프로그램에 참여합니다. 둘째 날부터는 공감-용서-회복-성장 각각 6시간씩 전문가와 함께 우리가 경험한 여러 문제들을 교육적이고 성장지향적으로 풀어나갈 것입니다. 마음을 열고 우리 학생들이 상처를 보듬고 이를 성장의 기회로 활용될 수 있도록 협조를 부탁드립니다. 감사합니다.

1. 피·가해 학생 및 학부모, 학급 전체의 오리엔테이션에서도 활용 가능
2. 오리엔테이션의 중요성은 아무리 강조하여도 지나치지 않다. 효과적인 오리엔테이션은 프로그램의 성공을 담보하는 가장 강력한 수단이다.
3. 오리엔테이션에서 중요한 것은 내용과 함께 태도이다. 친절하고 겸손하되 자신감이 엿보여야 한다.

참석 동의서 (학생·학부모용)

공감과 성장을 통한 청소년 인성교육프로그램 EFRG[*] 참석 동의서

학교는 가장 안전하고 즐거운 배움의 터전이어야 합니다. 학교폭력은 사전에 예방하는 것이 가장 좋습니다. 하지만 다양한 학생이 집단으로 생활하는 공간인 학교에는 크고 작은 갈등이 일어납니다. 예방이 가장 바람직하지만 일어난 갈등(conflict)을 학생 중심으로 교육적으로 해결하려는 노력이 필요합니다. 모든 학교폭력은 피해학생을 중심에 놓고 교육적으로 해결되어야 합니다. 더불어 가해학생들과 동료학생들도 교육의 대상인 우리의 자녀입니다. 학교폭력 예방과 대책을 위한 EFRG 프로그램은 공감과 용서, 회복 및 성장의 4수준으로 모두 30시간으로 구성(#별첨1,2)되어 있습니다. 아래 내용을 읽어 보신 후 참석 여부에 관한 동의를 표시하여 주시면 감사하겠습니다.

---------------------- 동의서 양식(학생·학부모용)(절취선) ----------------------

학생 이름		(남, 여)	학년 반		동의 여부(○, ×)	
보호자 이름		(남, 여)			동의 여부(○, ×)	
서명	학생		연락처 (학부모)	전화		
	학부모			메일		

1. 나는 《공감과 성장을 통한 청소년 인성교육프로그램 : EFRG》에 자발적인 의사로 참여할 것을 동의합니다.
2. 나는 교육과정에서 작업한 모든 자료들이 개인정보 보호를 전제로 교육적으로 가공하여 활용되는 것(상담, 출판, 연수 자료 등)에 동의합니다.

20__ 년 __ 월 __ 일
_____ (초등·중·고) 학교장 귀하

* EFRG(Empathy-Forgiveness-Recovery-Growth:공감-용서-회복-성장 약칭 공감과 성장)

에니어그램 검사 소개

'에니어그램(Enneagram)'은 그리스어로 '아홉(ennea)' 과 '문자(gram)'를 합친 말입니다. 에니어그램(Enneagram)은 사람들의 성격을 아홉 가지로 구분하고, 그 관계를 표시한 도형입니다. 에니어그램에 따르면 사람마다 한 가지 성격 유형을 가지게 됩니다. 그리고 각각의 성격들은 각각 발달할 뿐 아니라 서로 연결되어 있습니다.

에니어그램을 통해 여러분은 자신을 더 잘 이해하고 다른 사람들을 받아들일 수 있는 마음의 여유를 배울 수 있습니다. 특히 학교생활에서 친구들과의 관계 맺기와 공부 방법 찾기에도 도움이 됩니다. 학교생활에서 흔히 만날 수 있는 성격유형별 설명은 다음과 같습니다.

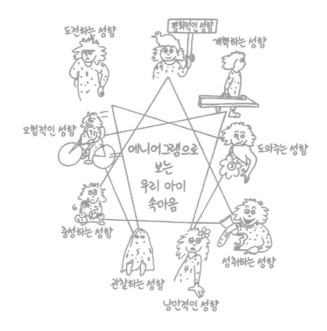

1유형 완벽함을 추구하는 개혁하는 성향

2유형 타인에게 도움을 주려는 도와주는 성향

3유형 성공을 중시하는 성취하는 성향

4유형 특별한 존재를 지향하는 낭만적인 성향

5유형 지식을 얻어 관찰하는 관찰 하는 성향

6유형 안전을 추구하고 충실한 충성하는 성향

7유형 즐거움을 추구하고 계획하는 모험적인 성향

8유형 주장이 강한 도전하는 성향

9유형: 조화와 평화를 바라는 평화적인 성향

※ 출처: Elibeth Wagele 엘리자베스 와겔리(2013), 우리 아이 속마음, 김현정·에니어그램코칭 인스티튜트 식구들 옮김, 연경문화사(그림과 유형 명칭 출처)

에니어그램 검사 유형별 해석

1유형

1유형의 어린이들은 완벽한 결과를 낼 수 없을 것 같으면 하던 일을 멈춘다. 책임감이 강하여 부모의 역할을 떠맡기도 한다. 착한 아이는 화내지 않아야 한다는 생각에 부정적인 감정을 참는다. 부모님과 선생님의 기대에 부응하려고 노력하며 다른 사람의 비판을 받기 전에 스스로 비판한다. 이들에게 필요한 도움은 실수해도 괜찮다는 것을 있는 그대로의 모습으로 나는 사랑받을 자격이 있다는 것을 인정하는 일이다. 내가 원하고 필요로 하는 것을 요구하고 너무 진지해지지 않는 법을 배워야 한다. 쉬면서 즐겨도 괜찮다. 그대 자신에게 강요하지 말라.

2유형

2유형의 어린이들은 부모님을 잘 도와드리고 이해하려고 함으로써 부모님을 기쁘게 해 드리려고 노력하여 겉으로 볼 때는 말을 잘 듣는 아이처럼 보인다. 이들은 친구들에게 인기가 많거나 인기 있는 사람이 되려고 노력한다. 자신을 못마땅하게 여기거나 비판하는 것을 민감하게 받아들인다. 외향적인 2유형은 우스꽝스럽게 행동하고, 내향적인 2유형은 조용하면 수줍어한다. 이들에게 도움이 되는 말은 무언가를 주어야만 사랑받을 수 있는 것이 아니다라는 사실을 깨닫는 것이다. 또한 나도 남들처럼 도움이 필요한 사람이고 다른 사람들만큼이나 소중한 존재이다. 내가 무엇을 원하는 것을 분명하게 말하고 혼자서도 즐거운 시간을 보낼 수 있는 것을 익혀야 한다.

3유형

3유형 어린이는 친구들과 어른들에게 많은 사랑을 받는다. 자신이 한 일에 대한 칭찬을 받기 위해 열심히 노력하기 때문이다. 학급이나 학교에서 능력 있고 책임감 있는 학생으로 인정받는다. 학생회나 동아리 활동에 적극적이고 자신만의 프로젝트를 침착하고 부지런히 수행한다. 이들에게 도움이 되는 말은 나의 가치는 다른 누군가가 아닌 내가 정하는 것임을 인정하는 것이다. 내 감정은 내가 이룬 일만큼이나 가치가 있으며 내가 할 수 있는 가장 유익한 일은 쉼과 성장을 위한 시간을 갖는 것이다.

4유형

4유형의 어린이들은 감수성이 매우 풍부하고 비난받거나 이해받지 못할 때 권위주의에 반발하거나 반항적이 된다. 만약 부모가 이혼하거나 주위 사람이 죽으면 외로움을 느끼거나 자신이 버림받았다고 느낀다. 다른 사람들이 가지고 있는 무언가가 자신에게는 없다고 생각한다. 상상력이 풍부하여 창의적인 방식으로 혼자 놀기도 하고 독창적인 놀이를 만들어서 친구들을 참여시키기도 한다. 이들에게 필요한 도움말은 여유를 가지고 현재를 즐기라는 것이다. 나의 몸과 세상, 그리고 우주는 편안한 곳이며 내 인생은 그 자체로 좋다. 있는 그대로의 나는 더할 나위 없이 아름답고 유능하면 사랑스럽다. 친한 친구에게 하듯 나도 나에게 상냥하게 대할 수 있다. 매일의 삶은 불완전할지라도 가치가 있다.

(계속)

5 유형

5유형의 어린이들은 영리하고 호기심이 많다. 독립적인 사고방식을 가지고 있으며 궁금한 것이 있으면 부모나 교사에게 자주 질문한다. 많은 시간 혼자서 책을 읽거나 무언가를 수집하며 보낸다. 정보를 수집하면서 한 발 뒤로 물러서서 사건을 바라본다. 많은 친구를 사귀기보다는 소수의 친구들과 특별한 관계를 맺는 편이다. 두려워하고 있다는 것을 들키지 않으려고 무표정한 얼굴을 한다.

6유형

6유형 어린이들은 책임감이 강하고 안정과 안전을 추구하는 유형으로서 친구나 자기가 믿는 신념에 가장 충실한 사람들이다. 내려오는 전통이나 자신이 속해 있는 단체에 강한 충성심을 갖고 있으며 함께하는 공동체에 대한 헌신이 대단하다. 신중하며 거짓말을 모르는 그들은 협조적이며 조화를 이루려 노력하며 믿음직스럽다. 상대에게 호감을 주는 유형이다. '성실하다', '책임감이 있다', '충성스럽고 믿을 만하다'는 말에 가장 큰 만족을 얻는다.

7유형

7유형 어린이들은 모든 일을 낙천적으로 보려고 하며 열정이 넘치고, 밝고 명랑하다. 자기주변에서 즐거움과 재미있는 놀이를 찾아내는 능력이 뛰어나다. 본인이 좋아하는 사람들이 주변에 많이 있으며 자기 자신도 매력적인 사람이 되려고 노력한다. 또한 아이디어와 상상력이 풍부하며 호기심이 많다. '앞으로의 계획이 무궁무진하다', '항상 즐겁다', '너무나 유쾌하다', 라는 것에 만족을 얻는다.

8유형

8 유형의 어린이들은 독립적이며 내적인 힘과 투지를 가지고 있다. 화가 나면 말이나 행동으로 상대방을 공격하며 사람들의 약점을 잘 알아차린다. 다른 사람의 통제를 받는 것을 힘들어 하고 좀처럼 주도권을 내려놓지 않는다. 이들은 강력한 힘을 소유하고 있지만 내면의 영혼은 부드럽다. 이들에게 필요한 것은 내가 신뢰하는 사람들에게 나의 부드럽고 다정한 면을 보여 주려고 노력하는 일이다. 좋은 관계를 형성하기 위해 소소한 타협을 하는 것이 가치 있는 일이라는 것을 깨닫는 것이다.

9유형

9유형의 어린이들은 소위 '착한 아이'이기 때문에 겉으로는 분노를 드러내지 않고 마음속에 간직하거나 이를 부인한다. 사람들이 논쟁을 벌일 때는 아예 신경을 꺼버린다. 사람들이 자신을 무시하고 자신의 요구나 의견, 감정을 소홀히 여긴다고 느낀다. 이들이 스스로를 위해서 할 수 있는 일은 내게도 무슨 일이든 해낼 수 있는 충분한 능력이 있다고 자신감을 갖는 일이다. 자신이 원하는 것을 당당하게 요구하고 섣불리 사람들의 기대에 부응하려고 하기보다는 약간의 죄책감을 갖는 것이 더 나을 수 있다는 것을 아는 것이다. 당신의 재능을 보여주고 사람들이 이를 즐길 수 있도록 하라.

※ 출처 : Elibeth Wagele엘리자베스 와겔리(2013), Renee Baron·Elibeth Wagele레니 바론·엘리자베스 와겔리(2014) 참조

나의 성격 유형은?

내 힘(에너지)의 중심	나의 날개

나의 유형은?

나의 화살	나의 발달 단계

나에 대하여 새로 알게 된 점은 무엇인가요?

_____

에니어그램을 친구들과 이야기해 봅시다. 친구들에 대해 새로 알게 된 점은 무엇인가요?

_____

※ 에니어그램 프로파일 : 프로파일을 중심으로 설명함.

공감수준 1일차 1~3교시 : 학급편

1. 과정 이해

이 과정부터가 공감 수준 프로그램의 시작이다. 지도자는 피해학생과 그 부모 및 가해학생과 그 부모를 차례로 만나 공감을 나누었다. 학교폭력은 진공상태에서 일어난 것이 아니라 학교(학급)라는 공동체 안에서 상호작용 속에서 일어난다. 가해자와 피해자뿐만 아니라 학급(학교)의 문화도 함께 바꾸어야 한다. 이를 위해 담임교사도 함께 참석하여 해결과정을 통과하는 것을 권한다. 하지만 학생들이 담임교사의 참석을 부담스럽게 여길 경우 참석하지 않는 것이 좋다. 그러나 담임교사는 학급공동체가 EFRG 모델(프로그램)을 통해 무엇을 경험하고 배우는지 알아야 한다.

일반적으로 학교폭력(다툼)이 일어나 관련 학생들이 별도의 장소에서 상담과 교육 등을 이수하고 학급에 복귀하였을 학급에는 심리적·사회적·문화적 격차가 생기게 된다. 수학여행을 함께 하지 못한 학생이 주제에서 소외되는 것처럼 대부분의 학생들은 관련학생들이 이수한 교육 프로그램과 경험 및 변화에 대해 인식하지 못한다. 피해학생과 가해학생이 비록 화해를 하였다고 하더라도 이미 일어난 학교폭력에 대한 경험은 학급공동체에 지속적인 영향을 끼치고 있다. 따라서 EFRG 프로그램의 시작은 학급공동체가 학교폭력이라는 상황을 함께 인식하고 대처하려는 곳에서부터 시작한다. 물론 마칠 때에도 마지막 3시간을 학급공동체가 함께 하여 학급공동체의 문화를 바꾸려는 것이 본 프로그램의 미덕이다.

학급은 먼저 EFRG 프로그램에 대해 이해하고 참석을 동의 한다. 그리고 에니어그램 검사를 통해 학교폭력에 대한 인식과 대처가 저마다 다른 까닭을 만나본다. 내가 무심코 하는 말과 행동이 친구들에게 어떤 영향을 끼칠 수 있는지 마주한다. 나의 성격유형은 무엇이며 나는 어떤 사람인지를 마주하면서 학교폭력 상황에서 나의 좌표와 역할을 반추하여 본다. 이 과정은 학교 폭력 상황을 떠나 학급 전체의 서로에 대한 이해와 수용을 넓혀 주고 공동체 의식을 함양하는 효과가 있다. 특히 에니어그램 성격유형에 따라 이럴 땐 어떻게 하나요? 라는 시뮬레이션을 통해 곤란한 상황에 처했을 때 사람들이 저마다 자신의 성격유형에 따라 다르게 대처한다는 것을 배울 수 있다.

공감척도(온도)계를 프로그램의 시작과 마침 시점에서 체크해 봄으로써 얼마나 공감척도가 향상되었는지 만나볼 수 있다. 이 과정에서 감정카드를 활용할 수 있다. 많은 경우 학교폭력에 지속적 혹은 심하게 노출된 관련자들은 언어적인 표현이 힘이 들거나 어려울 수 있다. 이들에게 감정카드는 자연스럽고 효과적인 대화와 상호소통의 도구로 강력한 도움이 될 것이다.

2. 일정표

구분	수준	대상	시간	번호	내용	비고
1일차 (3H) 오후	공감수준 (9H) Empathy	학급 전체 + 담임 교사	1차시(E-1)	공감1-1	오리엔테이션	-학급전체: 오후
				공감1-2	공감 척도(온도)계	
				공감1-3	참석 동의서 양식(학생 학부모용)	
				공감1-4	참석 동의서 양식(교사용)	
			2차시(E-2)	공감2-1	에니어그램 검사 소개(=공감3)	
				공감2-2	에니어그램 검사 해석	
			3차시(E-3)	공감3-1	나의 성격유형은?(=공감5)	
				공감3-2	이럴 때 어떻게 하나요?	
				공감3-3	공감척도(온도)변화 재기	

3. 프로그램 구성

1회기	공감 수준 1~3차시 :【학급】			
하위영역	프로그램 소개, 성격유형과 학교 폭력의 이해			
활동목표	학교폭력 과정에서 일어난 일들을 정확하게 이해하며 학교폭력을 공동체의 문제로 인식하여 함께 해결하려는 노력을 공유한다.			
준비물	활동지, 참고자료, 필기구, 검사지, 프로파일	**시간**		3차시
단계	**활동내용**		**시간**	**준비물**
시작하기	1. 긴장 풀기 체조(마음 다스리기, 몸의 근육 이완하기)		5	전체
	2. 프로그램 소개(오리엔테이션) (공감1-1) – 프로그램의 목적, 참여 시 유의사항 안내하기 – 동의서 받기(공감1-3) : 담임교사 동의서 받기(공감1-4).		15	공감1-1 공감1-2 공감1-3 공감1-4 공감2-1
활동하기	3. 공감감정 측정하기(공감척도계)(공감1-2)		40	
	4. 에니어그램 검사 실시(공감2-1) – 에니어그램 검사에 대해 소개하기– PPT 자료 – 에니어그램 검사 실시(에니어그램 검사지, 답안지) – 담임교사 참석			
	휴식(10분)		60분	
	5. 에니어그램 검사 해석(공감2-2) – 에니어그램 검사에 대한 해석 – 나의 성격유형은 : 프로파일 만들기(공감 3-1) – 힘의 중심 이해하기/날개 이해하기/화살 이해하기 – 발달 단계 이해하기/갈등 해결 시뮬레이션(공감3-2)		40	공감2-2 공감3-1 공감3-2
정리하기	6. 우리 모두는 소중해 – 공감척도(온도)변화 측정하기(공감3-3) – 에니어그램 성격유형을 통해 나 자신을 이해하고 평소 인간관계 속에서 나의 행동양식에 대해 통찰한다. 학교폭력 상황에서 나와 다른 친구들의 대처방식에 대해 생각하고 바람직한 해결 방안을 모색한다.		10	공감3-3
	소계		50	
	전체 시간[110분]– 3시간			
유의사항	– 검사와 해석에 너무 많은 시간이 소요되지 않도록 한다. 보조강사가 필요하다(검시 진행에 따른 질문 응답) – 검사 실시에 대한 사전 동의서는 참석 이전에 받아야 한다. – 동의서는 프로그램 진행 전 담임교사에 의해 사전 배부와 수합이 되어야 한다.			

4. 참고 자료

가. 프로그램 소개(활동지 공감1-1) : 프로그램의 목적 소개, 협조 당부. 사무적이거나 권위적인 느낌을 주지 않으면서 참여 동기가 부여될 수 있도록 안내. 동의서는 프로그램 실시 이전에 이미 받아야 함(활동지 1-3, 1-4).

나. 공감척도(온도)계(활동지 공감 1-2) : 공감의 범위를 특정 하는 것은 쉽지 않다. 하지만 학생들의 경우 자신의 감정이 위치한 지점을 구체적으로 지적하고 그 변화를 설명하는 것으로 프로그램 참여에 대한 몰입도를 높일 뿐만 아니라 스스로 척도를 향상하려는 동기를 가질 수 있다. 공감척도의 범위는 0에서 10까지이다. 가운데 숫자인 5를 중심으로 0~5까지는 부정적인 감정, 5~10까지는 긍정적인 감정을 말한다. 0이라는 숫자의 의미는 자신의 감정 상태가 더 이상 내려갈 수 없을 만큼 최악의 상황이다. 무기력하고 동기가 없으며 부정적으로 마음이 가득 찬 상태가 0이다. 반대로 10은 모든 문제가 해결되어 가장 바람직한 기분, 즉 행복감이 충만한 상태를 말한다.

다. 초등학생의 경우 공감척도라는 표현보다는 공감온도계라고 표현하는 것이 더 와 닿을 수 있다. 공감 척도 혹은 온도는 지도자가 필요에 의해 사용할 수 있다. 공감 온도계의 경우 감정에는 긍정적 감정과 부정적 감정이 있다는 점에 주목한다. 공감 온도계에서 파랑색에 해당하는 -(마이너스) 온도는 부정적 감정을, 주황색에 해당하는 +(플러스) 감정을 평소 생활 속에서의 온도와 비교하여 설명할 수 있다. 주로 날씨와 관련된 온도라고 생각하면 비슷하다고 볼 수 있다.

라. 에니어그램 검사 실시와 해석(활동지 공감 2-1, 2-2) : 학급 전체 학생들을 대상으로 에니어그램 검사를 실시하고 해석함. 학생들은 저마다 다른 자신의 성격유형을 이해하고 발견할 수 있다.

마. 프로파일 만들기(활동지 공감 3-1) : 성격유형검사 결과에 따른 프로파일 만들기(날개와 화살, 발달단계 이해)를 통해 자신에 대한 이해를 도울 수 있다.

바. 성격유형별 그룹 작업(활동지 공감 3-2) : 성격유형별 그룹 활동 "이럴 때 어떻게 하나요?"를 통해 친구들의 성격유형이 서로 다르다는 것을 이해한다. 같은 유형끼리 만나서 작업을 한 다음 학급 전체 앞에서 발표한다.

사. 공감척도(온도) 변화 측정하기(활동지 공감 3-3): 감정척도의 변화는 성장의 정도를 나타내는 것으로도 볼 수 있다. 일반적으로 문제해결중심 단기 상담에서는 기적질문을 통해 "모든 문제가 해결되었다면 너에게 어떤 일이 일어났을까?"와 함께 네가 향상시키고자 하는 성장의 정도를 제안하고 함께 변화 목표를 설정한다. 맨 처음 내담자의 기분이 2혹은 3정도의 부정적 감정에서 프로그램을 마칠 때 쯤 내담자의 기분이 6 혹은 7이 되었다면 그 만큼 변화(4칸)가 있었다는 것을 의미한다. 약 4칸의 감정척도를 향상시키기 위해 내가 할 수 있는 일 혹은 해야 할 일의 목록을 만들어 보는 것도 성장을 위한 좋은 도구가 될 수 있다.

온도로 설명하면 부정적 감정의 상태일 때 영하로 출발해서 영상으로 온도가 올라가는 것을 설정할 수 있다. 척도와 온도는 지도자가 필요에 따라 선택할 수 있다.

5. 읽기 자료

A : 박성희·이재용·남윤미·김경수·김기종·심진규·최준섭·김은혜 공저 (2017), 「공감 정복 6단계」를 중심으로 요약 발췌

가. 공감은 사람 사이의 모든 '관계'를 가능하게 하는 필수적인 기능이다(13. p). 뇌신경생리학자들은 사람의 뇌에 공감적으로 반응할 수 있는 신경세포(거울뉴런)와 신경체계(거울뉴런체제)가 들어 있음을 발견하였다(12. p).

나. 공감은 자신이 마치 상대방이 되어서 느끼고, 생각하고, 행동하는 것이다 (17. p).

다. 공감이 일어나는 과정 및 실천 단계

1) 1단계: 마음 비우기 - 내적 준거틀 작동 중지, 무조건적으로 상대방의 이야

기 받아들이기

2) 2단계: 상대방의 언어 이해하기 - 사용하는 낱말의 참뜻 알기

3) 3단계: 상대방의 논리 이해하기 - 상대방의 입장과 논리 따라가기

4) 4단계: 상대방의 욕구 파악하기 - 얻고자 하는 것(결핍욕구) 파악하기

5) 5단계: 상대방의 성장 동기 드러내기 - 더 발전하고 싶은 것(성장욕구)을 드러내기

6) 6단계: 공감적으로 표현하기 - 나-전달법, ~니까 ~군요 등 활용하기

B: Frans De Waal프란스 드 발(2017), 「공감의 시대」를 중심으로 요약 발췌

가. 인간이 본래 이기적인 존재라고 하더라도 그 천성에는 분명히 이와 상반된 몇 가지가 존재한다. 이 천성으로 인해 인간은 타인의 운명에 관심으로 가지게 되고 단지 그 것을 바라보는 즐거움 밖에는 아무것도 얻을 수 없다 하더라도 타인의 행복을 필요로 한다(Adam Smith애덤 스미스-도덕감정론, 재인용, 17p).

나. 인간은 자연 속에서 투쟁보다는 협동하고 공유하며 살아남았다. 공감은 우리가 선척적으로 가지고 태어나는 본능이다. 동물들도 측은지심惻隱之心을 가지고 있다. 1959년 〈다른 이의 고통에 대한 쥐의 정서적 반응〉: 미국 심리학자 러셀 처치 - 쥐들은 동료가 괴로워하는 모습을 보게 되면 자기의 행복에 불안감을 느낌. 1960년대 미국 심리학자들의 보고 : 동료 원숭이들에게 고통을 주지 않기 위해 스스로 굶는 것을 선택함.

다. 거울 뉴런의 발견 : 1992년 파르마대학교의 실험 - 원숭이의 뇌가 자신이 직접 물건을 만질 때만 활성화 되는 것이 아니라 다른 원숭이가 만지는 것을 볼 때도 활성화 됨. 즉, 고통스러워하는 동료들을 보면 고통 회로가 작동한다.

라. 인간의 본성에 대한 다양한 견해

- 인간이라는 굽은 나무에서 곧은 것이 나온 적은 한 번도 없다(Immanuel Kant임마누엘 칸트)

- 우리는 오랫동안 무작정 자기 이익만 추구하는 것이 비도덕적이라고

알고 있었다. 우리는 이제 그 것이 비경제적이라는 것을 알게 되었다

(Franklin Delano Roosevelt 플랭클린 루즈벨트)

- 내가 신이라면 나는 공감의 범위를 손 보겠다(Frans De Waal 프란스 드 발)

오리엔테이션(학생용)

학교는 여러분에게 가장 안전한 공간이며, 행복한 배움의 공간이어야 합니다. 그렇지만 다양한 학생들이 모여서 생활하는 공간이기에 여러 가지 모양의 갈등과 다툼이 일어나기도 합니다. 그러므로 갈등을 안전하며 평화롭게 해결하는 과정이 꼭 필요합니다.

우리가 함께 할 〈공감과 성장을 위한 청소년 인성교육 프로그램〉 EFRG 즉 공감-용서-회복-성장 프로그램은 다툼이 일어난 학생끼리 관계를 회복하고 성장할 수 있도록 이끌어 줍니다. 공감-용서-회복-성장이 한 군데 담겨져 있는 이 프로그램은 여러분을 결국 성장으로 이끌어 줄 것입니다.

본 프로그램은 모두 30시간으로 첫째 날과 마지막 날, 학급공동체가 함께 각 3시간씩 프로그램에 참여합니다. 둘째 날부터는 공감-용서-회복-성장 각각 6시간씩 전문가와 함께 우리가 경험한 여러 문제들을 교육적이고 성장 지향적으로 풀어나갈 것입니다. 마음을 열고 여러분이 상처를 보듬고 이를 성장의 기회로 활용될 수 있기를 바랍니다.

그럼 지금부터 이번 프로그램에 잘 참여하겠다는 마음을 담아 몇 가지 약속을 해 봅시다.

나의 약속

☞ 약속 1. 내 생각이나 마음을 솔직하게 말하기

☞ 약속 2. 다른 사람의 생각과 느낌을 존중하기

☞ 약속 3. 다른 친구들의 비밀 보장하기

☞ 약속 4. 프로그램에 끝까지 열심히 참여하기

☞ 약속 5.

20 ___ 년 ___ 월 ___ 일

서명 _____

※ 오리엔테이션의 중요성은 강조해도 부족하다. 강압적이어도 비굴한 느낌을 주어서도 안 된다. 자신감과 당당함을 배경으로 하되 진정성(眞情性)이 전달되어야 한다. "EFRG는 그저 프로그램이 아니다". 학교폭력(괴롭힘)에 대한 고통에 공감하고 용서와 회복을 거쳐 성장에 이르게 하는 안내자이며 함께 길을 걷는 친구이다.

공감척도(온도) 측정하기

> 공감이란? 다른 사람의 입장을 이해하고 헤아리는 마음입니다.

1. 나의 현재 공감 척도(온도)는 몇 도일까요? 친구들의 생활에 관심을 가진 정도를 아래 칸에 색칠해 봅시다.

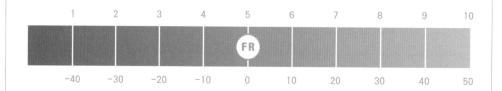

1	2	3	4	5	6	7	8	9	10
-40	-30	-20	-10	0	10	20	30	40	50

2. 그렇게 표시한 이유는 무엇인가요?

3. 짝과 함께 자신의 공감 척도(온도)에 대해 이야기해 봅시다.

※ 공감척도는 0은 최악의 상황, 10은 모든 문제가 해결된 만족한 상황임
　공감온도는 0도를 중심으로 평소 생활환경 온도와 비슷함

참석 동의서 (학생·학부모용)

공감과 성장을 통한 청소년 인성교육프로그램 EFRG* 참석 동의서

학교는 가장 안전하고 즐거운 배움의 터전이어야 합니다. 학교폭력은 사전에 예방하는 것이 가장 좋습니다. 하지만 다양한 학생이 집단으로 생활하는 공간인 학교에는 크고 작은 갈등이 일어납니다. 예방이 가장 바람직하지만 일어난 갈등(conflict)을 학생 중심으로 교육적으로 해결하려는 노력이 필요합니다. 모든 학교폭력은 피해학생을 중심에 놓고 교육적으로 해결되어야 합니다. 더불어 가해학생들과 동료학생들도 교육의 대상인 우리의 자녀입니다. 〈공감과 성장을 통한 청소년 인성교육프로그램 EFRG 모델〉은 공감과 용서, 회복 및 성장의 4수준으로 모두 30시간으로 구성되어 있습니다. 아래 내용을 읽어 보신 후 참석 여부에 관한 동의를 표시하여 주시면 감사하겠습니다.

-------------------------- 동의서 양식(학생·학부모용)(절취선) --------------------------

학생 이름		(남, 여)	학년 반 번호		동의 여부(○, ×)	
보호자 이름		(남, 여)			동의 여부(○, ×)	
서명	학생		연락처	전화		
	학부모			메일		

1. 나는《공감과 성장을 통한 청소년 인성교육프로그램: EFRG 모델》에 자발적인 의사로 참여할 것을 동의합니다.
2. 나는 교육과정에서 작업한 모든 자료들이 개인정보 보호를 전제로 교육적으로 가공하여 활용되는 것(상담, 출판, 연수 자료 등)에 동의합니다.

20 ___ 년 ___ 월 ___ 일

_____ (초등·중·고) 학교장 귀하

* EFRG(Empathy-Forgiveness-Recovery-Growth:공감-용서-회복-성장 약칭 공감과 성장)

에니어그램 검사 소개

'에니어그램(Enneagram)'은 그리스어로 '아홉(ennea)'과 '문자(gram)'를 합친 말입니다. 에니어그램(Enneagram)은 사람들의 성격을 아홉 가지로 구분하고, 그 관계를 표시한 도형입니다. 에니어그램에 따르면 사람마다 한 가지 성격 유형을 가지게 됩니다. 그리고 각각의 성격들은 각각 발달할 뿐 아니라 서로 연결되어 있습니다.

에니어그램을 통해 여러분은 자신을 더 잘 이해하고 다른 사람들을 받아들일 수 있는 마음의 여유를 배울 수 있습니다. 특히 학교생활에서 친구들과의 관계 맺기와 공부 방법 찾기에도 도움이 됩니다. 학교생활에서 흔히 만날 수 있는 성격유형별 설명은 다음과 같습니다.

1유형 완벽함을 추구하는 개혁하는 성향

2유형 타인에게 도움을 주려는 도와주는 성향

3유형 성공을 중시하는 성취하는 성향

4유형 특별한 존재를 지향하는 낭만적인 성향

5유형 지식을 얻어 관찰하는 관찰 하는 성향

6유형 안전을 추구하고 충실한 충성하는 성향

7유형 즐거움을 추구하고 계획하는 모험적인 성향

8유형 주장이 강한 도전하는 성향

9유형: 조화와 평화를 바라는 평화적인 성향

※ 출처: Elibeth Wagele 엘리자베스 와겔리(2013), 우리 아이 속마음, 김현정·에니어그램코칭 인스티튜트 식구들 옮김, 연경문화사(그림과 유형 명칭 출처)

에니어그램 검사 유형별 해석

1유형

1유형의 어린이들은 완벽한 결과를 낼 수 없을 것 같으면 하던 일을 멈춘다. 책임감이 강하여 부모의 역할을 떠맡기도 한다. 착한 아이는 화내지 않아야 한다는 생각에 부정적인 감정을 참는다. 부모님과 선생님의 기대에 부응하려고 노력하며 다른 사람의 비판을 받기 전에 스스로 비판한다. 이들에게 필요한 도움은 실수해도 괜찮다는 것을 있는 그대로의 모습으로 나는 사랑받을 자격이 있다는 것을 인정하는 일이다. 내가 원하고 필요로 하는 것을 요구하고 너무 진지해지지 않는 법을 배워야 한다. 쉬면서 즐겨도 괜찮다. 그대 자신에게 강요하지 말라.

2유형

2유형의 어린이들은 부모님을 잘 도와드리고 이해하려고 함으로써 부모님을 기쁘게 해 드리려고 노력하여 겉으로 볼 때는 말을 잘 듣는 아이처럼 보인다. 이들은 친구들에게 인기가 많거나 인기 있는 사람이 되려고 노력한다. 자신을 못마땅하게 여기거나 비판하는 것을 민감하게 받아들인다. 외향적인 2유형은 우스꽝스럽게 행동하고, 내향적인 2유형은 조용하면 수줍어한다. 이들에게 도움이 되는 말은 무언가를 주어야만 사랑받을 수 있는 것이 아니다라는 사실을 깨닫는 것이다. 또한 나도 남들처럼 도움이 필요한 사람이고 다른 사람들만큼이나 소중한 존재이다. 내가 무엇을 원하는 것을 분명하게 말하고 혼자서도 즐거운 시간을 보낼 수 있는 것을 익혀야 한다.

3유형

3유형 어린이는 친구들과 어른들에게 많은 사랑을 받는다. 자신이 한 일에 대한 칭찬을 받기 위해 열심히 노력하기 때문이다. 학급이나 학교에서 능력 있고 책임감 있는 학생으로 인정받는다. 학생회나 동아리 활동에 적극적이고 자신만의 프로젝트를 침착하고 부지런히 수행한다. 이들에게 도움이 되는 말은 나의 가치는 다른 누군가가 아닌 내가 정하는 것임을 인정하는 것이다. 내 감정은 내가 이룬 일만큼이나 가치가 있으며 내가 할 수 있는 가장 유익한 일은 쉼과 성장을 위한 시간을 갖는 것이다.

4유형

4유형의 어린이들은 감수성이 매우 풍부하고 비난받거나 이해받지 못할 때 권위주의에 반발하거나 반항적이 된다. 만약 부모가 이혼하거나 주위 사람이 죽으면 외로움을 느끼거나 자신이 버림받았다고 느낀다. 다른 사람들이 가지고 있는 무언가가 자신에게는 없다고 생각한다. 상상력이 풍부하여 창의적인 방식으로 혼자 놀기도 하고 독창적인 놀이를 만들어서 친구들을 참여시키기도 한다. 이들에게 필요한 도움말은 여유를 가지고 현재를 즐기라는 것이다. 나의 몸과 세상, 그리고 우주는 편안한 곳이며 내 인생은 그 자체로 좋다. 있는 그대로의 나는 더할 나위 없이 아름답고 유능하면 사랑스럽다. 친한 친구에게 하듯 나도 나에게 상냥하게 대할 수 있다. 매일의 삶은 불완전할지라도 가치가 있다.

(계속)

5 유형

5유형의 어린이들은 영리하고 호기심이 많다. 독립적인 사고방식을 가지고 있으며 궁금한 것이 있으면 부모나 교사에게 자주 질문한다. 많은 시간 혼자서 책을 읽거나 무언가를 수집하며 보낸다. 정보를 수집하면서 한 발 뒤로 물러서서 사건을 바라본다. 많은 친구를 사귀기보다는 소수의 친구들과 특별한 관계를 맺는 편이다. 두려워하고 있다는 것을 들키지 않으려고 무표정한 얼굴을 한다.

6유형

6유형 어린이들은 책임감이 강하고 안정과 안전을 추구하는 유형으로서 친구나 자기가 믿는 신념에 가장 충실한 사람들이다. 내려오는 전통이나 자신이 속해 있는 단체에 강한 충성심을 갖고 있으며 함께하는 공동체에 대한 헌신이 대단하다. 신중하며 거짓말을 모르는 그들은 협조적이며 조화를 이루려 노력하며 믿음직스럽다. 상대에게 호감을 주는 유형이다. '성실하다', '책임감이 있다', '충성스럽고 믿을 만하다'는 말에 가장 큰 만족을 얻는다.

7유형

7유형 어린이들은 모든 일을 낙천적으로 보려고 하며 열정이 넘치고, 밝고 명랑하다. 자기주변에서 즐거움과 재미있는 놀이를 찾아내는 능력이 뛰어나다. 본인이 좋아하는 사람들이 주변에 많이 있으며 자기 자신도 매력적인 사람이 되려고 노력한다. 또한 아이디어와 상상력이 풍부하며 호기심이 많다. '앞으로의 계획이 무궁무진하다', '항상 즐겁다', '너무나 유쾌하다', 라는 것에 만족을 얻는다.

8유형

8 유형의 어린이들은 독립적이며 내적인 힘과 투지를 가지고 있다. 화가 나면 말이나 행동으로 상대방을 공격하며 사람들의 약점을 잘 알아차린다. 다른 사람의 통제를 받는 것을 힘들어 하고 좀처럼 주도권을 내려놓지 않는다. 이들은 강력한 힘을 소유하고 있지만 내면의 영혼은 부드럽다. 이들에게 필요한 것은 내가 신뢰하는 사람들에게 나의 부드럽고 다정한 면을 보여 주려고 노력하는 일이다. 좋은 관계를 형성하기 위해 소소한 타협을 하는 것이 가치 있는 일이라는 것을 깨닫는 것이다.

9유형

9유형의 어린이들은 소위 '착한 아이'이기 때문에 겉으로는 분노를 드러내지 않고 마음속에 간직하거나 이를 부인한다. 사람들이 논쟁을 벌일 때는 아예 신경을 꺼버린다. 사람들이 자신을 무시하고 자신의 요구나 의견, 감정을 소홀히 여긴다고 느낀다. 이들이 스스로를 위해서 할 수 있는 일은 내게도 무슨 일이든 해낼 수 있는 충분한 능력이 있다고 자신감을 갖는 일이다. 자신이 원하는 것을 당당하게 요구하고 섣불리 사람들의 기대에 부응하려고 하기보다는 약간의 죄책감을 갖는 것이 더 나을 수 있다는 것을 아는 것이다. 당신의 재능을 보여주고 사람들이 이를 즐길 수 있도록 하라.

※ 출처 : Elibeth Wagele엘리자베스 와겔리(2013), Renee Baron·Elibeth Wagele레니 바론·엘리자베스 와겔리(2014) 참조

※ 활용 : 에니어그램 성격유형은 아동의 학습, 진로지도, 교우관계 및 리더십, 갈등해결 등 다양한 영역에서 도움을 줄 수 있음. 부모의 자녀 양육 방식, 가족 워크숍, 부부관계 개선, 영성생활, 교사, 학부모 연수 등 다양한 용도로 활용됨.

나의 성격 유형은?

내 힘(에너지)의 중심	나의 날개

나의 유형은?

나의 화살	나의 발달 단계

나에 대하여 새로 알게 된 점은 무엇인가요?

_____

에니어그램을 친구들과 이야기해 봅시다. 친구들에 대해 새로 알게 된 점은 무엇인가요?

_____

※ 에니어그램 프로파일 : 프로파일을 중심으로 설명함.

이럴 때 어떻게 하나요?

1. 점심 시간에 학급에 혼자 있는 친구를 발견하였다. 어떻게 하면 좋을까요?

   •

2. 단체 카톡방에 한 친구만 초대하지 않고 뒷 담화를 한다. 어떻게 하면 좋을까요?

   •

3. 학교 뒤편 공터에서 상급학교 학생들이 우리 반 친구를 괴롭히고 있다. 어떻게 하면 될까요?

   •

※ 같은 유형끼리 만나서 위 상황 중 하나를 발표함.

공감척도(온도)변화 측정하기

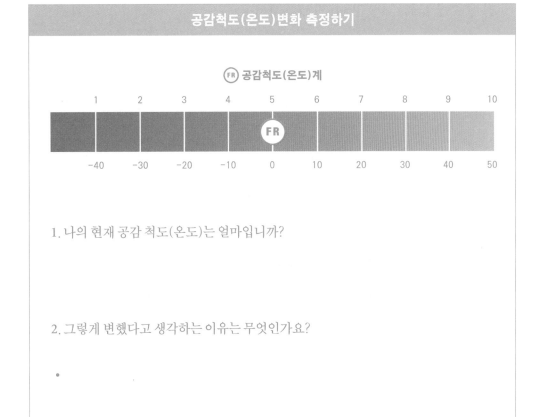

1. 나의 현재 공감 척도(온도)는 얼마입니까?

2. 그렇게 변했다고 생각하는 이유는 무엇인가요?

-

-

-

-

-

※ 척도 5(보통)를 중심으로 1~4는 부정적인 척도이며 0~1은 공감이 전혀 안됨, 2는 거의 안 됨, 3~4는 공감이 안 되는 편임, 5는 보통, 6~7은 공감이 조금 됨, 8은 공감이 많이 됨, 9~10은 대부분 공감이 됨을 의미함. 온도는 생활 속에서 온도와 비슷함.

공감수준 2일차 1~3교시(피해학생)

1. 과정 이해

이 과정은 공감수준 2일차의 첫 3시간이다. 학교폭력의 피해자가 된다는 경험은 이성理性과 일상日常이 유지되지 않는 것을 의미한다. 학교폭력의 피해자 경험은 당사자가 아니면 그 심정을 이해할 수도 수용할 수도 없는 영역이다. 그럼에도 불구하고 학교폭력의 피해자(부모)들이 간절하고 절박하게 바라는 것은 "나의 이 억울하고 속상한 마음을 알아 달라"는 것이다. 그 것이 공감이다.

학교폭력은 이미 일어난 것이지만 그 것을 해결하는 과정에 따라 그 당사자와 가정, 학급이 모두 성장成長으로 나아갈 수도 있다. 그 것이 교육이다. 학교폭력의 경험을 정확하게 이해하고 이를 개선하려는 노력이 본 프로그램이다. 본 과정에서는 학교폭력을 겪은 피해학생의 마음을 최대한 공감하는 것에 초점을 맞춘다. 가르치려고 하지 말고 해결책을 제시하지도 말고, 있는 그대로 피해자의 슬픔과 분노, 억울함과 두려움에 공감해 주는 것이 필요하다. 이를 공감척도계에 표시해 보는 것이 그 출발점이다. 자신의 공감 척도가 최악의 상태인 0에서부터 모든 문제가 해결되고 가장 행복한 상태인 10 사이, 어느 지점에 위치해 있으며 왜 그런지 이유를 설명한다. 지도자는 피해학생의 감정을 지지하며 공감한다.

다음 단계는 자신이 겪은 학교폭력(괴롭힘)에 대한 목록 만들기를 하게 된다. 자신이 어떤 피해를 당했는지 그 것을 정확하게 목록화해서 인지하는 것이 필요하다. 같은 잘못과 실패를 되풀이하지 않기 위해서는 정확한 원인에 대한 진단이 필수적이다. 괴롭힘 목록 작성 다음 단계는 그 일과 관련한 자신의 감정목록을 작성하는 일이다.

특정한 일을 겪었다면 그 것에 대해 정확한 인식을 바탕으로 한 감정 이름 붙이기가 필요하다. 정확한 감정을 이해할 수 없을 때 위로할 수도 없다. 그래서 피해감정의 이름을 붙이는 것이 중요하다. 자신이 현재 겪고 있는 감정에 대해 잘 설명할 수 없을 때 감정카드를 활용하여 감정 표현을 할 수 있도록 돕는다.

다음은 자신이 그러한 감정을 겪는 동안 나에게 피해행동을 한 상대방 학생의 마음은 어떠하였을지 짐작하여 보는 일이다. 학교폭력 상황에서 피해학생과 상대방 학생은 각기 다른 행동과 감정을 경험한다. 이를 성격유형의 관점에서 이해하고 대처하는 일은 보다 근본적인 해결과 성장으로의 전환을 가능하게 한다. 학교폭력 상황에서 상대방의 입장 혹은 감정을 생각하는 일은 매우 드물다. 하지만 모든 일은 상대적인 측면 즉, 동전의 양면이 존재한다. 학교폭력 상황은 일 방향적 보다는 상대방의 반응에 따라 폭력의 양상이 매 순간 달라질 수 있다. 이를 성격유형과 관련하여 이해하면 근본적인 원인과 치유에 접근할 수 있게 된다.

즉, 피해학생은 상대방의 가해 행동에 대해 자신이 왜 그러한 반응(대처)을 하였는지 성격유형과 관련하여 이해한다. 아울러 상대방의 성격유형을 짐작하여 보고 바람직한 선택은 무엇이었는지 생각해 본다. 하지만 이 단계에서는 중요한 것은 후회나 문제 해결책을 찾는 것이 아니라 감정으로 표현하고 공감하는 것이 핵심이다.

마무리는 자신의 공감 척도 변화를 다시 한 번 측정한다. 공감 척도가 상승하였다면 그 원인이 무엇인지 적어본다. 이때도 감정카드를 사용하면 효과적이다.

2. 일정표

구분	수준	대상	시간	번호	내용	비고
2일차	공감 수준 (3H) Empathy	피해 학생	4차시(E-4)	공감4-1	공감척도(온도) 측정하기	
				공감4-2	나는 이렇게 아팠어요	
			5차시(E-5)	공감5-1	상대방 마음 짐작하기	
				공감5-2	피해감정 이름 붙이고 위로하기	
			6차시(E-6)	공감6-1	나의 성격유형과 이번 경험과의 관계 이해하기	
				공감6-2	공감척도(온도)변화 측정하기	

3. 프로그램 구성

2회기	공감 수준 4~6차시 : 【피해학생 혹은 관련학생】			
하위영역	피해(관련)학생의 고통 이해와 위로, 자존감 회복			
활동목표	학교폭력 피해학생의 피해목록과 피해감정을 이해하고 공감하며 위로할 수 있다			
준비물	활동지, 참고자료, 필기구	시간	3차시	
단계	활동내용	시간	준비물	
시작하기	1. 복습하기 : 학교폭력 상황을 자신의 성격 유형(에니어그램) 관점에서 이해하기	5		
	2. 긴장 풀기 체조(마음 다스리기, 몸의 근육 이완하기)	5		
활동하기	3. 공감척도 측정(공감4-1)	20	공감4-1 공감4-2	
	4. 학교괴롭힘 (피해)목록 작성하기 – 나는 이렇게 아팠어요(공감4-2) : 피해괴롭힘 목록 작성 해 보고 괴롭힘을 당했을 때의 감정을 적어보기, 말로 이야기하기			
	5. 학교폭력 (피해)감정 다루기 – 학교괴롭힘 상대방 마음 짐작하기(5-1) – 피해감정 이름 붙이고 위로하기(5-2)	20	공감5-1 공감5-2	
정리하기	6. 학교폭력 피해자 경험 – 나에게 일어난 일들을 정확히 인식하고 무슨 일이 왜 일어났는지, 그 때의 감정은 어떠하였는지 만나보고 이야기를 나눔으로써 정화(카타르시스)함. 피해감정에 이름을 붙이고 위로함.	10		
소계		60		
쉬는 시간[10분]				
시작하기	7. 에니어그램 검사 프로파일 – 학교폭력과 에니어그램 성격유형과의 관계 – 사람들은 저마다 다른 방식으로 학교 폭력을 이해한다는 사실을 인식하기(공감6-1) 나의 성격유형과 이번 경험	25	공감6-1	
	8. 이번 경험(학교괴롭힘)과 성격유형의 이해 – 나의 성격유형과 학교폭력 대처 과정과의 관련성 이해 – 이번 활동을 통해 나 자신과 상대방에 대해 새롭게 이해한 점			
활동하기	10. 공감척도 변화 측정하기(공감6-2)	15	공감6-2	
정리하기	11. 소감나누기 – 나의 성격유형 이해를 바탕으로 학교폭력을 어떻게 수용하고 대응할 것인지 정리함	10		
소계		50		
전체 시간[120분]- 3시간		120		
유의사항	– 지도자는 피해학생이 피해목록을 작성하고 표현할 때 느꼈던 감정에 대해 공감 해 주어야 한다. – 학생들이 자신의 성격유형과 학교폭력과의 연관성에 대해 이해할 수 있도록 돕는다.			

4. 참고 자료

가. 감정 이해하기 : 사람들 사이에서 일어나는 모든 갈등은 결국 인간관계의 문제이다. 인간관계에서 머리로는 이해가 되지만 마음(감정)이 움직이지 않는 경우(동의가 안 되는)가 많다. 대부분의 경우 자신에게 일어나는 감정의 실체에 대해 모르거나 억누르며 외면한다. 억눌리고 외면된 감정은 다른 장면에서 또 다른 모습으로 해를 입힌다. 자신의 감정을 정확하게 이해하는 것이 관건이다. 감정을 이해하기 위한 선행 요건은 일어난 일들에 대해 인정하고 받아들이는 것이다. 무슨 일이 일어났는지 알아야 한다. 학교폭력 피해목록 작성하기를 통해 자신에게 일어난 일들을 정확하게 인지하고 작성할 때 문제 해결의 시작이 된다. 자신에게 일어난 일들이 당시 상황으로 돌아갔을 때 그 일을 겪으며 나에게 일어난 마음 상태가 감정이다. 이 감정은 기본적으로 두려움과 슬픔, 분노이다. 일반적으로 감정은 쾌快와 불쾌不快로 나눌 수 있다. 두려움과 분노, 슬픔도 그 정도에 따라 개인에 따라 그 모습이 다양하다. 이를 정확하게 표현하는 것을 돕는 도구로 감정카드를 사용한다. 감정카드는 전문가의 타당도 검증을 거쳐, 현장 지도자들이 실습을 통해 지속적으로 정교화 되고 다양화 되어야 한다.

나. 감정카드를 사용하는 목적은 학교폭력의 피해 학생이 감정적으로 자신의 마음을 정확하게 표현할 만큼 마음의 여유가 없거나 다양한 감정 언어로 표현할 만큼 학습력이 부족할 경우 도움을 줄 수 있는 강력한 도구가 된다. 본 프로그램에서는 공감-용서-회복-성장 각 수준별 40개의 감정카드를 제공한다. 필요에 따라 중복되는 감정도 있을 수 있다.

다. 나는 이렇게 아팠어요(공감 4-2) : 학교폭력(괴롭힘) 피해목록 작성하기, 나에게 있었던 일을 적어보며 정리하는 것은 내 마음을 치료하는데 도움이 된다. 내가 피해를 당한 내용을 구체적으로 적어 본다. 내가 괴롭힘을 당했을 때 느낀 감정을 카드에서 골라서 적어본다. 봅시다. 당시 나에게 일어난 일과 그 때 내가 느꼈던 감정을 말로 표현하여 본다. 감정문제가 해결되지 않으면 해결이 아니다. 따라서 정확한 감정을 찾아가는 과정이 문제

해결이다. 자신의 감정을 잘 인식하지 못하거나 익숙하지 않는 학생들에게 감정카드 활용은 도움이 된다.

라. 상대방 마음 짐작하기(활동지 공감 5-1) : 학교폭력에서 상대방의 마음을 짐작하는 과정은 매우 중요하다. 당시의 상황을 재구성하여 상대방의 마음에 초점을 맞추면서 공감의 최소 영역을 확대하려는 시도를 한다.

마. 피해감정 이름붙이고 위로하기(활동지 공감 5-2) : 무언가 억울한 일을 당했지만 그것의 실체를 알지 못할 때 누군가 밤길을 걷는데 뒤통수를 맞고 기절을 하였지만 범인을 모르는 것과 같다. CCTV를 돌려 보고 가해자의 얼굴을 확인하는 것처럼 내가 겪은 일과 관련된 감정에 이름을 붙이고 그리고는 위로를 하여야 한다. 자신의 이름을 부르고 감정의 이름을 연결시켜서 위로한다.

"○○야! 얼마나 무서웠니?(감정이름 : 무서움) 네게 얼마나 무서웠을지 생각하면 나도 몸과 마음이 함께 떨리는구나.

바. 나의 성격유형과 이번 경험과의 관계 이해하기(활동지 공감 6-1) : 나의 성격유형은 이번 경험에 어떤 영향을 끼쳤을까? 나와 상대방의 성격유형이 이번 갈등과 어떤 관련이 있을까? 자신을 돌아보고 상황을 재구성하여 보는 것이 핵심이다. 일어난 사안 자체를 성격의 탓으로 돌리는 것이 아니라 나 자신에 대한 정체성을 바탕으로 경험을 재구성해 보는 것이 목적이다. 이번 경험을 통해 나 자신과 상대방에 대해 이해한 점은 무엇인가? 이번 일에 대해 내가 공감한 것은 무엇인가? 활동지 6-1에서는 이번 경험을 통해 내가 배운 것에 대해 스스로 원인을 분석하고 그것을 공감의 차원에서 자신과 타인을 함께 느껴본다. 이 과정에서 자신의 성격유형과 상대방의 성격유형을 이해하고 바람직한 대처 방안에 대한 열쇠를 찾아갈 수 있다.

사. 공감척도(온도) 변화 측정하기(공감 활동지 6-2)

5. 읽기 자료 : Paul R. Ehrlich·Robert Ornstein 폴 에얼릭·로버트 온스타인(2012), 「공감의 진화」에서 발췌 요약

가. 우리 사회의 핵심 문제 중 하나가 공감의 부재이다(Barack Hussein Obama 버락 오바마, 2008. Martin Luther King, Jr마틴 루터 킹 목사 추모 연설에서)(9p). 공감은 다른 사람의 기분과 경험을 감정적으로 이해하는 능력이다.

나. 협동능력 : 인간이라는 종이 유독 다른 사람과 협동할 수 있는 이유는 다른 사람을 의식하고, 그 사람이 속으로 어떤 생각을 하는지 알고, 그 사람과 공감할 수 있는 능력 때문이다(31p).

다. 거울신경 : 다른 사람이 어떤 물건을 집는 모습을 볼 때 마치 우리 마음속으로 그 행동을 되풀이하거나 내부적으로 그대로 모방하는 것처럼 전운동 피질 내부에 있는 고유한 거울신경들이 활성화된다. 1990년대 초 파르마 대학 연구소 – 머카크원숭이 실험(118~119.pp)

라. 연결 본능 : 외줄타기 곡예사와 공감하는 이유처럼 자신과 타인을 연결 지어 생각하는 능력은 '가까운 사람들과의 관계'가 우리에게 도움이 됨. 인류가 살아남기 위해 자녀를 양육하고 보호하는데 많은 도움을 받는 것이 필요함(136~138. pp).

마. 인간이 지구에서 지배적인 종족이 된 이유 : 뇌가 발달한 자손을 낳은 것과 다른 사람에게 어떤 의도가 있는지 예측하고 그에 대처하는 탁월한 기술을 보유했기 때문(140.p).

바. 공감은 유전에 의한 것이라기보다는 교육 때문일 수 있다. 시대가 변하고 있으며 우리 모두는 공감적인 면에 적응하고 이를 발전시켜야 한다(143. p).

사. 인간의 본성은 환경에 따라 변화한다. 이기들은 모국어의 전형적인 패턴과 정확히 일치하는 발성패턴을 재현한다. 집단의 구성원들이 서로 닮은 점을 발견하지 못하는 경우 자주 어울리거나 대화하지 않는다(David Hume데이비드 흄. 18세기 스코틀랜드 철학자, 재인용, 162. p).

아. 합리적 무지 : 사람들은 자신이 무력하다고 느끼고 사건에 대해 아무런 영

향을 줄 수 없다고 생각할 때, 불가피한 상황 선택을 회피하려고 하며, 현안문제에 대한 정보를 얻거나 시중한 판단을 내리기 위해 시간을 투자하거나 노력하지 않는다(168.p).

자. 중요한 문제는 지구촌의 문제를 윤리적으로 재편성하고 의식적으로 규범을 발전시켜서 지속가능하고 공정한 사회를 만들기 위해 공감을 확대하고 변화를 촉진시킬 수 있느냐의 문제이다(174.p).

차. 교육의 문제 : 세계의 모든 교육 체계는 재편성이 절실히 필요하다. 학교와 대학이 운영방식을 바꾸어서 문화적인 단절과 격차를 줄이는 데 재차 노력을 집중할 필요가 있다(200.p). 교육은 우리 모두가 유전적, 사회적, 환경적으로 전부 연결되어 있다는 생각을 고쳐시킬 필요가 있다(235.p).

공감척도(온도) 측정하기

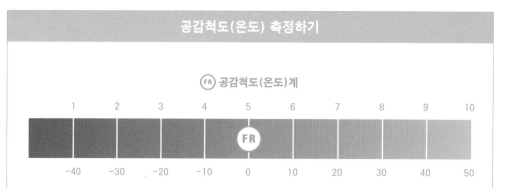

1. 나의 현재 공감 척도(온도)는 얼마인가요?

2. 그렇게 생각하는 이유는 무엇인가요?

  •

  •

  •

  •

  •

※ 척도 5(보통)를 중심으로 1~4는 부정적인 척도이며 0~1은 공감이 전혀 안됨, 2는 거의 안 됨, 3~4는 공감이 안 되는 편임, 5
  는 보통, 6~7은 공감이 조금 됨, 8은 공감이 많이 됨, 9~10은 대부분 공감이 됨을 의미함. 온도는 생활 온도와 비슷함.

나는 이렇게 아팠어요

나에게 있었던 일을 적어보며 정리하는 것은 내 마음을 치료하는데 도움이 됩니다.
내가 피해를 당한 내용을 구체적으로 적어 봅시다.

-

-

-

-

내가 괴롭힘을 당했을 때 느낀 감정을 카드에서 골라 적어봅시다. (감정카드 활용)

나의 감정

[ ] , [ ] , [ ]

표정을 그려보세요

나에게 벌어진 일과 그 때 내가 느꼈던 감정을 말로 이야기해 봅시다.

상대방 마음 짐작하기

학교괴롭힘 상황에서 상대방은 어떤 마음 이었을까?

※ 내가 괴롭힘 당했을 때 상대방 학생은 어떤 마음으로 괴롭혔을까? 마음속으로 느꼈던 생각들과
   감정들을 구체적으로 적어봅시다(감정카드 활용).

-
-
-
-

피해감정 이름 붙이고 위로하기

학교괴롭힘을 당했을 때 내가 느낀 감정의 이름은....

1. 내가 괴롭힘을 당했을 때 마음속으로 느꼈던 감정들의 얼굴   표정을 그려보고 중
   요한 순서대로 감정의 이름을 적어봅시다.

감정 : _____   _____   _____   _____

2. 피해감정의 이름을 부르며 자신을 위로합니다.(감정카드 활용)

   •

   •

   •

   •

나의 성격유형과 이번 경험과의 관계 이해하기

1. 나와 나를 괴롭힌 친구의 성격 유형을 정리해 봅시다.

구분	나	친구
에니어그램 유형		
에니어그램 특징		

2. 성격 유형을 생각해 볼 때 나와 친구는 무엇 때문에 갈등이 생겼을까요?

•

•

3. 활동을 통해 나 자신과 상대방에 대해 새롭게 이해한 점은 무엇인가요?

• 나에 대해 이해한 점:

• 상대방에 대해 이해한 점:

공감척도(온도)변화측정

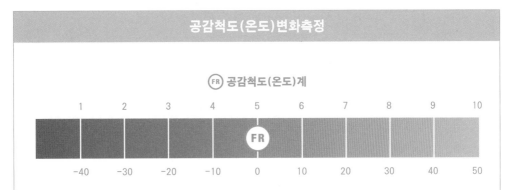

1. 나의 현재 공감 척도(온도)는 얼마인가요?

2. 그렇게 생각하는 이유는 무엇인가요?

-
-
-
-
-

※ 척도 5(보통)를 중심으로 1~4는 부정적인 척도이며 0~1은 공감이 전혀 안됨, 2는 거의 안 됨, 3~4는 공감이 안 되는 편임, 5 는 보통, 6~7은 공감이 조금 됨, 8은 공감이 많이 됨, 9~10은 대부분 공감이 됨을 의미함. 온도는 생활 온도와 비슷함.

공감수준 2일차 4~6교시(관련학생/가해학생)

1. 과정 이해

이 과정은 공감수준 2일차 오후 시간으로 -피해학생과의 만남 뒤에 이어지는- 관련(가해)학생과의 만남에 대해 다룬다. 학교폭력(괴롭힘 혹은 다툼) 초기에 당사자들은 가해자라는 표현에 대단히 민감하다. 사건의 실체가 드러나지 않았고 정보가 부족하며 가해와 피해가 분명하지 않을 뿐만 아니라 쌍방에 의한 폭력이 대부분이기 때문이다. 학교폭력(괴롭힘)에서 일방적인 가해와 피해는 매우 드물게 일어난다. 여기서 말하는 일방적인 폭행은 거의 대응을 하지 않는 경우를 말한다. 대부분의 경우 학교폭력 관련학생이라는 용어를 사용하거나 피·가해학생 또는 가·피해학생이라고 명시하게 된다. 학교폭력의 당사자 혹은 관련학생으로 불리는 것이 중립적이며 교육적인 해결을 위한 출발점이 된다. 간혹 예전의 가해자와 현재 가해자의 구도가 뒤바뀌거나 피해자가 가해자가 되는 등 오랜 된 삽화를 얽혀 있는 복합적인 경우도 많다.

학교폭력의 가해 혹은 당사자가 되는 경험은 매우 혼란스럽다. 그 부모도 마찬가지다. "우리 아이는 그런 애가 아니다. 우리 애가 그럴 리가 없다."라는 반응이 일반적이다. 심지어는 "상대방 학생이 자극을 하였거나-원인 제공- 맞을 짓을 했을 것"이라는 불균형적 확신을 피력하기도 한다.

학교폭력(괴롭힘)의 해결과정에서 중요한 것은 피·가해 학생 모두가 우리 자녀이며 교육의 대상이라는 점을 전제조건으로 인식하는 것이다. 응징과 처벌이 아닌 교육의 대상으로 교육적 처치 과정에 참여하고 있다는 교감(공감대)이 있어야 프로그램이 실질적으로 도움을 줄 수 있다. 즉, 관련학생과 그 부모가 현재 내가 참석하고 있는 프로그램이 잘못에 대한 응징(벌)이 아니라 바람직한 행동수정과 관계회복을 위한 성장의 기회라는 것에 대한 마음 속 동의 과정이 필요하다.

이 과정은 먼저 관련학생-학교폭력의 피해를 당한 학생(피해학생)의 상대방-이 자신이 지금 어떤 심정인지 공감을 측정하는 것으로 시작한다. 자신의 불안과 두려움, 공포와 슬픔 등의 감정들을 표시하면 지도자는 이를 공감한다. 다음 단계는 자신이 경험한(참여한) 사안에 대한 목록 만들기와 그 것에 대한 감정목록 작성하기이다. 자신이 그러한 행동(괴롭힘)을 하였을 때 상대방 학생의 마음은 어떠하였을지 짐작하여 보고(상대방 마음 짐작하기), 감정의 이름을 붙인다. 그런 다음 그 감정에 대해 진심으로 뉘우친다. 진정한 뉘우침이 없이는 상대방의 용서를 구할 수가 없다. 공감 수준에서 자신의 잘못에 대해 진심으로 후회하고 아파하며 뉘우치는 것을 경험할수록 다음 단계인 용서 수준으로 쉽게 나아갈 수 있다. 하지만 후회나 반성을 강요하게 되면 역효과가 일어날 수 있다.

자신이 한 행동에 대해 왜 그러한 선택을 하였는지 (성격유형과 관련하여) 이해한다. 아울러 상대방의 성격유형을 짐작하여 보고 바람직한 선택은 무엇일지 생각해 본다. 하지만 이 단계에서는 문제의 해결책을 찾는 것이 아니라 감정으로 표현하고 공감하는 것이 핵심이다.

공감은 "자신이 마치 상대방이 되어서 느끼고 생각하고 행동하는 것"이다. 이를 위해서는 먼저 마음을 비우고, 상대방의 언어를 이해하며, 상대방의 논리를 이해하고 상대방의 욕구를 파악하여야 한다. 상대방의 성장 동기를 들어내고 공감적으로 표현하는 것이 필요하다(박성희 외, 2017).

끝으로 자신의 공감변화척도를 다시 한 번 측정한다. 공감 척도가 상승하였다면 그 원인이 무엇인지 적어본다. 이때도 감정카드를 사용하면 효과적이다.

2. 일정표

구분	수준	대상	시 간	번호	내용	비 고
2일차	공감 수준 (3H) Empathy	가해 학생	7차시(E-7)	공감7-1	공감척도 측정하기	
				공감7-2	내 행동과 감정 꺼내보기	
			8차시(E-8)	공감8-1	상대방 마음 짐작하기	
				공감8-2	감정 이름 붙이고 뉘우치기	
			8차시(E-8)	공감9-1	이번 경험과 나의 성격유형 이해	
				공감9-2	공감척도 변화 측정하기	

3. 프로그램 구성

3회기	공감 수준 7~9H : 【관련학생/가해】			
하위영역	가해(관련) 학생의 두려움과 당황스러움을 이해하고 정확한 자기 인식을 돕기			
활동목표	학교폭력 가해(관련) 학생의 마음을 공감하고 가해목록과 가해감정을 발견하여 진심으로 뉘우치고 반성하기			
준비물	활동지, 참고자료, 필기구	시간	3차시	
단계	활동내용	시간	준비물	
시작하기	1. 복습하기: 학교폭력 상황을 자신의 성격유형(에니어그램) 관점에서 이해하기	5		
활동하기	2. 긴장 풀기 체조(마음 다스리기, 몸의 근육 이완하기)	5		
	3. 공감척도 측정(공감7-1)	25	공감7-1 공감7-2	
	4. 학교폭력 관련(가해) 목록 작성하기(7-2) : 행동 목록 작성하기, 감정목록 명명하기			
	5. 학교폭력 관련(가해) 감정 다루기 - 학교폭력 상대방 마음 짐작하기(8-1) : 상대방 마음 짐작하기로 명명 - 감정 이름 붙이고 뉘우치기(8-2)	30	공감8-1 공감8-2	
정리하기	6. 학교 폭력 관련 경험 - 학교폭력 관련 사실을 인정하고 정확한 인식을 바탕으로 자신이 끼친 상처를 발견하고 감정을 표현하며 뉘우침으로써 자신의 자존감을 지키고자 함	10		
소계		70		
쉬는 시간[10분]				
활동하기	7. 에니어그램 검사 프로파일 - 학교괴롭힘과 에니어그램 성격유형과의 관계 - 사람들은 저마다 다른 방식으로 학교 폭력을 이해한다는 사실을 인식하기 : 이번 경험과 나의 성격유형의 이해(공감9-1)	20	공감9-1	
	8. 학교괴롭힘과 성격유형의 이해 - 나의 성격유형과 학교괴롭힘 대처 과정과의 관련성 이해			
	9. 학교폭력과 성격유형별 대처(9-2) : 이번 경험과 나의 성경유형과의 관계는? - 나의 성격유형과 이번 경험은 어떤 관계가 있는가? 10. 공감척도 변화 측정(공감9-3) - 공감척도의 변화를 측정하고 이유를 적어보기	20	공감9-2	
정리하기	11. 소감나누기 - 나의 성격유형 이해를 바탕으로 학교괴롭힘을 어떻게 수용하고 대응할 것인지 정리함	10		
소계		50		
전체 시간[120분]- 3시간				
유의사항	- 지도자는 피해자가 피해목록을 작성하고 표현할 때 피해자가 느꼈던 감정에 대해 공감 해 주어야 하고 학생들이 자신의 성격유형과 학교폭력과의 연관성에 대해 이해할 수 있도록 돕는다.			

4. 참고 자료

가. 내 행동과 감정 꺼내보기(공감7-2) : 이번 일은 어떠한 생각에서 그런 행동을 하였나요? 라고 묻는다. 이 것을 가해목록이라고 하면 낙인효과가 너무 강하여 거부감이 들 수가 있기 때문이다. 따라서 행동 목록 작성하기로 용어를 순화하였다. 가해(관련) 학생이 이번 일을 어떠한 인식하고 있는지 구체적으로 적어본다. 그 일이 일어났을 때 당시 나는 어떤 마음이었는지 살펴본다. 감정카드를 활용할 수 있다. 공감수준의 감정카드는 모든 40개로 자신의 마음에 가장 와 닿은 카드 3~5개를 선정하여 자신의 심정을 적어본다.

나. 상대방 마음 짐작하기(공감8-1) : 이번 일과 관련하여 상대방 학생의 마음은 어떠하였을까를 짐작하여 본다. 학교괴롭힘의 과정에서 가해를 하였다고 여겨지는 관련학생들에 대해 "왜 그런 행동을 하였는지?"는 질문하는 것은 모든 형태의 잘못에 대한 자기 변호권을 부여하는 것이다. 특히 상대방에게 끼친 피해의 이유보다는 그 당시 상대방의 마음이 어떠하였는지 초점을 맞춤으로서 상대학생의 고통에 공감하게 하려는 목적이 있다.

다. 감정 이름 붙이고 뉘우치기(공감8-2) : 이번 일로 인하여 상대방이 느낀 감정의 이름을 붙여보는 것이다. 감정의 이름을 부르며 뉘우친다. 상대방에게 끼친 상처에 대해 피해감정의 이름을 부르며 후회하고 뉘우치는 행동은 용서 구하기의 기초가 된다.

라. 이번 경험과 성격유형의 이해(공감9-1) : 나의 성격유형이 이번 일에 어떠한 영향을 끼쳤는지 살펴본다. 성격유형의 특징에 따라 나와 친구의 유형을 정리하여 보고 갈등의 원인을 찾아 본다. 이번 활동을 통해 나 자신과 상대방에 대해 새롭게 이해한 점을 적어본다. 성격유형에 따른 나의 힘의 중심(머리-가슴-배)이 상대방의 힘의 중심(머리-가슴-배)과 연계되어 어떠한 오해를 불러 왔는지 소통의 부재를 초래하였는지, 고통의 원인을 제공하였는지 만나 볼 수 있다. 이번 경험을 통해 내가 경험한 이해와 공감의 범위는 무엇인가? 이를 성격유형의 관점에서 정리하여 본다. 나의 성격유

형은 이번 일을 대응하는 과정에서 어떠한 역할을 하였으며 내가 이해하고 공감한 것들은 무엇인가? 상대방에 대해 이해한 것들은 무엇인지 정리하여 본다.

마. 공감척도(온도) 변화 측정하기(공감9-2) : 프로그램 진행과 관련하여 자신에게 일어난 공감척도의 변화를 확인하고 그 이유를 적어본다.

바. 모든 행동에는 목적이 있다. 감정에도 목적이 있다. 어떤 감정이 일어나는 것은 그 것이 추구하는 목표가 있다. 그 목표를 확인하는 것이 내가 상대방에게 피해를 끼치는 행동을 하였을 때의 내 마음(감정) 상태이다. 특히 나의 행동이 상대방(피해) 학생에게 어떠한 영향과 감정을 끼치게 되었는지 살펴보는 것은 매우 중요하다. 관련(가해) 학생들은 일반적으로 자신에게 일어난 분노와 슬픔, 두려움에 대한 대응으로 욕설과 폭력 등의 피해행동을 하게 된다. 이 때 상대방은 어떠한 감정으로 나의 행동을 받아들이게 되었을까? 를 짐작하게 하는 것이다. 이를 "상대방 감정 짐작하기"라고 부른다.

5. 읽기 자료

A : 박성희(2014), 「인간관계의 필요충분조건」에서 발췌 요약

가. 공감의 정의 : 자신을 잠시 젖혀 놓고 상대방의 내면으로 들어가 마치 자신이 상대방인 것처럼 생각하고 느껴보고 행동하는 것이다. 모든 선입견과 선지식을 버리고 순수한 마음으로 상대방의 이야기를 경험하고 그 속으로 뛰어 들어가야 한다(289.p).

나. 정서공명이란 한 사람의 감정이 다른 사람 속에서도 똑같은 감정을 일으키는 것이 마치 물리학에서 말하는 공명현상과 닮았다고 해서 붙인 이름이다. 정서감염이란 한 사람의 감정이 다른 사람의 감정으로 전염된다는 뜻이다(294 p).

다. 공감하는 두 사람 사이에서 일어나는 상당히 좋은 느낌. 이 긍정적인 느낌들의 관계를 촉진적 인간관계 '라포rapport'라고 한다(300 p).

라. 공감적 이해에 도달하기 위한 두 가지 단계는 먼저 상대방이 사용하는 낱말에 대한 이해, 다음은 상대방이 전개하는 논리에 대한 이해가 필요 하다(303 p). 공감에서는 느낌, 이해, 행동이 복잡하게 얽혀서 작용한다. 공감의 마지막에 공감하는 사람과 공감받는 사람이 느낌으로 하나가 되는 것을 정서적 공명이 일어난다고 한다.

마. 공감능력을 향상하는 아홉 가지 방법

1) 마음 비우기: 다른 사람의 말을 듣기 위해 먼저 자신의 마음을 비우기

2) 자연과 하나 되기: 공감은 사람과 하나 되는 경험이다. 이를 위해 먼저 주변의 자연과 하나 되는 연습을 한다(나무, 시냇물, 손목시계 등)

3) 상상으로 공감하기

4) 비디오로 공감연습하기

5) 핵심 용어와 낱말 이해하기: 상대방이 사용하는 핵심용어와 낱말의 정확한 뜻을 이해하여야 공감이 가능하다.

6) 고유논리 이해하기: 상대방 내면에서 진행되는 고유논리 이해

7) 근본욕구와 성장 동기 찾기: 상대방이 하는 말을 통해 왜 그 말을 하는지, 그 말을 통해 얻고자 하는 것이 근본욕구이다. 근본욕구는 결핍욕구와 성장욕구(동기)이다.

8) 습관언어 활용하기: 사람마다 언어를 사용하는 독특한 방식이 있다.

9) 감감 언어 통로 확인하기: 사람들은 저마다 자신의 감각을 통해 외부기관과 교류하며 소통하다. 언어 역시 자신이 주로 사용하는 감각의 통로를 활용한다.

B : Dev Patnaik베브 펫나이크(2016), 「공감하는 인간」에서 발췌 요약

가. 다른 사람과 공감할 수 있는 가장 간단한 방법은 그들처럼 생각하고 판단하는 것이다(17. p).

나. 다른 사람의 신발을 신고 걸어보라. 상대방의 가죽구두를 신고 1마일을 걸어보기 전에는 절대로 다른 사람을 섣불리 판단하지 마라(122. p).

다. 거울신경mirror neurons : 다른 사람의 행동을 지켜보는 것 만으로도 무의

식 중에 그 행동을 배울 수 있다.

라. 상호적 이타주의reciprocal altruism : 우리가 다른 사람들에게 이타적으로
　 행동하면 다른 사람들도 우리에게 이타적으로 행동하는 경향이 있다
　 (257.p).

공감척도(온도) 측정하기

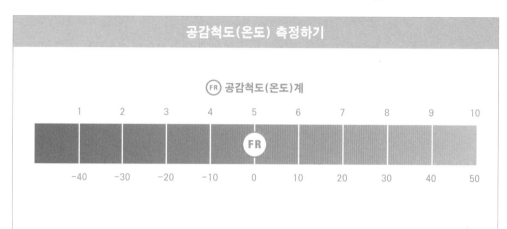

1. 나의 현재 공감 척도(온도)는 얼마인가요?

2. 그렇게 생각하는 이유는 무엇인가요?

-

-

-

-

-

※ 척도 5(보통)를 중심으로 1~4는 부정적인 척도이며 0~1은 공감이 전혀 안됨, 2는 거의 안 됨, 3~4는 공감이 안 되는 편임, 5는 보통, 6~7은 공감이 조금 됨, 8은 공감이 많이 됨, 9~10은 대부분 공감이 됨을 의미함. 온도는 생활 온도와 비슷함.

내 행동과 감정 꺼내보기

이번 일은 어떠한 생각 때문에 그런 행동을 하였나요?
자신이 한 행동을 떠올려 구체적으로 적어봅시다.

-
-
-
-

그 일이 일어났을 당시 나는 어떤 마음이었나요? (감정카드 활용)

나의 감정

표정을 그려보세요

상대방 마음 짐작하기

이번 일과 관련하여 상대학생은 어떤 마음이 들었을까요?

※ 상대방이 속으로 나에게 대해 느꼈던 생각들과 감정들을 구체적으로 적어봅시다
   (감정카드 활용).

<table>
<tr><td></td><td></td></tr>
<tr><td></td><td></td></tr>
</table>

-

-

-

-

감정 이름 붙이고 뉘우치기

이번 일로 인하여 상대방이 느낀 감정의 이름을 붙이고 뉘우치기(감정카드 활용)

1. 8-1에서 적은 감정 중 상대방 학생이 가장 크게 느낀 감정이라고 생각되는 것을 3가지만 적어 봅시다.

감정 : _____   _____   _____

2. 상대방에게 끼친 상처에 대해 피해감정의 이름을 부르며 뉘우치고 후회하며 용서 빌기를 결심해 봅시다(감정카드 활용)

-
-
-
-

이번 경험과 나의 성격유형 이해

1. 나와 나를 괴롭힌 친구의 성격 유형을 정리해 봅시다.

구분	나	친구
에니어그램 유형		
에니어그램 특징		

2. 성격 유형을 생각해 볼 때 나와 친구는 무엇 때문에 갈등이 생겼을까요?

-

-

3. 활동을 통해 나 자신과 상대방에 대해 새롭게 이해한 점은 무엇인가요?

• 나에 대해 이해한 점:

• 상대방에 대해 이해한 점:

공감척도(온도) 변화 측정하기

1. 나의 현재 공감척도(온도)는 얼마인가요?

2. 그렇게 생각하는 이유는 무엇인가요?

-
-
-
-
-

※ 척도 5(보통)를 중심으로 1~4는 부정적인 척도이며 0~1은 공감이 전혀 안됨, 2는 거의 안 됨, 3~4는 공감이 안 되는 편임, 5 는 보통, 6~7은 공감이 조금 됨, 8은 공감이 많이 됨, 9~10은 대부분 공감이 됨을 의미함. 온도는 생활 온도와 비슷함.

용서수준 3일차 1~3교시(관련학생)

1. 과정 이해

이 과정은 용서수준 3일차 가해(관련)학생과의 만남을 다룬다. 용서는 "인간의 영역이 아니다. 신의 영역이다."라는 말만큼이나 용서의 민낯을 만나는 것은 어렵고 고통스러운 작업이다. 누구도 용서를 강요할 수도 교육할 수도 없다. 용서는 철저하게 피해자의 입장에서 피해자가 "이제 그만 되었다"라고 인정해야 만이 해결점에 이른다.

문제는 진정한 용서이다. 용서의 외피(형식)만 갖춘 형식적인 사과는 용서가 아니라 오히려 또 다른 폭력이 되기도 한다. 용서는 진심어린 뉘우침 뒤에 오는 통과의례이다. 가해(관련)자가 자신이 무엇을 잘못하였는지 정확하게 인지(인정)하고 이를 후회하면서 그 일을 되풀이하지 않으며, 원상회복을 결실하고 이를 고백하여야 한다. 아울러 자신의 잘못에 대해 자신이 할 수 있는 보속(갚음)을 치루겠다는 결심을 동반하여야 한다.

자신의 잘못에 대한 보속(값을 치르는 일)은 가해(관련)학생이 일방적으로 정하는 것이 아니라 피해자의 관점에서 피해자가 동의하는 방식으로 이루어져야 한다. 이를 위하여 지난 시간 공감수준에서 가해학생과 피해학생 모두 자신이 경험한 "학교폭력(괴롭힘)의 목록을 작성"하고 "감정의 이름붙이기"와 "상대방의 마음을 짐작하기" 접근을 하였다.

이제 용서 수준에서는 가해학생과 피해학생이 각각 구체적으로 자신이 한 행동에 대해 자기 자신과 관련학생, 그리고 그 부모님께 편지를 쓴다. 자신의 부모님과 학급의 친구들 및 담임교사에게도 편지를 쓴다. 그 이유는 학교폭력(괴롭힘)이 학급공동체 안에서 관계의 역동 속에 일어나는 일이기 때문에 모두가 함께 해결할 필요가 있기 때문이다. 가정 역시 예외가 아니다. 가족이 함께 도와주지 않으면 반쪽 해결이 된다.

먼저 가해학생은 용서척도계 앞에서 자신의 용서척도가 어디쯤에 위치하여 있는지 스스로 점검하고 얼마나 척도를 변화시킬 수 있을지 예상한다. 3시간에 걸친 편지 쓰기는 자신이 행한 행동에 대해 돌아보고 그 일로 인해 다른 사람들이 겪었을 마음의 고통에 대해 공감하고 또 그 절절한 마음을 체험한다. 특히 자신이 쓴 편지를 스스로 읽으며 피해학생에게 진심으로 뉘우치기를 통해 마음을 전달하려는 연습하기는 것이 중요하다.

이러한 작업 과정들은 가해(관련)학생으로 하여금 진심어린 사과를 위한 정확한 자기이해와 성찰을 돕는다. 용서 수준에서는 다음 수준인 회복수준에서의 -상대방 학생인 피해학생과 마주하여- "진심으로 용서구하기"를 연습하게 된다. 이 과정은 용서 수준에서 충분한 진심으로 여러 번 연습되어 회복수준에서 용서편지 주고받기를 할 때 피해학생의 마음을 움직이고 용서를 수용할 수 있도록 감동을 주어야 한다. 그래야만 관계가 회복되고 복수심이라는 폭탄의 뇌관을 해체하는 작업이 될 수 있다.

2. 일정표

구분	수준	대상	시간	번호		비고
3일차 (6H)	용서수준 (6H) Forgiveness	가해 (관련) 학생	10차시(F-1)	용서1-1	용서척도(온도) 측정하기	
				용서1-2	사과 징검다리	
			11차시(F-2)	용서2-1	상대방에게 편지쓰기	
				용서2-2	자신에게 편지쓰기	
			12차시(F-3)	용서3-1	자기를 용서하기	
				용서3-2	용서척도(온도) 변화 측정하기	

3. 프로그램 구성

4회기	용서 수준 10~12차시 [가해 혹은 관련학생]		
하위영역	학교폭력 과정에서 자신이 행한 일을 정확하게 이해하고 뉘우치기		
활동목표	학교폭력 과정에서 일어난 자신의 잘못된 행동과 상대방에게 끼친 영향에 대한 정확한 이해와 용서를 구하려는 결심하기		
준비물	활동지, 참고자료, 필기구	**시간**	3시간
단계	**활동내용**	**시간**	**준비물**
시작하기	◈ 본 회기에 대한 이해 - 공감 수준에서 자신이 느끼고 결심한 것 나눔	10	
활동하기	1. 긴장 풀기 체조(마음 다스리기, 몸의 근육 이완하기)	5	
	2. 현재의 용서감정 척도 측정하기(용서1-1) - 사과 징검다리(1-2) : 용서 징검다리를 하면서 자기가 정말 사과하고 싶은지 돌아보고, 사과하려는 결심하기	25	용서1-1 용서1-2
	쉬는 시간 10분		
	3. 사과 징검 다리 - 상대방에게 편지 쓰기(용서2-1) : 상대방에게 진심을 담아 사과하는 편지를 쓰기 * 자기 자신에게 편지 쓰기(용서2-2) : 자신이 쓴 편지(2-1,2-2)를 소리 내어 읽어 봄으로써 잘못을 깊게 뉘우칠 수 있게 한다. (사과 편지는 회복 단계에서 상대방에게 전달한다).	40	용서2-1 용서2-2
	쉬는 시간 10분		
	4. 자기 스스로를 용서하기(용서3-1) - 자기 스스로의 자신감을 회복하고, 너무 큰 죄책감을 가지지 않게 한다. - 자기 스스로를 용서하여 더 좋은 사람이 될 수 있는 희망을 갖게 한다.	30	용서3-1
활동하기	5. 용서감정 척도 변화 측정하기(용서1-1) - 용서 수준 프로그램을 통해 용서척도의 변화를 살펴보고 그 이유를 설명함	10	용서3-2
정리하기	6. 소감나누기 - 나의 학교폭력 행동이 상대방에게 어떤 영향을 끼쳤는지 생각하며 진심으로 뉘우치고 용서를 받고자 하는 마음을 결심한다.	5	
	총 120분 - 3시간		
유의사항	- 가해 학생이 학교폭력 과정에서 상대방에게 끼친 잘못에 대해 용서의 과정을 정확하게 밟아갈 수 있도록 안내. - 용서는【진심으로 뉘우치기-다시 잘못된 행동을 되풀이 하지 않도록 결심하기-사과하기-상대방이 요구하는 대가(보속) 지불하기】		

4. 참고 자료

☞ 많은 경우 학교괴롭힘의 피·가해학생들은 상대방의 잘못에 대해 분노하지만 자신이 한 잘못에 대해서는 상대방에게 원인을 전가하고 용서를 빌거나 베풀지 못하겠다고 버티는 경우가 많다. 용서하지 못하는 마음 즉, 증오하는 마음의 가장 큰 피해자는 자기 자신이 된다. 상대방을 미워하고 증오할수록 자신의 마음속에 미움과 원망, 증오심을 가득 채워야 하기 때문이다. 마음 속에 채워진 증오심과 분노는 얼굴 표정부터 일상의 대화에 이르기까지 일상을 파괴한다. 미워하는 마음을 가지고 살아가는 것은 결국 용서하는 용기를 내지 못하기 때문이다. 용서는 시간이 걸리는 작업이다. 용서하는 마음이 일어나지 않는다고 채근해서는 안 된다. 용서하는 마음을 열게 하는 가장 좋은 접근 방법의 하나는 편지쓰기이다.

가. 자신에게 편지쓰기(용서1-1): 자신에게 편지를 쓰는 것 역시 상황을 한 발자국 떨어져서 객관화하고 타자화하여 마음속에 가득한 유독有毒, toxic한 감정으로부터 자신을 돌아보게 하는 작업이다. 용서하는 마음을 내기 위해서는 글로 써야 하고 글로 쓰기 위해서는 다시 생각을 하게 된다. 자신에게 쓰는 편지에서 충분한 통찰에 이르지 못한 학생들도 자신의 부모님, 관련 학생과 학급 친구들, 담임교사 등에게 편지를 할 수 있다. 편지를 쓰는 과정에서 상대방의 마음을 이해할 수 있는 기회가 된다. 특히 자신의 부모님에게 편지쓰기는 가족관계의 재구성과 회복에 연결 고리가 된다.

나. 사과 징검다리(용서 1-2)는 이번 일과 관련하여 상대방을 생각하면 나는 어떤 감정이 드는지, 정말 사과하고 싶은지, 사과하면 어떤 점이 좋으며, 사과를 하지 않으면 어떤 점이 않 좋을지 스스로 생각해 보게 한다. 그 결과 나는 어떻게 하면 좋을지 결정한다. 특히 자신이 생각하는 용서에 대해 적어보고 대화를 하는 것은 중요한 도움이 된다.

다. 상대방에게 편지 쓰기(용서2-1)는 매우 어려운 작업이다. 상대방 학생에게 편지쓰기를 통해 내가 학교괴롭힘 행동을 하였을 때 얼마나 고통스러웠을지 생각하고 사과하는 편지를 적어 보는 작업이다. 이 편지는 용서 5-2에서 관련학생이 상대방 학생의 편지를 읽고 답하기의 자료로 활용된다. 하지만 언어로 표현되기 전 자신의 생각을 정리하고 요점을 파악하기 위한 좋은 연습이 된다. 학급 친구들과 담임교사에게 편지 쓰기 역시 문제해결과정에서 모든 당사자들을 연계하여 사회적 해결 자본을 확대하는 의미가 있다.

라. 자기 자신에게 편지 쓰기(용서2-2)는 자기 자신에게 편지를 쓰는 작업이다. 상대방에게 편지를 쓴 다음 다시 자기 자신을 돌아보고 자신의 성찰을 확인하는 편지를 쓴다. 이 작업은 자존감과 자기 정체성을 확인하며 자기 주체성을 찾는 작업이 된다.

마. 자기를 용서하기(용서3-1): 자기 자신에게 편지를 쓰고 느낌을 말한다. 특히 자신이 저지른 잘못에 대해 정확하게 표현하고 뉘우치면 용서로 성큼 다가갈 수 있다. 이 과정은 자신의 삶의 의미를 부여하고 긍정적인 자아존중감을 찾아 갈 수 있도록 돕는 작업이다.

바. 용서척도(온도)변화 측정하기(용서3-2): 생략. 용서 척도와 용서 온도는 같은 표현이다. 지도자가 필요에 따라 척도 혹은 온도를 선택하여 사용할 수 있다.

사. 중요한 것은 용서의 과정(사이클)을 정확하게 밟아서 통과하는 일이다. 필자가 제안하는 용서의 과정은【진심으로 뉘우치기-다시는 잘못된 행동을 되풀이 하지 않겠다는 결심하기-사과하기-상대방이 요구하는 대가(보속) 지불하기】이다.

아. 상대방이 요구하는 대가의 경우 당사자가 수용하지 못할 경우가 발생한다. 이 경우 "대안 제시하기" 혹은 "필적할만한 다른 용서과정 선택하기" 등으로 대처할 수 있다.

5. **읽기 자료** : Johann Cristoph Arnold요한 크리스토프 아놀드(2015), 「왜 용서해야 하는가?」에서 발췌 요약

가. 용서는 평화를 얻는 것이다. 용서는 손해를 보는 것이 아니라 복수와 보복의 악순환, 미움과 분노의 감옥에서 풀려나 평화를 얻는 것이다(9).

나. 원한은 스스로 독약을 마시고 적이 죽기를 바라는 것과 같아(Nelson Rolihlahla Mandela 넬슨 만델라). 원한은 파괴적인 힘이 크다. 그 힘은 누구보다 먼저 자신을 파괴한다. 세상에서 가장 잔인한 감옥은 용서하지 않는 마음과 영혼이다.

다. 어둠을 어둠으로서 몰아낼 수 없다. 미움을 미움으로 깊으면 미움만 더욱 늘어날 뿐이다. 별이 사라지면 밤은 더 어두워진다. 빛만이 어둠을 몰아낼 수 있다. 사랑만이 미움을 몰아낼 수 있다(69).

라. 어린 아이들은 오히려 용서를 쉽게 받아들이고 수요할 수 있는 존재이다.

마. 복수를 택하면 분노하는데 삶이 다 소진되고 만다. 분노는 만족을 원하고 그것은 습관이 된다.

바. 대가를 바라지 않을 때 용서는 우리를 자유롭게 한다(Henri Jozef Machiel Nouwen 헨리 나우웬)

사. 삶을 행복하게 하거나 불행하게 하는 것은 외부의 환경이 아니라 그 것을 대하는 내면의 태도이다(Everhard Arnold 에버하르트 아놀드)

아. 용서를 통해 우리가 저지른 잘못의 결과에서 벗어나지 않으면 돌이킬 수 없는 과거에 갇혀 행동하는 능력마저 읽고 만다. 마치 마법의 주문을 풀지 못하는 주술사처럼 자신이 저지른 잘못의 희생자가 되는 것이다(Hannah Arendt 한나 아렌트).

자. 학교 폭력을 푸는 해답은 화해와 용서(천종호 부장판사)

용서척도(온도) 측정하기

1. 나의 현재 용서척도(온도)는 얼마입니까?

2. 그렇게 생각하는 이유는 무엇인가요?

-
-
-
-
-

※ 척도 5(보통)를 중심으로 1~4는 부정적인 척도이며 0~1은 공감이 전혀 안됨, 2는 거의 안 됨, 3~4는 공감이 안 되는 편임, 5는 보통, 6~7은 공감이 조금 됨, 8은 공감이 많이 됨, 9~10은 대부분 공감이 됨을 의미함. 온도는 생활 온도와 비슷함.

사과 징검다리

다음 징검다리를 건너면서 사과를 준비해 봅시다.

상대방을 생각하면 나는 어떤 감정이 드나요?

상대방에게 정말 사과하고 싶나요?

(예)　　　　　　　　　(아니오)

사과하면 어떤 점이 좋을까요?	사과하지 않으면 어떤 점이 안 좋을까요?

그렇다면 난 어떻게 하면 좋을까요?

상대방에게 어떻게 사과의 마음을 전할 수 있을까요?

내가 생각하는 용서는 무엇인가요?

용서는 ＿＿＿＿＿＿ 이다. 왜냐하면 ＿＿＿＿＿＿＿＿＿＿＿

＿＿＿＿＿＿＿＿＿＿＿＿＿＿＿＿＿ 이기 때문이다.

상대방에게 편지쓰기

내가 친구에게 괴롭힘 행동을 하였을 때 상대방 학생의 마음은 어떠했을까요?
상대방에 용서를 구하는 편지를 써 봅시다.

_____

_____

_____

_____

_____

_____

_____

_____

_____

_____

_____

_____

_____

_____

_____

_____

_____

_____

_____

_____

자신에게 편지쓰기

자기 자신에게 하고 싶은 말, 즉 내 마음과 생각을 적어 봅시다.

_____

_____

_____

_____

_____

_____

_____

_____

_____

_____

_____

_____

_____

_____

_____

_____

_____

_____

_____

자기를 용서하기

❖ 자기 자신에게 쓴 편지를 읽고 뉘우치기

자기 자신에게 쓴 편지를 다시 읽고 느낌을 적어봅시다.

_____

_____

_____

_____

_____

_____

_____

_____

_____

_____

_____

_____

_____

_____

_____

_____

이름 :

용서척도(온도)변화 측정하기

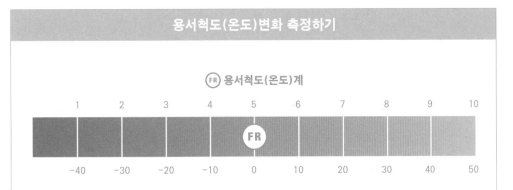

1. 나의 현재 용서척도(온도)는 얼마입니까?

2. 그렇게 생각하는 이유는 무엇인가요?

•

•

•

•

•

※ 척도 5(보통)를 중심으로 1~4는 부정적인 척도이며 0~1은 공감이 전혀 안됨, 2는 거의 안 됨, 3~4는 공감이 안 되는 편임, 5는 보통, 6~7은 공감이 조금 됨, 8은 공감이 많이 됨, 9~10은 대부분 공감이 됨을 의미함. 온도는 생활 온도와 비슷함.

용서수준 3일차 4~6교시(피해학생)

1. 과정 이해

용서수준 3일차 오후 과정은 피해학생과의 만남을 다룬다. 피해학생을 가해(관련)학생 다음으로 만나는 일은 학교폭력(괴롭힘)을 제공한 상대방(관련)학생의 뉘우침 수준에 대한 인식이 지도자에게 필요하기 때문이다. 하지만 피해학생에게 상대방(관련)학생의 뉘우침 수준(정도)에 대해 직접적인 정보의 제공은 신중하여야 한다. 이는 회복단계에서 두 당사자가 "용서 구하기"와 "용서 베풀기"를 통해 직접적으로 해결하는 것이 바람직하기 때문이다.

용서 수준에서 피해학생은 지난 시간 공감수준에서 다룬 학교폭력(괴롭힘) 피해목록 작성하기와 피해감정 목록 적어보기를 되새겨 본다. 특히 학교폭력(괴롭힘)과 관련하여 상대방의 마음을 짐작하고 피해감정의 이름을 붙이고 위로하는 작업을 수행하였다. 이를 에니어그램의 성격유형과 연관하여 자신과 상대방의 성격유형이 학교폭력(괴롭힘)이라는 상황에서 끼친 영향dynamics에 대해 살펴보았다.

용서 수준의 가장 중요한 핵심은 무엇을 용서할 것인가? 에 대한 인식이다. 용서는 실천이다. 공감은 가슴으로 시작하지만 용서는 행동으로 실천된다. 피해학생은 공감 단계에서 자신이 경험한 폭력(괴롭힘)의 실체를 가슴에서 배 즉, 실천의 영역으로 연결해야 한다. 이를 가능하게 하는 것을 돕는 작업이 무엇을 용서할 것인지를 편지로 정리하고 재구조화 하는 활동이다.

피해 학생이 쓰는 편지는 "자신에게 쓰는 편지"로부터 "자신의 부모님께 쓰는 편지"로 이어진다. 그 다음 "상대방 관련 학생에게 쓰는 편지"로 이어진다. 이 때 피해학생은 상대방 학생(가해학생)이 오전에 쓴 편지를 읽고 느낌을 쓸 수도 있다. 지도자는 필요에 의해 편지 원본을 읽게 하거나 요약하여 구두로 전달할 수 있다. 이 장면이 용서의 질質을 결정하는 핵심적 장면이다. 이 때 피해학생은 상대방 학생으로부터 자신이 입은 피해에 대해 구체적이고 실현 가능한 용서 구하기의 수준을 가늠할 수 있다. 이를 통해 용서를 베풀 수 있는 마음을 열게 되는 것이다.

하지만 상대방의 편지가 피해학생이 요구하는 수준의 용서에 이르지 못할 경우에는 문제가 발생한다. 피해학생은 자신의 언어체계에 의해 특정한 단어나 표현에 집착할 수 있다. 이 때는 지도자가 용서(구하기와 베풀기)의 맥락을 담아 수용 가능한 언어체계language frame로 전환하여 주는 것이 필요하다. 용서 구하기와 용서 베풀기는 다음 단계인 회복수준에서 직접적인 대면face to face 을 통해 다시 한 번 자리가 마련된다는 점을 알려 준다.

용서 베풀기 편지 쓰기는 상대방 학생이 진심으로 뉘우치고 용서를 구하는 것을 전제로 한다. 가해(관련)학생이 진심으로 자신의 잘못을 뉘우치고 후회하며 다시는 같은 잘못을 반복하지 않겠다고 결심하고 이를 고백하여 용서를 구한다면 피해학생은 이를 수용할 수 있다. 용서 베풀기 편지쓰기는 용서구하기를 수용한다는 결단의 표현이다.

용서 베풀기를 위한 편지를 썼다면 피해학생은 용서척도계 앞에서 자신의 용서척도가 얼마나 변화 되었는지 만나 볼 수 있을 것이다. 이 척도의 변화를 가능하게 한 이유를 적어보는 것이 중요하다. 공감-용서-회복-성장 척도계는 모두 시작점과 변화지점의 척도를 비교하는 것을 통해 자신의 변화를 확인할 수 있다.

용서는 상대방이 아니라 자신을 위해 베푸는 것이다. 용서하지 않고 증오하는 마음을 가지고 있을 때 가장 힘이 드는 사람은 피해자 자신이기 때문이다. 복수심은 '미래에 던져진 폭탄이다'라는 말이 뜻하는 바가 그러하다. 분노는 자신을 소진시키고 마침내 주변 사람들마저 에너지를 빼앗아 간다.

2. 일정표

구분	수준	대상	시 간	번 호	내 용	비 고
3 일 차 (6H)	용서수준 (3H) Forgiveness	피해 학생	13차시(F-4)	용서4-1	용서척도(온도) 측정하기	
				용서4-2	용서 징검다리	
				용서4-3	자기 자신에게 편지쓰기(과제, 참고용)	
			14차시(F-5)	용서5-1	상대방 학생에게 편지쓰기	
				용서5-2	상대방 학생이 쓴 편지 읽고 답하기	
			15차시(F-6)	용서6-1	용서 베풀기 편지 쓰기	
				용서6-2	용서척도(온도)변화 측정하기	

3. 프로그램 구성

5회기	용서 수준 13~15차시【피해 혹은 관련학생】		
하위영역	학교폭력(괴롭힘) 과정에서 자신에게 일어난 피해들을 정확하게 인식하기		
활동목표	학교폭력(괴롭힘) 과정에서 일어난 일들에 대한 자신의 대응방식을 인식하고 용서 표현 수용하기와 용서 베풀기를 위한 연습하기		
준비물	활동지, 참고자료, 필기구	**시간**	3차시
단계	**활동내용**	**시간**	**준비물**
시작하기	◈ 본 회기에 대한 이해 - 공감 수준에서 자신이 느끼고 결심한 것 나눔	10	전체
활동하기	1. 긴장 풀기 체조(마음 다스리기, 몸의 근육 이완하기)	5	
	2. 현재의 용서감정 척도 측정하기(용서4-1) - 용서 징검다리(용서4-2): 용서할 준비가 되었는지 생각해보고, 용서하려는 결심하기	25	용서4-1 용서4-2
	쉬는 시간 10분		
	3. 용서 편지 쓰기 - 상대방 학생에게 편지쓰기(5-1): 상대방 학생에게 편지를 쓴다. - 상대방 학생이 쓴 편지 읽고 답하기(용서5-2): 상대방 학생이 쓴 편지를 읽고 답 편지를 쓴다	40	용서5-1
	쉬는 시간 10분		
	5. 용서 베풀기 편지쓰기 - 상대방 학생이 진심으로 잘못을 뉘우치고 용서를 구할 경우 용서를 베풀 것인지에 대해 결심하기 - 용서 베풀기 편지 쓰기(6-1)	25	용서6-1
	6. 용서감정 척도 변화 측정하기(용서6-2) - 용서 수준 프로그램을 통해 용서척도의 변화를 살펴보고 그 이유를 설명함	10	용서6-2
정리하기	9. 소감나누기 - 증오와 미움은 나 자신을 파괴하는 것임을 인식하고 용서를 베풀 되 어떤 방식으로 용서를 베풀 것인지 결심하고 나눔	5	
	총 120분 (3시간)		
유의사항	- 용서는 증오의 인질 되기라는 잔인한 감옥에서 벗어나는 길이며 분노로 삶을 소진하는 것을 예방하는 것임을 안내한다. - 건강하고 행복한 미래를 위해서는 상대방을 용서하는 것 못지않게 나 자신을 용서하고 수용하는 과정이 필요함을 발견한다. 하지만 용서를 강요하지 않는다.		

4. 참고 자료

가. 용서감정척도(용서4-1) : 용서에 척도를 어떻게 매길 수 있겠는가? 다만 현재 나의 심적 고통과 상태에 대해 5점을 기준으로 부정적이라면 0~5점을 부여하고 긍정적이라면 6~10점을 부여할 수 있다. 용서하지 못하는 마음 즉, 증오하는 마음의 가장 큰 피해자는 자기 자신이 된다. 상대방을 미워하고 증오할수록 자신의 마음속에 미움과 원망, 증오심을 가득 채워야 하기 때문이다. 마음 속에 채워진 증오심과 분노는 얼굴 표정부터 일상의 대화에 이르기까지 일상을 파괴한다.

나. 용서징검다리(용서4-2) : 상대방을 생각하면 어떤 감정이 드는지 적어본다. 상대방을 정말 용서하고 싶은지, 용서를 하면 어떤 점이 좋고 용서를 하지 않는 선택을 하는 것은 나에게 어떤 영향을 미치는지 생각해 본다. 그 결과 나는 어떤 선택을 할 것인지를 스스로 결정하게 한다. 내가 생각하는 용서의 정의에 대해 적어보는 것도 의미가 있다.

다. 자신에게 편지쓰기(용서2-2): 이 과정에서 자신에게 편지쓰기를 할 수 있다. 피해학생이 자신에게 편지를 쓰는 것은 내면의 거울에 자신을 비추어 보는 행위이다. 미워하는 마음을 가지고 살아가는 것은 결국 용서하는 용기를 내지 못하기 때문이다. 조리 있는 편지가 되지 못해도 괜찮다. 개조식으로 생각나는 단어나 느낌, 감정들을 자유롭게 적어도 좋다. 용서는 시간이 걸리는 작업이다. 용서하는 마음이 일어나지 않는다고 채근해서는 안 된다. 용서하는 마음을 열게 하는 가장 좋은 접근 방법의 하나는 편지쓰기이다(과제로 내거나 프로그램 중에서는 실행하지 않을 수 있다). 용서4-3으로 제시되었으나 용서2-2와 동일한 내용이다. 가·피해학생이 각각 자신에게 편지를 쓰는 것이다.

라. 상대방 학생에게 편지 쓰기(용서5-1): 상대방 학생이 왜 나에게 그러한 괴롭힘을 하였는지 물어 본다. 지금은 마음이 어떠한지 질문한다. 상대방 학생에게 왜? 라고 물어볼 수 있는 용기가 용서와 치유의 시작이기 때문이다.

마. 상대방 학생이 쓴 편지 읽고 답하기(용서5-2): 상대방 학생이 쓴 편지(용서2-1)를 바탕으로 편지를 쓴다. 내 느낌과 하고 싶은 말을 적는다. 용서의 단계가 깊어지면 이 과정에서 용서구하기의 자세가 준비된 것이 확인될 수 있다.

바. 용서 베풀기 편지 쓰기(용서6-1): 상대방 학생의 편지 내용이 진정성이 담겨있다고 판단하면 이는 용서 구하기의 자세가 된 것이라고 할 수 있다. 용서 베풀기를 위한 편지를 쓸 수 있다. 용서 구하기과 용서 베풀기의 편지 교환은 회복 단계에서 이루어진다.

사. 용서척도(온도)변화 측정하기(용서6-2): 용서하는 마음의 척도(온도)가 얼마나 변화하였는지 측정한다.

중요한 것은 용서의 과정(사이클)을 정확하게 밟아서 통과하는 일이다. 필자가 제안하는 용서의 과정은【진심으로 뉘우치기-다시는 잘못된 행동을 되풀이 하지 않겠다는 결심하기-사과하기-상대방이 요구하는 대가(보속) 지불하기】이다.

아. 용서 과정에서 상대방이 요구하는 대가가 비현실적이거나 잘못의 정도에 비추어 너무 가혹하면 당사자가 수용하지 못할 수 있다. 이 경우 "대안 제시하기" 혹은 "필적할만한 다른 용서과정 선택하기" 등으로 대처할 수 있다.

5. 읽기 자료 : Marina Cantacuzino마리나 칸타쿠지노(2018), 「나는 너를 용서하기로 했다」 발췌 요약.

가. 용서를 하는 사람은 스스로를 피해자라는 상태에 가두고 있는 증오와 분노에서 자유로워진다. 마음 속 깊은 곳에서 용서하는 마음이 우러나오면 그 때부터 그 사람은 앞으로 나갈 수 있고 심지어 가해자가 더 나은 사람으로 변화하는데 도움을 줄 수 있다(11).

나. 용서는 '지금, 여기'와 미래를 제어할 수 있는 힘뿐만 아니라 과거의 일에 휘둘리지 않을 힘을 갖게 해 준다. 용서는 실용적이다. 그 것은 실제적이고

오래가는 복수가 된다(41).

다. 용서는 단번에 되는 것이 아니라 용서하는 마음이 들었다가 사라지기를 반복하며 오랜 시간에 걸쳐 계속되는 과정이다. 용서는 승인이 아니다. 용서했다고 해서 가해자가 한 행동에 동의한다는 것은 아니다. 다만 죄를 지었음에도 호의와 동정, 사랑을 받을 자격이 있는 인간이라는 점을 인정한다는 것이다(81).

라. 용서는 자신을 치유하고 스스로에게 힘을 부여하는 과정이다. 내가 나를 용서하지 않으면 늘 죄의식에 시달리면서 스스로를 파괴하기 시작한다. 고통을 먹고 자라며 집착하수록 점점 더 커진다. 하지만 용서를 하는 순간 더 이상 자라지 못하고 사멸한다. 누군가를 용서한다는 것은 끝없는 고통을 내려놓겠다는 것을 의미한다. 상처를 입은 사람들은 대개 용서를 하지 못하고 지독한 고통에 시달리다가 결국 타인에게 더 큰 고통을 안겨 주고야 만다(171).

마. 용서의 진정한 의미는 자신과의 화해이다. 고통스러운 과거와 화해함으로써 상처와 아픔을 끌어안고서도 계속 살아갈 힘을 잃지 않고 해결책을 찾아 앞으로 나가는 것이다. 용서가 화해의 의미를 지닌다고 해도 반드시 가해자와의 화해를 의미하는 것은 아니다(272).

바. 용서는 그 행동을 용서하는 것이 아니라 루이 모두에게 내재한 불완전성으로 용서하는 것이다. Friedrich Nietzsche 니체가 말했듯이 "괴물과 싸우는 사람은 그 과정에서 괴물이 되지 않도록 조심해야 한다" 용서는 항상 변화하고 지속적이고 도전적이다. 내가 오늘 나를 용서한다고 해서 내일도 용서할 수 있을지는 모른다. 용서는 의견의 일치가 아니다. 항상 달리 보일 수 있다(303).

용서척도(온도) 측정하기

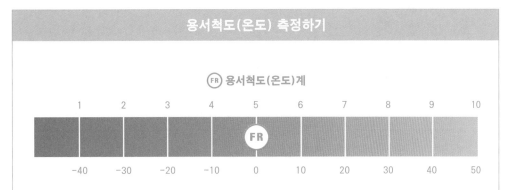

1. 나의 현재 용서 온도는 얼마입니까? (상대방을 용서한 정도)

2. 그렇게 생각하는 이유는 무엇인가요?

-

-

-

-

-

※ 척도 5(보통)를 중심으로 1~4는 부정적인 척도이며 0~1은 공감이 전혀 안됨, 2는 거의 안 됨, 3~4는 공감이 안 되는 편임, 5는 보통, 6~7은 공감이 조금 됨, 8은 공감이 많이 됨, 9~10은 대부분 공감이 됨을 의미함. 온도는 생활 온도와 비슷함.

용서 징검다리

다음 징검다리를 건너면서 용서를 준비해 봅시다.

상대방을 생각하면 나는 어떤 감정이 드나요?

상대방을 정말 용서하고 싶나요?

(예)   (아니오)

용서하면 어떤 점이 좋을까요?   용서하지 않으면 어떤 점이 안 좋을까요?

그렇다면 난 어떻게 하면 좋을까요?

내가 생각하는 용서는 무엇인가요?

용서는 _____ 이다. 왜냐하면 _____

_____ 이기 때문이다.

자기 자신에게 편지쓰기

자기 자신에게 하고 싶은 말, 즉 내 마음과 생각을 적어 봅시다.

_____

_____

_____

_____

_____

_____

_____

_____

_____

_____

_____

_____

_____

_____

_____

_____

_____

_____

_____

_____

_____

_____

상대방 학생에게 편지쓰기

❖ 상대방 학생에게 편지를 적어봅시다

상대방 학생이 왜 나에게 괴롭힘 행동을 하였으며 지금 나의 마음은 어떤지? 내 마음
과 생각을 적어 봅시다.

_____

_____

_____

_____

_____

_____

_____

_____

_____

_____

_____

_____

_____

_____

상대방 학생이 쓴 편지 읽고 답하기

❖ 상대방 학생이 쓴 편지를 읽어 봅시다.

상대방 학생이 나에게 쓴 편지를 읽고 나서 내 느낌과 하고 싶은 말은 무엇인가요?

_____

_____

_____

_____

_____

_____

_____

_____

_____

_____

_____

_____

_____

_____

_____

_____

_____

용서 베풀기 편지 쓰기

❖ 상대방 학생의 용서 구하기가 진심으로 마음에 와 닿는다면

상대방이 진심으로 잘못을 뉘우치고 용서를 구하는 것이라고 생각되면 용서 베풀기 편지를 써 주세요.

_____

_____

_____

_____

_____

_____

_____

_____

_____

_____

_____

_____

_____

_____

_____

_____

_____

용서척도(온도)변화 측정하기

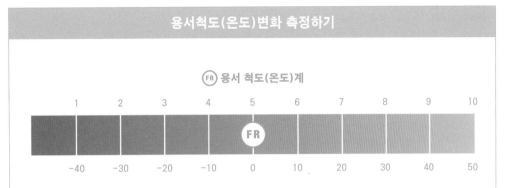

ⒻⓇ 용서 척도(온도)계

1. 나의 현재 용서 척도(온도)는 얼마 입니까?

2. 그렇게 변했다고 생각하는 이유는 무엇인가요?

-
-
-
-
-

※ 척도 5(보통)를 중심으로 1~4는 부정적인 척도이며 0~1은 공감이 전혀 안됨, 2는 거의 안 됨, 3~4는 공감이 안 되는 편임, 5 는 보통, 6~7은 공감이 조금 됨, 8은 공감이 많이 됨, 9~10은 대부분 공감이 됨을 의미함. 온도는 생활 온도와 비슷함.

회복수준 4일차 1~2교시(피해학생)

1. 과정 이해

회복수준 4일차 오전 과정은 피해학생과의 만남을 다룬다. 학교폭력으로부터의 회복은 신체적·심리적·사회적 회복이 병행되어야 한다. 신체적 회복은 눈에 보이는 응급조치와 함께 병원 진료를 통해 육체적 고통을 덜어주고 후유증이 남지 않도록 조치를 하는 것이다. 적절한 시기에 부모에게 통보하는 것을 포함한다.

심리적 회복 역시 중요함이 덜하지 않다. 신체적으로는 회복되었을지라도 심리적인 회복이 되지 않았거나 상처가 더 심할 수 있다. 일반적으로 심리적 회복은 신체적 회복에 비해 더디고 훨씬 복잡하다. 심리적 회복의 핵심은 관계의 회복이다. 자기 자신과의 관계 회복을 포함하여 가장 가까운 사람들과의 관계 회복이 선행되어야 한다. 관계가 복구되어야 회복이 완성된다. 사회적 회복 역시 이러한 관계의 회복이 사회적 관계망으로 확대되는 것을 말한다. 피·가해자와 친구들, 학급과 학교뿐만 아니라 가정 안에서의 가족관계 등이 회복의 범주에 포함된다.

회복의 핵심은 피해학생이 스스로 회복되었다고 인정할 수 있는 지점이다. 용서수준이 정확하게 진행되었다면 회복은 기다려지는 과정이 될 것이다. 문제는 회복의 과정에서 가해학생과 피해학생 즉 양 당사자들이 생각하는 회복의 목록이 다를 수 있다는 점이다.

회복수준에서 피해학생은 자신이 회복되기를 바라는 구체적인 목록을 작성하고 회복에 도움이 될 수 있는 회복도움활동목록을 만들게 된다. 하지만 회복을 가로막는 장애물은 항상 존재한다. 이를 예상하고 극복방안을 동시에 함께 준비하여야 한다. 회복장애목록 만들기를 통해 장애요인에 대한 대처를 할 수 있도록 준비를 하여야 한다. 실상 회복은 시간이 걸리는 작업이다. 용서에 이어 회복을 강요하여서는 안 된다. 피해학생은 먼저 회복척도 측정을 통해 현재 자신이 처한 회복 지점을 측정한다. 숫자 0이 최악의 상태라면 10은 모든 문제가 해결된 안정된 상태 즉, 기적이 일어나 문제가 해결된 상태를 말한다. 자신의 현재 상태를 지적하고 그렇게 생각하는 이유를 적는다.

회복단계의 마지막 순서는 회복척도변화를 다시 한 번 측정하여 본 프로그램을 통해 얼마나 도움을 받았는지 확인하는 것이다. 시작단계에서 처음 회복척도(척도)를 측정하면서 내가 이 프로그램을 통해 향상하고자 하는 척도의 칸을 제안할 수 있다. 이러한 척도는 구체적이고 눈에 보이는 변화를 말한다. 생활 속에서 확인할 수 있는 형태의 실천 목록을 만드는 것을 의미한다. 회복목록은 내가 생각하는 학교폭력(괴롭힘)의 해결은 다음과 같은 일이 일어나는 것이다. 이를 기적질문이라고 한다. 이러한 일들이 일어난다면 나의 마음은 어떠할지에 대해 감정카드를 통해 설명할 수 있다.

감정카드는 학생들이 자신의 감정에 대해 정확하게 인식하여 설명하지 못하는 경우가 많다는 점에 유의하여 이를 보조 자료로 활용하고자 하였다. 감정카드는 매 수준별(공감-용서-회복-성장)로 긍정적-부정적 단어들을 정리하여 프로그램 중에 활용할 수 있도록 만든 교육 자료를 말한다. 회복도움활동의 목록을 만들었으면 이를 위해 내가 할 수 있는 일의 빈도(얼마나 자주)를 제안하여야 한다.

2. 일정표

구분	수준	대상	시간	번호	내용	비고
3 일 차 (6H)	회복수준 Recovery	피해 학생 (2H)	16차시(R-1)	회복1-1	회복척도(온도) 측정하기	
				회복1-2	회복목록 만들기	
			17차시(R-2)	회복2-1	회복도움활동 목록 만들기	
				회복2-2	회복장애물 목록 만들기	

3. 프로그램 구성

6회기	회복 수준 16~17차시 [피해 혹은 관련학생]			
하위영역	학교폭력(괴롭힘) 과정에서 상처받은 몸과 마음을 회복하기			
활동목표	피해학생의 신체적·심리적·사회적 회복이 함께 될 수 있도록 회복에 필요한 목록을 만들 수 있다.			
준비물	활동지, 참고자료, 필기구	**시간**		2차시
단계	**활동내용**		**시간**	**준비물**
시작하기	◈ 본 회기에 대한 이해 - 용서 수준에서 자신이 느끼고 결심한 것 나눔		10	
활동하기	1. 긴장 풀기 체조(마음 다스리기, 몸의 근육 이완하기)		5	
	2. 현재의 회복감정 척도(온도) 측정하기(회복1-1)		25	회복1-1 회복1-2
	3. 회복 목록 만들기(회복1-2) : 피해 회복을 위해 필요한 것들의 목록을 만듦			
적용하기	3. 회복 도움활동 목록 만들기(회복2-1) - 피해학생의 회복 도움활동 실천을 위한 목록 만들기		30	회복2-1 회복2-2
	4. 회복은 피해학생과 가해학생의 관점이 다를 수 있다. - 가·피해학생 회복 이해 - 피해학생이 인정하고 제안하는 회복의 증거(목록) 만들기			
	5. 회복도움활동 실천 목록 읽어보고 장애물 찾아보기 (회복2-2). - 회복 목록이 실질적인 효과를 거두기 위해서는 장애물을 만났을 때 효과적인 대처방 안이 필요하다			
정리하기	6. 소감나누기 - 증오와 미움은 나 자신을 파괴하지만 회복적 정의를 통해 용서와 화해를 함으로써 진정한 평화를 이룰 수 있음을 인식한다.		10	
소계			80	
총계			80	
유의사항	- 회복은 건강하고 행복한 미래를 위해서는 상대방보다 나 자신에게 용서과정이 필요함을 발견한다. 하지만 용서를 강요하지 않는다. - 용서는 '증오의 인질 되기'라는 잔인한 감옥에서 벗어나는 길이며 분노로 삶을 소진하는 것을 예방하는 것 임을 안내한다.			

4. 참고 자료

가. 회복목록 만들기(회복1-2) : 학교괴롭힘에 있어 피해학생이 생각하는 회복과 가해학생 혹은 주변 친구들, 가족들이 생각하는 회복목록이 다를 수 있다. 가장 중요한 것은 피해학생이 생각하는 회복이 기준이 되어야 한다. 일반적으로 신체적·심리적·사회적 회복이 기본이 된다. 관계의 회복에 초점을 맞추어야 한다.

나. 회복도움활동 실천목록 만들기(회복2-1): 학교괴롭힘의 피해 당사자가 자신이 회복되었다고 생각하는 증거(회복목록)을 만들었다. 이를 실천하기 위해 구체적으로 도움을 줄 수 있는 활동들의 목록을 적어본다. 이 목록은 실현 가능한 것이 중요하다. 특히 다른 사람을 바꾸거나 환경을 바꾸는 것이 아니라 자신을 바꾸는 것이 중심이 되어야 한다. 이는 회복을 위한 구체적 실천방안을 제시하는 것이다.

다. 회복장애물 목록 만들기(회복2-2): 회복을 가로 막는 장애물은 도처에 출현할 것이다. 피해학생이 자신의 피해에 대해 정확하게 인식하고 용서를 베풀 마음을 준비하였다 하더라도 여전히 가해(관련)학생과 동조자(협력자)와 방관자인 주변 친구들, 상대방 학부모 등의 시선과 편견으로부터 상처받을 수 있다. 따라서 회복 장애물 극복 방안을 세워야 한다. 장애물 극복은 한 번에 마음을 바꾸어 먹는다고 기적적으로 이루어지는 것은 아니다. 상대방이 변하지 않았다 하더라고 내가 어떤 방식으로 대처할 것인지에 대해 예상하고 대응방안을 준비하는 것이다.

5. 읽기 자료: Howard Zehr하워드 제어(2010), 「회복적 정의란 무엇인가?」에서 발췌 요약

가. 피해자 경험 : 범죄의 피해자 경험은 너무나도 강한 것이어서 삶의 모든 부분을 흔들어 놓을 수 있다(35. p). 학교폭력도 아동의 삶을 뿌리 채 흔들어 놓을 수 있을 만큼 강력한 경험이다.

나. 상처가 깊은 이유 : 본질적으로 침해, 즉 자아에 대한 침해이며 우리의 존재, 믿음, 사생활에 대한 모독이기 때문이다.

다. 상처 치유를 위한 여섯 가지 질문

　1) 무슨 일이 일어났는가?

　2) 왜 나에게 일어났는가?

　3) 당시 나는 왜 그렇게 행동했는가?

　4) 그 사건 이후로 나는 왜 이렇게 행동해 왔는가?

　5) 그런 일이 다시 일어나면 어떻게 할 것인가?

　6) 이 일이 나 자신과 나의 인생관(신앙, 세계관, 미래)에 어떤 영향을 미치는가?

라. 피해자가 안전하다고 인식하기 위해서는 정의justice를 경험하여야 한다. 정의는 상태일 뿐 아니라 경험이기도 하다. 정의는 자신에게 발생한 경험을 이해하기 위한 의미의 틀이기 때문에 피해자의 요구 중 가장 기본적인 것이다(42. p).

마. 피해자의 입장에서 용서는 상처를 치유하는 데 도움이 된다(61. p). 진정한 용서는 의지에 의해 이루어질 것이 아니라 강제될 것도 아니며 마땅히 이루어질 시기가 되면 나타나는 것이어야 한다(62. p).

바. 용서는 피해자가 범죄 행위와 가해자의 지배력에서 벗어나는 것이다. 진정한 용서는 자아회복과 치유를 의미하고 피해자는 범죄를 극복하게 된다(63. p).

회복척도(온도) 측정하기

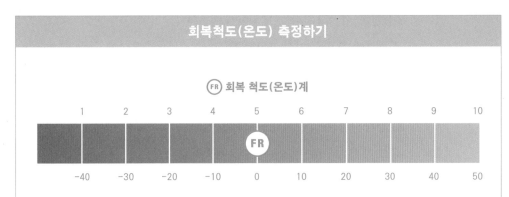

FR 회복 척도(온도)계

1. 나의 현재 회복 척도(온도)는 얼마입니까?

2. 그렇게 생각하는 이유는 무엇인가요?

-

-

-

-

-

※ 척도 5(보통)를 중심으로 1~4는 부정적인 척도이며 0~1은 공감이 전혀 안됨, 2는 거의 안 됨, 3~4는 공감이 안 되는 편임, 5 는 보통, 6~7은 공감이 조금 됨, 8은 공감이 많이 됨, 9~10은 대부분 공감이 됨을 의미함. 온도는 생활 온도와 비슷함.

회복목록 만들기

기적이 일어나 모든 문제가 해결되었습니다!

학교에서 어떤 일들이 일어나면 문제가 모두 해결되었다는 것이 믿겨질까요?

예시를 참고하여 적어봅시다.

〈예시〉

• 등교시간이나 하교시간에 인사한다.

• 쉬는 시간에 친구들과 보드게임을 한다.

• 교과시간에 같이 이동하거나 옆자리에 앉는다.

앗! 진짜인가?	
	정말이었군!

문제가 해결된 나의 마음은 _____

_____ 하다.(감정카드)

회복도움활동목록 만들기

목록의 일들이 일어나기 위해서 내가 할 수 있는 일들을 적어봅시다.

> 〈예시〉
>
> • 반에서 친구를 만나면 먼저 인사한다.
> • 준비물을 가져 오지 않았을 경우에 빌려준다.
> • 쉬는 시간에 보드게임을 같이 하자고 말해본다.

•

•

•

•

•

•

회복장애물 목록 만들기

이러한 장애물의 극복방안은 무엇일까요?

-
-
-
-
-

주변에 도움을 줄 수 있는 사람은 누구일까요?

-
-
-
-
-

회복수준 4일차 3~4교시(관련학생)

1. 과정 이해

회복수준 4일차 오전 과정 두 번째 시간은 관련(가해)학생과의 만남을 다룬다. 피해학생과 가해학생이 생각하는 해결의 목록(지점)이 다를 수 있다는 점을 유의하여야 한다. 특히 관련(가해)학생에게 용서와 반성을 강요하는 태도는 도움이 되지 않는다. 공감과 용서의 과정이 충분하고 정확하게 수행되었다면 회복은 카타르시스 즉 정화淨化의 마당이 될 수 있다.

관련학생은 먼저 자신이 생각하는 회복척도(척도)의 측정을 통해 현재 자신이 서 있는 지점을 탐색한다. 자신의 회복척도가 0에서 10중 어느 지점에 있으며 그 이유는 무엇인지에 대한 설명이 필요하다. 회복수준은 에니어그램의 머리 센터를 중심으로 활용하는 과정이다.

공감수준에서 가슴 센터를 활용하여 자신과 상대방에 대한 피해목록 작성을 통해 피해감정에 이름을 붙이고 뉘우치고 위로하여 공감하는 것은 가슴의 일이다. 이를 용서수준에서 자신과 상대방 및 부모, 친구들 등에게 편지쓰기를 통해 구체적인 실천을 수행하는 것은 배(장) 중심의 활동이다.

용서를 수행한 뒤 회복이 되기 위해서는 가슴과 배를 통한 실천된 에너지가 다시 머리 중심으로 전환되어 인지재구조화 작업을 거친다. 특히 회복목록과 회복장애목록을 만들면서 구체적으로 어떠한 과정을 거쳐야 할지 해결과정의 로드맵을 내면화한다.

관련학생의 경우 회복을 서두르고 속히 상황이 마무리 되었으면 하는 조급

함이 일어날 수 있다. 상황 자체에서 빠져나오고 싶고 낙인烙印화 되는 것에 대한 두려움으로 인해 겉으로만 반성하고 회복되었다고 스스로 생각할 수 있다. 특히 자신이 생각하는 회복 목록과 상대방(피해) 학생이 생각하는 회복 목록이 다를 경우 강하게 반발할 수 있다.

이 과정에서 "나는 사과를 할 만큼 하였고 오히려 나의 사과를 받아들이지 않는 것을 용서할 수 없다"고 강변하기도 한다. 특별히 자신이 잘못한 일에 비해 과도한 비난과 벌을 받고 있다는 생각에 원인을 제공한 자신의 잘못된 행동에 대한 반성보다는 '나도 피해자'라는 프레임으로 변환시키는 책임전가와 인지왜곡을 시도하기도 한다.

이는 용서수준에서 제대로 된 잘못 뉘우치기가 수행되지 않은 까닭이다. 회복단계에서 관련(가해)학생이 자신의 회복목록을 정확하게 작성하지 못하는 것은 이전 단계인 용서단계의 불충분한 이수이므로 피드백을 통해 용서단계에서의 진정한 뉘우침과 후회, 잘못을 되풀이하지 않겠다는 결심 등에 대해 안내하여야 한다.

지도자는 오전 1~2교시서 이루어진 피해학생이 생각하는 회복목록을 염두에 두되 구체적으로 지적하지는 않는다. 유도심문을 할 필요도 없다. 하지만 자신의 회복목록이 피해학생의 입장에서도 회복 목록이 될 수 있을지에 대해 안내한다.

2. 일정표

구분	수준	대상	시간	번호	내용	비고
3일차 (6H)	회복수준 Recovery	관련 (가해) 학생 (2H)	18차시(R-3)	회복3-1	회복척도(온도) 측정하기	
				회복3-2	회복목록 만들기	
			19차시(R-4)	회복4-1	회복도움활동 목록 만들기	
				회복4-2	회복장애물 목록 만들기	

3. 프로그램 구성

8회기	회복 수준 18~19차시 [가해 혹은 관련학생]			
하위영역	학교폭력(괴롭힘) 과정에서 경험한 몸과 마음의 상처를 회복 하기			
활동목표	가해 혹은 관련학생의 입장에서 회복에 필요한 목록을 인식하고 구체적 실천방안을 제안하며 장애요인을 찾을 수 있다.			
준비물	활동지, 참고자료, 필기구	**시간**	2차시	
단계	**활동내용**	**시간**	**준비물**	
시작하기	◈ 본 회기에 대한 이해 – 용서 수준에서 자신이 느끼고 결심한 것 나눔	10		
활동하기	1. 긴장 풀기 체조(마음 다스리기, 몸의 근육 이완하기)	5		
	2. 현재의 회복감정 척도(온도) 측정하기(회복3-1) – 회복 목록 만들기(회복3-2) : 피해 회복을 위해 필요한 것들의 목록을 만듦	20	회복3-1 회복3-2	
	3. 회복 도움활동 목록 만들기(회복4-1) – 관련학생의 입장에서 자신이 생각하는 회복을 위한 도움활동 실천을 위한 목록 만들기 (피해학생이 제안한 회복을 지도자는 참고로 하여 방향을 안내할 수는 있지만 유도하거나 공개하는 것은 바람직하지 않다)	15	회복4-1	
적용하기	4. 회복 장애 목록 만들기(회복4-2) – 회복을 방해하는 장애물이 될 수 있는 것들의 목록을 만들고 이를 극복하는 방안을 살펴본다.	15	회복4-2	
정리하기	5 소감나누기 – 진정한 회복은 관계의 회복이다. 피해학생과의 관계 회복을 위해 진정한 반성과 용서 구하기를 실천하려는 결심이 필요함을 인식한다.	15		
총계		80		
유의사항	– 회복은 피·가해자 모두에게 필요한 과정이다. 회복의 필요성을 인식하고 목록을 작성하되 충분한 성찰이 선행되어야 제대로 된 회복을 할 수 있다. – 회복을 방해하는 장애물이 될 수 있는 것들의 목록을 만들 때 구체적이고 실천 가능한 사례를 도출하고 이를 이겨내려는 노력을 실천할 수 있도록 용기를 북돋운다.			

4. 참고 자료(피해학생과 유사하지만 거울의 반대편 입장에 있음)

가. 회복목록 만들기(회복3-2) : 학교괴롭힘에 있어 관련(가해)학생이 생각하는 회복은 피해학생의 회복과 다를 수 있다. 무엇보다 자신이 끼친 행동의 영향에 대해 피해학생이 느끼고 받아들이는 정도가 차이가 있을 수 있다.

나. 회복도움활동 목록 만들기(회복4-1) : 피해학생을 도우려는 시도와 접근은 다양하지만 관련(가해)학생의 경우 학교폭력의 가해자로 성급하게 낙인 되거나 잘못을 추궁하고 용서를 강요하는 형태로 해결하고자 하는 접근을 하게 된다. 이 경우 당사자는 2차 피해를 입게 될 수 있다. 이들의 회복도움활동 실천목록은 피해학생이 제안하는 회복도움활동 목록을 참고하여 제시되어야 한다. 피해학생의 회복에 관한 목록이 먼저 제안되는 것이므로 지도자는 이를 간접적으로 관련(가해)학생에게 안내한다.

다. 회복장애물 목록 만들기(회복4-2) : 관련(가해)학생의 경우 회복을 가로막는 장애물은 상대 학생의 무리한 요구이다. 또한 자신이 인정(수용)할 수 없는 잘못에 대한 용서구하기를 강요받을 경우이다. 무엇보다 자신이 용서를 얻었다 하더라도 그 것이 견고할 것인가에 대한 우려가 있다. 이러한 염려들을 장애물 목록으로 만들어 사전에 확인하여야 한다. 장애물 극복 방안 세우기 : 관련(가해)학생이 장애물을 극복하는 것은 당사자뿐만 아니라 주변의 협조가 필요하다. 무엇보다 상대학생과의 만남이 안정적인 환경에서 이루어져야 한다. 아울러 친구들과의 관계와 담임교사와의 관계 및 가족들과의 관계에서도 장애물 요인이 있을 수 있다. 이러한 장애물을 만났을 때 본인은 어떤 방식으로 대처할 것이며 도움이 필요할 경우 어떤 경로로 도움을 얻을 수 있는지에 대한 안내가 이루어져야 한다.

5. 읽기 자료: 김주환(2011), 「회복탄력성」에서 발췌 요약

가. 회복탄력성은 자신에게 닥치는 온갖 역경과 어려움을 오히려 도약의 발판으로 삼는 힘이다. 성공은 어려움이나 실패가 없는 상태가 아니라 역경과

시련을 극복해 낸 상태를 말한다(17. p).

나. 1954년, 하와이 군도 카우아이 섬 고위험군 201명 중 72명이 훌륭하게 성장한 것에 대한 연구. 어린 시절 부모나 가족들로부터 헌신적인 사랑과 신뢰를 받고 자란 사람은 회복탄력성이 높지만 아이의 입장에서 무조적적으로 이해하고 받아주는 어른이 적어도 아이의 인생에 한 명을 있다면 역경은 극복된다. 회복탄력성은 체계적인 훈련을 통해 얼마든지 키울 수 있다(41~57. pp).

다. 자기조절능력 : 스스로의 감정을 인식하고 그 것을 조절하는 능력이다(93. p).

   1) 감정조절력 – 스스로의 부정적 감정을 통제하고 긍정적 감정과 건강한 도전의식을 불러일으키는 것

   2) 충동억제력 – 기분에 휩쓸리는 충동적 반응을 억제하는 것

   3) 원인분석력 – 자신이 처한 상황을 객관적이고도 정확하게 파악해서 대처방안을 찾아낼 수 있는 능력

라. 회복적 탄력성을 높이려면 어떤 중요한 일이 발생했을 때 스스로 긍정적 정서를 불러일으키는 것을 습관화해야 한다.

마. 회복탄력성이 낮은 사람은 흔히 자신에게 닥치는 크고 작은 불행한 사건에 대해 지나치게 개인적이고(나에게만 일어난 일), 영속적(항상), 보편적(모든 면에서)이라고 해석한다. 긍정적이며 회복탄력성이 높은 사람들은 이와 반대로 반응한다. 즉, 나쁜 일에 대해서는 의미를 축소하고 좋은 일에 대해서는 더 크게 일반화해서 받아들인다(146~147. pp).

바. 사랑하고 사랑받을 수 있는 능력은 대인관계의 핵심이다. 이 능력을 키워야 사회적 연결성이 내면화하여 강한 회복탄력성을 가지게 된다(157. p). 대인관계능력을 구성하는 요소는 소통능력, 공감능력, 자아확장력(깊고 넓은 인간관계 추구)이다.

회복척도(온도) 측정하기

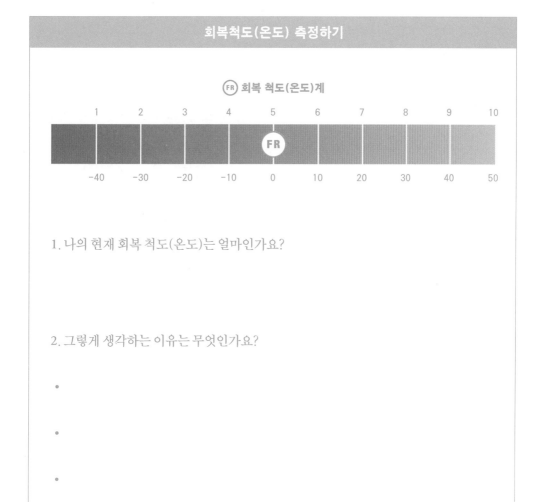

1. 나의 현재 회복 척도(온도)는 얼마인가요?

2. 그렇게 생각하는 이유는 무엇인가요?

-
-
-
-
-

※ 척도 5(보통)를 중심으로 1~4는 부정적인 척도이며 0~1은 공감이 전혀 안됨, 2는 거의 안 됨, 3~4는 공감이 안 되는 편임, 5 는 보통, 6~7은 공감이 조금 됨, 8은 공감이 많이 됨, 9~10은 대부분 공감이 됨을 의미함. 온도는 생활 온도와 비슷함.

회복목록 만들기

학교에서 어떤 일들이 일어나면 문제가 모두 해결되었다는 것이 믿겨질까요?
예시를 참고하여 적어봅시다.(기적질문)

〈예시〉

• 친구가 나를 보고 웃어주었다.

• 같은 모둠이 되어도 싫어하거나 무관심하지 않다.

• 다른 친구들이 그 친구와의 관계에 대해 궁금해하지 않는다.

• 학교가 끝나고 같이 집에 간다.

앗! 진짜인가?	
	정말이었군!

문제가 해결된 나의 마음은 _____
_____ 하다.(감정카드)

회복도움활동 목록 만들기

목록의 일들이 일어나기 위해서 내가 할 수 있는 일들을 적어봅시다.

〈예시〉

• 반에서 친구를 만나면 먼저 인사한다.

• 준비물을 가져 오지 않았을 경우에 빌려준다.

  • 쉬는 시간에 보드게임을 같이 하자고 말해본다.

•

•

•

•

•

•

회복장애물 목록 만들기

이러한 장애물의 극복방안은 무엇일까요?

-
-
-
-
-

주변에 도움을 줄 수 있는 사람은 누구일까요?

-
-
-
-
-

회복수준 4일차 5~6교시(피·가해학생 함께)

1. 과정 이해

회복수준 4일차 오후 세 번째 시간은 피·가해학생 즉, 관련학생들이 함께 만나는 작업이다. 이 과정은 EFRG 전 과정에 걸쳐 가장 빛나는 과정이다. 금반지의 다이아몬드처럼 독보적이다. 진정한 화해와 용서, 그리고 회복이 이루어지는 순간이다.

회복단계의 오전 회기에서 지도자는 각각 피해학생과 관련(가해)학생을 만나 회복에 필요한 목록과 도움활동 목록 및 예상되는 장애물과 극복방법을 다루었다. 모든 장애물 중 가장 힘겨운 장애물은 두 당사자의 만남(조우)이다. 이제 두 당사자가 직접 대면을 하는 것이다.

두 당사자는 서로의 경험에 대해 궁금해 하면서도 확인할 길은 없었다. 자신이 경험한 것들을 유추하여 짐작하지만 관계의 회복은 직접적 대면을 통해 전달될 때 가장 효과적이다. 일반적으로 학교폭력대책자치위원회의 결정에 의해 처분이 내려질 경우 관련학생들이 화해하고 회복하는 작업은 형식적이 될 수밖에 없다.

관련학생들은 함께 모여 회복을 위한 실천목록을 만들게 된다. 각자가 생각하던 회복목록을 재조정하고 수정하여 서로가 합의한 목록이 만들어진다. 아울러 회복을 가로막는 장애물에 대해서도 함께 예상하고 이를 극복하기 위한 방안을 모색한다.

무엇보다 이 과정이 빛나는 지점은 가해를 하였다고 여겨지는 관련학생이 피해학생에 대해 용서편지를 전달하는 과정이다. 이 때 가해학생은 피해학생이 예상하는 것 보다 조금 더 사과와 용서를 빌어야 한다. 물론 진심이 담겨져 있어야 하고 이를 상대방이 인정할 수 있도록 표현해야 한다.

이 과정이 용서 구하기와 용서 베풀기이다. 이 두 과정이 용서수준이 아닌 회복 수준에서 작업을 하게 되는 것은 진심 어린 용서만이 회복을 가능하게 하고 성장으로 전환하게 하는 입구가 되기 때문이다.

다음 과정은 이제 함께 학급으로 돌아갔을 때(복귀) 할 일에 대해 준비하는 것이다. 학교폭력(괴롭힘)은 진공상태가 아닌 학급이라는 공동체의 역동 dynamics 속에서 일어나는 것이라고 할 때 해결과정 역시 학급공동체에 돌아가서 관계를 회복하는 것이 출구가 된다.

끝으로 회복척도(척도) 변화를 측정하고 변화의 이유를 적어본다. 구체적으로 어떤 이유로 인해 나에게 변화가 일어났는지 그 변화의 폭은 얼마나 되는지 정확하게 인식하는 것이 중요하다. 회복수준의 다음 단계는 성장수준으로 이동하는 것이다. 즉 학교폭력(괴롭힘)의 경험을 외상 후 스트레스장애 PTSD:post-traumatic stress disorder를 넘어 외상 후 성장 PTG post-traumatic growth으로 가는 것이다.

2. 일정표

구분	수준	대상	시간	번호	내용	비고
3 일 차 (6H)	회복수준 Recovery	피· 가해	20차시(R5)	회복5-1	같은 곳을 향하여 회복하기	공통
				회복5-2	회복실천 목록 만들기	
			21차시(R-6)	회복6-1	용서구하기와 용서 베풀기	
				회복6-2	회복척도(온도)변화 측정하기	

3. 프로그램 구성

9회기	회복 수준 20~21차시 [피·가해 학생 함께]			
하위영역	피·가해 학생의 용서구하기와 용서베풀기를 통해 회복이 이루어짐			
활동목표	피·가해학생들이 처음으로 조우하여 진심어린 용서구하기와 용서 베풀기를 통해 관계를 회복함			
준비물	활동지, 참고자료, 필기구	**시간**	2차시	
단계	**활동내용**		**시간**	**준비물**
시작하기	◈ 본 회기에 대한 이해 – 피·가해 학생의 최초 조우(가벼운 인사와 느낌 나누기)		5	
활동하기	1. 긴장 풀기 체조(마음 다스리기, 몸의 근육 이완하기)		5	
	2. 같은 곳을 향해 회복하기(회복5-1) : 피해 회복을 위해 각자가 생각한 목록들을 친구와 비교하여 공동의 목록을 만듦		15	회복5-1
	3. 회복 실천 목록 만들기(5-2) – 피·가해학생이 함께 회복을 실천에 도움이 될 수 있는 목록을 만듦		15	회복5-2
적용하기	4. 용서 구하기와 용서 베풀기(활동 6-1) – 가해(관련)학생은 자신이 만든 용서 편지(용서1-2)를 피해학생에게 전달하고 진심으로 용서구하기 – 피해학생은 상대방으로부터 용서 편지를 받고 용서를 베풀 것인지 결정하기		30	(용서1-2) 용서6-1
정리하기	5. 회복온도변화 측정하기(회복6-2) – 모든 과정의 하이라이트(보석) :진정성 있게 공감하며 나눔을 가지되 서두르지 않고 순간을 음미 하기		10	회복6-2
	총 계		80	
유의사항	– 회복은 심리적인 회복만을 의미하지 않는다. 회복은 관계의 회복이 관건이 된다. 겉으로 드러나는 회복보다는 학생들의 자아존중감을 바탕으로 한 내면적 회복에 초점을 맞춘다. – 용서구하기와 용서 베풀기 과정을 강요하는 느낌이 들지 않도록 자연스럽게 유도한다. – 용서편지 전달하기는 가해학생이 용서 1-2에서 관련학생에게 편지쓰기를 한 내용을 참고로 작성한다.			

4. 참고 자료

가. 같은 곳을 향하여 회복하기(회복5-1): 피해학생과 상대방 학생이 함께 만나서 회복에 필요한 구체적인 목록을 서로 교환하고 함께 만드는 것 자체가 의미가 크다. 이 과정에서 대화를 통해 서로가 생각하는 회복목록의 차이를 조율하고 실천 가능한 구체적인 목록을 도출하는 것이다.

나. 회복실천목록 만들기(회복5-2) : 함께 협의하여 만든 실천 목록을 적어본다. 실천을 위해 도움이 필요한 일들이 있으면 적어본다. 이를 위해 서로에게 부탁하는 내용이나, 선생님, 학급 친구들에게 도움을 요청하는 내용도 적어 본다.

이를 위해 드는 것이다. 즉, 두 당사자가 생각하는 회복실천목록을 실현가능하도록 하기 위한 실제적인 당사자들의 활동을 말한다.

다. 용서 구하기와 용서 베풀기(공통(회복6-1)) : EFRG 프로그램의 가장 핵심으로 관련(가해)학생이 피해학생에게 자신의 잘못에 대해 용서를 구하는 일이다. 언어도 쉽게 표현하는 것이 어려울 수 있기에 용서 1-3의 활동에서 작성한 용서 편지를 전달하는 것을 중심으로 전개할 수 있다.

라. 용서 베풀기(회복6-1) : 용서 베풀기는 용서 구하기의 맞은 편 거울이다. 학교폭력의 피해 당사자가 할 수 있는 가장 고귀한 행동이며 자신의 품위를 높이는 과정이다. 용서를 베푸는 이가 진심으로 미움과 원망을 내려놓고 상대방의 용서 구하기를 수용할 때 학교폭력(괴롭힘) 경험은 더 이상 자신의 미래를 구속하지 못한다. EFRG 모든 과정에서 가장 빛나는 보석과 같은 순간이다.

마. 회복척도(온도)변화 측정(회복6-2) : 이 과정이 모두 실행되면 회복의 입구에서 측정한 척도와 출구의 척도는 변화가 있었을 것이다. 그 구체적인 지수를 적어보고 변화 요인을 찾아봄으로써 자신의 변화를 내면화한다.

5. 읽기 자료 : 김훈태(2017), 「교실 갈등, 대화로 풀다」에서 요약 발췌

가. 갈등의 다섯 가지 단계(21~22. pp).

 1) 1단계: 문제 해결이 가능한 단계 – 특별한 사안에 대한 시각차. 대화를 통해 해결 가능

 2) 2단계: 의견 대립 단계 – 협상을 통해 해결 가능

 3) 3단계: 적대 단계 – 좀 더 개인화된 의견의 불일치. 제3자의 중재를 통해 해결 가능

 4) 4단계: 싸움/도망 단계 – 조직을 분열시키는 갈등의 표출단계. 외부 전문가의 조언 필요

 5) 5단계: 풀기 어려운 갈등 단계 – 통제하기 어렵고 난해한 갈등 상황. 외부 권위자 필요.

나. 갈등고조 9단계(64~68. pp).

 1) 긴장과 결정화 → 2) 논쟁 → 3) 기정사실화된 대립 → 4) 이미지와 패거리 형성 → 5) 전면전과 체면손상 → 6) 위협의 확산 → 7) 제한적 파괴행위 → 8) 적을 파괴하기 → 9) 파멸과 자멸

다. 대화의 기본원칙(187. p).

 1) 경청의 힘 인식하기, 2) 다른 사람을 존중하고 서로 비방하지 않기, 3) 개인적 경험 말하기, 4) 방해와 간섭 최소화하기, 5) 비밀보장하기

라. 비폭력대화의 원리(191~194. pp).

 1) 우리는 가슴에서 우러나와서 주는 것을 즐긴다.

 2) 모든 사람은 같은 욕구를 공유하고 그 에너지로 서로 연결되어 있다.

 3) 세상에는 모든 사람의 기본적인 욕구를 충족하기에 충분한 자원이 있다.

 4) 우리의 모든 행동은 어떤 욕구를 충족하기 위한 시도이다.

 5) 우리의 감정을 충족되었거나 충족되지 않은 욕구를 알려주는 신호이다.

 6) 모든 사람에게는 사랑과 연민의 능력이 있다.

 7) 우리는 항상 선택할 수 있다.

라. 비폭력이란 우리 마음 안에서 폭력이 가라 앉은 뒤 자연스럽게 연민이라는 본성으로 돌아간 상태이다. 자기 공감은 자기 자신을 표현하거나 다른 사람을 공감하고 그의 이야기를 들어 주기 전에 우선적으로 필요한 비폭력 대화의 핵심적 과정이다. 다른 사람을 공감할 때와 똑같이 연민과 관심으로 자신의 이야기를 들어주고 수용하는 것을 말한다(210. p).

같은 곳을 향하여 회복하기(공통작업)

내가 생각하는 회복 실천 목록을 적어봅시다.

-
-
-
-
-

내가 쓴 목록을 친구와 비교하여 봅시다

-
-
-
-
-

회복실천목록 만들기(공통)

함께 협의하여 만든 실천 목록을 적어봅시다(공통작업)

-
-
-
-
-

함께 실천하기 위해 도움이 필요한 일들이 있으면 적어봅시다.(서로에게 부탁하는
내용이나, 선생님, 학급 친구들에게 도움을 요청할 수도 있습니다.)

-
-
-
-
-

용서 구하기와 용서 베풀기(공통)

용서 구하기 : 관련학생이 피해학생에게 (용서 1-2 편지 전달)

-

-

-

-

-

용서 베풀기 : 피해학생이 관련학생에게
- 용서 편지 전달 받고 용서를 구하는 표현을 들은 다음
- 용서 수용하기 결정하고
- 용서 베풀기를 실시합니다

-

-

-

-

-

회복척도(온도)변화 측정하기

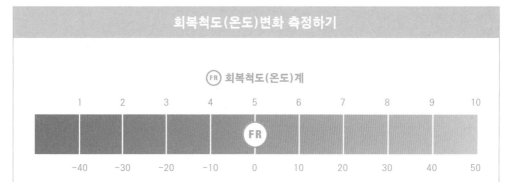

1. 나의 현재 회복 척도(온도)는 얼마인가요?

2. 그렇게 변화한 이유는 무엇인가요?

-

-

-

-

-

※ 척도 5(보통)를 중심으로 1~4는 부정적인 척도이며 0~1은 공감이 전혀 안됨, 2는 거의 안 됨, 3~4는 공감이 안 되는 편임, 5
는 보통, 6~7은 공감이 조금 됨, 8은 공감이 많이 됨, 9~10은 대부분 공감이 됨을 의미함. 온도는 생활 온도와 비슷함.

성장수준 5일차 1~2.5교시 (피·가해자 각각 2.5시간)

1. 과정 이해

학교폭력 경험으로부터 성장을 이끌어 낸다는 것은 발상의 전환을 의미한다. "교육은 삶에 관한 무엇을 넘어 삶 자체"이다. 따라서 학교에서 학생들이 체험하는 모든 과정은 형식적·비형식적 교육과정의 일부가 된다. 특히 동료 학생들과 교사 등과의 관계가 원만하고 효과적일 수 있어야 한다. 즉, 의사소통 능력과 갈등해결 능력은 21세기를 살아가는 핵심역량[1]의 한 부분이다.

우리가 삶에서 겪는 어떠한 경험도 그 의미를 선택하는 것은 자기 자신이다. 학교폭력의 경험은 트라우마Trauma(외상후스트레스장애)로 받아들여지면 자신의 삶 속에서 평생에 걸쳐 부정적 에너지의 근원으로 영향을 끼칠 수 있다. 아들러는 "트라우마는 없다"라고 말한다. 많은 경우 학교폭력의 경험은 꺼내고 싶지 않은 분노와 슬픔, 두려움의 기억으로 저장 되지만 다른 선택을 할 수도 있다.

이미 일어난 일은 결코 없었던 것으로 만들 수 없다. 다만 그 의미를 자신의 삶에서 어떤 방식으로 자리매김하여 해석할 것인지는 자신이 결정하여야 한다. 과거에 발목 잡힌 증오심은 미래에 던져진 폭탄으로 계속 남아 있도록 할 수도 있다. 혹은 이러한 경험을 미래를 향한 성장의 동력으로 전환시킬 수도

---

1 「인성교육진흥법」제2조의 정의 3. "핵심 역량"이란 핵심 가치 · 덕목을 적극적이고 능동적으로 실천 또는 실행하는 데 필요한 지식과 공감 · 소통하는 의사소통능력이나 갈등해결능력 등이 통합된 능력을 말한다

있다. 성장수준에서 피해학생은 자신이 세상에서 하나 밖에 없는 소중한 존재이라는 점을 다시 한 번 되새긴다. 지난 번 학교폭력의 경험 속에서 자신이 어떤 방식으로 대처했던가를 살펴보고 이를 성격유형의 관점에서 이해하고 수용한다. 공감-용서-회복 수준에서 자신이 겪은 경험들을 다시 한번 정리하여 본다.

이를 바탕으로 자신의 날개와 화살의 개발을 통해 바람직한 대처방안을 모색한다. 즉, 자신의 개발된 날개와 화살은 당시 상황을 재구성하였을 때 어떤 방식으로 대응하는 것이 바람직하였는지에 대한 피드백뿐만 아니라 장차 미래에 비슷한 상황에서 자신의 대처가 건강하고 생산적일 수 있도록 준비하는 것이다.

날개는 자신의 양 옆에 위치한 유형으로 인접한 이웃이다. 날개 유형을 잘 활용하는 것은 자신의 유형을 효율적으로 활용하는데 큰 도움을 준다. 화살 역시 자신의 현재 상태가 통합 혹은 분열 방향으로 향하고 있는지 보여준다. 자신의 발달수준을 이해하는 것은 매우 중요하다. 자신의 현재 에너지가 어느 정도이며 이를 성장 발달시키기 위해 무엇을 할 것인가를 성찰하는 것은 원만한 인격의 성숙으로 가는 지름길이 될 수 있다. 자신의 발달 수준이 건강한 범위에 속할 수 있도록 자신을 성장시키고자 하는 열망을 가질 수 있도록 안내하는 것이 이 프로그램의 가장 큰 효과라고 할 수 있다. 이 과정을 통해 자신의 변화 척도를 측정해 보는 것은 실제적인 자신의 모습을 거울로 대면하는 것과 같다.

2. 일정표

구분	수준	대상	시간	번호	내용	비고
5일차 (2.5H) (2.5H)	공감 수준 Empathy	피해 학생 / 가해 학생	22차시(G-1)	성장1-1	성장척도(온도) 측정하기	개별상담 (피해학생 ↓ 가해학생)
				성장1-2	예전의 나& 지금의 나	
			23차시~ 24.5차시 (G-2.5)	성장2-1	EFRG 프로그램을 통한 성장	
				성장2-2	성장척도(온도)변화 측정하기	

3. 프로그램 구성

10회기	성장 수준 22~23.5차시 [관련학생:피해]			
하위영역	학교폭력의 경험을 성장의 에너지로 전환시키기			
활동목표	공감→용서→회복 수준을 지나 학교폭력의 경험을 성장의 에너지로 전환시키려는 인식을 갖는다			
준비물	활동지, 참고자료, 필기구	**시간**	2.5차시(각각)	
단계	**활동내용**		**시간**	**준비물**
시작하기	◈ 본 회기에 대한 이해 - 성장 수준에서 자신이 느끼고 결심한 것 나눔		10	함께
활동하기	1. 긴장 풀기 체조(마음 다스리기, 몸의 근육 이완하기)		10	
	2. 성장 의견 나누기 - 각자가 생각하는 성장의 모습에 대한 의견 나누기		30	성장1-1 성장1-2
	3. 나의 성장척도(온도) 재기(성장1-1) -내가 생각하는 나의 성장 척도(온도)는 어디쯤에 위치하고 있는가?			
	4. 예전의 나 & 지금의 나(성장1-2) - 에니어그램 성격 유형 작업과 관련하여 나의 변화를 만나 본다			
휴식			10	
소계			60	
활동정리	8. 발달단계와 건강한 성장을 위한 필요성 안내하기		10	
정리하기	9. 소감나누기 - EFRG 프로그램을 통한 나의 성장(성장2-1) : 이번 경험이 나에게 주었던 배움 인식하고 이를 성장을 위한 도구로 전환시키기 위해 노력한다.		30	성장2-1 성장2-2
	10. 나의 성장 변화 측정하기(성장2-2)			
소계			40	
총계			130	
유의사항	- 성장에 관한 코칭은 피해와 가해학생 각각 2.5시간씩 실시한다. 학교폭력에 노출된 부정적 경험을 성장을 위한 긍정적 에너지로 변화시키기 위한 결심이 필요하다.			

4. 참고 자료

가. 나의 성장척도(온도) 측정하기(성장1-1) : 나의 성장척도(온도)는 현재 자신의 발달단계를 말한다. 자신에 대한 자기존중감과 문제해결력 및 성숙도를 나타낸다. 학교괴롭힘이라는 경험은 자신을 위축되게 하고 부정적으로 낙인하게 하는 우려가 있지만 EFRG 프로그램을 통해 자신에 대해 보다 더 정확하게 이해하고 경험을 활용하고자 하는 의지를 갖추었다면 본 프로그램 시작 단계인 공감척도와는 달리 성장척도는 향상되어 있을 것이다. 모든 프로그램을 마치면 마지막으로 성장척도를 측정하게 된다. 이 때 처음과 끝의 성장지수의 숫자의 변화가 척도의 변화이다. 그 것을 끌어올리기 위해 본 프로그램을 이수하는 것이다. 특히 변화의 이유를 스스로 적어보는 것이 중요하다. 자신의 성장에 대한 내면화 작업이 된다.

나. 예전의 나 & 지금의 나(성장1-2) : 나는 이 세상에 하나 밖에 없는 존재이다. 나는 존재 자체로서 소중하고 존중받을 가치가 있다. 하지만 학교폭력(괴롭힘)에 노출되면서 자존감과 평판이 하락되었다는 염려가 있다. 나의 성격과 관련된 보물을 발견하고다음 징검다리를 건너면서 '예전의 나'를 돌아보고,'새로운 나'를 알아본다.

다. EFRG 프로그램을 통한 나의 성장 (성장2-1) : 모든 경험은 그 것을 어떤 의미로 받아드릴 것인지 개인이 결정할 수 있다. 먼저 이번 경험이 나에게 주었던 배움을 인식하고 이를 나의 성장을 위한 배움으로 전환시킨다.

라. 나의 성장척도(온도) 변화 측정하기(성장2-2) : 나의 성장척도(온도) 변화는 본 프로그램으로 인한 나의 성장 변화를 말하다. 내가 얼마나 무엇 때문에 변화하였는지 적어본다. 척도 혹은 온도로 적어 볼 수 있다. 지도자는 내담자의 수준과 상황에 맞게 온도와 척도를 선택하여 활용할 수 있다.

마. 바람직한 성장을 위한 날개 활용하기(성장2-3) : 에니어그램에서 날개는 나의 주 기능을 보좌한다. 따라서 내가 좀 더 건강하기 위해서는 좌우측 날개를 균형 있게 사용하는 것이다. 자신의 성격유형 이해를 바탕으로 날개의 건강한 특성을 인지하고 이를 활용할 수 있도록 안내한다(실제 운영 과

정에서는 개념의 어려움으로 인해 생략함).

바. 화살 활용하기(성장2-4) : 에니어그램에서는 사람은 통합방향과 분열방
향(스트레스)의 두 화살을 가지고 있다. 건강한 사람은 자신의 성격유형이
통합방향의 화살을 받아 드려 건강하게 생활하지만 스트레스 상황에 놓이
면 자신의 불건강한 특징을 보이면서 분열방향의 불건강한 특성들을 사용
하게 된다. 이를 인식하고 두 화살의 건강한 활용을 인지하여 실천하는 것
이 필요하다(실제 운영 과정에서는 개념의 어려움으로 인해 생략함-교사용
연수에서 다루기로 함).

5. 읽기 자료 : 정진(2016), 「회복적 생활교육 학급운영 가이드북」에서 발췌 요약

가. 학생들이 잘못된 행동을 하였을 때 벌을 주는 '응보적' 접근에서 '회복적'
접근으로 생활지도의 방향을 바꾸어야 한다.

나. 교사 중심의 생활교육에서 학급공동체의 문화로 전환해 가는 평화적 압력
형성과정이 회복적 생활교육이다(25.p).

다. 회복적 생활교육의 가치(31.p).

　1) 갈등과 문제를 평화적으로 변화해 가는 과정

　2) 상호존중과 자발적 책임의 문화를 만들어 가는 과정

　3) 학교와 가정, 지역 공동체의 신뢰를 증진시키는 과정

라. 회복적 생활교육의 기본적 접근 방식(33.p).

　1) 잘못된 행동의 원인을 파악하기

　2) 피해자의 요구를 다룰 것

　3) 피해를 바로잡기 위해 노력할 것

　4) 미래에 긍정적인 변화가 일어나도록 노력할 것

　5) 치유가 되도록 할 것

　6) 공동으로 참여하는 문제처리 과정을 따를 것

성장척도(온도) 측정하기

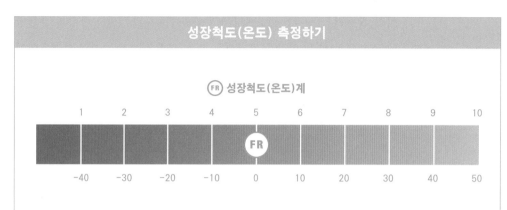

1. 나의 현재 성장 척도(온도)는 얼마인가요?

2. 그렇게 생각하는 이유는 무엇인가요?

-
-
-
-
-

※ 척도 5(보통)를 중심으로 1~4는 부정적인 척도이며 0~1은 공감이 전혀 안됨, 2는 거의 안 됨, 3~4는 공감이 안 되는 편임, 5 는 보통, 6~7은 공감이 조금 됨, 8은 공감이 많이 됨, 9~10은 대부분 공감이 됨을 의미함. 온도는 생활 온도와 비슷함.

예전의 나 & 지금의 나

다음 징검다리를 건너면서 '예전의 나'를 돌아보고, '새로운 나'를 알아봅시다.

나의 성격유형과 관련된 나의 보물은?

"학교폭력 상황이 발생했을 때 나의 보물을 사용했나요?"

(아니옴)   (예)

나쁜 습관(내가 했던 행동을 써 봅시다.)   좋은 습관(앞으로의 내 행동을 써 봅시다)

나에게 준 상처   어떤 일이 일어날까요?

EFRG 프로그램을 통한 나의 성장

1. 이번 경험이 나에게 주었던 배움을 인식하기

-

-

-

-

-

2. 이번 경험을 나의 성장(배움)으로 활용해 봅시다

-

-

-

-

-

성장척도(온도)변화 측정하기

1. 나의 현재 성장 척도(온도)는 얼마인가요?

2. 그렇게 변화한 이유는 무엇인가요?

-
-
-
-
-

※ 척도 5(보통)를 중심으로 1~4는 부정적인 척도이며 0~1은 공감이 전혀 안됨, 2는 거의 안 됨, 3~4는 공감이 안 되는 편임, 5는 보통, 6~7은 공감이 조금 됨, 8은 공감이 많이 됨, 9~10은 대부분 공감이 됨을 의미함. 온도는 생활 온도와 비슷함.

성장수준 5일차 2.6~5교시 (관련학생 2.5시간)

1. 과정 이해

학교폭력의 가해자가 되어 교육을 이수하는 것은 정직함과 용기가 필요하다. 지금까지 학교폭력은 가해자를 대신하여 국가가 징벌적 차원에서 벌을 주고 그 벌의 일부분으로 교육을 실시하는 형태라고 할 수 있다. 징벌적 차원에서 교육을 실시하거나 받아들이도록 하는 것은 도움이 되지 않는다.

학교폭력을 행한 학생들도 교육의 대상이며 미성년자임을 기억해야 한다. 모든 인간은 실수할 수 있고 특히 청소년들은 실패할 권리가 있다. 학교는 실수하고 실패한 청소년들에게 교육이라는 관점에서 올바른 성장을 위한 교육과정을 제공하여야 한다.

학교폭력의 가해학생(관련학생)들은 일반적으로 발달수준에 있어 건강한 상태라고 할 수는 없다. 건강한 개체는 다른 인격체들에 대한 존중과 공감을 바탕으로 하기에 공격성을 행동으로 실행하지는 않는다. 화가 나거나 분노에 감정을 표출할 경우에도 폭력적이지 않고 수용 가능한 언어·비언어적 감정을 표출한다.

가해(관련)학생들이 주변의 동료(친구)들에게 학교폭력(괴롭힘)이라고 분류될 수 있는 괴롭힘을 지속적으로 실행한다면 이들의 발달수준은 평균 이하의 불건강한 수준이라고 볼 수 있다. 그럼에도 불구하고 모든 학생은 소중하고 가치 있는 존재이다. 이를 스스로 인식하게 하는 것이 필요하다.

이러한 인식을 바탕으로 지난 번 학교폭력 과정에서의 자신의 대처를 다시 한 번 돌아보고 성격유형의 관점에서 바람직한 대처 방안을 모색하여 볼 수 있다. 특히 자신의 양 날개를 활용하여 단점을 개발하고 장점을 강화시켜 균형 있는 발달을 도모할 수 있다. 즉, 핵심 유형과 날개의 도움을 통해 우리의 의식수준을 향상하고 건강한 삶을 살 수 있게 이끌어 주는 것이다.

에니어그램의 상징에서 제시된 아홉 가지 숫자들의 연결지점인 화살은 에너지의 흐름과 관련이 있다. 즉, 스트레스 상황과 안정 상황에서 나는 어떤 특성을 나타내는지 확인할 수 있다. 이를 이해하면 자신이 건강한 지점으로 나아갈 뿐만 아니라 양 화살의 장점을 끌어와서 활용할 수 있는 통합의 방향으로 나아가게 될 수 있다.

자신에 대한 이해가 깊어지면 지난 번 학교폭력 상황에서 내가 어떻게 대처하였으면 좋았는지 성찰할 수 있다. 이를 성격유형의 관점에서 다시 한 번 반추하여 보고 학교폭력의 경험을 성장의 경험으로 전환하고자 하는 것이 본 프로그램의 목적이다. 이 과정에서 가정뿐만 아니라 학급 공동체도 함께 재구조화되고 성장할 수 있다.

2. 일정표

구분	수준	대상	시간	번호	내용	비고
5일차 (2.5H) (2.5H)	공감 수준 Empathy	관련 학생	23.5(G-3)	성장3-1	성장척도(온도) 측정하기	개별상담 (피해학생 ↓ 가해학생)
				성장3-2	예전의 나& 지금의 나	
			24.5차시~ 26차시 (G-4/5)	성장4-1	EFRG 프로그램을 통한 성장	
				성장5-1	성장척도(온도)변화 측정하기	

3. 프로그램 구성

11회기	성장 수준 23.5~26차시 [관련학생·가해학생]			
하위영역	학교폭력의 경험을 성장의 에너지로 전환시키기			
활동목표	공감→용서→회복 수준을 지나 학교폭력의 경험을 성장의 에너지로 전환시키려는 인식을 갖는다.			
준비물	활동지, 참고자료, 필기구	시간	2.5차시(각각)	
단계	활동내용		시간	준비물
시작하기	◈ 본 회기에 대한 이해 - 성장 수준에서 자신이 느끼고 결심한 것 나눔		10	함께
활동하기	1. 긴장 풀기 체조(마음 다스리기, 몸의 근육 이완하기)		10	
	2. 성장 의견 나누기 - 각자가 생각하는 성장의 모습에 대한 의견 나누기		40	성장3-1 성장3-2
	3. 나의 성장척도(온도) 측정하기(성장3-1) -내가 생각하는 나의 성장 척도는 어디쯤에 위치하고 있는가?			
	4. 예전의 나 & 지금의 나(성장3-2) - 에니어그램 성격 유형 작업과 관련하여 나의 변화를 만나 본다			
활동정리	5. 발달단계와 건강한 성장을 위한 필요성 안내하기		10	
	소계		70	
정리하기	6. 소감나누기 - EFRG 프로그램을 통한 나의 성장(성장4-1) : 학교폭력 과정에서의 경험을 성장의 에너지로 전환시키기 위해 이번 경험이 나에게 준 상처를 성장으로 전환시키고자 활용한다.		30	성장4-1 성장5-1
	7. 나의 성장 변화 측정하기(성장5-1)			
	소계		30	
	총계		100	
유의사항	- 성장에 관한 코칭은 피해와 가해학생 각각 2.5시간씩 실시한다. 학교폭력에 노출된 부정적 경험을 성장을 위한 긍정적 에너지로 변화시키기 위한 결심이 필요하다.			

4. 참고 자료

가. 나의 성장척도(온도) 측정하기(성장3-1): 학교폭력의 관련(가해) 경험이 나를 얼마나 성장하게 할 수 있는가? 학교괴롭힘은 관련학생의 경우 심리적 발단단계가 평균 이하 즉, 건강하지 못한 상태에서 일어난다. 따라서 자신의 성장척도를 정확하게 인지하고 그 변화를 인식하는 것이 필요하다.

나. 예전의 나 & 지금의 나(성장3-2): 성격 유형 프로그램을 통해 예전의 나를 돌아보고 현재의 나를 만나본다. 성격유형과 관련하여 내가 발견한 보물(잠재력)은 무엇이며 학교폭력(괴롭힘) 상황에서 그 것은 어떤 영향을 미쳤는지 살펴 본다. 아울러 성장을 위한 화살 개발을 위해 내가 했던 나쁜 행동과 좋은 행동을 만나보고 그 것이 준 상처와 성장에 대해 결심하게 한다.

다. EFRG 프로그램을 통한 나의 성장 (성장4-1): 모든 경험은 그 것을 어떤 의미로 받아드릴 것인지 개인이 결정할 수 있다. 자신과 타인을 원망하고 복수하는데 초점을 맞출 수도 있지만 이를 이겨내고 성장의 경험으로 바꾸는 것도 가능하다. 이번 경험들이 나에게 준 배움들과 이를 성장의 배움으로 전환시켜 활용하는 방법을 생각해 본다(피해학생과 동일).

라. 나의 성장변화 척도(온도) 측정하기(성장5-1): 나의 성장변화 척도를 측정하고 그 이유를 적어본다. 성장의 변화는 EFRG 프로그램 전반에 걸친 총체적 변화와도 유사할 것이다. 수치 자체 못지 않게 언어로 표현되는 변화도 중요하다.

마. 내 안의 보물(날개) 활용하기(참고용-교사연수) : 에니어그램에서 날개는 나의 주 기능을 보좌한다. 따라서 내가 좀 더 건강하기 위해서는 좌우측 날개를 균형 있게 사용하는 것이다. 자신의 성격유형 이해를 바탕으로 날개의 건강한 특성을 인지하고 이를 활용할 수 있도록 안내한다(실제 운영 과정에서는 개념의 어려움으로 인해 생략함).

바. 나의 성장 방향 이해하기(참고용-교사연수) : 에니어그램에서는 사람은 통합방향과 분열방향(스트레스)의 두 화살을 가지고 있다. 건강한 사람은

자신의 성격유형이 통합방향의 화살을 받아 드려 건강하게 생활하지만 스트레스 상황에 놓이면 자신의 불건강한 특징을 보이면서 분열방향의 불건강한 특성들을 사용하게 된다. 이를 인식하고 두 화살의 건강한 활용을 인지하여 실천하는 것이 필요하다(실제 운영 과정에서는 개념의 어려움으로 인해 생략함-교사용 연수에서 다루기로 함).

5. 읽기 자료: Marshall B. Rosenberg마샬 B. 로젠버그(2016), 김온양·이화자 옮김.「비폭력 대화」에서 발췌 요약

가. 생각이 행동을 만들어 내듯 말이 관계를 만든다. 모든 관계는 언어를 매개로 소통함으로써 형성된다. NVCNonvilounce verval commumication(비폭력대화)는 마음과 마음을 연결하는 소통능력이 있고 무너진 관계를 회복시키는 힘을 지녔다. NVC는 단순한 대화의 기술이 아니라 삶의 원리이자 관계에 대한 내적 태도이다(역자 서문에서)

나. 치유의 4단계(160~167.pp).

   1) 1단계: 공감하기

   2) 2단계: NVC로 애도하기

   3) 3단계: 과거 욕구를 인식하기

   4) 4단계: 상대편 공감하기

다. NVC를 활용하여 분노를 조절하는 3단계(220.p).

   1) 제1단계: 화를 유발하고 있는 자극을 찾아내되, 자신의 평가를 더하지는 않는다.

   2) 제2단계: 화의 근원이 되는 자기 안의 이미지 또는 판단을 찾아낸다.

   3) 제3단계: 판단적 이미지를 이것이 표현하는 자신의 욕구로 변환한다. 즉, 판단 이면에 있는 자신의 욕구에 온전히 주의를 집중한다.

라. 감정의 본래 기능은 우리의 욕구를 충족시킬 수 있도록 우리를 자극하는 것이다(218.p). 감정은 행동의 원인이 될 수 없다. 감정은 다른 사람의 행동을 어떻게 해석하느냐에 따라 결정된다(230.p).

마. 분노를 조절하는 가장 중요한 요소는 분노의 원인이 되고 있는 자신의 판단이 무엇인지 찾아내고, 이 것을 판단 뒤에 자리한 욕구의 형태로 바꾸어 주는 능력이다(223. p).

성장척도(온도) 측정하기

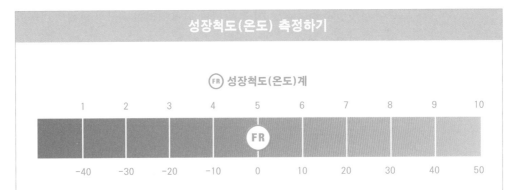

1. 나의 현재 성장 척도(온도)는 얼마인가요?

2. 그렇게 생각하는 이유는 무엇인가요?

    •

    •

    •

    •

    •

※ 척도 5(보통)를 중심으로 1~4는 부정적인 척도이며 0~1은 공감이 전혀 안됨, 2는 거의 안 됨, 3~4는 공감이 안 되는 편임, 5는 보통, 6~7은 공감이 조금 됨, 8은 공감이 많이 됨, 9~10은 대부분 공감이 됨을 의미함. 온도는 생활 온도와 비슷함.

예전의 나 & 지금의 나

다음 징검다리를 건너면서 '예전의 나'를 돌아보고, '새로운 나'를 알아봅시다.

나의 성격유형과 관련된 나의 보물은?

"학교폭력 상황이 발생했을 때 나의 보물을 사용했나요?"

(아니요)   (예)

나쁜 습관(내가 했던 행동을 써 봅시다.)	좋은 습관(앞으로의 내 행동을 써 봅시다)
나에게 준 상처	어떤 일이 일어날까요?

EFRG 프로그램을 통한 나의 성장

1. 이번 경험이 나에게 주었던 배움들은 무엇입니까?

-

-

-

-

-

2. 이번 경험을 나의 성장(배움)으로 활용하는 방법을 적어봅시다

-

-

-

-

-

성장척도(온도)변화 측정하기

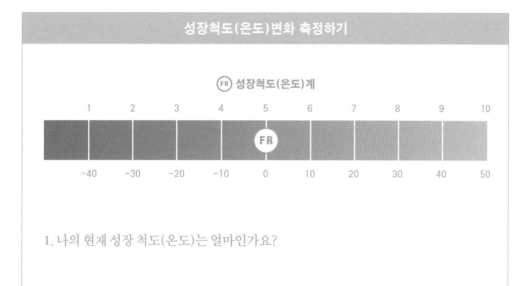

ⒻⓇ 성장척도(온도)계

| 1 | 2 | 3 | 4 | 5 | 6 | 7 | 8 | 9 | 10 |

FR

-40 -30 -20 -10 0 10 20 30 40 50

1. 나의 현재 성장 척도(온도)는 얼마인가요?

2. 그렇게 변화한 이유는 무엇인가요?

-

-

-

-

-

※ 척도 5(보통)를 중심으로 1~4는 부정적인 척도이며 0~1은 공감이 전혀 안됨, 2는 거의 안 됨, 3~4는 공감이 안 되는 편임, 5는 보통, 6~7은 공감이 조금 됨, 8은 공감이 많이 됨, 9~10은 대부분 공감이 됨을 의미함. 온도는 생활 온도와 비슷함.

내 안의 보물(날개) 활용하기(참고용-교사연수)

나의 보물(잠재력=날개)은 어떤 것이 있을까요?

1. 보물(잠재력) :

-

-

2. 보물(잠재력) :

-

-

나의 보물(잠재력=날개) 활용 방안은 무엇일까요?

1. 보물(잠재력) :

-

-

2. 보물(잠재력) :

-

-

나의 성장(화살) 방향 이해하기(참고용–교사연수)

나의 성장(화살) 방향은?

1. 성장방향 _____ 번 :

-

-

2. 스트레스 방향 _____ 번 :

-

-

나의 성장 활용 방안은 무엇일까요?

성장 방향 :

-

-

보완 방향

-

-

성장수준 5일차 2.6~5교시(관련학생 2.5시간)

1. 과정 이해

학교폭력이 일어났을 때 가장 큰 피해자는 당연히 피해학생이 된다. 하지만 이에 못지않게 담임교사에게 일어나는 일들을 주목할 필요가 있다. 한국 사회에서 담임교사라는 지위는 독특하면서도 설명하기 어려운 존재이다. 무한 책임이 있지만 권리와 방어권은 가장 제약되어 있는 존재이다. 육상 트랙에 뛰어든 갑옷을 입은 병사처럼 애처롭다.

학교폭력의 발생과 전개 및 처리과정에서 담임교사라는 역할의 중요성은 아무리 강조해도 지나치지 않다. 문제는 현재 대한민국 학교에서 담임교사의 역할, 특히 학교폭력 상황에서 담임교사의 바람직한 역할이 규정된 매뉴얼 혹은 대처 방안에 대한 준비나 안내가 거의 없다고 해도 과언이 아니다.

담임교사가 인간에 대한 애정을 바탕으로 자신이 돌보는 학급의 학생들을 유심히 관찰하고 이를 기록해 나간다면 대부분의 학교폭력은 예방 가능하거나 초기에 대응할만한 수준이다. 크고 작은 폭력이 일어난다 할지라도 상황이 손 쓸 수 없을 만큼 악화되지는 않는다. 하지만 담임교사의 발달수준이 건강한 상태라는 말과 학교폭력의 발견과 대처에 능숙하다는 말은 동일 선상에 놓고 비교하기는 어렵다.

생활지도와 상담, 특히 학교폭력의 예방과 대처에 대해서는 어느 정도 전문적인 기술이 필요하다. 관련 법규와 매뉴얼을 익숙하게 익히는 것뿐만 아니라 학교폭력의 발생과 함께 피·가해 학생을 조사하거나 학부모를 만나는 작업 역시 지뢰밭이 많은 전문적 영역이다. 한 가지라도 빠트리거나 실수하면 나중에 수습하기가 매우 어렵다.

학교폭력의 초기 과정에서 심의기구를 통해 사안을 정확하게 조사하고 피해학생에 대한 응급조치 이후 신체적·심리적·사회적 안정을 확보하여야 한다. 그 다음 부모에게 통보하고 사안에 따른 대처방안을 수립해야 한다. 문제는 예전과 달리 가해와 피해의 구분이 쉽지 않고 학생들 역시 잘못을 인정하거나 반성하지 않을 때 교육적 해결은 사라지고 학생이 아니라 어른들이 상황해결을 위해 무대에 등장한다.

일단 사안이 "학교폭력대책자치위원회"올라 가게 되면 담임교사의 역할은 극히 제한적이 되고 오히려 편파적 관찰자로 의심받아 배제된다. 피·가해 학부모 혹은 학생 중 누구라도 담임교사가 공정하지 않다고 지적하는 순간 담임교사의 역할은 원천적으로 제한되기 때문이다.

그러나 최종적인 해결과정에서 담임교사의 역할은 절대적이다. 피·가해 학생이 다시 돌아와서 생활하게 될 공간이 바로 학급이기 때문이다. 담임교사는 공감-용서-회복 수준을 거쳐 성장수준의 마지막 단계에서 해당 학생들이 학급으로 돌아오기 직전 학생들을 만나서 EFRG 과정에서 무엇을 배웠으며 학급공동체로 돌아가서 어떻게 생활할 것인가에 대해 상의한다. 이 과정에서 담임교사는 학교폭력 당사자인 학생들과 학급을 연결하는 매개 역할을 하게 되는 것이다.

2. 일정표

구분	수준	대상	시간	번호	내용	비고
5일차	성장 수준 Growth	관련학생 / 담임교사	27차시 (G-6)	성장6-1	EFRG 프로그램을 통해 배운 점	
				성장6-2	학급공동체로 돌아가서 할 일	

3. 프로그램 구성

12회기	성장 수준 27차시 [관련학생+담임교사]			
하위영역	담임교사와의 상담을 통해 학급으로 안정적으로 복귀하기			
활동목표	학교폭력 과정에서의 경험을 학급 차원에서 긍정적 성장 에너지로 전환시킨다			
준비물	활동지, 참고자료, 필기구	**시간**	1차시	
단계	**활동내용**		**시간**	**준비물**
시작하기	◆ 본 회기에 대한 이해 - 학교폭력 EFRG 프로그램 과정에서 관련학생과 더불어 학급이 경험한 일들을 정리하기		10	
활동하기	1. 관련 학생들의 마음과 대처 이해하기 - EFRG 프로그램 이수에 대한 격려하기		30	성장6-1 성장6-2
	2. EFRG 프로그램을 통해 배운 점 나누기(성장6-1) - 프로그램 과정에서 경험한 내용을 담임교사와 나누기 - 학교폭력(괴롭힘)의 과정을 통해 학급과 담임교사에게 끼친 영향에 대한 의견 나누기			
	3. 학급에 돌아가서 하고 싶은 일, 담임교사에게 바라는 점 나누기(성장6-2) - 학급에 복귀하였을 때 하고 싶은 일/담임교사에게 바라는 일/- 친구들과의 관계 회복을 위해 협조 다짐하기			
정리하기	4. 학교폭력 경험이 나에게 끼친 영향은 무엇인가? - 학교폭력의 경험이 나에게 다가 온다면 나는 어떤 대처를 할 것인가? 나에게 끼친 영향은 무엇인가?		10	
	소계		50	
적용하기	5. 학교폭력에 대처하는 나의 자세 -나는 앞으로 우리 학급에서 학교폭력이 일어난다면 '이런 방식으로 대처하도록 하겠다' 라고 결심함		10	
	소계		10	
	총계		60	
유의사항	- 담임교사의 학교폭력 관련 학생들의 변화를 공유하는 것은 매우 중요하다. - 이 과정에서 담임교사에게 하고 싶은 말이나 감정을 표현하고 다시 학급에 복귀하였을 때를 함께 준비한다.			

4. 참고 자료

가. 프로그램을 통해 배운 점(성장6-1): 학교괴롭힘 경험의 마지막 통과 의례는 학급으로 돌아가기 전 담임교사를 만나 상담을 하는 과정이다. 실상 학교괴롭힘의 경험은 특정학생 즉, 당사자들에 의해 이루어지지만 영향은 모든 학생에게 미친다. 이 과정에서 담임교사의 통찰과 학급운영 역량이 중요하다. 담임교사가 초기에 문제를 발견하고 예방하며 상담을 통해 상황을 악화시키기 전에 처치하는 것이 바람직하다. 이 문제에 대한 건강한 해결은 학급공동체의 안전security과 안정화stability에 영향을 주어 향후 학급운영에 튼튼한 버팀목으로 작용한다. 관련당사자들이 학급공동체로 돌아오기 전 담임교사는 피·가해 학생들과 함께 이번 경험을 통해 무엇을 배웠는지 대화를 나눔으로써 학급으로 이들을 맞아 드릴 준비를 하는 것이다.

나. 학급에 돌아가서 하고 싶은 일(성장6-2) : 학생들은 학급으로 돌아가서 예전처럼 생활하고자 하지만 예전은 존재하지 않는다. 그러므로 관련학생들의 성공적인 복귀를 위해 당사자들이 학급에 돌아가서 무엇을 할 것인가에 대해 함께 준비하는 것은 매우 필요한 과정이다. 이를 잘 수행하기 위해 담임교사에게 도움을 요청하는 절차를 밟는다. 담임교사는 이 절차를 성실하게 수행할 것을 약속함으로써 학생들의 어깨를 걸고 학급으로 돌아오게 되는 것이다.

다. 학교폭력에 대처하는 나의 자세 : 마무리를 학교폭력(괴롭힘)에 대처하는 나의 마음가짐을 스스로 결심하고 입으로 용기를 내어 표현해 보는 과정이다. 지난 번 대처와는 달리 앞으로 우리 학급에서 학교폭력(괴롭힘)이 일어났을 때 나는 어떤 대처를 할 것인지 미리 말을 하고 결심을 하여 본다.

5. 읽기 자료: Jane Nelsen·Lyne Lott·H. Stephen Glenn제인 넬슨·린 로트·스티브 글렌(2014), 「학급긍정훈육법」, 김성환·강소현·정유진 옮김

가. 교사에게 가장 중요한 임무는 학교에서 아이들이 좌절을 경험하지 않게 하는 것이며, 이미 좌절을 경험한 아이가 있다면 학교와 교사의 도움으로 자존감을 회복하게 하는 것이다. 이를 위해 교사는 지속적으로 노력해야 하고 학생들은 미래를 희망적이고 즐겁게 바라보아야 한다(Alfred Adler. 재인용. 37).

나. 보상과 처벌은 장기적인 행동변화에 도움이 되지 않는다. 문제행동이라는 단어도 어긋난 행동으로 바꾸어야 한다. 문제행동은 드러난 행동만으로 판단하는 관점의 용어이지만, 어긋난 행동은 소속감과 정체성을 원하지만 잘못된 방식의 행동을 함으로써 진정으로 원하는 것에서 어긋나버린 행동을 말한다(47. p).

다. 아이들은 왜 문제를 일으키는가? 좌절감이 모든 행동의 근원이다(Rudolph Dreikurs루돌프 드라이커스). 상황에 따라 의미가 결정되는 것이 아니라 우리가 그 상황에 어떤 의미를 부여하는지에 따라 의미가 결정된다(Alfred Adler아들러)(87. p). 문제행동에는 두 가지 중요한 요인이 있다. 바로 교사에 대한 학생의 신뢰와 학생에 대한 교사의 신뢰이다. 아이들이 문제행동을 하면 교사와 학생 사이에 힘겨루기가 시작된다.

라. 민주주의에서 생겨난 문제는 더욱 더 민주적인 방법으로 해결해야 한다(Rudolf Dreikurs루돌프 드라이커스. 146. p). 친절하되 단호하라. 친절은 친절로서만 가르칠 수 있다(Haim G. Ginott하임 기너트).

마. 학급긍정훈육법Positive Discipline in the classroom: PDC. 친절하되 때로는 단호한 교사를 우리 시대 교사를 위한 새로운 훈육법. Alfred W. Adler알프레드 아들러의 심리학에 기초함. PDC 교사의 7가지 신념(30. p).

　1) 나는 능력이 있다

　2) 나는 의미 있는 도움을 주며 꼭 필요한 사람이다

　3) 나의 결정은 나와 학급에 일어나는 문제에 긍정적인 영향을 미친다

4) 나는 원칙이 잇고 자기 조절력이 있다

5) 나는 다른 사람을 존중하며 행동한다

6) 나는 내 행동이 다른 사람에게 영향을 미친다는 것을 안다

7) 나는 꾸준한 연습을 통해 지혜와 판단력을 발달시킨다

EFRG 프로그램을 통해 배운 점

EFRG 프로그램을 통해 배운 점을 적어봅시다

• 공감수준 -

• 용서수준 -

• 회복수준 -

• 성장수준 -

2. 전체적인 나의 변화와 성장은 무엇인지 적어봅시다

•

•

•

•

•

•

학급공동체로 돌아가서 할 일

학급공동체로 돌아가서 할 일은 무엇인가요?

-

-

-

-

담임선생님에게 바라는 점은 무엇인가요?

-

-

-

-

-

성장수준 6일차 7~9교시(학급전체)

1. 과정 이해

다시 학급으로 돌아온다. 학교폭력과 관련된 EFRG 모델의 연수를 마치고 학급으로 관련학생들이 돌아오게 된다. 이들을 맞이하는 학급공동체 학생들의 마음은 혼란스럽다. 안타까움과 동정, 안쓰러움과 두려움, 염려와 짜증 등의 감정들이 복합적으로 교차한다.

학급이라는 사회가 갈등 상황에서 적절한 대가를 지불하고 복귀하는 과정은 교육의 일부분이다. 문제는 문제 자체가 아니라 문제를 어떻게 바라보고 대처하는지가 더 중요한 문제이다. 문제를 통해서 개인 혹은 집단은 상처 입고 고통 속에서 퇴보하기도 하지만 문제를 극복하고 성장하기도 한다.

학교폭력에 대처하는 새로운 접근인 EFRG 모델은 우리 학급에서 발생한 학교폭력의 과정을 학급공동체가 다시 돌아볼 수 있도록 재구성한다. 각자가 학교폭력의 과정에서 나는 어떤 역할을 하였는지 개별적으로 돌아보게 된다. 일반적으로 학교폭력(괴롭힘)이 일어나면 교실에서는 다음과 같은 역할들이 출연한다.

학교폭력의 직접적인 피해학생과 그 반대편에 있는 가해(관련)학생, 그리고 가해자의 편에선 동조자(적극적 협력자)와 협력자(소극적 협력자)이다. 피해자의 편에는 방어자가 있는데 적극적 방어자와 소극적 방어자가 있다. 그리고 나머지 대부분을 차지하는 방관자들이다.

학교폭력의 과정에서 많은 학생들이 방관자가 되는 까닭은 피해학생에 대한 공감empathy보다 가해학생에 대한 두려움(혹은 경외감으로 표현되기도 함)이 더 크기 때문이다. 그러나 누군가 한 사람 그 두려움을 이겨 내고 "그만""멈춰"라고 부르짖을 때 가해자는 대중을 상대하게 되어 폭력행동을 멈추게 된다.

학급공동체는 지난 번 학교폭력의 과정에서 나는 어떤 자리에 서 있었는지 자신을 돌아보고 그 경험이 나에게 끼친 영향에 대해 성찰해 본다. 특히 이 과정에서 방어자의 역할을 한 학생은 누구이며 어떠한 동기(힘)가 그 역할을 감당하게 하였는지 대면하여 본다. 이 과정은 역할극을 통해서 펼쳐지면 가장 강력하다. 이를 바탕으로 다음번에 비슷한 상황이 발생한다면 나도 방관자가 아닌 방어자가 될 것을 결심한다.

이를 바탕으로 우리 학급에서 학교폭력(괴롭힘)을 추방하기 위해서 학급 구성원 모두가 참석하여 학급헌장(법)을 만들게 된다. 학급의 최고 가치와 규정인 학급헌장을 통해 폭력을 추방하고 모두가 방어자가 되기를 힘쓰겠다는 결심은 그 자체만으로도 예방과 성장의 효과가 탁월하다. 이 모든 과정을 마치면 학급의 성장척도를 마지막으로 측정하게 된다. 학급 구성원들이 각자 얼마나 성장(변화)했으며 그 사유가 무엇인지 만나 보는 것은 학교폭력의 경험이 성장의 에너지로 전환되었다는 것을 확인하게 한다.

2. 일정표

구분	수준	대상	시간	번호	내용	비고
5일차 (7~9) (3H)	성장수준 (Growth)	학급 전체	27(G-7)	성장7-1	성장척도(온도) 측정하기	학급전체
				성장7-2	이번 경험 과정 돌아보기	
			28(G-8)	성장8-1	성격유형 역할극 : 방관자를 방어자로	
			29(G-9)	성장9-1	우리가 바라는 학급	
				성장9-2	학급 헌장 만들기(공동작업)	
				성장9-3	성장 변화 척도 측정하기	

3. 프로그램 구성

13회기	성장 수준 28~30차시 [학급전체]			
하위영역	학교폭력과정의 경험을 학급성장의 기회로 전환하기			
활동목표	학교폭력 과정에서의 경험을 학급 차원에서 긍정적 성장 에너지로 전환시킨다			
준비물	활동지, 참고자료, 필기구	시간	3차시(학급)	
단계	활동내용		시간	준비물
시작하기	◈ 본 회기에 대한 이해 - 학교폭력 EFRG 프로그램 과정에서 관련학생과 더불어 학급이 경험한 일들을 정리하기		10	
활동하기	1. 긴장 풀기 체조(마음 다스리기, 몸의 근육 이완하기)		5	
	2. 성장 척도 측정하기(성장7-1)		50	성장7-1 성장7-2 성장8-1 (역할극)
	3. 이번 경험 과정 돌아보기(성장7-2) - 학교괴롭힘 과정에서 각자의 역할 돌아보기			
	4. 학교괴롭힘 과정에서의 나의 역할은 무엇이었나? - 그때의 생각과 느낌 돌아보기			
	5. 방관자를 방어자로 바꾸기(성장8-1) - 역할극 : 지난번과 달라진 상황으로 역할극 해보기 - 방관자를 방어자로 만들기 (실습하기) - 방어자의 역할을 한 사람은 누구이며 왜 그런 선택을 하였는가?			
정리하기	6. 학교폭력 경험이 나에게 끼친 영향은 무엇인가?(성장8-1) - 학교폭력의 경험이 나에게 다가 온다면 나는 어떤 대처를 할 것인가? 나에게 끼친 영향은 무엇인가?		15	성장8-1
소계			80	
적용하기	7. 내가 바라는 학급은 어떤 학급인가?(성장9-1) - 학교폭력 없는 행복한 학급을 만들기 위해 각자가 생각하는 내가 바라는 학급을 대화를 통해 이야기 한다.		40	성장9-1 성장9-2 성장9-3
	8. 학급헌장 만들기(성장9-2) - 학교폭력이 없는 학급을 만들기 위한 학급헌장 만들기			
	9. 나의 성장 변화 척도 측정하기(성장9-2)			
소계			40	
총계			120	
유의사항	- 담임교사의 학교폭력 관련 학생들의 변화를 공유하는 것은 매우 중요하다. - 이 과정에서 담임교사에게 하고 싶은 말이나 감정을 표현하고 다시 학급에 복귀하였을 때를 함께 준비한다.			

4. 참고 자료

가. 이번 경험 과정 돌아보기(성장7-2) : 학급의 구성원들은 저 마다 다른 기억으로 학교폭력(괴롭힘)의 삽화를 기억한다. 이를 모든 학급 구성원들이 자신의 관점에서 학교폭력의 과정을 돌아보게 함으로써 당시 관련학생들의 심정을 공감하고 상황을 재구성한 객관적 이해를 돕는다. 이번 경험(학교 괴롭힘)의 과정에서 학급의 구성원들은 자신이 한 역할이 무엇인지 정확하게 이해할 필요가 있다. 나의 역할은 무엇이었는지 만나 본다. 그 때 나의 생각과 느낌이 어떠하였는지 적어본다. 가해자와 피해자는 비교적 선명하게 나타나지만 소극적인 협력자와 방어자들은 자신의 역할을 잘 기억하지 못하는 경우가 더러 있다. 모든 구성원들이 자신의 역할을 다시 한 번 자리매김함으로써 바람직한 역할에 대한 상을 형성할 수 있다. 학교폭력(괴롭힘) 경험이 나에게 끼친 영향은 무엇인가? 모든 학생들은 저마다 학교폭력(괴롭힘) 사안에 따른 영향을 받았다. 그 영향이 자신의 현재 학교생활에 끼치는 영향의 범위는 개인차가 있을 것이다. 모든 개인이 자신의 현재 위치에서 그 영향의 정도를 가늠하여 보는 것은 사안의 본질을 보는 작업이라고 할 수 있다.

나. 성격유형 역할극: 방관자를 방어자로(성장8-1) : 학교폭력(괴롭힘) 해결의 관건은 이 과정에서 대부분을 차지하는 방관자들을 어떻게 방어자가 될 수 있도록 안내할 것인가? 하는 문제이다. 지난 번 학교폭력(괴롭힘)의 과정에서 방어자의 역할을 한 친구에게 당시 자신의 생각과 행동에 대한 심정을 들어보고 역할극을 통해 다시 한 번 공감하게 된다. 역할극 속에서 만들어 놓은 역할 카드를 패용하고 역할극을 한다. 학교폭력 성격유형 역할극은 EFRG 프로그램의 하이라이트 중의 한 부분이다. 일반적인 역할극과의 차이점은 성격유형 역할극이다. 즉, 가해학생과 피해학생, 방어자와 협력자 등이 당신 그러한 역할을 하게 된 것을 성격유형의 관점에서 접근하고 피드백하여 줌으로써 학교폭력에 대한 바람직한 대처 방안을 스스로 인식할 수 있도록 도울 수 있다.

다. 우리가 바라는 학급(성장9-1) : 모든 학생들은 자신이 바라는 이상적인 학급의 모습이 있다. 전체 토론(학급헌장 만들기)을 하기 전에 학생 각자가 원하는 내가 바라는 학급의 모습을 생각해 볼 수 있다. 관련학생들이 EFRG 프로그램을 마치고 학급으로 복귀하기 전 담임교사가 과제로 안내할 수도 있다. 학급헌장 만들기 공동작업 바로 직전에 모둠별 과제 작업시 자신의 의견을 발표하면서 참여하도록 유도한다.

라. 학급헌장 만들기:공동작업(성장9-2): 학급헌장은 학급 구성원 모두의 희망과 바람을 모은 총합總合이다. 먼저 저마다 자신이 원하는 학급헌장의 전문과 조문들을 작성한 다음 모둠별로 정리하고 학급전체에서 발표하여 요약한다. 최종적으로 완성된 학급헌장은 학급의 전면 혹은 후면에서 가장 잘 보이는 자리에 상설적으로 게시하여 학급공동체 전체의 결과물로 내면화한다.

마. 나의 성장변화척도(온도) 재기(성장9-3) : 학교폭력(괴롭힘) 문제의 해결을 위해 학급공동체는 첫 3시간과 마지막 3시간 작업을 함께 하였다. 관련학생들은 공감-용서-회복-성장 수준별로 6시간 정도 작업에 참여하였다. 그 결과 얼마나 성장하고 변화하였는지 최종적으로 학급활동을 통해 확인하게 된다. 척도로 확인할 수도 있고 온도로 확인할 수도 있다.

5. 읽기 자료: John. Maxwell존 맥스웰(2012). 「사람은 무엇으로 성장하는가?」에서 요약 발췌함

가. 사람들은 상황을 개선하는데 급급하여 자신을 개선할 생각은 별로 하지 않는다. 그래서 언제나 발이 묶여 있다(22. p). 우리는 오랜 세월에 걸쳐 자기 자신과 인생을 만들어 간다. 이 과정은 죽을 때까지 끝나지 않는다. 우리가 하는 선택은 우리 자신에게 책임이 있다(Anna Eleanor Roosevelt 엘리노이 루즈벨트. 재인용. 35. p).

나. Jack Canfield 잭 캔필드의 성공원리 - 생각을 바꾸는 4가지 방법(74. p).

　1) 바꾸고 싶은 편견을 밝힌다

2) 그 편견이 자신을 얼마나 제한하는지 알아낸다

3) 어떤 사람이 되고 싶은지, 어떤 행동을 하고 싶은지, 어떤 감정을 느끼고 싶은지 정한다

4) 그런 모습, 행동, 감정을 성취할 수 있다고 단언하거나 그렇게 하도록 용기를 주는 인생역전 선언문을 작성한다

다. 우리는 가장 많이 어울리는 다섯 사람의 평균이 된다(Jim Rohn 짐 론. 138. p). 지금 누구와 어울리고 무엇을 읽는가? 이 두 가지가 바뀌지 않으면 5년 후의 모습도 지금과 똑같을 것이다.

라. 인생은 우리 마음대로 되지 않는다. 제 마음대로 굴러간다. 그 것을 어떻게 극복하느냐가 차이를 만들어 낸다(Virginia Satir 버지니아 사티어. 재인용. 190. p). 나쁜 경험에서 교훈을 얻은 다음에 좋은 변화를 일으킨다.

마. Aleksandr Solzhenitsyn 알렉산더 솔제니친 : 스탈린을 비판하고 8년간의 감옥 생활을 돌아보며 "감옥아, 내 너를 축복하노라. 내 삶에 네가 있었음을 축복하노라. 감방의 썩어가는 밀짚 위에 누워 깨달았으니 인생의 목적은 번영이 아니라 영혼의 성숙에 있음이라"

바. 씨앗을 뿌리고 나면 아무 변화도 보이지 않는 시기가 있지 그렇지만 씨앗은 땅 밑에서 계속 성장하고 있다네(352. p). 하루의 성공을 판단하는 기준은 무엇을 거둬들였느냐가 아니라 무엇을 뿌렸느냐다(소설가 Robert Louis Stevenson 루이스 스티븐슨).

사. John C. Maxwell 존 맥스웰의 성장법칙(366~378. pp).

1) 성장은 의도해야 이루어진다 – 의도성의 법칙

2) 멈춰야 비로소 보이는 것들이 있다 – 되돌아보기 법칙

3) 끈기와 뚝심이야말로 성장의 핵심이다 – 끈기의 법칙

4) 자신을 좀 더 좋은 환경 속에 내려놓아야 한다 – 환경의 법칙

5) 인생에는 적당한 포기도 필요하다 – 내려놓음의 법칙

6) 롤 모델은 무조건 직접 만나라 – 본보기의 법칙

성장척도(온도) 측정하기

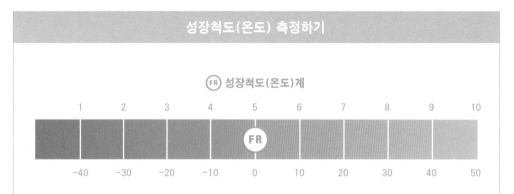

1. 나의 현재 성장 척도(온도)는 얼마인가요?

2. 그렇게 생각하는 이유는 무엇인가요?

-

-

-

-

-

※ 척도 5(보통)를 중심으로 1~4는 부정적인 척도이며 0~1은 공감이 전혀 안됨, 2는 거의 안 됨, 3~4는 공감이 안 되는 편임, 5
는 보통, 6~7은 공감이 조금 됨, 8은 공감이 많이 됨, 9~10은 대부분 공감이 됨을 의미함. 온도는 생활 온도와 비슷함.

이번 경험 과정 돌아보기

이번 경험에 대한 나의 기억을 떠올려 친구들과 나눠봅시다.

누가 , 언제, 어디에서, 무엇을, 어떻게, 왜?

학교 폭력에는 5가지 역할이 있습니다.

피해학생
학교괴롭힘의 직접적인
피해를 입은 학생

방관자
가해도, 피해도 아닌 그
냥 상황을 지켜 본 학생

가해학생
학교괴롭힘에 직접적인
피해를 준 학생

방어자
피해학생의 편에서 괴롭힘을
막기 위해 노력한 학생

동조자
가해학생의 편에서
돕는 학생

나는 어떤 역할이었나요?

_____

_____

그때 나의 생각과 느낌은 어떠했나요?

_____

_____

역할극 : 방관자를 방어자로

❖ 지난번 경험을 새롭게 바꾸어 역할극을 해 봅시다.

상황 설명

_____

_____

역할 내용 (간단한 대본으로 작성해도 됩니다.)
- 무작위로 역할을 뽑습니다. 역할명은 포스트잇이나 명찰을 이용해 가슴에 표시합니다.

• 방관자

• 방어자

• 가해자

• 피해자

• 동조자

❖ 지난번과 달라진 점을 나누어봅시다.

이름 :

우리가 바라는 학급은

우리 학급 약속에 넣고 싶은 것을 정하여 봅시다.

각자의 생각을 포스트잇에 적어서 표현해 보아요	→	친구들의 생각을 같은 것끼리 모아보아요.	→	중요한 순으로 3가지를 정해 봅시다.

〈학급약속〉

☞ 제1조:

☞ 제2조:

☞ 제3조:

우리는 이와 같은 우리의 학급을 만들기 위하여 노력할
것은 약속합니다.

학급 헌장 만들기(공동작업)

❖ 학급헌장 (이젤 패드에 양식을 만들어 붙이기)

전문 : 우리 학급은 ~

• 제1조 :

• 제2조 :

• 제3조 :

• 제4조 :

• 제5조 :

• 제6조 :

• 제7조 :

이름 :

성장척도(온도)변화 측정하기

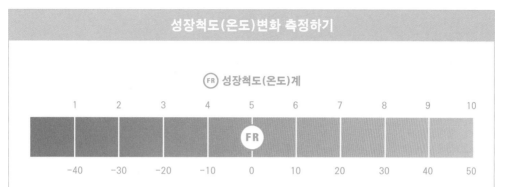

1. 나의 현재 성장척도(온도)는 얼마인가요?

2. 그렇게 변했다고 생각하는 이유는 무엇인가요?

-
-
-
-
-

※ 척도 5(보통)를 중심으로 1~4는 부정적인 척도이며 0~1은 공감이 전혀 안됨, 2는 거의 안 됨, 3~4는 공감이 안 되는 편임, 5
는 보통, 6~7은 공감이 조금 됨, 8은 공감이 많이 됨, 9~10은 대부분 공감이 됨을 의미함. 온도는 생활 온도와 비슷함.

참고문헌

Aldous Huxley(2018), 『멋진 신세계』, 이덕형 옮김, 서울: 문예출판사

Alfred Adler(2014), 『항상 나를 가로막는 나에게』, 변지영 편저·김현철 감수, 2014, 서울: 카시오페아.

Angels Ackerman & Beca Puglish(2012), 『인간의 75가지 감정표현법』, 서준환 옮김, 경기 고양: 인피니타북스.

Bob Stahl·Elisha Goldstein(2014), 『MBSR 워크북』, 안희영·이재석 공역, 서울: 학지사.

Dan Allender, 2014, 『용서』, 서울: 은혜출판사

Don Richard Riso·Russ Hudson(2016), 『에니어그램의 지혜』, 주혜명 옮김, 서울: 한문화.

Edward L. Deci·Richard Flaste(2011), 『마음의 작동법』, 서울: 에코의 서재

Elizabeth Kubler Ross(2018), 『죽음과 죽어감』, 이진 역, 서울: 청미.

Elizabeth Wagele(2013), 『에니어그램으로 보는 우리 아이 속마음』, 김현정·에니어그램 코칭 인스티튜트 식구들 옮김, 서울: 연경문화사

Elizabeth Wagele(2015), 『청소년 리더쉽 에니어그램』, 글로벌에니어그램연구원 옮김, 서울: 스토리나인.

Elizabeth Wagele·Judith dome(2010), 『생일 케이크를 찾아라』, 한병복 옮김, 서울: The Nine

Ellen J. Langer(2015), 『마음챙김』, 이양원 옮김, 서울: 더 퀘스트.

Francois Lelord·Christophe Andre(2008), 『내 감정 사용법』, 배영란 옮김, 서울: 위즈덤 하우스

Gabriele Rubin(2009), 『증오의 기술』, 권지현 옮김, 경기 파주: 알마.

Georg Peiper(2012), 『쏟아진 옷장을 정리하며』, 유영미 옮김, 서울: 부키.

Ginger Lapid-Bogda, 2005, 『팀워크 에니어그램 최강팀 만들기』, 윤운성·최세민 옮김, 서울: 흐름출판.

Hannah Arendt(2006), 『예루살렘의 아이히만』, 김선옥 옮김, 서울: 한길사

Howard Gardner(2007), 『다중지능』, 문용린 등 옮김, 서울: 웅진지식하우스.

Ichiro Kishimi·Fumitake Koga(2014), 『미움 받을 용기』, 전경아 옮김, 서울: 인플루엔셜.

Ichiro Kishimi·Fumitake Koga(2016), 『미움받을 용기2』, 전경아 옮김, 서울: 인플루엔셜.

James Gilligan(2012), 『왜 어떤 정치인은 다른 정치인보다 해로운가?』 이희재 옮김, 서울: 교양인.

Jane Nelsen·Lyne Lott·H. Stephen Glenn(2014), 『학급긍정훈육법』, 김성환·강소현·정유진 옮김, 서울: 에듀니티

Jeremy Rifkin(2014), 『공감의 시대』, 이경남 옮김, 서울: 민음사.

John Cristoph Arnold(2015), 『왜 용서해야 하는가?』 서울: 김영사.

John. Maxwell(2012), 『사람은 무엇으로 성장하는가?』, 김고명 옮김, 서울: 비즈니스 북스

Jon Kabat-Zinn(2017), 『마음챙김 명상과 자기치유 上, 下』, 김교헌·김정호·장현갑 공역, 서울: 학지사.

Katz·Noddings·Strike(2007), 『정의와 배려』, 윤현진·박병춘·홍인표·정창우·정탁준 옮김, 서울: 인간사랑.

Kenneth Shore(2011), 『화내지 않고 말썽꾸리기에 대하기』, 박은숙 옮김, 서울: 우리교육

Lauren Thompson·Christie Hale(2018), 『용서의 정원』, 손성화 옮김, 서울: 시공주니어

Marina Cantacuzino(2018), 『나는 너를 용서하기도 했다』. 김희성 옮김, 서울: 부키

Marshall B. Rosenberg(2016), 『비폭력 대화』, 김온양·이화자 옮김. 서울: 북스타

Parker J. Pamer(2014), 『가르칠 수 있는 용기』, 이종인·이은정 옮김, 서울: 한문화

Parker J. Parmer(2018), 『모든 것의 가장자리에서』, 김찬호·정하린 옮김, 경기 파주: 글항아리.

Paul R. Ehrlick·Robert Onsteine(2012), 『공감의 진화』, 고기탁 옮김, 서울:에이도스.

Paul Valent(2011), 『누구나 10초 안에 살인자가 될 수 있다』, 허수연 옮김, 생각연구소.

Primo Levi(2007), 『이 것이 인간인가?』 이현경 역, 서울: 돌베게.

Renee Baron·Elezabeth Wagele(1995), 『바람직한 관계를 만드는 아홉가지 방법』, 주혜명·한병복·김재원·염지선 옮김, 서울: 연경문화사.

Renee Baron·Elibeth Wagele(2014), 『나를 찾는 에니어그램 상대를 아는 에니어그램』, 주혜명·한병복·김재원·염지선 옮김, 서울: 연경문화사.

Robert Fulghum(2009), 『내가 정말 알아야 할 모든 것은 유치원에서 배웠다』, 최정인 옮김, 서울: 알에티코리아.

Roxanne Howe-Murphy(2016), 『에니어그램 딥 리빙』, 한병복·김은영·최건·최진태·유

경희·유현희·김재원·김환영 옮김, 스토리나인.

Stephen Richards Covey(2002),『성공하는 가족들의 7가지 습관』, 김경섭 옮김, 서울: 김영
　　사

Susan El-Shamy(2009),『쉽게 배우는 역할극』, 이호선 역, 서울: 학지사

Susan Forward(2015),『독이 되는 부모가 되지 마라』, 김형섭·지성학·황태연 공역, 서울:
　　푸른육아

Susan Rhodes(2012),『긍정 에니어그램』, 진칠수·김환영·박순인 옮김, 서울:마음살림

Suzuki Nobumoto(2014),『가해자 가족』, 한진이 옮김, 서울: 섬앤섬.

Thordis Elva·Tom Stranger(2017),『용서의 나라』, 권가비 옮김, 서울: 책세상.

Todd Whitaker(2015),『훌륭한 교사는 무엇이 다른가?』송형호 옮김, 서울: 지식의날개

Tony Humphreys(2009),『선생님의 심리학』, 안기순 옮김, 서울: 다산초당

Tracy Tresider·Margaret Loftus·Jacqui Pollock(2015),『에니어그램을 통한 지혜로운 부
　　모 되기』, 김순미·박충선·현상진·김미화 옮김, 서울: 연경문화사

강진령·유형근(1999),『집단괴롭힘』, 서울: 학지사

권영애(2016),『그 아이만의 단 한사람』, 서울: 아름다운 사람들

김상인(2000),『상담심리 용서사전』, 서울: 생명의 샘가

김성윤(2014),『18세상: 엄숙한 꼰대 열받은 10대 꼬일대로 꼬인 역설의 시대』, 북인더갭

김여령(2009),『우아한 거짓말』, 서울: 창비.

김유숙(2008),『아동과 청소년 심리치료』, 서울: 학지사

김주환(2011),『회복탄력성 시련을 행운으로 바꾸는 유쾌한 비밀』, 서울: 위즈덤하우스.

김현수(2016),『행복한 교실을 만드는 희망의 심리학』, 서울: 에듀니티.

김호·정제승(2011),『쿨하게 사과하라』, 서울: 어크로스

김훈태(2017),『교실 갈등 대화로 풀다 발도프프 교육과 회복적 생활교육의 만남』, 서울: 교
　　육공동체 벗

김희경(2017),『이상한 정상가족』, 서울: 동아시아

문재현 등(2013),『평화! 행복한 삶의 시작』, 서울: 살림터

박미라(2008),『치유하는 글쓰기』, 서울: 한겨레 출판

박성희(2005),『꾸중은 꾸중답게 칭찬은 칭찬답게』, 서울: 학지사

박성희(2008),『공감』, 서울: 이너북스

박성희(2011),『진정성』, 서울:이너북스

박성희·이재용·남윤미·김경수·김기종·심진규·최준섭·김은혜 공저,『공감정복 6단계』,

서울: 학지사

박숙영(2014),『공동체가 새로워지는 회복적 생활교육을 만나다』, 서울:좋은교사

박숙영(2014),『회복적 생활교육을 만나다』, 서울: 좋은교사.

박순걸(2018),『학교내부자들: 민주적인 학교를 위하여』, 서울: 에듀니티

박용철(2013),『감정은 습관이다』, 서울: 추수밭.

서현(2014),『빨간도시』, 효형출판.

송재홍 등(2016),『학교폭력의 예방과 상담-이론과 실제』, pp. 282~283, 서울: 학지사.

윤구병(2008),『가난하지만 행복하게』, 서울: 휴머니스트.

이만교(2009),『나를 바꾸는 글쓰기 공작소』, 서울: 그린비.

이영근(2018),『초등자치: 어린이들이 만들어가는 학교 민주주의』, 서울:에듀니티

이청준(2013),『벌레 이야기』, 서울: 문학과 지성사

이혜정(2017),『대한민국의 시험』, 서울: 다산

임정훈(2018),『학교의 품격』, 서울: 우리교육.

정문자·정혜정·이선혜·전영주 공저(2012),『가족치료의 이해』, 서울: 학지사.

정진(2016),『회복적 생활교육 학급운영 가이드북』, 서울:피스빌딩

족첸 뾘롭 린뽀체(2018),『감정구출』, 이종복 옮김, 서울: 담앤북스

천종호(2018),『호통판사 천종호의 변명』, 서울: 우리학교

최현석(2011),『인간의 모든 감정』, 서울: 서해문집.

프랑수아 를로르·크리스토프 앙드레(2008),『내 감정 사용법』, 배영란 옮김, 서울: 위즈덤
하우스

홍세화(2009),『나는 빠리의 택시운전사』(개정판), 서울: 창작과 비평사

논문·간행물

곽금주(2008),「한국의 왕따와 예방 프로그램」, 한국심리학회지: 사회문제, 14(1). 255-
272.

김갑석(2015),「학교폭력대응에 관한 헌법적 고찰」, 박사학위논문, 대구대학교.

김병찬(2012).「2012. 11. 제8호. 한국교육개발원. 현안보고 OR 2012-01-8. 핀란드의 키바
코울루(Kiva Koulu) 프로그램 및 한국교육에 주는 시사점」.

김지현(2017).「청소년의 아동학대 피해경험과 학교폭력 피해경험이 자살생각에 미치는
영향」. 박사학위 논문. 서울기독대학교 대학원

김진호(2009),「학교폭력 가해 청소년의 인간관계적 특성에 관한 연구」, 박사학위논문, 전

북대학교 대학원

김하강(2010), 「학교폭력 가해 청소년을 위한 상호작용적 영화치료프로그램 개발 및 효과」, 박사학위논문, 전남대학교 대학원

마을공동체교육연구소(2011), 「집단괴롭힘 없는 평화로운 교실 만들기」,

서미정(2008), 「방관자의 집단 특성에 따른 또래 괴롭힘 참여 역할행동」, 아동학회지, 29(5), 79~86.

여태전(2004), 「간디학교의 행복찾기」, 서울: 우리교육

윤구병 선생(2014), 「실험학교 이야기」, 서울: 보리

윤운성(2005), 에니어그램의 이해 「나를 찾아 떠나는 여행」 교안 강사지침서

이동갑(2014), 「한국의 학교상담 법제화 방향 및 입법전략 연구」, 학습자중심교과교육학회, 제14권 제9호, pp. 345~368.

이동갑(2017), 「위(Wee) 프로젝트 정책평가 연구」, 박사학위논문, 한국교원대학교 교육정책전문대학원

이유나(2015), 「학교폭력 피해-가해 중첩성에 관한 연구」, 박사학위논문, 동아대학교

이진숙(2012), 「근거이론으로 접근한 학교폭력 피해학생의 학교 적응과정에 관한 연구」, 박사학위 논문, 명지대학교 대학원

이춘재·곽금주(2000), 「집단따돌림 경험 유형에 따른 자기개념과 사회적지지」, 한국심리학회, Vol. 13. No. 1. 65~80.

정향기(2017), 「학교폭력예방 및 대책에 관한 법률에서의 학교폭력예방교육의 문제점과 개선방안」, 박사학위논문, 동아대학교대학원

정혜신(2018), 「당신이 옳다」, 서울: 해냄.

주지선(2017), 「청소년의 학교폭력 주변인 행동유형에 대한 생태체계적 요인의 영향」, 박사학위논문, 한양대학교 대학원.

홈페이지 등

경향신문, 2007.7.5. 경향신문

국가법령정보센터: http://www.law.go.kr/main.html

국립국어원 표준국어대사전, http://stdweb2.korean.go.kr/search/List_dic.jsp, 2018. 08. 17. 검색.

주간경향, 1292호, 반려동물에 대한 애도를 허(許) 하라. pp. 64~65.

중부매일, 2018.8.6.

학교폭력예방및대책에 관한 법률, [시행 2017. 7. 26.] [대통령령 제28211호, 2017. 7. 26., 타법개정]

EBS 다큐프라임, 퍼펙트 베이비 1부. 2013. 06. 24.

http://700km.tistory.com/402

http://news.heraldcorp.com/view.php?ud=20180828000398

http://www.hani.co.kr/arti/society/schooling/824948.html

http://www.ohmynews.com/NWS_Web/view/at_pg.aspx?cntn_cd=A0000316529

http://www.vop.co.kr/A00001041779.html

http://www.vop.co.kr/A00001041779.html

https://ko.wikipedia.org/wiki/%EC%96%B4%EB%A6%B0%EC%9D%B4_%ED%97%8C%EC%9E%A5

https://ko.wikipedia.org/wiki/%ED%97%8C%EB%B2%95

후기

EFRG 모델은 프로그램을 넘어 공감(共感)의 훈련장이다. 인성교육의 못자리 이다. 본 프로그램은 학교폭력(괴롭힘)에 대한 2차 예방이 주된 대상으로 설계 되었다. 하지만 프로그램을 개발하고 실험하는 과정에서 1차 예방으로서 의 기능도 할 수 있음을 발견하였다. 아울러 이미 일어난 학교폭력(괴롭힘)에 대해서도 EFRG 모델을 적용하여 법이 규정하는 피·가해자(학부모) 교육을 이수할 수 있도록 해 달라는 현장의 요구들을 되새겼다. 즉, 1차 예방 기능 뿐 만 아니라 3차 예방인 치료의 기능에도 유용하게 작동함을 확인하였다.

필자는 공감-용서-회복-성장 각 수준별 예방 프로그램(1차) 모델과 치료 모델(3차)을 지속적으로 연구할 계획이다. 예방 모델은 각각 2시간, 4시간, 8 시간, 15시간 등으로 구성될 것이다. 어울림 프로그램처럼 초등학교 저학년 과 고학년, 중학생과 고등학생용 프로그램으로 급별로 분리 되어 개발되는 것 에 대한 필요성에 동의하고 있다. 다만 프로그램 개발 첫 해를 맞아 전체적인 프로그램의 이론적 배경과 원리를 익숙하게 익힌 다음 현장에 적용하는 과정 에서 학교 급별 교안이 개발되어야 할 것이다. 지금도 워크북 수준에서는 한 글 파일의 제공을 통해 해당 학교급별 수준에 맞도록 수정 편집하여 사용하는 것을 권하고자 한다.

또한, 학생들 뿐만 아니라 학부모와 교사용 프로그램으로 설계될 수 있다. 교사용 프로그램의 경우 담임교사용과 함께 학교폭력업무 담당교사와 생활 부장, 교감, 교장 선생님, 전문상담교사(사)를 위한 특화된 프로그램의 개발 이 요구된다. 필요하다면 학교폭력담당 전문직을 위한 프로그램도 한 꼭지 개발되어야 할 것이다.

공감-용서-회복-성장 수준별 심화 프로그램의 개발이 다음 단계에서 이루어져야 한다. 학생과 학급, 사안에 따라 공감(共感) 역량이 집중적으로 개발되어야 할 학생이 있는가 하면 용서(容恕)단계에서 다음 수준으로 나아가기 힘든 학생(학부모)도 있을 수 있다. 각 수준별 심화 과정에 대한 구체적인 프로그램의 개발이 요구된다. 내년 쯤에는 각 수준별 세부 프로그램과 교재가 나올 수 있기를 기대하고 있다.

학교폭력은 예방이 최고의 대책이다. 그런 점에서 EFRG (공감-용서-회복-성장) 모델이 학년 초 예방 프로그램으로 전교생 혹은 학급별로 실시되면 가장 바람직하다. 이를 위해서는 학교장과 교감 및 생활부장(담당교사), 학교폭력담당자가 본 프로그램을 이해하여야 협업할 수 있다. 학부모들 역시 연수를 통해 학교에서 진행되는 프로그램의 의미와 목표에 대해 공유할 필요가 있다. 이는 학교 측에서 특정 학생에 대해 EFRG 프로그램을 권유하더라도 그 보호자가 학교폭력대책자치위원회를 고집하면 참석을 강제할 수 없기 때문이다. 이 프로그램이 가장 효과적으로 적용될 수 있는 곳은 학교폭력 관련학생들을 대상으로 하는 특별교육 프로그램이다. 특히 교육지원청 위(Wee)센터에서 공감-용서-회복-성장의 각 수준별 프로그램을 재편성하여 활용할 수 있다.

비록 건강을 위한 좋은 비방(레시피)이 있다하더라도 그 것을 진단하고 치료하는 혹은 치료자가 없다면 효용성을 발휘하기 힘들다. 맛있고 유익한 음식도 이를 제대로 요리하는 요리사가 없다면 어찌 맛을 낼 수 있겠는가? 그런 점에서 좋은 지도자(강사) 양성 과정에 대한 논의가 필요하다. 강사 양성은 조심스러운 부분이 있다. 석·박사 학위를 가졌거나 중요 메이져 학회의 상담자격 소지자를 추천할 수도 있다. 하지만 필자는 지식보다 더 중요한 것이 공감의 범위와 역량이라고 믿는다. EFRG 모델 지도자는 가슴이 따뜻하고 무엇보다 피해학생과 그 부모의 고통, 가해학생과 그 부모에 대한 연민과 도움 의지가 몸과 마음 모두에서 향기처럼 전달되어야 한다. 빠른 시일 안에 좋은 강사가 많이 배출되어 프로그램의 보급과 확대에 기여하게 되길 기대한다. 이를 돕기 위해 필자는 원격연수를 30시간으로 구안하였고 이 책의 내용을 원격연수를 염두에 두고 설계하였다. 자세한 내용은 별첨과 같다. 원격연수는 시대의 흐름에 따라 출석수업과 원격수업을 병행하는 것도 효과적일 수 있다고 본다. 즉, 책과 원격연수 강의를 통해 기초적인 지식을 익힌 다음 출석연수를 통해 보완하는 방법도 제안할 만하다고 본다. 이 과정은 EFRG 프로그램을 교실에서 실험할 수 있는 정도로 생각된다. 강사가 되기 위해서는 적어도 30~40시간(준비과정 4시간, 사전협의 포함하면 약 40시간)의 실습과 Co-Leader(공동지도자) 경험 및 과제 제출과 수업 발표 시연 등을 통해 별도의 자격 연수 과정이 만들어 지는 것이 필요하다.

EFRG 모델의 핵심을 이루고 있는 감정카드의 개발을 정교화 할 필요가 있다. 감정카드를 활용하여 실행하는 과정에서 학생들이 주로 선택하는 것들의 우선순위를 정렬하고 거의 선택받지 못하는 단어들을 정리하여 지속적으로 업그레이드를 할 것이다. 공감척도계를 제작하여 운영하는 것은 언어중심의 상담이 아니라 공감과 활동 중심의 학교폭력(괴롭힘) 상담에 어울린다. 공감척도계는 용서-회복-성장 모든 장면에서 사용할 수 있으며 현재 제작 중에 있다.

임상실험을 하는 과정에서 누구나 쉽게 사용할 수 있는 프로그램을 만들어 달라는 요구를 따라 현장에서 담임이 쉽게 활용할 수 있도록 변환하는데 초점을 두었다. 아울러 학급단위로 적용하는 것을 가장 우선하여 투입하기로 방향을 설정하였다. 4시간 정도로 담임이 요청하는 학급에 적용하는 것을 기본 툴로 하여 교사와 학부모를 대상으로도 프로그램을 실시하기로 하였다. 이 과정에서 공감-용서-회복-성장의 각 수준별로 심화된 프로그램을 투입하는 것이 좋을 것이다. 이러한 작업들은 하루 아침에 이루어지는 것은 아니다. 집단지성을 모아 EFRG 프로그램이 대한민국을 대표하는 학교폭력 예방 및 대책 프로그램이 될 뿐 아니라 세계에 수출하는 모델이 될 수 있도록 지속적으로 노력할 예정이다.

부록1. EFRG[1] 모델

공감(Empathy) 수준 - (9H)

센터	Heart (가슴)	Core Action (중심활동)	마음 나눔
사전:피·가해학생(학부모)(2H)			전체
에니어그램 검사 실시 (3H)			
피해	– 두려움 – 슬픔 – 분노	– 피해목록작성 – 피해 감정 표현하기 – 자신 사랑하기	피해자 (먼저) (3H)
가해		– 가해목록작성 – 감정 표현하기 – 자신 사랑하기	가해자 (나중) (3H)
핵심 감정 / 과제	– 두려움. 슬픔, 분노 – 공포, 수치심, 고립감, 원망스러움, 감정 가위눌림 / – 목록작성하기, 감정 표현하기, – 자신 사랑하기		

용서(Forgiveness) 수준 (6H)

센터	Body(장)	Core Action (중심활동)	행동
피해	– 두통 – 답답함 – 소화불량 (신체화)	– 용서표현수용하기 – 용서 편지 쓰기 – 용서 베풀기	피해자 (3H)
가해		–진심으로 뉘우치기 –용서 편지쓰기 –용서 구하기	가해자 (3H)
핵심 감정 / 과제	–두통, 답답함, 소화불량(신체화) / –진심으로 뉘우치기, 용서 표현하기, –용서표현 수용하기, 용서 편지쓰기		

성장(Growth) 수준 (9H)

센터	Whole (온몸)	Core Action (중심활동)	생활
피해	날개 개발	–개인 컨설팅 –공감,용서,회복 수준별 정리 후 피드백 –프로파일 제공 –학교폭력 경험을 성장의 동력으로 만들기(에너지 전환)	피해자 (2.5H)
가해	화살 개발		가해자 (2.5H)
담임교사	피·가해학생 상담		1H
에니어그램 성장 나눔(공동작업) – 성격유형역할극(방관자→방어자로) – 학급헌장 만들기			공동 (3H)
핵심 감정 / 과제	– 안정감, 자신감, 신뢰감 / – 생활, 날개, 균형 있는 날개 화살 활용, 성격유형역할극, 공동체의 회복 활동		

회복(Recovery) 수준 (6H)

센터	Head (머리)	Core Action (중심활동)	인지 재구조화
피해	– 희망 – 안도감 – 정화 (카타르시스)	– 회복목록 만들기 – 회복목록 교환하기 – 회복 도움 활동 다짐하기	피해 학생 (2H)
가해			가해 학생 (2H)
공동 작업		–용서 구하기 –용서 베풀기 –용서 후 화해하기	피·가해 (2H)
핵심 감정 / 과제	– 희망, 안도감, 카타르시스(정화) / – 회복목록, 회복목록 교환, 회복 도움활동, 용서 후 화해하기		

〈그림4〉 EFRG 모델

1 공감-용서-회복-성장(Empathy-Forgiveness-Recovery-Growth)의 약자

부록2. EFRG(공감-용서-회복-성장) 프로그램 진행표

※ 일정은 사정에 의해 조정이 가능함

구분	수준	대상	시간	번호	내용	비고
1 일 차 (4H) 오전		피·가해 학생/ 학부모 (사전)	1차시 (PE-1)	공감1	오리엔테이션	
				공감2	참석 동의서 양식(학생·학부모용)	
			2차시 (PE-2)	공감3	에니어그램 검사 소개	
				공감4	에니어그램 검사 유형별 해석	
				공감5	나의 성격유형은?	
1 일 차 (3H) 오후	공감 수준 (9H) Empathy	학급 전체 + 담임 교사	1차시 (E-1)	공감1-1	오리엔테이션(학생용)	
				공감1-2	공감척도(온도) 측정하기	
				공감1-3	참석 동의서 양식(학생·학부모용)	
			2차시 (E-2)	공감2-1	에니어그램 검사 소개	
				공감2-2	에니어그램 검사 유형별 해석	
			3차시 (E-3)	공감3-1	나의 성격유형은?	
				공감3-2	이럴 때 어떻게 하나요?	
				공감3-3	공감척도(온도)변화 측정하기	
2 일 차 (6H)		피해 학생	4차시 (E-4)	공감4-1	공감척도(온도) 측정하기	
				공감4-2	나는 이렇게 아팠어요	
			5차시 (E-5)	공감5-1	상대방 마음 짐작하기	
				공감5-2	피해감정 이름 붙이고 위로하기	
			6차시 (E-6)	공감6-1	나의 성격유형과 이번 경험과의 관계 이해하기	
				공감6-2	공감척도(온도)변화 측정하기	
		가해 학생	7차시 (E-7)	공감7-1	공감척도(온도) 측정하기	
				공감7-2	내 행동과 감정 꺼내보기	
			8차시 (E-8)	공감8-1	상대방 마음 짐작하기	
				공감8-2	감정 이름 붙이고 뉘우치기	
			9차시 (E-9)	공감9-1	이번 경험과 나의 성격유형 이해	
				공감9-2	공감척도(온도)변화 측정하기	
3 일 차 (6H)	용서수준 (6H) Forgiveness	가해 (관련) 학생	10차시 (F-1)	용서1-1	용서척도(온도) 측정하기	
				용서1-2	사과 징검다리	
			11차시 (F-2)	용서2-1	상대방에게 편지쓰기	
				용서2-2	자신에게 편지쓰기	
			12차시 (F-3)	용서3-1	자기를 용서하기	
				용서3-2	용서척도(온도)변화 측정하기	

		피해학생	13차시 (F-4)	용서4-1	용서척도(온도) 측정하기	
				용서4-2	용서 징검다리	
				용서4-3	자기 자신에게 편지쓰기	
			14차시 (F-5)	용서5-1	상대방 학생에게 편지쓰기	
				용서5-2	상대방 학생이 쓴 편지 읽고 답하기	
			15차시 (F-6)	용서6-1	용서 베풀기 편지 쓰기	
				용서6-2	용서척도(온도)변화 측정하기	
4 일 차 (6H)	회복수준 Recovery	피해학생 (2H)	16차시 (R-1)	회복1-1	회복척도(온도) 측정하기	
				회복1-2	회복목록 만들기	
			17차시 (R-2)	회복2-1	회복도움활동 목록 만들기	
				회복2-2	회복장애물 목록 만들기	
		가해학생 (2H)	18차시 (R-3)	회복3-1	회복척도(온도) 측정하기	
				회복3-2	회복목록 만들기	
			19차시 (R-4)	회복4-1	회복도움활동 목록 만들기	
				회복4-2	회복장애물 목록 만들기	
		함께 (2H)	20차시 (R-5)	회복5-1	같은 곳을 향하여 회복하기(공통작업)	
				회복5-2	회복실천목록 만들기(공통)	
			21차시 (R-6)	회복6-1	용서 구하기와 용서 베풀기(공통)	
				회복6-2	회복척도(온도)변화 측정하기	
5 일 차 (6H)	성장수준 (9H) Goowth	피·가해학생	22차시 (G-1)	성장1-1	성장척도(온도) 측정하기	
				성장1-2	예전의 나 & 지금의 나	
			23차시	성장2-1	EFRG 프로그램을 통한 나의 성장	
			24.5차시 (G-2.5)	성장2-2	성장척도(온도)변화 측정하기	
			24.5차시 (G-2.5)	성장3-1	성장척도(온도) 측정하기	
				성장3-2	예전의 나 & 지금의 나	
			25차시 (G-4)	성장4-1	EFRG 프로그램을 통한 성장	
			26차시 (G-5)	성장5-1	성장척도(온도)변화 측정하기	
			별도자료	교사용	내 안의 보물(날개) 활용하기(참고용-교사연수)	
					나의 성장(화살) 방향 이해하기(참고용-교사연수)	
		담임	27차시 (G-6)	성장6-1	EFRG 프로그램을 통해 배운 점	
				성장6-2	학급공동체로 돌아가서 할 일	
6 일 차 (3H)		학급전체 + 담임교사	28차시 (G-7)	성장7-1	성장척도(온도) 측정하기	
				성장7-2	이번 경험 과정 돌아보기	
			29차시 (G-8)	성장8-1	역할극 : 방관자를 방어자로	
			30차시 (G-9)	성장9-1	우리가 바라는 학급은	
				성장9-2	학급 헌장 만들기(공동작업)	
				성장9-3	성장척도(온도)변화 측정하기	

부록3. 원격연수(안)

차시번호	모 둘	주 제 명	비 고
1	학교폭력과 EFRG 모델 이해하기	학교폭력이란 무엇인가?	
2		학교폭력에 관한 법과 규칙들 이해하기	
3		괴물이 된 "학교폭력대책위원회"	
4		학교폭력 EFRG 모델의 이해	
5		EFRG 주요개념 이해 – 감정카드, 공감척도계, 문제해결카드, 성격유형 역할극	
6	에니어그램 주요개념 이해하기	에니어그램이란 무엇인가?	
7		힘의 중심 이해하기	
8		발달수준, 날개와 화살 이해하기	
9		에니어그램 성격유형 역할극	
10	공감(Empathy) 수준의 학교폭력	공감수준의 학교폭력 양상	
11		사전 만남 : 피·가해학생과 학부모 만나기	
12		피해목록 작성하기·피해감정 표현하기	
13		가해목록 작성하기·가해감정 만나기	
14	용서 (Forgiveness) 수준의 학교폭력	용서수준의 학교폭력 양상	
15		가해학생 : 진심으로 뉘우치기·용서편지쓰기	
16		피해학생 : 용서표현 수용하기·용서 베풀기	
17		용서의 정원으로	
18	회복(Recovery) 수준의 학교폭력	회복수준의 학교폭력 양상	
19		회복목록 만들기·회복목록 교환하기	
20		용서 구하기와 용서 베풀기	
21		회복적 생활교육으로	
22	성장(Growth) 수준의 학교폭력	성장수준의 학교폭력 양상 이해	
23		방관자를 방어자로 만들기(성격유형역할극)	
24		날개의 개발	
25		화살의 개발	
26		학급헌장 만들기	
27	자기 이해와 자기성장	담임교사 만나기	
28		나의 감정 이해하고 타인감정 수용하기	
29		감정조절과 갈등해결	
30		마음챙김과 자기성장	

에니어그램을 활용한
「청소년 인성교육 프로그램」운영계획(안)

1. 목적

에니어그램을 활용하여 학생의 자기 이해와 성장을 돕고 「청소년인성교육프로그램」인 EFRG[*] 모델을 자유학기제와 접목하여 운영한다.

2. 방침

가. 자유학기제 1학기 17시간

나. 도덕과 사회 교과 등을 활용: 자유학기제 프로그램으로 운영함

다. 대상 – 자유학기제 해당 중학생

3. 교육과정 구성: (프로그램은 조정될 수 있음)

회기	일시	주 제 명	비 고(활동지)
1회기		오리엔테이션	
2회기		에니어그램 검사 및 프로파일 작성	
3회기		성격 유형별 집단작업과 발표	
4회기			
5회기		공감 1. 공감척도 측정하기 나는 이렇게 아팠어요	공감 4-1, 4-2
6회기		공감 2. 상대방 마음 짐작하기 피해 감정 이름 붙이고 위로하기	공감 5-1, 5-2 (피해학생)
7회기		공감 3. 내 행동과 감정 꺼내 보기 감정 이름 붙이고 뉘우치기 공감척도(온도)변화 측정하기	공감 7-1, 8-2, 9-2
8회기		용서 1. 용서척도 측정하기 사과징검다리	용서 1-1, 1-2
9회기		용서 2. 자기를 용서하기 용서징검다리	용서 3-1, 4-2
10회기		용서 3. 상대방에게 편지쓰기 용서척도(온도) 변화 측정하기	용서 5-1, 6-2,

[*] EFRG(Empathy-Forgiveness-Recovery-Growth:공감-용서-회복-성장) 약칭 공감과 성장모델

11회기		회복 1. 회복목록 만들기 회복도움활동 목록 만들기	회복 1-2, 2-1
12회기		회복 2. 회복장애물 목록 만들기 같은 곳을 향해 회복하기	용서 4-2, 5-1
13회기		회복 3. 용서구하기와 용서 베풀기 회복척도(온도) 변화 측정하기	회복 6-1, 6-2
14회기		성장 1. 성장척도(온도) 측정하기 예전의 나 & 지금의 나	성장 1-1, 1-2
15회기		성장 2. EFRG 프로그램을 통한 성장 이번 경험 과정 돌아 보기	성장 6-1, 7-2
16회기		성장 3. 역할극: 방관자를 방어자로	성장 8-1
17회기		성장 4. 학급헌장 만들기 성장척도(온도) 변화 측정하기	성장 9-2, 9-3

4. 기대효과

가. 청소년들의 자기 이해를 돕고 공감 훈련을 통해 학교 폭력을 사전에 예방할 수 있을 것이다.

나. 자신의 성격 유형 이해를 통해 진로를 탐색하고 개발하는데 도움이 될 수 있을 것이다.

다. 성격유형을 통한 자기이해와 타인 수용의 범위를 넓게 함으로써 원만한 교우관계를 유지하여 행복한 학교생활의 동기 부여가 될 수 있을 것이다.

부록5. 교사·학부모 연수안

공감과 성장을 통한
학교폭력 예방 프로그램 연수(안)

1. 목적

학교폭력 예방과 대책의 새로운 패러다임인 EFRG* 프로그램을 청소년인성교육지도 프로그램의 일환으로 교사(학부모) 연수(안)으로 운영한다.

2. 방침

가. 시간: 1일 4시간 혹은 2일간 8시간, 또는 1일 8시간 연수

나. 방법: 집합연수

다. 장소: 워크숍이 가능한 곳

3. 교육과정 구성: (프로그램은 조정될 수 있음)

날짜		시 간	주 제 명	비 고
1일차 (4H)	1일차	09:00~09:50	오리엔테이션, 학교폭력 EFRG 모델 이해	강의·실습
		10:00~10:50	에니어그램 실시, 채점, 해석	
		11:00~11:50	에니어그램 성격유형별 집단작업과 발표	
		12:00~12:50	EFRG 주요 개념 이해와 적용	
2일차 (4H)		12:50~14:00	점심식사	
		14:00~14:50	공감수준의 학교폭력 이해하기	강의·실습
		15:00~15:50	용서수준의 학교폭력 이해하기	
		16:00~16:50	회복수준의 학교폭력 이해하기	
		17:00~17:50	성장수준의 학교폭력 이해하기	

4. 기대효과

가. 학생(자녀)에 대한 이해를 바탕으로 바람직한 관계 개선을 위한 자료를 제공받을 수 있을 것이다.

나. 성격유형 이해를 바탕으로 바람직한 학급과 훈육에 대한 자료를 제공받을 수 있으며 이를 바탕으로 학습과 진로 지도, 갈등해결에 도움을 받을 수 있을 것이다.

* EFRG(Empathy-Forgiveness-Recovery-Growth:공감-용서-회복-성장) 약칭 공감과 성장모델

부록6. 학급단위 프로그램(학생)

공감과 성장을 통한
학교폭력 예방 프로그램 연수(안)

1. 목적

성격유형 이해를 바탕으로 학급구성원들의 특징을 이해하여 공감과 성장을 바탕으로 지도함으로써 학교폭력을 예방하고 효과적인 대처를 할 수 있다. 한국형 학교폭력 예방·대책 모델인 EFRG* 프로그램으로 학급구성원들의 자존감과 응집력을 높여 주고 성숙한 학급문화를 형성할 수 있다.

2. 방침

가. 구분: 기본과정 (4시간), 보충과정 (추가 4시간)

나. 방법: 워크숍

다. 대상: 담임교사의 신청 (학생)

3. 교육과정 구성: (프로그램은 조정될 수 있음)

날짜	시 간	주 제 명	비 고
기본 과정	1차시	오리엔테이션, 학교폭력 EFRG 모델 이해	강의 · 실습
	2차시	에니어그램 실시, 채점, 해석	
	3차시	에니어그램 성격유형별 집단작업과 발표	
	4차시	EFRG 주요 개념 이해와 적용	
보충 과정	5차시	공감수준의 학교폭력 이해하기	강의 · 실습
	6차시	용서수준의 학교폭력 이해하기	
	7차시	회복수준의 학교폭력 이해하기	
	8차시	성장수준의 학교폭력 이해하기	

4. 기대효과

가. 성격유형 이해를 바탕으로 저마다 자신의 개성과 특징을 이해하고 자신과 다른 친구들을 수용하는 범위를 넓힐 수 있을 것이다.

나. 학급운영에 어려움을 호소하는 담임교사를 직접적으로 도와 공감을 바탕으로 용서와 회복을 실습하고 성장으로 이끌 수 있을 것이다.

다. 기본 프로그램 이수 과정에서 공감-용서-회복-성장의 각 수준별 덕목들을 추가 상담하여야 하는 학생들을 선정하여 추수지도 하거나 학급전체가 보충과정을 이수할 수 있다.

* EFRG(Empathy-Forgiveness-Recovery-Growth:공감-용서-회복-성장) 약칭 공감과 성장 모델

지은이 이동갑

- 학력: 한국교원대학교 교육정책전문대학원 졸업, 교육학박사. Ph. D.
- 현 충북교육청 마음건강증진센터 센터장(장학관)
- 전 청주교육지원청 학생특수교육지원센터 센터장(장학관)
- 한국상담학회 윤리위원, 기획위원, 학교상담분과 초등상담위원장 역임, 대전·충남상담학회 이사·사례발표위원장 등(역임), 슈퍼 바이저
- 새로운학교네트워크 충북 부대표, 포럼위원장, 충북교육발전소 정책위원장 등
- MBTI 중앙강사(전), 한국형 에니어그램전문강사, 국제에니어그램 강사(1급)
- 주요 저서(공동) : 학교폭력 상담2, 3, 자녀와 쿨 하게 상담하기(학지사), 열여섯 빛깔 아이들(어세스타) 등 다수
- 단독 : 생활지도와 교사성장 (참교육원격연수원, 지식공학)
- 문의사항 : efrg2018@naver.com(이동갑)
- https://blog.naver.com/efrg2018(블로그)

학교에 사람이 있어요
작전명 E-F-R-G

초판 1쇄 발행 2018년 11월 20일
지은이 이동갑
펴낸이 송정현
기획 최종삼
디자인 서주성
펴낸곳 (주)애니클래스

주소 서울 금천구 가산디지털1로 19 대륭테크노타운 18차 1803호
등록 2015년 8월 31일 제2015-000072호
문의 070-4421-1070

값 18,000원
ISBN 979-11-89423-06-3

Copyright 2018 by anyclass Co.,Ltd.

이 책은 "학교폭력은 공중보건의 문제다"라고 외친다. 학교폭력이라는 괴물이 학교를 삼키고 우리 사회를 질식시키기 전에 "학교에 사람이 살고 있다"고 외치는 소리에 귀를 기울여야 할 것이다. 이 책의 미덕은 정혜신 박사가 말하는 집밥과 같고, CPR(심폐소생술)처럼 학교폭력의 CPR(심폐소생술)이다. 누구나 쉽게 사용할 수 있도록 자세한 설명서와 실습지를 곁들여 차린 유기농 시골밥상과 같다. 모든 담임교사와 학부모, 학교폭력 담당 교사 뿐만 아니라 교육과 인간의 성장에 관심이 있는 사람이라면 꼭 곁에 두고 보아야 할 책이다.

충청북도 교육감 김병우

이 책에서 제안한 'EFRG: 학교폭력에 대한 새로운 패러다임'은 한 줄기 빛과 같은 희망을 던져준다. 학교폭력의 발생을 막는 것을 넘어 (초점을 두기보다) 학교폭력이라는 경험을 생산적이고 교육적으로 전환하여 성장의 기회로 활용하려는 발상의 전환은 학교폭력을 바라보는 새로운 패러다임이 되기에 충분하다. 이 새로운 패러다임은 학교폭력을 해결하는 일과 학교교육을 학교교육답게 회복하는 일 모두를 가능케 한다는 점에서 주목할 만하다.

청주교육대학교 교수 박성희

이 책은 한편의 인문학, 철학, 심리학 서적을 보는 느낌을 주는데, 다양한 저서와 자료를 인용하여 학교폭력의 본질에 대해 접근한다. 이 책은 딱딱한 이론에 머무르지 않는다. 다양한 자료와 경험을 근거로 현실의 제반 문제를 날카롭게 지적한다. 성격 유형에 근거하여 맞춤형 접근을 시도하고 있다. 저자는 실행을 통해 얻은 경험과 자료를 바탕으로 해법을 제시한다. 이 책이 공허하지 않게 느껴지는 이유이다. 학급담임을 맡고 있거나 생활지도를 맡고 있는 교사나 학폭을 우려하는 학부모가 읽으면 유용할 것이다. 이 책의 의도대로 공감-용서-회복-성장이 교실에 가득 하여 향기처럼 퍼져가는 그 날을 간절히 바란다

한국교원대 교육정책전문대학원 교수, 교육정책디자인연구소장 김성천

값 18,000원

03330

9 791189 423063

ISBN 979-11-89423-06-3